Querido menino

David Sheff

QUERIDO MENINO

A JORNADA DE UM PAI CONTRA A DEPENDÊNCIA QUÍMICA DE SEU FILHO

Tradução: Helena Londres

G/OBOLIVROS

Copyright © 2018 by Editora Globo S.A. para a presente edição
Copyright © 2008 by David Sheff

Todos os direitos reservados. Nenhuma parte desta edição pode ser utilizada ou reproduzida —
em qualquer meio ou forma, seja mecânico ou eletrônico, fotocópia, gravação etc. —
nem apropriada ou estocada em sistema de banco de dados sem a expressa autorização da editora.

Texto fixado conforme as regras do Acordo Ortográfico da Língua Portuguesa
(Decreto Legislativo nº54, de 1995).

Título original: *Beautiful boy: A father's journey through his son's addiction*

Editora responsável: Amanda Orlando
Assistente editorial: Lara Berruezo
Revisão: Laila Guilherme e Denise Schittine
Diagramação: Carolina Araújo | Ilustrarte Design
Capa: <completar>

1ª edição, 2008
2ª edição, 2019 — 2ª reimpressão, 2023

CIP-BRASIL. CATALOGAÇÃO NA PUBLICAÇÃO
SINDICATO NACIONAL DOS EDITORES DE LIVROS, RJ

S546q
2. ed.

Sheff, David
    Querido menino : a jornada de um pai com um filho viciado / David
Sheff ; tradução Helena Londres. - 2. ed. - Rio de Janeiro : Globo
Livros, 2019.

368 p. ; 23 cm.

Tradução de: Beautiful boy : a father's journey through his son's addiction

ISBN 9788525067159

1. Sheff, David, 1955-. 2. Sheff, Nic. 3. Drogas - Abuso - Tratamento
- Estados Unidos - Califórnia. 4. Metanfetamina - Abuso - Tratamento
- Estados Unidos - Califórnia. 5. Filhos de pais separados - Estados
Unidos - Califórnia. I. Londres, Helena. II. Título.

| 18-52015 | CDD: 362.299 |
| | CDU: 364.652:615.015.6 |

Direitos exclusivos de edição em língua portuguesa para o Brasil
adquiridos por Editora Globo S.A.
Rua Marquês de Pombal, 25 — 20230-240 — Rio de Janeiro — RJ
www.globolivros.com.br

Este livro é dedicado aos homens e às mulheres que, em institutos de reabilitação, centros de pesquisa, casas de recuperação e organizações ligadas à orientação daqueles que abusam de drogas, oferecem suas vidas para compreender e combater o vício. Dedico-o também às pessoas anônimas que, corajosas, continuam comparecendo às incontáveis reuniões dos doze passos que acontecem diariamente, dia e noite, ao redor do mundo. Dedico este livro a elas e a suas famílias: as pessoas que compreendem a história da minha família porque já a vivenciaram, ou ainda a estão vivenciando, com seus filhos, irmãos e irmãs, amigos, companheiros, maridos e mulheres, e pais, como eu. "Simplesmente você não consegue ajudá-los e é tudo tão desencorajador", escreveu F. Scott Fitzgerald a respeito dos alcoólatras. Mas a verdade é que vocês os ajudam, sim, e também ajudam uns aos outros. Vocês me ajudaram. Além de dedicar este livro a todas essas pessoas, dedico-o a minha mulher, Karen Barbour, e a meus filhos, Nic, Jasper e Daisy Sheff.

Sumário

Introdução 11

Parte I - Acordado até tarde 27
Parte II - Sua droga preferida 119
Parte III - Seja o que for 139
Parte IV - Se ao menos 191
Parte V - Nunca sabendo 255
Epílogo 329
Pós-escrito 341

Agradecimentos 357
Bibliografia 359
Portais na internet 363
Créditos 365

Antes de você atravessar a rua,
Segure na minha mão.

JOHN LENNON, "BEAUTIFUL BOY (DARLING BOY)"

INTRODUÇÃO

Dói tanto eu não poder salvá-lo, protegê-lo, mantê-lo longe do perigo, defendê-lo da dor. Para que servem os pais, senão para essas coisas?
Thomas Lynch, "The Way We Are"

"Oi, pai, meu Deus, estou com tantas saudades de vocês. Mal posso esperar para ver todo mundo. Só mais um dia!!!! Iuhuuu."

Nic manda um e-mail da faculdade, na noite antes da chegada dele em casa para as férias de verão. Jasper e Daisy, nossos outros filhos de oito e cinco anos, estão sentados à mesa da cozinha cortando, colando e colorindo cartazes e bandeiras de boas-vindas para a sua chegada. Não veem o irmão mais velho há seis meses.

De manhã, na hora de ir para o aeroporto, saio para chamá-los. Daisy, molhada e cheia de lama, está encarapitada em um galho no alto de um bordo. Jasper está abaixo dela. "Devolva isso ou você vai ver!", avisa ele.

"Não", responde ela. "É *meu*." Há um desafio ousado no olhar dela, mas aí, quando ele começa a trepar na árvore, ela joga no chão o boneco Gandalf que ele quer.

"Está na hora de irmos buscar Nic", digo, e eles passam por mim em disparada para dentro de casa, repetindo "Nicky Nicky Nicky".

Dirigimos durante uma hora e meia até o aeroporto. Quando chegamos ao terminal, Jasper grita: "Lá está o Nic". Ele aponta. "Lá!"

Nic, com uma mochila esportiva verde-oliva jogada por cima do ombro, está apoiado contra uma placa de ESTACIONAMENTO PROIBIDO no meio-fio, fora da seção de bagagens da United. Magricela, está vestido com uma camiseta vermelha desbotada e com o cardigã da namorada, jeans caindo abaixo de seus quadris ossudos e tênis All-Star Converse vermelhos. Quando nos vê, seu rosto se ilumina e ele acena.

As duas crianças querem sentar-se ao lado dele; então, depois de jogar as malas no porta-malas do carro, ele pula por cima de Jasper e afivela o cinto entre eles. Pega a cabeça de cada um entre as palmas das mãos e beija-lhes as bochechas. "É tão bom ver vocês", diz. "Senti falta de vocês, seus merdinhas. Como um louco." Para nós dois na frente, ele completa: "De vocês também, papai e mamãe".

Enquanto eu dirijo voltando do aeroporto, Nic descreve o voo. "Foi um dos piores. Eu tive de ficar ao lado de uma senhora que não parava de falar. Ela tinha cabelo louro-platinado todo espetado, parecia uma torta de limão com merengue. Além disso, usava óculos com armação de tartaruga como os da Cruella De Vil, batom roxo nos lábios e o rosto tinha uma camada espessa de pó cor-de-rosa."

"Cruella De Vil?" Jasper arregala os olhos.

Nic faz que sim com a cabeça. "Exatamente igual a ela. Os cílios eram longos e postiços — roxos, e ela usava esse perfume: Eau de Fedor." Ele segura o nariz. "Eca." As crianças estão fascinadas.

Cruzamos a Golden Gate Bridge. Um rio de nevoeiro espesso passa abaixo de nós e envolve Marin Headlands. Jasper pergunta: "Nic, você vem à nossa cerimônia de final de ano?", referindo-se à futura comemoração de encerramento de ano escolar dele e de Daisy. As crianças estão indo do segundo ano para o terceiro e do jardim de infância para o primeiro ano.

"Não deixaria de ir nem por todo o chá da China", responde Nic.

Daisy pergunta: "Nic, lembra daquela menina, Daniela? Ela caiu do trepa--trepa e quebrou o dedo do pé".

"Ui."

"Ela está com gesso", acrescenta Jasper.

"Gesso no dedo do pé?", pergunta Nic. "Deve ser minúsculo."

"Eles vão cortar com um serrote", Jasper conta gravemente.

"O dedo dela?"

Todos riem.

Depois de algum tempo, Nic diz a eles: "Tenho uma coisa para vocês, crianças. Está na minha mala".

"Presentes!"

"Quando chegarmos em casa", ele avisa.

Os dois lhe imploram para que diga o que é, mas Nic sacode a cabeça. "Nem pensar. É surpresa."

Vejo os três pelo espelho retrovisor. Jasper e Daisy têm pele lisa, cor de oliva. A do Nic também era assim, mas agora está pálida e parece papel de arroz. Os olhos dos dois pequenos são castanho-claros, enquanto os de Nic são dois globos escuros. O cabelo deles é castanho-escuro, mas o de Nic, longo e louro quando ele era criança, está agora desbotado como um campo no final do verão, com partes espetadas e amarelas — resultado de tentativas infelizes de descolori-lo usando alvejante.

"Nic, você conta uma história do PJ?", implora Jasper. Durante anos, Nic entreteve as crianças com *As aventuras do PJ Fumblebumble*, um detetive inglês que ele inventou.

"Mais tarde, senhor, eu prometo."

Dirigimos para o norte na autoestrada, saindo e virando para oeste, zigue-zagueando através de uma série de cidades pequenas, um parque estadual arborizado e então colinas de pastos. Paramos na agência de correio de Point Reyes para pegar a correspondência. É impossível ir à cidade sem encontrar uma dúzia de amigos, todos contentes por ver Nic, bombardeando-o com perguntas a respeito da faculdade e de seus planos para o verão. Finalmente, saímos e seguimos a estrada ao longo do Papermill Creek até virarmos à esquerda, onde subo uma colina e entro no caminho de nossa casa.

"Nós também temos uma surpresa, Nicky", diz Daisy.

Jasper olha severamente para ela. "Não conte!"

"São cartazes. Nós fizemos."

"*Dai-sy...*"

Nic segue as crianças para dentro de casa, puxando as malas. Os cachorros correm para ele, latindo e ganindo. No topo da escada, Nic é recebido pelas bandeirinhas e pelos desenhos das crianças, inclusive um porco-espinho com a legenda "Tenho saudades do Nic, bu, hu" desenhado por Jasper. Nic elogia o talento artístico dos irmãos e depois arrasta-se para o quarto a fim de desfazer as malas. Desde que foi para a faculdade, seu quarto, uma câmara pintada de vermelho-pompeia localizada na extremidade mais longínqua da casa, se tornou uma sala de brinquedos com uma exposição das criações em Lego de Jasper, incluindo um castelo de marajá e um robô R2-D2 motorizado. Karen, para preparar a chegada de Nic, retirara de lá a bicharada de pelúcia de Daisy e arrumara a cama com um edredom e travesseiros novos.

Ao reaparecer, Nic tem os braços carregados de presentes. Para Daisy, há Josefina e Kirsten, bonecas American Girl de segunda mão que eram da namorada dele. Elas estão usando, respectivamente, uma linda blusa de camponesa bordada e um poncho, e um belo macacão de veludo verde. Jasper recebe um par de revólveres de água Super Soakers.

"Depois do jantar", Nic avisa a Jasper, "você vai estar tão molhado que terá de voltar para casa nadando."

"Você vai ficar tão molhado que vai precisar de um barco."

"Você vai ficar mais molhado do que um macarrão."

"Você vai ficar tão molhado que não vai precisar tomar banho durante um ano."

Nic ri. "Por mim, tudo bem", diz ele. "Vou economizar um bocado de tempo."

Comemos, e então os meninos enchem os revólveres de água e correm para fora, para a tarde ventosa, indo em direções opostas. Karen e eu os observamos da sala de estar. Perseguindo um ao outro, eles escondem-se entre os ciprestes italianos e os carvalhos, enfiam-se por debaixo dos bancos do jardim e esgueiram-se por trás das sebes. Quando a visão está desimpedida, atacam-se com jatos finos de água. Escondida atrás de alguns vasos de hortênsias, Daisy os olha, perto de casa. Quando os meninos passam correndo por ela, Daisy gira o esguicho da mangueira do jardim e os encharca.

Quando estão prestes a pegá-la, faço ambos pararem. "Você não merece ser socorrida", digo a ela, "mas está na hora de ir para a cama."

Jasper e Daisy tomam banho, vestem o pijama e depois pedem a Nic que leia para eles.

Ele se senta em uma miniatura de sofá entre as camas dos dois e, com as longas pernas espichadas no chão, lê *As bruxas*, de Roald Dahl. Escutamos sua voz — suas vozes — do quarto ao lado: o menino narrador, extraordinário e sincero, a avó zombeteira e decrépita e os guinchos da horrorosa Grande Bruxa Arrogante.

"Crianças são feias e asquerosas!... Crianças são sujas e fedorentas!... Crianças têm cheiro de cocô de cachorrrro!... São piores que cocô de cachorrrro! Cocô de cachorrrro tem cheiro de violetas e prímulas, se comparado a crianças!"

A representação de Nic é irresistível, e as crianças, como sempre, ficam fascinadas por ele.

À meia-noite, a tempestade que estava ameaçando finalmente desaba. Cai uma chuva forte, e saraivadas intermitentes de granizo despencam como rajadas de metralhadora nas telhas de cobre do telhado. Raramente temos tempestades elétricas, mas nesta noite o céu se acende como lâmpadas de flash.

Entre trovões, escuto o estalo dos galhos das árvores. Escuto também Nic, que caminha pelo corredor, fazendo chá na cozinha, discretamente dedilhando sua guitarra e tocando Björk, as trilhas sonoras de Bollywood e Tom Waits, que canta seu bom conselho: "Nunca dirija um carro quando estiver morto". Preocupo-me com a insônia de Nic, mas afasto minhas suspeitas, lembrando-me de como ele avançara desde o ano letivo anterior, quando abandonara Berkeley. Desta vez, ele fora para uma faculdade no Leste e completara seu primeiro ano. Dado o que ele passara, isso parece um milagre. Pelas minhas contas, ele está chegando ao seu 150° dia sem metanfetamina.

De manhã, a tempestade já passou, e o sol brilha sobre as folhas molhadas do bordo. Visto-me e me junto a Karen e aos dois pequenos na cozinha. Nic, usando uma calça de pijama de flanela, um suéter de lã puído e óculos futuristas, chega arrastando os pés. Ele vai até a bancada da cozinha e mexe na máquina de café expresso, enche-a de água e de pó de café, coloca-a sobre o fogo, depois senta-se ao lado de Jasper e Daisy para comer uma tigela de cereal.

"Daisy", diz ele. "Seu ataque com a mangueira foi brilhante, mas eu vou ter de retribuir. Fique atenta."

Ela vira o pescoço. "Não vejo nada."

Nic diz: "Eu te amo, sua doida".

Logo depois de Jasper e Daisy terem saído para a escola, meia dúzia de mulheres chegam para ajudar Karen a elaborar um presente para uma professora querida. Enquanto trabalham, conversam e tomam chá, enfeitam uma banheira de passarinho com conchas, pedras polidas e ladrilhos pintados à mão pelos alunos.

Eu me escondo no meu escritório.

As mulheres fazem uma pausa para o almoço e deixam a porta da cozinha aberta. Uma das mães trouxe salada chinesa de galinha. Nic, que voltara a dormir, emerge do quarto, tentando afastar a sonolência e cumprimentando as mulheres. Educadamente responde as perguntas delas — mais uma vez, a respeito da faculdade e de seus planos para o verão — e depois pede licença, dizendo que tem de sair para uma entrevista de emprego.

Depois de ele ter saído, ouço as mães falando dele.

"Que menino adorável."

"Ele é uma graça."

Uma comenta sobre suas boas maneiras. "Você tem muita sorte", diz ela a Karen. "Nosso filho adolescente só grunhe. Fora isso, ele nos ignora."

Dentro de algumas horas Nic volta a uma casa silenciosa — as senhoras que ajudaram Karen com os mosaicos já foram embora. Ele conseguiu o emprego. Amanhã começa o treinamento como garçom em um restaurante italiano. Embora esteja horrorizado com o uniforme exigido, incluindo sapatos pretos duros e um colete bordô, disseram-lhe que ele ganhará muito dinheiro com as gorjetas.

Na tarde seguinte, depois da sessão de treinamento do restaurante, Nic pratica conosco, baseando-se no garçom de *A dama e o vagabundo*, um dos filmes cujas falas ele decorou. Estamos sentados para jantar. Com uma mão para cima, equilibrando uma bandeja imaginária, Nic entra, cantando com um alegre sotaque italiano: "Oh, esta é a noite, é uma linda noite, e a chamaremos de *bella notte*".

Depois do jantar, Nic pergunta se posso emprestar o carro para ele ir a uma reunião do AA. Depois de ter desobedecido aos horários de chegar em casa e de ter cometido outras infrações diversas, inclusive destruir nossos dois carros (fazendo isso de maneira eficiente ao bater um contra o outro), no verão anterior ele tinha perdido o privilégio de dirigir. No entanto, esse pedido parecia razoável — reuniões do AA são um componente essencial para sua recuperação contínua —, de modo que concordamos. Ele então sai com nossa caminhonete, ainda amassada por causa do acidente anterior. Obediente, volta para casa depois da reunião, contando-nos que pediu a alguém que conheceu para ser seu padrinho do AA enquanto estiver na cidade.

No dia seguinte, pede o carro de novo, desta vez para almoçar com seu padrinho do AA. É claro que deixamos. Estou impressionado com sua assiduidade e seu respeito às regras que estabelecemos para ele. Nos fala aonde vai e quando estará de volta. Chega no horário prometido. Mais uma vez, ficou fora apenas poucas horas.

No final da tarde seguinte, a lareira está acesa na sala de estar. Sentados nos sofás, Karen, Nic e eu lemos, ao mesmo tempo em que, sobre o tapete desbotado, Jasper e Daisy brincam de Lego. Erguendo os olhos de um gnomo, Daisy conta a Nic a respeito de um menino "mau, cabeça de batata", que empurrou a amiga dela, Alana. Nic diz que irá à escola para transformá-lo num "cabeça de purê de batata mau".

Fico surpreso ao ver Nic discretamente roncando, pouco tempo mais tarde, mas às quinze para as sete ele acorda, estremecendo. Olhando o relógio, dá um pulo e diz: "Quase perco a reunião". E, mais uma vez, pede o carro emprestado.

Fico contente com o fato de, mesmo Nic estando tão exausto que poderia dormir a noite inteira, ele estar comprometido com o trabalho de recuperação, comprometido o suficiente para levantar-se, jogar água fria no rosto na pia do banheiro, pentear os cabelos para longe dos olhos com os dedos, enfiar uma camiseta limpa e sair correndo de casa para não chegar atrasado.

Passa das onze horas, e Nic não está em casa. Eu estava muito cansado, mas agora estou totalmente desperto na cama, sentindo-me cada vez mais inquieto. Há um milhão de explicações inocentes. Algumas vezes, grupos de pessoas saem depois das reuniões do AA para tomar um café. Ou ele pode ter ficado conversando com seu novo padrinho. Eu debato dois monólogos simultâneos e opostos: um me reassegura que sou bobo e paranoico, enquanto o outro está certo de que alguma coisa está terrivelmente errada. A esta altura eu sei que preocupação não ajuda, mas ela penetra e toma conta do meu corpo, deixando os nervos à flor da pele. Eu não quero pressupor o pior, mas algumas das vezes em que Nic não obedeceu à hora de chegada pressagiaram desastre.

Meus olhos ficam fixos no escuro, minha ansiedade cresce. É um estado pateticamente familiar. Eu espero por Nic há anos. À noite, passada sua hora de chegar, eu esperava o barulho do motor do carro, quando entrava na garagem e depois calava. E, por fim, Nic. O fechar da porta do carro, o barulho de passos, a porta da frente abrindo com um clique. Apesar das tentativas de meu filho de passar despercebido, Brutus, nosso labrador cor de chocolate, sempre dava um latido baixo. Ou eu esperava o telefone tocar, sempre em dúvida se seria ele ("Oi, pai, como vai?") ou a polícia ("Senhor Sheff, estamos com seu filho"). Se estivesse atrasado ou não ligasse, eu supunha que uma catástrofe havia acontecido. Ele estava morto. Sempre morto.

Mas então Nic chegava em casa, insinuando-se pelas escadas, a mão deslizando pelo corrimão. Ou o telefone tocava. "Desculpe, pai, estou na casa do Richard. Adormeci. Acho que é melhor eu dormir aqui em vez de dirigir a essa hora. Vejo vocês amanhã. Eu te amo." Então eu ficava furioso e também aliviado, as duas coisas, porque àquela altura eu já o enterrara.

Mais tarde nesta noite, ainda sem sinal dele, finalmente caio numa semissonolência miserável. Pouco depois da uma hora, Karen me acorda. Ela o ouviu se movimentar furtivamente pela casa. Uma luz no jardim, equipada com detector de movimento, acende, jogando seu facho brilhante pelo quintal. De pijama, eu calço os sapatos e vou até a porta dos fundos para encontrá-lo.

O ar da noite está frio. Eu escuto um arbusto ser esmagado.

Dobro o canto da casa e dou de cara com um enorme cervo assustado, que rapidamente foge pelo jardim, pulando sem esforço a cerca contra veados.

De volta à cama, Karen e eu estamos inteiramente despertos.

É uma e meia. Agora, duas. Verifico outra vez o quarto dele.

São duas e meia.

Finalmente, o barulho do carro.

Confronto Nic na cozinha, e ele resmunga uma desculpa. Eu lhe digo que ele não vai mais poder sair com o carro.

"Tudo bem."

"Você está drogado? Me diga."

"Meu Deus, *não*."

"Nic, fizemos um acordo. Onde você estava?"

"Porra." Ele olha para baixo. "Um grupo de pessoas na reunião foi para a casa de uma menina para conversar, e depois assistimos a um vídeo."

"Não tinha telefone?"

"Eu sei", diz ele, detonando a raiva. "Eu pedi desculpas."

Eu retruco: "Vamos conversar amanhã de manhã", enquanto ele foge para o quarto, trancando a porta.

No café da manhã, olho duro para ele. A revelação está em seu corpo, que vibra como um carro em ponto morto. Suas mandíbulas giram, e seus olhos são opalas dardejantes. Ele faz planos com Jasper e Daisy para depois da escola e os abraça delicadamente, mas sua voz tem um tom espinhoso.

Depois que Karen e as crianças saem, eu digo: "Nic, temos de conversar".

Ele me olha com suspeita. "Sobre o quê?"

"Sei que você está usando drogas outra vez. Dá para ver."

Ele me fuzila com os olhos. "Do que você está falando? Não estou." Seus olhos grudam no chão.

"Então você não se incomodaria de fazer um teste para drogas."

"Tudo bem. Ótimo."

"Está bem. Quero fazê-lo agora."

"Tudo bem!"

"Vista-se."

"Eu sei que devia ter ligado. *Não* estou usando." Ele quase rosna.

"Vamos."

Ele corre para o quarto. Fecha a porta. Volta usando uma camiseta do Sonic Youth e jeans preto. Uma mão está enfiada no bolso, a cabeça está inclinada, a mochila jogada sobre um dos ombros. Com a outra mão, ele segura a guitarra elétrica pelo braço.

"Você tem razão", diz ele, enquanto passa por mim, determinado. "Venho usando desde que vim para casa. Estive usando durante o semestre inteiro." Então sai, batendo a porta atrás dele.

Corro para fora e o chamo, mas ele já sumiu. Depois de alguns minutos, atônito, volto para dentro e entro em seu quarto, sentando-me na cama desfeita. Recupero um pedaço de papel amarrotado debaixo da escrivaninha. Nic escreveu:

Sou tão magro e frágil
Não me importo, quero outra carreira.

Mais tarde, Jasper e Daisy chegam, correndo de quarto em quarto antes de finalmente parar e, olhando para mim, perguntar: "Cadê o Nic?"

Tentei tudo o que pude para evitar a queda do meu filho na dependência da metanfetamina. Não teria sido mais fácil vê-lo dependente de heroína ou cocaína, mas, como todo pai de dependente de metanfetamina sabe, essa droga tem uma característica única, horripilante. Em uma entrevista, Stephan Jenkins, o cantor da banda Third Eye Blind, disse que a metanfetamina o faz sentir-se "brilhante e reluzente". Além disso, faz quem a usa sofrer alucinações, tornando a pessoa paranoica, destrutiva e *auto*destrutiva. Então você faz coisas irracionais para se sentir outra vez brilhante e reluzente. Nic fora uma criança sensível, sagaz, excepcionalmente inteligente e alegre, mas, sob o efeito da metanfetamina, ele ficava irreconhecível.

Nic sempre esteve à frente das tendências populares — na época deles, Ursinhos Carinhosos, Pound Puppies, Meu Querido Pônei, Micro Machines, Transformers, He-Man e She-Ra, Tartarugas Ninjas, Nintendo, Guns'N Roses, grunge, Beck e muitos outros. Com a metanfetamina, ele também foi pioneiro, dependente anos antes de os políticos denunciarem a droga como a pior a atingir o país até então. Nos Estados Unidos, pelo menos 12 milhões de pessoas já experimentaram metanfetamina, e calcula-se que mais de um milhão e meio são dependentes dela. No mundo inteiro, há mais de 35 milhões de usuários; é a droga pesada de maior uso, mais que a heroína e a cocaína juntas. Nic alegou que procurara a metanfetamina durante a vida inteira. "Quando a experimentei pela primeira vez", disse ele, "era exatamente o que eu queria".

A história da nossa família é única, claro, mas também é universal, do ponto de vista de que cada história de dependência química soa como todas as outras. Fiquei sabendo como somos todos semelhantes na primeira vez que fui às reuniões do Al-Anon. Resisti durante muito tempo a ir, mas essas reuniões, embora muitas vezes me façam chorar, me fortaleceram e aliviaram meu sentimento de isolamento. Eu me senti ligeiramente menos oprimido. Além disso, as histórias dos outros me prepararam para desafios que poderiam, de outro modo, ter me pego de surpresa. Não era nenhuma panaceia, mas eu ficava grato até pelo alívio mais modesto e por qualquer orientação que aparecesse.

Eu estava impaciente em tentar ajudar Nic, em cessar sua queda, em salvar o meu filho. Isso, misturado com minha culpa e minha preocupação, me consumiu. Já que sou escritor, provavelmente não é nenhuma surpresa que eu tenha escrito para tentar entender o que estava acontecendo comigo e com Nic, e também para descobrir uma solução, uma cura que poderia ter me escapado. Pesquisei obsessivamente sobre essa droga, a dependência e os tratamentos. Não sou o primeiro escritor para quem esse trabalho se tornou uma força para combater um inimigo terrível, além de um expurgo, uma avidez por alguma coisa (qualquer coisa) mensurável em meio à calamidade avassaladora e um processo agonizante pelo qual o cérebro organiza e regula a experiência e a emoção que o esmaga. No final, meus esforços não conseguiram socorrer Nic. Nem a escrita conseguiu me curar, embora tenha ajudado.

As obras de outros escritores também ajudaram. Sempre que o retirava da prateleira, o livro de Thomas Lynch, *Bodies in Motion and at Rest: On Metaphor and Mortality* [Corpos em movimento e em repouso: sobre metáfora e mortalidade], já abria sozinho na página 95, onde começa o ensaio "The Way We Are" [Do jeito que somos]. Li esse ensaio dúzias de vezes, cada vez chorando um pouquinho. Com seu filho apagado no sofá, depois de prisões, bebedeiras e hospitalizações, Lynch, o agente funerário, poeta e ensaísta, olhou-o, seu querido filho dependente químico, e escreveu, com resignação triste, mas lúcida: "Quero me lembrar dele do jeito que ele era nas fotos, aquele menino brilhante e risonho, de olhos azuis e sardas, segurando um enorme salmão no cais do avô, ou vestido em seu primeiro terno para a formatura do ensino fundamental da irmã, ou chupando o polegar enquanto desenhava no balcão da cozinha, ou tocando seu primeiro violão, ou posando com os irmãos e vizinhos do quarteirão no primeiro dia de escola".

Por que ler as histórias dos outros ajuda? Não é apenas que o sofrimento goste de companhia, já que (fiquei sabendo) o sofrimento é egoísta demais para querer muita companhia. As experiências dos outros ajudaram na minha luta emocional; ao ler, eu me sentia menos maluco. E, do mesmo jeito que as histórias que escutava nas reuniões da Al-Anon, os outros escritos serviram de orientação em águas inexploradas. Thomas Lynch me mostrou que é possível amar um filho que está perdido possivelmente para sempre.

Meus escritos culminaram em um artigo a respeito da experiência da nossa família que submeti à *New York Times Magazine*. Achei que contar a nossa história valeria a pena se pudesse ajudar qualquer pessoa do modo como Lynch e outros escritores me ajudaram. Discuti isso com Nic e com o restante da vida. Embora encorajado por eles, eu estava nervoso a respeito de expor nossa vida ao escrutínio e ao julgamento público. Mas a reação ao artigo me deu ânimo e, de acordo com Nic, o incentivou. Um editor de livros entrou em contato com ele e perguntou se estaria interessado em escrever suas memórias a respeito de sua experiência, lembranças que pudessem inspirar outros jovens que lutavam contra a dependência química. Nic estava ávido por contar sua história. Mais significativamente, ele disse que entrava nas reuniões do AA e, quando amigos — ou até mesmo desconhecidos — faziam a ligação entre ele e o menino do artigo, ofereciam abraços calorosos e diziam-lhe como estavam orgulhosos dele. Ele falou que foi um reconhecimento poderoso de seu difícil trabalho na recuperação.

Eu também tive notícias de dependentes químicos e suas famílias — seus irmãos e irmãs, filhos, outros parentes e, mais que tudo, pais —, centenas deles. Algumas das pessoas foram críticas ao meu texto. Uma me acusou de explorar Nic para meus próprios propósitos. Outra, ultrajada pela minha descrição de um período em que Nic usou por um tempo suas roupas ao contrário, atacou: "Você o deixou usar roupas ao contrário? Não me espanta que ele tenha se tornado dependente de drogas". Mas a grande maioria das cartas era de efusões de compaixão, consolo, conselhos e, mais que tudo, dor compartilhada. Muitas pessoas pareciam sentir que finalmente alguém sabia o que eles estavam passando. É desse jeito que o sofrimento gosta de companhia:

pessoas ficam aliviadas ao saber que não estão sozinhas em seu sofrimento, que fazemos parte de algo maior, neste caso, uma praga social — uma epidemia de crianças, uma epidemia de famílias. Seja lá por que motivo for, a história de um estranho pareceu dar-lhes permissão para contar a sua. Eles acharam que eu fosse compreender, e eu compreendi.

"Estou aqui sentado chorando, com as mãos trêmulas", escreveu um homem. "Deram-me seu artigo ontem, em meu café da manhã semanal com os pais que perderam seus filhos. O homem que o entregou perdeu seu filho de 16 anos para as drogas há três anos."

"Nossa história é a sua história", escreveu outro pai. "Drogas diferentes, cidades diferentes, centros de reabilitação diferentes, mas a história é a mesma."

E outro: "De início, levei um susto por alguém ter escrito a história do meu filho sem a minha permissão. Na metade do texto, emocionado por eventos muito familiares e conclusões evidentes, me dei conta de que as datas dos incidentes significativos não batiam e, portanto, cheguei à conclusão de que outros pais poderiam estar passando pela mesma tragédia e pela perda inconcebível por qual passei..."

"Percepções adquiridas ao longo de um quarto de século me obrigam a reescrever o último parágrafo: Ao fugir de seu último centro de reabilitação, meu filho tomou uma overdose e quase morreu. Enviado para um programa especial em outra cidade, ele permaneceu sóbrio durante quase dois anos, depois começou outra vez a desaparecer, algumas vezes por meses, outras, por anos. Tendo sido um dos alunos mais brilhantes na considerada melhor escola secundária do país, ele demorou vinte anos para se formar em uma faculdade medíocre. E levei um tempo igualmente longo para jogar fora o meu véu de esperança impossível e admitir que meu filho não pode ou não quer parar de usar drogas. Ele agora tem 40 anos, vive da previdência social e mora em um abrigo para adultos dependentes químicos."

Há tantos mais, e muitos com resultados incomensuravelmente trágicos. "Mas o final da minha história é diferente. Meu filho morreu no ano passado de overdose. Ele tinha 17 anos." Outra: "Minha linda filha morreu. Ela tinha 15 anos quando sofreu uma overdose". Outra: "Minha filha morreu". Outra: "Meu filho morreu". Cartas e e-mails ainda interrompem o meu dia com fantasmagóricos lembretes do número de vítimas da dependência química. Meu coração se dilacera outra vez com cada um deles.

* * *

Eu continuei a escrever, e, por meio do processo laborioso, tive algum sucesso em começar a ver nossa experiência de um modo que fazia sentido para mim — se é que a dependência química pode fazer algum sentido. Isso levou a este livro. Ao transformar minhas palavras aleatórias e cruas em frases, frases em parágrafos e parágrafos em capítulos, uma aparência de ordem e sanidade surgiu onde antes houvera apenas caos e insanidade. Do mesmo modo que com o artigo na *Times*, fico assustado em publicar a nossa história. Mas, com o constante encorajamento dos principais interessados, vou em frente. O que não falta são memórias cativantes escritas por dependentes químicos, e as melhores oferecem revelações para qualquer pessoa que goste delas. Espero que o livro de Nic se torne um complemento de leitura irresistível. Apesar disso — com raras exceções, como o ensaio de Lynch —, não ouvimos falar daqueles que os amam. Qualquer pessoa que já tenha passado por isso, ou que está passando agora, sabe que gostar de um dependente químico é tão complexo, atormentador e debilitante quanto a própria dependência. Nos meus piores momentos, cheguei a ficar ressentido com Nic, porque um dependente químico, pelo menos quando está drogado, tem um alívio temporário em seu sofrimento. Não há, porém, alívio semelhante para os pais, filhos, maridos, mulheres ou outras pessoas que gostem deles.

Nic entrou e saiu do mundo das drogas por mais de uma década, e durante esse período eu acho que senti, pensei e fiz quase tudo o que o pai de um dependente químico pode sentir, pensar e fazer. Até agora, sei que não existe uma resposta única, nem mesmo um mapeamento claro, para as famílias dos dependentes químicos. No entanto, espero que a nossa história possa oferecer algum consolo, alguma orientação ou, no mínimo, alguma companhia. Eu também espero que as pessoas possam entender, pelo menos um pouco, uma coisa que parece impossível durante os muitos estágios da dependência química de uma pessoa querida. Nietzsche muitas vezes é citado por causa da seguinte frase atribuída a ele: "Aquilo que não nos mata nos faz mais fortes". Isso é absolutamente verdade para membros da família de um dependente químico. Não só ainda estou de pé, mas sei mais e sinto mais do que achava possível saber e sentir.

Ao contar a nossa história, resisti à tentação de fazer qualquer tipo de previsão porque seria insincero — e um desserviço a quem está passando por isso — sugerir que se pode antecipar como as coisas irão se desenrolar. Eu nunca soube o que o dia seguinte poderia trazer.

Esforcei-me honestamente para incluir os principais eventos que moldaram Nic e nossa família — os bons e os consternadores. Grande parte disso me faz estremecer. Fico horrorizado com grande parte do que fiz e, igualmente, com o que não fiz. Mesmo com todos os especialistas gentilmente dizendo aos pais de um dependente químico: "Você não tem culpa", eu ainda não consegui me libertar. Muitas vezes sinto que falhei inteiramente com meu filho. Ao admitir isso, não estou em busca de solidariedade ou absolvição, mas, ao contrário, estou afirmando uma verdade que será reconhecida pela maior parte dos pais que passaram por isso.

Uma pessoa que ouviu minha história ficou perplexa com o fato de Nic ter se tornado um dependente químico: "Mas sua família não parece anormal". *Somos* anormais — tão anormais quanto qualquer outra família que conheço. Algumas vezes um pouco mais, às vezes menos. Não tenho certeza de conhecer qualquer família "normal", se normal significa uma família sem dificuldades e sem pessoas que apresentem uma série de problemas. Como os próprios dependentes químicos, as famílias de dependentes são tudo o que você esperaria e tudo o que não esperaria. Dependentes químicos vêm de lares desfeitos e de lares intactos. São fracassados de longa data ou tiveram grandes sucessos. Muitas vezes ouvimos falar, nas palestras do Al-Anon ou nas reuniões do AA, dos homens e mulheres inteligentes e encantadores que, ao acabar na sarjeta, deixam desorientados todos ao seu redor. "Você é bom demais para fazer isso com você mesmo", diz um médico a um alcoólatra numa história de Fitzgerald. Muitas, muitas pessoas que conheceram bem Nic expressaram sentimentos semelhantes. Uma disse: "Ele é a última pessoa a quem eu imaginaria que isso acontecesse. Nic, não. Ele era confiável demais, inteligente demais".

Eu também sei que os pais têm memória seletiva, bloqueando tudo o que contradiga as nossas lembranças cuidadosamente editadas — uma tentativa compreensível para evitar a culpa. Inversamente, as crianças muitas vezes se fixam nas memórias indelevelmente dolorosas, porque elas causaram impressões mais fortes. Espero que não esteja me entregando ao revisionismo paterno quando digo isso, mas, apesar do meu divórcio da mãe de Nic, apesar dos nossos arranjos draconianos de custódia a longa distância e apesar de todos os meus defeitos e erros, grande parte dos anos iniciais de Nic foram encantados. Nic confirma isso, mas talvez ele esteja apenas sendo gentil.

Esse reprocessamento para dar sentido a alguma coisa que não faz sentido é comum na família dos dependentes químicos, mas não é tudo o que fazemos; também negamos a severidade do problema da pessoa que amamos, não porque somos ingênuos, mas porque não há como saber. Até para aqueles que, ao contrário de mim, nunca usaram drogas, é um fato incontestável que muitas crianças — mais da metade delas — vão experimentá-las. Para algumas, as drogas não terão grande impacto negativo na vida. Para outras, no entanto, o resultado será desastroso. Nós, pais, quebramos a cabeça, fazemos tudo o que podemos e consultamos todos os especialistas, mas algumas vezes não é suficiente. Só depois do fato é que ficamos sabendo que não fizemos o suficiente ou que o que fizemos estava errado. Os dependentes químicos estão em negação, e suas famílias estão na mesma situação que eles porque muitas vezes a verdade é inconcebível demais, dolorosa demais e aterrorizante demais. Mas a negação, embora comum, é perigosa. Gostaria que alguém tivesse me sacudido e dito: "Intervenha enquanto pode, antes que seja tarde demais". Poderia não ter feito diferença, não sei. Ninguém me sacudiu e me disse isso. Mesmo que o tivessem feito, pode ser que eu não estivesse em condições de escutar. Talvez eu tivesse de aprender do modo mais difícil.

Assim como muitas pessoas nas mesmas dificuldades que eu, fiquei dependente da dependência do meu filho. Quando isso me preocupava, até mesmo à custa das minhas responsabilidades para com minha mulher e meus outros filhos, eu me justificava. Eu pensava: como é que um pai pode não ficar consumido pela luta de vida ou morte de seu filho? Mas aprendi que minha preocupação com Nic não o ajudou e pode tê-lo prejudicado. Ou talvez fosse irrelevante para ele. No entanto, certamente prejudicou o restante da minha família — e a mim. Junto com isso, aprendi outra lição, aterrorizante: nossos filhos vivem ou morrem com ou sem nós. Não importa o que façamos, não importa quanto fiquemos agoniados ou obcecados, não podemos escolher por nossos filhos se eles vão viver ou morrer. É devastador dar-se conta disso, mas também libertador. Eu finalmente escolhi a vida para mim. Escolhi o caminho perigoso mas essencial que me permitiu aceitar que Nic irá decidir por ele próprio como — e se — ele viverá sua vida.

Como disse, eu não me absolvo e, ao mesmo tempo, não sei quanto eu consigo absolver Nic. Ele é brilhante, maravilhoso, carismático e amoroso quando não está usando drogas, mas, como todos os dependentes químicos de que ouvi falar, se torna um estranho ao usá-las, distante, tolo, autodestrutivo, dividido e perigoso. Lutei para conciliar essas duas pessoas. Seja lá qual fosse a causa — uma predisposição genética, o divórcio, minha história com drogas, minha superproteção, meu fracasso em protegê-lo, minha complacência, minha dureza, minha imaturidade, tudo isso —, a dependência química de Nic parecia ter vida própria. Eu tentei revelar o modo insidioso como a dependência química se esgueira para dentro de uma família e a domina. Tantas vezes, na última década, eu errei por ignorância, esperança ou medo. Tentei recontá-las todas, como e quando aconteceram, com a esperança de que os leitores possam reconhecer um caminho errado antes de adotá-lo. Quando não reconhecerem, no entanto, espero que possam se dar conta de que é um caminho que eles não podem se culpar por seguir.

Quando meu filho nasceu, era inconcebível para mim que ele pudesse vir a sofrer do jeito como sofreu. Os pais só querem coisas boas para seus filhos. Eu era um típico pai que achava que isso não poderia acontecer conosco — com o meu filho. Mas, embora Nic fosse único, ele é como qualquer outro filho. Poderia ser o seu.

Finalmente, o leitor deve saber que eu mudei alguns nomes e detalhes no livro para encobrir a identidade de algumas pessoas. Começo quando Nic nasceu. O nascimento de um filho é, para muitas, se não para todas as famílias, um evento transformador de alegria e otimismo. Foi assim também para nós.

Parte i
Acordado até tarde

Tenho uma filha que me lembra demais o que eu era, cheia de amor e alegria, beijando todo mundo que encontra porque todo mundo é bom e ninguém lhe fará mal. E isso me aterroriza a ponto de eu mal conseguir funcionar.

Kurt Cobain, em seu bilhete suicida

I

Minha mulher, Vicki, e eu moramos em Berkeley, em um bangalô de tábuas de madeira caiada, construído nos anos 1920, escondido da rua por uma parede de bambu negro. Estamos em 1982, um verão de espera. Tudo mais — trabalho, compromissos sociais — está em compasso de espera. Nosso bebê deve nascer em julho.

Uma ultrassonografia o identifica como ele. Preparamo-nos para sua chegada. Pintamos e decoramos um quarto de criança, mobiliando-o com um berço branco, cômoda azul-clara, estantes cheias de Maurice Sendak e Dr. Seuss e, montando guarda dos dois lados da porta, um par de enormes ursos pandas de pelúcia, presente de um amigo. Outro amigo nos emprestou uma herança da família, um moisés amarelo-manteiga com formato de lua nova. Está pendurado por uma corrente no canto da sala de estar, parecendo flutuar acima de São Francisco, que reluz a distância.

As contrações de Vicki começam depois da meia-noite, na manhã de 20 de julho. Como nos ensinaram na aula de Lamaze, medimos o intervalo entre elas. Está na hora. Vamos de carro até o hospital.

Nic nasceu de madrugada — nosso querido menino.

Estamos enfeitiçados por nosso filho. De bom grado abrimos mão do sono. Acalmamos o choro dele. Cantamos cantigas de ninar para ele. Caímos em um estado alterado de languidez, uma satisfação sonhadora que nos teria consternado se acontecesse com qualquer um de nossos amigos. (Na verdade, muitos de nossos amigos *estão* consternados.) A vida é acompanhada por uma trilha sonora de Pete Seeger, os Limelighters e Raffi, cujas canções, tocadas repetidamente, e de novo, e de novo, e de novo, e de novo, e de novo, obrigariam qualquer criminoso a confessar, caso outras formas de tortura falhassem. Algumas vezes simplesmente ficamos olhando as minúsculas mãos do bebê e os olhos luminosos, exuberantes, que ele tem.

Pertencemos à primeira geração de pais conscientes do nosso papel. Antes de nós, as pessoas tinham filhos. Nós criamos. Buscamos o melhor para as nossas crianças — o melhor carrinho e a melhor cadeirinha para carro recomendados pelo *Consumer Reports* — e nos atormentamos com cada decisão a respeito de brinquedos, fraldas, roupas, refeições, remédios, mordedores, vacinas e praticamente tudo.

Em pouco tempo, o berço é substituído por uma cama de solteiro com lençóis de zebra. Fazemos passeios no carrinho e num Snugli, brincamos nos parques em Berkeley e nos brinquedos infantis, visitamos o Zoológico de São Francisco. A biblioteca dele transborda: *Goodnight Moon, Pat the Bunny, Where the Wild Things Are, A Hole to Dig*. Eu os leio para ele com tanta frequência que os sei de cor.

"Leite, leite, leite para o bolo da manhã."

"De cá para lá e de lá para cá, há coisas engraçadas por toda parte."

"Cachorros são para beijar gente. Neve é para a gente rolar nela. Botões são para manter as pessoas aquecidas. Bungui, bungui, bungui."

Com três anos, Nic passa algumas manhãs por semana em uma creche de cor pastel a uma curta caminhada de casa. Seu dia inclui a hora do círculo; jogos como pato, pato, ganso; pintura e barro e cantigas. *"Pulling weeds and nicking stones, we are made of dreams and bones"*, canta Nic — "Retirando ervas daninhas e pegando pedras, somos feitos de sonhos e ossos." Há tempo ao ar livre, no trepa-trepa e nos balanços. Ele se aventura a sair em seus primeiros convites para brincar, antigamente conhecidos como ir à casa de outra criança. Algumas vezes conhecemos famílias em um parque que possui um escorregador de concreto e segue uma colina até embaixo, sob uma copa de carvalhos. Nic gira em um carrossel.

Nic é um arquiteto e construtor nato, empilhando blocos esparramados, Duplo e Lilliputs Lego. Ele adora Teddy Ruxpin, Pound Puppies e os dois pandas. Anda pela casa em um triciclo de rodas grandes e, no pátio da frente, de tijolos vermelhos, em um conversível de plástico azul-celeste — presente dos meus pais — que ele movimenta como um carro dos Flintstones, calçando tênis de cano alto.

Visitamos a Cidade do Trem em Sonoma, nas proximidades, onde Nic dirige uma locomotiva a vapor em meio a celeiros e moinhos em miniatura.

Viajamos até o Yosemite National Park — na primavera, quando o parque está repleto de flores silvestres, caminhamos até as cachoeiras; no inverno, brincamos na neve no vale, observados pelo Half Dome — e o Monterey Bay Aquarium, onde Nic fica hipnotizado por águas-vivas fluorescentes e tubarões nadando em círculos.

Há os espetáculos de fantoches, jogos de tabuleiro e cantos acompanhados pela batida de um pandeiro. Vestido com um quimono e uma calça de pijama de flanela, segurando uma guitarra de plástico, Nic canta a plenos pulmões:

> Tingalayo, corre meu burrinho, corre
> Tingalayo, corre meu burrinho, corre
> Meu burro anda, meu burro fala
> Meu burro come com garfo e faca
> Meu burro anda, meu burro fala
> Meu burro come com garfo e faca*

Aí ele tira o quimono e revela a parte de cima de seu pijama de palhaço com bolinhas, verde-limão, azul-celeste e vermelho-cereja. Está usando botas impermeáveis fluorescentes em tons de azul, verde e rosa.

Caminhamos pela calçada, ele arrastando os pés nas botas grandes demais, minha mão grande envolvendo sua mão minúscula, sua guitarra de plástico jogada sobre o ombro. Ele pula todas as poças.

Seus olhos são pensativos, e o tom bronze deles às vezes se derrete em verde, vivo como o mar.

Ele dança uma dancinha engraçada enquanto caminha, segurando um guarda-chuva amarelo por cima da cabeça.

"Tut, tut, parece chuva."

Esse idílio aparente nos distrai da catástrofe que se assoma. Vicki e eu passamos os primeiros três anos de Nic na semissonolência cansada, mas feliz, de pais recentes, e aí acordamos para a luz dura e o gelo opressivo de um casamento despedaçado. Eu lido com nossas desavenças apaixonando-me por uma amiga da família. O filho dela e Nic brincam juntos.

---

* "Tingalayo, run my little donkey run/ Tingalayo, run my little donkey run/ Me donkey walk, me donkey talk/ Me donkey eat with a knife and fork /Me donkey walk, me donkey talk/ Me donkey eat wit a knife and fork." Canção infantil tradicional do folclore norte-americano. (N.E.)

Vicki e eu compartilhamos uma devoção a Nic, mas estou mal preparado para lidar com nossos problemas cada vez maiores.

Ao visitarmos alguns terapeutas, anuncio que já é muito tarde. Meu casamento terminou. Vicki é apanhada desprevenida. Não é o primeiro relacionamento que eu saboto, mas agora há um filho. Nic.

Em casa, quando a mãe e eu discutimos, Nic encontra refúgio no colo dos pandas.

Nenhuma criança se beneficia da amargura e da selvageria de um divórcio como o nosso. Assim como os efeitos de uma bomba atômica, os danos colaterais são amplamente disseminados e duradouros. Nick é atingido duramente.

Dividimos a porcelana, os quadros e nosso jovem filho. Parece evidente que a melhor abordagem é a custódia compartilhada; tanto Vicki como eu o queremos conosco e não temos motivos para duvidar da sensatez predominante de que será melhor para ele continuar a ser criado pelos dois genitores. Logo, Nic tem duas casas. Nos dias em que o deixo na casa da mãe, nos abraçamos, eu digo *até logo* no portão branco de madeira e o observo entrar em casa.

Vicki se muda para Los Angeles, onde se casa outra vez. Ainda queremos, os dois, Nic conosco, mas agora 800 quilômetros nos separam, e o arranjo ioiô da custódia compartilhada já não é viável. Cada um de nós acredita sincera e completamente que é melhor para Nic que ele fique com um, *não* com o outro genitor, então contratamos advogados especialistas em divórcio.

Alguns advogados intermedeiam acordos com sucesso, mas muitas batalhas por custódia acabam no tribunal. Em geral, é uma experiência traumática e cara. Nossos advogados cobram mais de duzentos dólares por hora e exigem adiantamentos de 5 a 10 mil dólares. Ao sabermos que os juízes muitas vezes seguem os arranjos recomendados pelo psicólogo infantil nomeado pelo tribunal depois da realização de uma avaliação completa, nossos egos sensatos e nossas contas bancárias esvaziadas prevalecem. Nic frequentava uma terapeuta desde que nos separamos, e nós então a contratamos para fazer uma avaliação. Concordamos em cumprir a decisão dela.

A médica realiza uma investigação que leva três meses e que parece uma inquisição. Entrevista a mim e a Vicki, nossos amigos, nossas famílias, visita nossas respectivas casas em São Francisco e Los Angeles, e faz longas sessões de terapia com Nic no consultório dela, onde jogam xadrez e cartas, e brincam com blocos. Ele a chama de sua médica das aflições. Um dia, ao brincar com uma casa de bonecas no consultório, ele lhe mostra o quarto da mãe, de um lado, e o do pai, do outro. Quando ela pergunta a respeito do quarto do menino, Nic diz: "Ele não sabe onde vai dormir".

Nós nos encontramos no consultório, entre brinquedos, mobília moderna e gravuras emolduradas de quadros de Gottlieb e Rothko, e ela nos entrega seu veredicto. Vicki e eu nos sentamos nas cadeiras iguais de frente para a médica, uma mulher imponente num vestido florido, cachos negros e olhos penetrantes por trás de óculos fundo de garrafa. Ela junta as mãos no colo e fala:

"Vocês dois são pais carinhosos que querem o melhor para seu filho. Há algumas coisas que fiquei sabendo a respeito do Nic durante o curso dessa avaliação. Não preciso dizer que ele é uma criança excepcional. Ele é talentoso, sensível, expressivo e altamente inteligente. Acho que vocês sabem também que ele está sofrendo com o divórcio e com a incerteza a respeito do futuro. Ao chegar à minha tão difícil decisão, tentei pesar cada fator e conceber um plano que seja melhor para Nic — o melhor em uma situação na qual não há uma escolha ideal. Queremos minimizar o estresse na vida de Nic e manter as coisas tão consistentes quanto possível."

Ela olha para cada um de nós e depois rearruma um maço de papéis. Solta um profundo suspiro e diz que Nic passará os dias letivos comigo, em São Francisco, e os feriados e as férias de verão com Vicki, no sul da Califórnia.

Tento compreender exatamente o que ela disse. Eu ganhei. Não, perdi. Vicki também. Terei Nic comigo no dia a dia, mas o que será o Natal sem ele? O Dia de Ação de Graças? O verão todo? A médica nos entrega cópias do documento que delineia sua decisão. Usando a mesa dela como apoio, nós as assinamos. É inconcebível que em um instante marcado por uma caneta arranhando um papel áspero eu tenha afastado metade da infância do meu filho.

Por pior que seja para Vicki e para mim, é ainda pior para Nic. Na preparação para os deslocamentos, ele arruma seus brinquedos e roupas em uma mala da Hello Kitty com uma fechadura e chave de mentira. Levo-o ao aeroporto. Ele diz que sente um vazio no estômago, não porque ele não quer ver a mãe e o padrasto — ele quer —, mas porque não deseja ir embora.

No início, um de nós sempre o acompanha nesses translados, mas, aos cinco anos, Nic começa a viajar sozinho. Ele é promovido da mala minúscula para mochilas de lona cheias de um arsenal rotativo de coisas essenciais (livros e revistas, miniaturas de *Star Trek*, dentes de vampiro de plástico, um *discman* e CDs, um caranguejo de pelúcia). Uma comissária de bordo o leva até o avião. Dizemos "tudo" um ao outro. É nosso jeito de expressar *eu te amo, vou sentir saudade de você, que chato* — a mistura de sentimentos que sempre nos inunda quando ele vai embora.

Os voos entre São Francisco e Los Angeles são as únicas horas em que Nic não tem nenhum genitor mandando nele, de modo que pede Coca-Cola, proibida em casa; as comissárias de bordo não se incomodam com cáries. Mas esses benefícios são insignificantes quando comparados ao medo de Nic de sofrer um desastre de avião.

Com cinco anos, Nic começa o jardim de infância em uma escola progressista em São Francisco, instalada em um prédio centenário com beirais de sequoia, nos quais é possível entrar na hora do lanche e ver os outros pais grelhando *quesadillas* com as crianças, por exemplo. A escola tem degraus de pedra e portas parecidas com as de velhos celeiros, que se abrem para o pátio de recreio, dotado de um chão emborrachado, elástico, feito de pneus reciclados. Há um trepa-trepa de madeira de sequoia, uma tabela de basquete e um monte de outros brinquedos. A escola tem professores dedicados à criança como um todo, de modo que as três bases — leitura, escrita e aritmética — estão integradas a um impressionante programa de música; peças escritas pelas crianças (durante a primeira de suas disparatadas apresentações anuais, Nic, fantasiado de mosquito, adormeceu no palco); artes; esportes não competitivos, como estátua e hóquei com vassoura; ortografia criativa e a comemoração de festividades religiosas e seculares, que incluem Natal, Hanuká, Ano-Novo Chinês e Kwanza. Parecia ideal para Nic, que no jardim de infância demonstra sua criatividade com barro, pintura a dedo e um guarda-roupa inigualável. Uma fantasia típica dele é um enorme chapéu de caubói deformado, tão enterrado na cabeça que apenas seus olhos de coruja podiam ser vistos espiando por baixo da aba, uma camiseta com uma pintura do Keith Haring embaixo de um colete de couro com franjas, meias-calças azuis sob a cueca e tênis com fecho de velcro no formato de orelhas de elefante. Quando outras crianças implicam com ele — "só as meninas usam meias-calças" —, Nic responde: "Nada disso, o Super-Homem também usa meia-calça".

Fico orgulhoso de sua autoconfiança e individualidade.

Nic tem um grupo eclético de amigos. Ele brinca regularmente no Golden Gate Park com um menino que tem aspirações a agente secreto. Ele e

Nic esgueiram-se silenciosamente arrastando a barriga no chão e aparecendo sorrateiramente no meio de pais desavisados que fofocam nos bancos dos parques. Eles brincam também de pega-pega no labirinto de brinquedo, uma série de passagens que se interconectam dentro de cúpulas geodésicas. Com outro amigo íntimo, um menino com uma crista de cabelos escuros e olhos cor de esmeralda penetrantes, Nic constrói cidades de Lego e pistas de blocos de madeira nas quais correm Hot Wheels.

Nic adora filmes. Impressionado e interessado pelo gosto de meu filho por filmes, um amigo que edita uma revista regional pede-lhe que escreva um artigo intitulado "Os filmes de Nic". Nic dita seus comentários. "Algumas crianças têm de escolher um filme na locadora, sabe, e não conseguem decidir qual, mas têm de decidir rápido porque os adultos têm de ir ao barbeiro dentro de dez minutos", começa ele. Ele resenha *A dama e o vagabundo* e *Ursinho Pooh*. "*Dumbo* é ótimo", diz ele. "Canções ótimas. Ótimos corvos." Sobre *A história sem fim*, ele diz: "O problema é que a história acaba mesmo".

Quando fiz seis anos, minha mãe fez um bolo de coco e glacê branco no formato de uma girafa, e meus amigos e eu brincamos de botar rabo no burro. Nic vai a festas de aniversário em ranchos, reservas naturais e no Exploratorium, um museu de ciências interativo. São servidos sanduíches finos, sushi, suco de maçã integral e bolinhos sem glúten.

Numa tarde, Nic anuncia que quer fazer uma doação para o programa de caridade da escola, realizado um pouco antes do Natal, então vai até seu quarto, separa a maior parte de seus bichos de pelúcia, jogos de tabuleiro, seus monstrinhos e bonecos. As prateleiras são despidas de muitos dos livros de figuras para dar lugar às séries de Nárnia, Redwall e do escritor E.B. White. Nic está fazendo força para crescer, embora o faça seletivamente. Ele guarda os pandas e Sebastião, o caranguejo de pelúcia do filme *A pequena sereia*.

Nic tem antenas que detectam, antes da maior parte das crianças, ondas futuras de cultura popular, que vão desde *Meu Querido Pônei* a *Mestres do Universo*. Criações da Disney — *101 dálmatas* e *Mary Poppins* — dão lugar a *Guerra nas estrelas*. Nic e seus amigos descobrem o Nintendo e começam a falar sua língua impenetrável (para os adultos) a respeito de minichefes, zonas de distorção, níveis secretos e abóboras que dão vidas. Em um Halloween, Nic é uma Tartaruga Ninja (ele é Michelangelo e um de seus amigos, Donatello). Em outra ocasião, ele é Indiana Jones.

Às vezes, Nic se mete em ligeiras encrencas. Quando ele passa a noite na casa de um amigo, os dois são apanhados passando trotes que aprenderam ao assistir *Os Simpsons*. Eles ligam para bares listados nas Páginas Amarelas:

"Alô, por favor, posso falar com o sr. Coólatra? O primeiro nome dele é Al."

"Claro, garoto", o homem do outro lado da linha responde e se volta para os clientes: "Há algum Al Coólatra aqui?".

Os dois morrem de rir e batem o telefone. Em seguida discam um número aleatório da lista telefônica:

"Tem algum Braúlio por aí?"

E depois de um momento: "Não? Então como é que você faz xixi?"

Na maior parte das vezes, no entanto, Nic é bem-comportado. Certa vez, nos comentários em seu boletim, uma professora escreve que Nic algumas vezes parece um pouco deprimido, o que eu conto para sua nova terapeuta, que ele vê uma tarde por semana. "Mas", continua ela, "ele logo sai desse estado e é animado, interessado e engraçado — um líder na classe". Outros comentários da professora são elogios efusivos à sua criatividade e senso de humor, compaixão, participação e trabalho excelente.

Tenho uma caixa na qual guardo trabalhos artísticos e escritos de Nic, como sua resposta a um trabalho no qual lhe perguntavam se a pessoa sempre tem de tentar fazer o melhor. "Não acho que você sempre tenha de tentar fazer o melhor o tempo todo", escreve ele, "porque, vamos dizer que um viciado em drogas lhe peça drogas, você não deve tentar o máximo para conseguir drogas para ele".

Outro trabalho que vai para a caixa é uma carta persuasiva dirigida a mim, quando é pedido que os alunos se posicionem a favor ou contra seja lá o que eles quisessem escolher. A nota termina: "Então, concluindo, acho que eu deveria poder comer mais lanchinhos".

Ocasionalmente Nic tem pesadelos. Em um deles, chega à escola e ele e seus colegas têm de se submeter a exames para vampiros. Eles se parecem com os exames para piolhos que são realizados quando há alguma infestação. Para os exames de piolhos, as professoras, com as mãos protegidas por luvas cirúrgicas, passam os dedos pelos cabelos dos alunos, como uma mãe macaca, inspecionando cada folículo. Com a descoberta de uma única lêndea, a criança infectada é mandada para casa para a despiolhagem com Kwel e pente fino. Dói, provocando o tipo de grito que pode fazer com que os vizinhos bem-intencionados chamem o Conselho Tutelar.

No sonho de Nic, ele e seus amigos fazem uma fila para o exame matinal de vampiros. Professoras enluvadas suspendem os lados dos lábios deles para ver se seus caninos foram substituídos por presas. As crianças que são vampiros são imediatamente mortas com uma estaca no coração. Nic, contando o sonho no carro, uma manhã, diz que é injusto para com os vampiros, porque eles não são assim porque querem.

Não sei se é por causa de nossa vigilância constante, da imagem de crianças desaparecidas nas caixas de leite ou das histórias aterrorizantes que eles escutam, mas Nic e seus amigos parecem demasiadamente amedrontados. Há um pequeno pátio atrás do nosso prédio, mas eles não querem brincar lá fora a não ser que eu vá junto. Ouço outros pais queixarem-se de que seus filhos têm medo do escuro, choram à noite, não querem dormir sozinhos ou têm medo de dormir na casa dos amigos. Depois de uma história, antes de adormecer, Nic me pede para ir olhá-lo a cada quinze minutos.

Eu canto para ele.

Feche os olhos
Não tenha medo
O monstro foi embora
Está fugindo, e o papai está aqui*

---

* "Close your eyes/ Have no fears/ The monster's gone/ He's on the run and your daddy's here."
Trecho da canção "Beautiful Boy (Darling Boy)", de John Lennon. (N.E.)

2

Acoooorde!
Acorde! Acorde! Acorde!
Levante! Levante! Levante!
Aqui é o Mister Señor Love Daddy.
Sua voz preferida. O único homem forte.
Doze horas por dia na rádio WE LOVE, *108* FM.
A última no mostrador do seu dial,
mas a primeira em seu coração.
E essa é a verdade, Ruth.

A FRESCA MANHÃ DE OUTONO começa com Nic recitando o solilóquio de abertura de *Faça a coisa certa,* um de seus filmes preferidos. Nós nos vestimos e saímos para uma caminhada no parque. "Olhe essas laranjinhas", diz Nic, que está com oito anos nesta manhã de outono, quando caminhamos por um parque nas redondezas. "E, oh, as verdinhas e vermelhinhas e douradinhas! É como se na noite passada o mundo tivesse sido pintado pelos dedos de um gigante." De volta a casa, Nic ajuda a fazer massa de panqueca. Ele faz tudo, menos quebrar os ovos — não quer ficar com as mãos "meladas". Diz que as panquecas deveriam ser do tamanho das do filme *Quem vê cara não vê coração,* onde elas são tão grandes que o Tio Buck usa uma pá de neve, em vez de uma espátula.

Nosso apartamento é o domínio de uma criança, não importa o quanto eu tente restringir a influência do Nic ao quarto dele. O lugar pode ter sido arrumado no dia anterior, mas roupas de criança estão espalhadas por toda parte. Há jogos de tabuleiro (ele me derrotou na noite passada no Stratego) e videogames (estamos no penúltimo nível de *A lenda de Zelda*) e um mar multicolorido de Lego no meio da sala de estar. Na verdade, há Lego por todo lado — na gaveta dos talheres, embaixo das almofadas do sofá, escondidos entre as raízes das plantas nos vasos. Uma vez, quando minha impressora não estava funcionando, um técnico detectou o problema: era uma peça de Lego travada atrás do rolo.

Esperando as panquecas sob uma galeria de pinturas suas presas à parede, Nic senta-se à mesa do café da manhã, onde escreve em papel pautado com um grosso lápis vermelho.

"Tivemos de fazer nossa própria pizza na escola ontem", diz ele. "Podíamos escolher queijo cheddar ou prato. Ei, você sabe como se escreve a palavra 'uuuuh'? Eles disseram que Jake beijou Elena e todos as crianças disseram 'uuuuh'. Você sabia que as corujas conseguem virar inteiramente a cabeça?"

Ponho uma panqueca, decepcionantemente de tamanho médio, na frente dele. Ele despeja xarope de bordo por cima, fazendo efeitos sonoros — "Iiiieeeaaa! Lava quente!" — enquanto eu arrumo um saco de papel com o almoço, composto por um sanduíche de manteiga de amendoim com geleia, tiras de cenoura, uma maçã, biscoitos e uma caixa de suco.

Ele se veste para a escola. Enquanto amarra os sapatos, cantarola "Dona Aranha". Vamos nos atrasar, de modo que o apresso, e logo Nic está no assento de trás do carro, cuspindo em seu boneco do Papai Urso.

"O que você está fazendo?"

"Ele está no poço de gosma. Você coça meu joelho?"

Estendo a mão para trás e enfio o dedo nos lados do joelho dele, o que provoca risos histéricos.

"Está bem, está bem, pare. Eu só queria me lembrar como era sentir cócegas."

Mudando de assunto, Nic pergunta se pode aprender klingon em vez de espanhol na escola.

"Por que klingon?"

"Para não ter de ler as legendas nos filmes de *Jornada nas estrelas.*"

Quando paro em frente à escola, ainda restam alguns minutos antes de tocar a sineta. Minha grande façanha em qualquer dia é chegar na escola na hora, mas hoje alguma coisa está errada. Onde estão os outros carros, a multidão movimentada de crianças chegando e as professoras que os recebem? Cai a ficha. É sábado.

* * *

Eu não endosso o conceito de carma, mas passei a acreditar no carma instantâneo, como foi definido por John Lennon na sua canção "Instant Karma". Quer dizer, em essência, que podemos colher o que plantamos *nesta* vida — e explica a merecida punição que recebo quando minha namorada faz comigo o que fiz com minha esposa. (Na verdade não foi tão censurável; quando ela foge para a África do Sul, faz isso com uma pessoa relativamente desconhecida.) É claro que estou confuso, e Nic tem de lidar não só com o meu desespero, mas também, depois da minha recuperação, após muitos meses patéticos, com subsequentes namoradas, dotadas de algumas qualidades, mas que passavam longe dos instintos maternais. É como *Papai precisa casar*, mas o Eddie do seriado nunca apareceu para o café da manhã e encontrou uma senhora de quimono comendo cereal.

"Quem é você?", pergunta Nic. Ele bamboleia até a mesa da cozinha, um aposento dissonantemente iluminado com chão de linóleo xadrez preto e branco. Está de pijama e com os chinelos de Oscar, o Resmungão. O objeto da pergunta é uma mulher com um vulcão de cabelo rastafári. Artista, sua exposição recente incluía fotocópias coloridas à mão de partes íntimas do corpo dela.

A mulher se apresenta e diz: "Eu sei quem você é. Você é o Nic. Ouvi falar muito de você".

"Eu não ouvi falar de você", retruca Nic.

Uma noite, Nic e eu jantamos em um restaurante italiano na rua Chestnut com outra mulher, esta com cachos louros e olhos verde-garrafa. Nossos encontros até então incluíam jogar *frisbee* com Nic no gramado da marina e, no domingo, fomos a um jogo do San Francisco Giants. De volta ao apartamento depois do jantar, nós três assistimos a *Os cinco mil dedos do doutor T.* Ela folheia revistas na sala de estar enquanto eu leio para Nic no quarto dele, até ele dormir.

Em geral eu tenho o cuidado de trancar a porta do meu quarto, mas, desta vez, esqueço. De manhã, Nic sobe na cama. Quando nota a garota, que acorda com ele olhando para ela, pergunta: "O que você está fazendo aqui?".

Ela responde, brilhantemente: "Passei a noite aqui".

"Oh", diz Nic.

"Como uma festa de pijama."

"Oh", diz Nic outra vez.

Eu mando Nic para o quarto dele, para vestir-se. Mais tarde, tento explicar a ele, mas sei que cometi um tremendo erro.

Não levo muito tempo para me dar conta de que meu estilo de vida de pai solteiro talvez não seja bom para Nic, de modo que dou um tempo nos meus namoros. Determinado a parar de repetir os embaraçosos e tão dolorosos erros que levaram ao meu divórcio e ao fracasso de outros relacionamentos, entro em um período de celibato, autorreflexão e terapia.

Nossas vidas ficam mais calmas.

Nos fins de semana fazemos caminhadas em torno do Embarcadero e subimos o Telegraph Hill até a Coit Tower; vamos de bonde até Chinatown para comer *dim sum* e ver os fogos de artifício. Com nossos vizinhos, padrinhos não oficiais de Nic, vamos ao cinema no Castro Theatre, no qual um organista toca "Whistle While You Work" e "San Francisco", em um Wurlitzer pintado de dourado antes das apresentações. Pegamos o metrô subaquático de alta velocidade, o *Bay Area Rapid Train* (mais conhecido pela sigla Bart) até Berkeley e caminhamos pela Telegraph Avenue, observando os personagens de sempre, como a mulher com dúzias de fatias de torradas presas à roupa e o Sensível Homem Nu, que passeia displicentemente.

Nas noites dos dias de semana, depois de Nic ter feito o dever de casa, brincamos com jogos. Muitas vezes cozinhamos juntos. E lemos. Nic adora livros: *Uma dobra no tempo*, Roald Dahl, *Vidas sem rumo*, *O Hobbit*. Uma noite, por ocasião de uma das muitas festas de desaniversário de Nic — estas ficaram populares depois de lermos *Alice no País das Maravilhas* e *Alice através do Espelho* —, arrumamos a mesa formalmente, pondo animais de pelúcia em cada um dos lugares. Jantamos com os bichos de pelúcia, sentados como sultões em almofadas.

Uma noite de verão em 1989, estou em um jantar na casa de um amigo, sentado de frente para uma mulher de Manhattan que está visitando os pais dela em Marin County. Karen, com cabelo castanho-escuro e usando um vestido preto simples, é pintora. Além disso, ela ilustra livros infantis. Karen diz que está voltando para Nova York no dia seguinte, e eu menciono que devo ir até lá na semana seguinte para fazer uma entrevista. Há um silêncio desajeitado. Meu amigo, sentado ao meu lado, me passa um pedaço de papel e uma caneta, sussurrando no meu ouvido: "Peça o telefone dela".

Eu peço.

No dia seguinte eu ligo para ela, na casa dos seus pais. Escuto-a mandar a mãe dizer que ela não está em casa, mas a mãe não dá bola, passando-lhe o telefone.

Sim, diz ela, ela irá se encontrar comigo quando eu for a Nova York.

Nosso primeiro e cauteloso encontro é numa festa na casa de um amigo no Upper East Side. Os Fine Young Cannibals tocam no sistema de som, garçons circulam com bandejas de champanhe e canapés, e então, embora seja uma noite insuportavelmente quente, eu caminho com ela por toda Manhattan até seu apartamento no sul da ilha. Isso demora algumas horas, durante as quais não paramos de falar. Sempre que passamos por uma mercearia 24 horas, compramos picolés Popsicles. É madrugada quando dizemos boa-noite em frente à porta dela.

Karen e eu nos mantemos em contato por telefone e por cartas. Vemo-nos quando ela vem visitar os pais e quando eu viajo a Nova York a trabalho. Depois de uns seis meses, durante uma de suas viagens a São Francisco, eu apresento Karen a Nic. Ela lhes mostra os livros de arte dela, e eles passam horas desenhando quadrinhos. Trabalham durante semanas em longas tiras de papel parafinado, criando uma cena elaboradamente decorada de um parque povoado pelo senhor Resmungão, um homem rotundo sentado num banco e comendo sanduíche de salada de atum; o magérrimo senhor Macarrão e seu bebê macarrão; o senhor Peruca e o senhor e a senhora Ninguém. (Eles não têm corpo.)

Depois de morar no quinto andar de um prédio sem escada à sombra do World Trade Center durante seis anos, Karen se muda para nossa casa em São Francisco. Talvez Nic esteja apenas tentando quebrar o gelo com essa nova força na vida dele, agora que ficou claro que ela chegou para ficar, mas ele escreve um trabalho sobre ela para a escola, no qual explica: "Ela morava em um enorme *loft* em cima de um restaurante chamado Ham Heaven [Paraíso do Presunto]. O apartamento dela era um lugar legal, e você podia acender fogos de artifício no telhado... Ela resolveu vir para São Francisco para ficar com sua nova família, que somos meu pai, eu e ela".

Logo depois, alugamos uma casa em frente à ponte, em Sausalito, para que tenhamos um quintal. Nossa casa tem a fama de ser uma das mais antigas na cidade. Vitoriana, meio bamba e cheia de goteiras, é ligeiramente mais quente do lado de dentro que do lado de fora, mas não muito. Para compensar, o fogo ruge na lareira, e à noite nos amontoamos em pesados edredons. Bem agasalhados em jaquetas recheadas de penas de ganso, nós três vamos examinar a vida marinha na maré baixa, ao longo das praias, e atravessar a baía na balsa que passa pela ilha de Alcatraz até São Francisco. Fazemos transporte solidário com outra família para a escola do Nic na cidade. Nic, que agora está no quarto ano, joga no time infantil de beisebol local. Karen e eu torcemos por ele. Com a camiseta e o boné verdes dos Braves, ele é um segunda base focado e pronto para a ação. Os outros meninos ficam de brincadeira, mas Nic é solene. Seu técnico nos diz que Nic é um líder entre seus companheiros de equipe; as outras crianças pedem orientações a ele.

Os pais em geral são efusivos com relação a seus filhos, mas pergunte a qualquer um que conheça Nic e terá a descrição de seu humor, criatividade e sua contagiante alegria de viver. Muitas vezes Nic é, sem querer, o centro das atenções, seja em brincadeiras na escola ou em reuniões para jantar. Um dia um diretor de elenco vem à escola dele, observa as crianças no recreio e depois entrevista algumas delas. À noite, ele liga para a nossa casa e pergunta se eu pensaria na hipótese de permitir que Nic apareça num comercial de televisão. Eu discuto isso com ele, e Nic diz que parece ser divertido, então eu concordo. Permitimos que ele gaste dez dólares, mas com o resto do cachê de cem dólares abrimos uma conta em nome dele para pagar sua faculdade.

O comercial, para uma companhia automobilística, começa com um grupo de crianças sentadas em semicírculo no chão da sala de aula de um jardim de infância. A professora, sentada numa cadeira de criança, lê uma história para eles e depois fecha o livro, pousando-o no colo.

"Então, turma", diz ela, "O que a história de *Dick and Jane* significa para vocês?"

Uma menininha de tranças e grandes olhos azuis diz: "A casa é a mãe".

Depois de uma série de comentários semelhantes, um menino sério, de cabelos escuros, pergunta: "Mas e o Spot?". Nic levanta a mão, e a professora o chama. "Nicolas?"

"Spot é o id, a força animal, procurando escapar."

Uma menina de enormes olhos castanhos e um balançante rabo de cavalo revira os olhos e dá de ombros. "É bem a cara do Nic envolver Freud", diz ela, apoiando, amuada, o queixo no punho.

A última cena mostra as crianças no final do dia escolar, na hora de ir embora. Elas correm para fora do prédio, para os carros dos pais, enfileirados à porta. Nic pula para o assento traseiro de um Honda, e sua mãe pergunta: "O que você fez hoje na escola, Nicolas?"

Ele responde: "Oh, o mesmo de sempre".

Um mês ou dois depois da estreia do comercial, estamos no cinema. Um homem usando jaqueta, calça de couro cheia de tachas e botas pretas de motocicleta o reconhece. "Oh, meu Deus", guincha ele, apontando. "É o Nicolas!"

Em maio, Karen e eu nos casamos sob rosas e buganvílias no deque da casa dos pais dela. Com os braços magros e o pescoço saindo de uma camisa oxford de mangas curtas, Nic, agora com nove anos, está nervoso, embora tentemos tranquilizá-lo. Na manhã seguinte, no entanto, ele parece imensamente aliviado. "Está tudo igual", diz ele, olhando de mim para Karen, para a casa, em volta, e de novo para mim. "É tão estranho."

"A senhorita Anne era uma velha bruxa malvada. Madrastas sempre eram." Truman Capote resumiu a visão popular das madrastas. Não é um sentimento novo. Eurípedes escreveu: "Melhor uma empregada que uma madrasta." E, no entanto, Karen e Nic se aproximam. Será que estou vendo apenas o que quero ver? Espero que não. Acho que não. Eles continuam a pintar e desenhar juntos. Sempre estão fazendo "desenhos conjuntos", nos quais um acrescenta alguma coisa e depois o outro também, continuamente. Eles olham livros de arte e discutem os artistas. Karen o leva a museus, nos quais Nic se senta no chão das galerias com seu bloco no colo. Ele faz anotações e esboços febris inspirados em Picasso, Elmer Bischoff e Sigmar Polke.

Ela ensina francês a ele — fazendo interrogatórios de vocabulário enquanto andamos de carro —, e é engraçado vê-los levar adiante conversas sobre seus livros preferidos em comum, as crianças na turma dele e filmes, especialmente os estrelados por Peter Sellers e Leslie Nielsen, como os do Inspetor Clouseau, *Apertem os cintos, o piloto sumiu* e *Corra que a polícia vem aí*, bem como suas sequências. Por algum motivo, durante quatro noites consecutivas, eles assistem a *Pollyanna*, tentando chegar ao final. Mas sempre ficam com muito sono e desligam a televisão. Na quinta à noite, no entanto, eles terminam de assistir. Depois disso, o filme se torna uma linguagem compartilhada que eles usam quando estão juntos. "Karen, você tem um narizinho entupido", diz Nic, imitando Agnes Moorehead.

Nic tenta me fazer brincar com um videogame chamado Streetfighter 2, mas eu me canso rapidamente do quebra-quebra, das cabeçadas e mordidas. Karen, porém, não só gosta como é boa nisso, vencendo Nic. Além disso, ela adora as músicas que ele escuta e, ao contrário de mim, nunca diz para ele abaixar o som.

Karen e Nic implicam um com o outro. Sem parar. Algumas vezes ela implica demais e ele fica zangado. Quando saímos para comer, eles sempre pedem milk-shakes. Ele saboreia o dele devagar, mas Karen bebe o dela rapidamente e depois tenta roubar o do Nic.

Eles jogam um jogo de palavras e morrem de rir.

Karen diz "Dave".

Nic diz "tem".

Karen diz "uma".

Nic: "bunda".

Karen: "de macaco".

Eu levanto os olhos da minha revista. "Muito engraçado", digo.

Nic diz "Desculpe".

Karen: "foi".

Nic: "um".

Karen: "homem".

Nic: "que".

Karen: "disse".

Nic: "que".

Karen: "Dave".

Nic: "tem".

Karen: "uma".

Nic: "bunda".

Karen: "de macaco".

Eles brincam disso e de variações disso, repetidamente. Eu reviro os olhos.

Karen trabalha muito e resiste às tarefas de mãe, mas começa a dirigir no transporte solidário algumas vezes e, uma noite, faz um bolo de carne para o jantar. Fica horrível, e Nic se recusa a comê-lo. Karen começa a dizer a Nic para pôr o guardanapo no colo, o que o faz ficar furioso. Ela o recruta para ajudar na casa, contratando-o para matar lesmas no jardim. Ele recebe dez centavos por lesma. Nic as põe em uma pá e as joga por cima da cerca, no bosque.

Karen, a quem Nic chama de Momma, ou Mommacita ou KB (ela o chama de Sputnik), admite que não é um relacionamento natural para ela. Uma vez, no carro com Nic e Nancy, a mãe de Karen, Nic, cansado e frustrado a respeito de nada em particular, começa a chorar. Karen fica pasma e pergunta a Nancy: "O que há de errado com ele?". Ela responde: "Ele é um menininho. Menininhos choram". Outra noite, eles estão juntos na casa dos pais dela, e Karen nota que, enquanto estão sentados em torno da televisão, Nancy puxa Nic para perto dela e esfrega as costas dele. Ele parece inteiramente contente. Karen me conta isso como se fosse uma revelação. Ela diz que, no início, Nic parecia alheio a ela; ela não tivera contato com crianças desde que era pequena. "Eu nunca esperei isso", diz ela. "Não tinha ideia. Não sabia o que estava perdendo."

Nem sempre ela se sente assim. Às vezes Nic é intratável — aliás, comigo também —, mas o problema maior é inerente à posição de madrasta. Algumas vezes Karen diz que gostaria de ser a mãe verdadeira de Nic, mas é realista quanto ao fato de não ser. Ele tem uma mãe que adora e à qual é afeiçoado. Karen é frequentemente lembrada de que ser madrasta não é ser mãe. Ela tem grande parte da responsabilidade, mas não a autoridade de uma genitora. Algumas vezes fico calado enquanto ela dá prosseguimento à questão dos cotovelos sobre a mesa, mas, embora eu sempre a encoraje a dizer o que pensa, muitas vezes saio em socorro dele. "Ele tem bons modos", insisto, antes de me dar conta de que mais uma vez a sabotei. O pior para Nic pode ser o fato de ele se sentir culpado a respeito de um relacionamento próximo com alguém que não é mãe dele, o que é muito comum, de acordo com muitos dos livros sobre "como ser madrasta" que Karen mantém à sua mesa de cabeceira.

Algumas vezes todos nós sentimos intensamente a ausência de Vicki. Quando Nic fica com saudades dela, o telefone ajuda, embora depois de ouvir a voz dela ele possa ficar mais triste. Nós o encorajamos a visitá-la sempre que possível e a ligar quantas vezes quiser. Tentamos fazê-lo conversar a respeito. É tudo o que sabemos fazer.

Sinto que Nic está passando por uma transformação intermitente, como se tivesse um cabo de guerra dentro dele. Ele se agarra ao caranguejo de pelúcia e aos pandas, mas tem um pôster do Nirvana pregado na parede do quarto.

Embora ainda se rebele frequentemente contra hábitos e gostos convencionais, cada vez mais sucumbe à pressão dos pares. Está experimentando uma desajeitada fuga pré-adolescente e muitas vezes usa calças de flanela desalinhadas e se arrasta por aí em um par de botas Dr. Martens deselegante. Usa uma franja sobre os olhos no estilo da de Kurt Cobain e passa hena para clarear o cabelo. Eu permito, mas não sem pensar se deveria, e de vez em quando o obrigo a cortar o cabelo, mesmo que ele fique furioso comigo. Ao escolher as minhas batalhas, peso os fatores mais relevantes. Nic ocasionalmente tem o humor instável, mas não mais do que outras crianças que conhecemos. Há repreensões leves — por escrever "Sofia é muito ruim" em um caderno, por exemplo. (Sofia é uma menina estudiosa da turma dele.) Uma vez, Nic teve de escrever uma nota pedindo desculpas por interromper uma aula de espanhol. Durante a maior parte do tempo, no entanto, ele continua a ir bem na escola e em tudo o mais. Em um boletim, uma professora escreve a respeito de seu "senso de gentileza e generosidade promissor" e conclui: "Fico maravilhada com os dons que ele sem dúvida trará ao mundo".

3

A CIDADE DE INVERNESS, na península de Point Reyes, uma hora ao norte da Golden Gate Bridge, ficava, alguns milhões de anos atrás, no sul da Califórnia. A massa de terra em formato de lança ainda se projeta para o norte no passo lento de uns dois centímetros por ano. Inverness e as cadeias montanhosas, colinas e vales em torno, bem como quilômetros de fazendas e praias, serão, em mais um milhão de anos, uma ilha flutuando ao largo do litoral de Washington.

Inverness fica separada do resto do continente pela Tomales Bay, de 19 quilômetros de comprimento, que corta uma linha irregular para o oceano diretamente em cima da Falha de San Andreas. A borda submersa talvez seja a responsável pelo elevado senso de efemeridade e fragilidade — e graça etérea.

A cidade de Point Reyes Station fica no lado de terra firme. Tem uma mercearia, uma oficina de automóveis, duas livrarias e restaurantes especializados na comida local — feita com produtos orgânicos e com animais criados soltos e alimentados com capim. Na Cowgirl Creamery, queijos redondos são feitos de leite da Straus Family Dairy, que fica nas redondezas. A Tobys Feed Barn vende uma série de produtos que resumem a comunidade local: feno, colônia de lavanda, azeite de oliva recém-espremido, orelhas de porco secas, creme fresco Straus e vermífugo para cachorrinhos. Mais adiante, na mesma rua, há uma barbearia, uma delicatessen, escritórios imobiliários, uma loja de ferragens e uma agência de correio.

A região tem uma população variada. Há muitas famílias de imigrantes de primeira e segunda geração, procedentes da América Latina e do México; refugiados de Hollywood; ótimos artesãos, construtores, marceneiros e canteiros;

pescadores e pescadores de ostras e hippies velhos (a cidade sustenta uma loja que tinge camisetas no estilo tie dye). Há ex-executivos de alta tecnologia; professores; artistas; rancheiros e trabalhadores do campo; veranistas; gente que só vem aos fins de semana; gente que lida com cavalos; massagistas; terapeutas de todas as denominações; ambientalistas e uma clínica médica que não recusa ninguém. Há alguns velhos rabugentos e uma nova geração deles. De fato, algumas das pessoas do local abraçam as diferenças, mas irão evitá-lo se você aparecer em um trivial churrasco comunitário trazendo, digamos, cachorro- -quente em vez de tofu. Por um lado, existe uma ardente consciência social — mulheres que se despem pela paz. Por outro, pessoas locais podem agredi-lo verbalmente se você pisar num canteiro de amoras. Ainda assim, Point Reyes é principalmente um lugar que transborda generosidade e magnanimidade.

Karen tem uma pequena cabana em um jardim em Inverness, perto da cidade. Passamos o máximo de tempo possível lá atualmente e, quanto mais tempo passamos, mais apreciamos o senso de comunidade anacrônico e a espetacular beleza natural do local. Arrastamos com frequência nossa velha canoa pelo Papermill Creek, que decora os pastos como uma fita de prata. Remamos entre lontras e, com a maré alta, chegamos a uma pequena enseada isolada dentro da baía, na qual aportamos para um piquenique e para procurar pontas de flechas Miwok na praia rochosa. Fazemos caminhadas por trilhas que riscam as praias e os parques estaduais, nos quais um bilhão de flores silvestres se abrem na primavera. Os campos, no meio do verão, ficam secos, dourados, quando as amoras amadurecem e as íris azuis se abrem em flores de tirar o fôlego. No inverno, encharcados, nos agasalhamos e caminhamos pelo parque estadual ou ao longo da Praia Norte e Sul, onde as ondas do oceano Pacífico chegam a mais de seis metros de altura, e observamos a migração das baleias cinzentas.

Realmente, a península é rodeada nos três lados por alguns dos mais selvagens e magníficos litorais do mundo. Até agora, Nic raramente preferiu ir à praia — ele não gostava de ficar cheio de areia —, mas logo passa cada momento possível perto e dentro d'água. Vamos até McClures Beach, passando por arcos de flores amarelo-mostarda para pegar a maré baixa. Caminhamos ao longo da praia até os afloramentos e nos equilibramos em pedras escorregadias, observando o quebrar das ondas, enquanto examinamos as poças à procura de mexilhões, estrelas-do-mar, anêmonas e polvos. Nic observa Karen mergulhar no oceano gelado, no meio de dezembro, na praia de Limantour. Ele entra também. Eles se chicoteiam com longos fios de algas. Quando sai, Nic não consegue parar de tremer. A Tomales Bay é muito mais quente. Quando nadam lá, Karen e Nic fazem uma brincadeira em que ela tenta retirá-lo de cima de suas costas. Nas praias arenosas em Drakes, Stinson e Bolinas, Nic pratica *skimboard*, tenta o *bodyboard* e passa para pranchas maiores até chegar ao surfe. Age de forma natural e elegante em cima de uma prancha. Quanto melhor ele fica no surfe, mais quer se aprimorar. Passamos horas sublimes juntos no mar. Nós nos debruçamos sobre as previsões do tempo e das marés e nos dirigimos para a praia quando as ondas estão altas e o vento sopra da praia. Ao enterrar sua prancha na areia, Nic é esbelto e forte, bronzeado pelo sol. Ele usa um colar de contas cor de laranja em volta do pescoço. Tem longos membros flexíveis, mãos bronzeadas com as unhas sujas e estreitos pés dourados. Seus olhos claros com grossos cílios escuros se dirigem para o chão. Quando veste seu traje de mergulho preto com quatro milímetros de espessura, é como se tivesse pele de foca.

Seduzidos por West Marin, construímos uma casa e um estúdio de pintura no jardim da colina de Inverness. Nós nos mudamos antes do outono, quando Nic começa — apreensivo — o sexto ano em uma nova escola.

Depois de seu primeiro dia, nos sentamos nas cadeiras de jantar de espaldar alto, em torno de uma mesa roxa quadrada. Nic nos conta que ele acha que vai gostar dessa escola, afinal.

"Minha professora perguntou: 'Quantos de vocês odeiam matemática?'", diz Nic. "Quase todo mundo levantou a mão. Eu levantei também. E ela falou: 'Eu também detestava matemática'. Aí ela deu aquele sorriso e continuou: 'Vocês não vão mais detestar, depois que eu tiver ensinado a vocês'."

Ele continua contando que muitos dos garotos parecem legais. Relata que depois que o deixamos lá, ele estava caminhando pelo corredor quando ouviu um menino chamar: "Nic!".

Ele olhou.

"Fiquei bastante animado, mas aí pensei que talvez ele estivesse chamando outra pessoa, e eu estava lá pagando mico, acenando para ele. Mas não, era eu. Ele se lembrou de mim, de quando eu visitei a escola."

Depois do segundo dia, Nic conta que outro menino o chamou de amigo. "Esse menino ruivo me entregou um bastão de hóquei na educação física, e aí esse outro garoto disse: 'Não, o bastão é meu, eu o peguei primeiro'. O ruivo disse: 'É para o meu amigo Nic'."

Nic tem uma aparência elegante nesses dias, vestido com uma calça abaixo dos quadris, uma camiseta do Primus ou do Nirvana, uma postura adolescente largada e seu novo cabelo tingido de vermelho-alaranjado. Mesmo assim, tem uma ambição essencial: chegar em casa e poder dizer: "Papai, hoje fiz mais dois amigos".

Numa sexta-feira, algumas das crianças vêm à nossa casa para passar o dia juntos. Vamos de carro até Stinson Beach, onde eles brincam de pega-pega na praia e jogam bola, e Nic os ensina a deslizar na prancha. A falta de jeito pré--adolescente se dissolve quando eles brincam como crianças mais novas, rindo sem constrangimento, tropeçando e lutando na areia. Antes de ficar escuro, voltamos para casa, onde eles jogam Twister e Verdade ou Consequência, com perguntas maliciosas como: "Você acha a Skye bonitinha?". (Nic acha: ela é a menina de olhos grandes e cabelos castanhos cujo nome, quando mencionado, o faz corar. Ele fala com Skye pelo telefone à noite, algumas vezes durante uma hora ou mais.) E: "Em uma batalha de vida ou morte entre Batman e Hulk, quem ganharia?". As consequências incluem morder uma pimenta e beijar uma boneca Barbie. Eles comem pizza e pipoca, e, às dez horas, os pais vêm buscá-los.

Karen e eu comparecemos às exposições de arte e assistimos às peças de teatro da escola. Nic é Viola em uma produção de *Noite de reis*, e George Gibbs em *Nossa cidade*. Os pais são convidados para ouvir a apresentação dos trabalhos deles sobre países estrangeiros. Nic, encarregado da Bolívia, depois de mostrar o país em um mapa feito em casa e descrever a história, topografia, agricultura e produto interno bruto, executa uma canção escrita por ele. "Olívia, oh, Olívia", canta Nic, "em La Paz, Bolívia. Minha Olívia". Ele mesmo faz o acompanhamento no violão.

Nic desenha uma série de painéis em quadrinhos em que apresenta uma personagem chamada Supervaca, a Vingadora, que transmite lições sobre nutrição. Para um trabalho de ciências, coloca baldes e réguas em nossa banheira e no box do chuveiro, medindo a quantidade de água usada em cada um deles. (Os chuveiros são de longe mais ecologicamente corretos.) Para outro projeto de ciências, testa produtos de limpeza e solventes domésticos em penas encharcadas em óleo, para ver qual funciona melhor para limpar aves depois de um derramamento de óleo. O detergente de louças ganha. Ele assa uma torta de maçã e, através da janela do forno, observa sua desintegração, relatando o resultado em um artigo escrito a partir do ponto de vista da maçã. "Estou desidratando. Suspiro. Oi? Alguém está me ouvindo aí fora? Estou ficando com calor aqui..."

Todas as manhãs e tardes há transporte solidário entre a escola e a estação de Point Reyes. Quando sou eu o motorista da rodada, algumas vezes instruo Nic e seus amigos sobre a obra de Van Morrison, dos Kinks e os solos de guitarra de Jorma Kaukonen, Jimmy Page, Jeff Beck, Robin Trower, Duane Allman e Ronnie van Zant. (Tocar uma guitarra imaginária é incentivado.) Nic e seus amigos muitas vezes jogam o Jogo da Queixa, invenção de Karen. Nic, imitando Bob Eubanks, de *Jogos dos recém-casados*, é o locutor, explicando as regras. Os concorrentes ganham pontos em uma escala de um a dez para desabafar. Os moleques em geral se queixam de irmãos chatos, dos idiotas da escola, de professores antipáticos e pais tipo ogros. Queixas prosaicas recebem pontos medíocres. Admitir que se teve pesadelos depois de assistir a um filme de terror no qual meninas adolescentes foram esfaqueadas e um homem foi enterrado vivo vale oito pontos. Quando uma menina fala da época em que foi sequestrada pelo pai, ela é aplaudida e ganha dez. Um menino também ganha dez por uma denúncia furiosa contra a mãe, que, segundo ele, o arrastou por oito cidades com quatro maridos sucessivos. Depois de meses escutando histórias desse tipo, uma menina usa a vez dela para se queixar: "Sou normal demais. Meus pais nunca se divorciaram, e eu sempre morei na mesma casa". As outras crianças, solidariamente, lhe dão dez.

Ao procurar um cachorrinho na Sociedade Protetora dos Animais, Karen se apaixona por um cachorro fedorento, de olhos tristes, quase morto de fome, sentado com as patas cruzadas no chão de cimento de um canil. Ela traz Moondog para casa e, junto, uma bola de pelo: um filhote de labrador chocolate que chamamos de Brutus. Moondog, que nunca estivera dentro de uma casa antes, faz xixi no chão e mastiga a mobília de madeira. Ele dispara pela casa, ladrando e latindo sempre que passa um carro ou alguém chega à porta da frente. Ele também uiva para o aspirador de pó. Já Brutus pula na grama feito um coelhinho.

Todas as quartas-feiras vamos com os cachorros jantar na casa dos pais de Karen. Nancy e Don vivem em uma residência feita de tábuas e ripas, como um celeiro, ao lado de um cânion arborizado que fica a meia hora de Inverness. O aposento principal é aconchegante e alegre, com uma porta de vidro de correr que compõe um único painel com sete metros de altura. Prateleiras do chão ao teto, cobrindo duas paredes, estão cheias de livros sobre conchas, rochas, árvores e pássaros. Há também retratos dos três filhos (Karen, com mais ou menos cinco anos, tem grandes olhos castanhos e cabelo escuro preso para trás), antigas moedas de prata, pratos de estanho e um quadro retratando uma marmota.

O pai de Karen é médico aposentado. Karen cresceu esperando no carro enquanto ele fazia visitas domiciliares. Don cultiva tomates e abóboras em uma horta no terraço, mas passa a maior parte do tempo em seu escritório, no segundo andar, fazendo sua tarefa oficial, que é avaliar estudos para verificar a eficácia de novos remédios.

Nancy, sua esposa há mais de cinquenta anos, trabalha todos os dias no jardim. Ela tem olhos cinzentos e cabelos curtos prateados. É animada, bonita, gentil e imponente.

Nenhum dos filhos de Nancy e Don mora mais longe do que em São Francisco, e durante a tarde não é raro encontrar um, dois ou todos eles sentados à mesa da cozinha, diante do café requentado e um prato de biscoitos, batendo papo com a mãe.

Os jantares semanais, às quartas-feiras, são noites ruidosas e memoráveis com Nancy, Don, seus três filhos e as famílias deles, além de convidados ocasionais e sempre uma rotativa matilha de nossos vários cachorros mal-educados, que se apropriam dos melhores sofás e roubam comida não vigiada de cima da mesa do jantar.

Nesses jantares, Nancy relata todas as notícias dos jornais ou da TV a respeito de colchões tóxicos, crianças molestadas, suicídio de adolescentes, envenenamento, carrinhos de supermercado infectados com bactérias, ataques de tubarões, desastres de automóveis, eletrocuções — histórias intermináveis sobre mortes horríveis de crianças. Ela nos conta a respeito de uma nadadora que morreu afogada porque prendeu a respiração durante muito tempo. Diz que alguém morreu em Mill Valley quando uma árvore caiu em cima do carro, esmagando-o completamente. Relata notícias a respeito da crescente taxa de depressão infantil, problemas com alimentação e abuso de drogas. "Uma menina se afogou depois que seu cabelo ficou preso no ralo de uma banheira de água quente", conta ela um dia. "Eu só quero avisar para vocês tomarem cuidado."

Essas advertências têm a intenção de aumentar nossa vigilância, mas é impossível estar preparado para todas as calamidades possíveis. Uma coisa é estar em segurança, outra é entrar em pânico, o que é inútil, e cuidado excessivo pode ser sufocante. De qualquer forma, não importa. As más notícias são despejadas junto com o molho de alecrim.

Em um jantar de quarta-feira, em outubro de 1993, Karen, que está grávida de sete meses, e eu estamos sentados em torno da mesa da cozinha com os pais, o irmão e a irmã dela. Nic brinca lá fora com Brutus quando Nancy transmite a última notícia terrível. O cenário é Petaluma, a meia hora de carro a leste de Inverness. Uma menina de doze anos foi raptada do quarto dela. Ela estava dando uma festa de pijama. A mãe estava em casa.

Um dia depois, fotos de Polly Klaas, com seu longo cabelo castanho e olhos suaves, estão coladas em cada vitrine de loja e poste telefônico da cidade. Logo, um psicopata é preso. Ele leva a polícia até o corpo de Polly. Cada pai que conheço chora a morte da menina, e nos agarramos ainda mais aos nossos filhos.

As crianças no transporte solidário de Nic estão obcecadas com o assassinato. Uma menina diz que ela teria gritado e fugido. Outra retruca que isso seria impossível: "O cara era um gigante, com mais de dois metros de altura". Nic fica em silêncio durante algum tempo, depois comenta: "Você tem de gritar e fugir, de qualquer modo. Você tem de tentar escapar". Um menino diz que havia um cúmplice: "O cara raptou a Polly para uma rede de prostituição infantil". Então ninguém fala até Nic perguntar se o cara realmente tinha dois metros de altura. Uma das meninas diz: "Dois metros e vinte centímetros".

Nós, pais, falamos a respeito do sono irregular e dos pesadelos dos nossos filhos, e as crianças reagem com piadas que ouviram na escola. As que repetem no transporte solidário não são sempre a respeito de Polly Klaas, mas também sobre outras notícias pavorosas.

"A mãe de Jeffrey Dahmer diz: 'Jeffrey, eu realmente não gosto da sua amiga'. Então ele diz para ela: 'Tudo bem. Coma só os legumes'."

Nic nunca lê jornais nem assiste aos noticiários, mas não há como filtrar esses eventos horríveis, porque as crianças — no transporte solidário ou no recreio — ficam preocupadas com eles.

Jasper nasce no início de dezembro.

Nancy e Don trazem Nic ao hospital para ver o bebê com poucas horas de vida. Jasper está com os olhos inchados por causa de alguma coisa que pingam neles. Nic, sentado numa poltrona estofada cor-de-rosa, ao lado da cama de Karen no hospital, segura o bebê, que está envolto em um cobertor como se fosse um *burrito*. Ele fica olhando a criança durante muito tempo.

É muito fácil esquecer como eles são minúsculos e delicados quando acabam de nascer. De volta a casa, em Inverness, quando Jasper está dormindo, verificamos se ele está respirando. A presença dele conosco parece incerta, e nos preocupamos que ele possa desaparecer.

Tentamos da melhor forma possível tornar a transição fácil para Nic, que gosta de brincar com Jasper e parece encantado com ele. Será que estou tentando amenizar a realidade? Talvez. Eu sei que é complicado para ele. Na melhor das circunstâncias, segundas famílias devem sempre ser pelo menos um pouco aterrorizantes para as crianças de um casamento anterior. Tranquilizamos Nic, mas ele deve ficar imaginando exatamente onde esse novo bebê se encaixa nas nossas vidas.

Karen e eu estamos mais cansados. Jasper luta contra o sono, mas apaga assim que entra no carro, de modo que o levamos por longos trajetos sinuosos para que ele tire as sonecas. Fora isso, pouco mudou. Nic e eu, muitas vezes com os amigos dele, surfamos sempre que conseguimos achar tempo. Tocamos violão juntos e escutamos música. Para a véspera do Ano Novo de 1993, quando ganho entradas para o concerto do Nirvana no Oakland Coliseum, dou um jeito de Nic vir de avião de L. A. É uma noite inesquecível. A apresentação de Kurt Cobain é instigante, brilhante e mágica. Ele canta:

> Não sou como eles,
> Mas posso fingir
> O sol sumiu,
> Mas tenho uma luz
> O dia acabou,
> Mas estou me divertindo
>
> Meu coração está partido,
> Mas tenho um pouco de cola
> Ajude-me a cheirá-la
> E consertá-lo com você
> Flutuaremos por aí
> E nos penduraremos nas nuvens,
> Depois desceremos
> E terei uma ressaca[*]

Três meses mais tarde, Nic, Karen e eu estamos sentados na sala de estar com seu painel com papel de parede azul-celeste emoldurado por ripas de sequoia envernizadas. A sala está mobiliada escassamente com dois sofás cobertos com tiras de seda vermelha da China que Karen encontrou em uma loja de descontos, além de almofadas de cores variadas. Observamos Jasper,

---

[*] "I'm not like them/ But I can pretend/ The sun is gone/ But I have a light/ The day is gone/ But I'm having fun/ My heart is broken/ But I have some glue/ Help me inhale/ And mend it with you/ We'll float around/ And hang out on clouds/ Then we'll come down/ And I'll have a hangover." Trecho da canção "Dumb", do álbum *In Utero* (1993). (N.E.)

56 *David Sheff*

que está sobre um cobertor de bebê. Ele começa a rolar de costas e tenta engatinhar, mas não vai a lugar algum. Por fim, Jas consegue ficar na posição correta, de quatro, então bufa, sopra, balança para a frente e desata a chorar. Quando finalmente começa a engatinhar, vai de lado, como um caranguejo.

Na manhã seguinte, Nic vai para a escola como de costume. Mas, quando chega de volta, vejo na cara dele que está perturbado. Ele deixa a mochila cair no chão, olha para cima e me diz que Kurt Cobain se suicidou com um tiro na cabeça. Vindo do quarto de Nic, ouço a voz de Cobain: "Achei difícil, era difícil de achar. Tudo bem, seja o que for, deixa para lá".*

Depois do verão, Nic começa o sétimo ano. Em seu livro *Operating Instructions*, Anne Lamott escreveu: "O sétimo e o oitavo anos foram para mim, e para qualquer pessoa boa e interessante que já conheci, o que os escritores da Bíblia queriam dizer quando usaram as palavras *inferno* e *profundezas do abismo*... Acabou inteiramente qualquer sentimentozinho de que a gente estava essencialmente com a razão. Não estava. De repente, éramos um personagem de Diane Arbus. Era a primavera de Hitler na Alemanha". Durante essa época, há mais motivos para os pais se preocuparem do que a falta de jeito da pré--adolescência e a crueldade. Uma diretora de uma escola de ensino fundamental que conheço me conta que não entende o que é, mas que a situação está pior do que nunca para seus alunos: "Não dá para acreditar nas coisas que eles fazem consigo mesmos e com os outros". Em um levantamento de professores de escolas públicas, em 1940, os principais problemas disciplinares listados incluíam falar fora de hora, mascar chiclete, correr pelos corredores, violações do código de vestimenta e jogar lixo no chão. Mais de cinquenta anos depois, há abuso de drogas e álcool, gravidez, suicídio, estupro, roubo e assalto.

Quando Nic entra para o sétimo ano, ainda parece gostar de brincar com Jasper, cuja primeira palavra é "pato", seguida de "sobe", "banana", "cachorro" e "Nicky". Enquanto isso, seu irmão descobriu um benefício imprevisto para o fato de ter um bebê na família. As meninas da sala dele vêm em bandos ver Jasper. Vêm brincar com ele — balançá-lo de um lado para o outro e vesti-lo. Nic está encantado com a expansão de seu harém.

---

* "I found it hard, it was hard to find./ Oh well, whatever, nevermind." Trecho da canção "Smells Like Teen Spirit", do álbum *Nevermind* (1991). (N.E.)

Mas ele também está cada vez menos interessado na molecada do transporte solidário e passa a maior parte de seu tempo livre com um grupo de meninos de cabelos compridos que anda de skate, fala muito sobre meninas, mas não sai com nenhuma delas, e escuta música: Guns N'Roses, Metallica, Primus e Jimi Hendrix. Como sempre, Nic tem um gosto eclético e moderno — e muitas vezes volúvel. Parece não se cansar de algumas descobertas — Björk, Tom Waits, Bowie —, mas, fora isso, fica obcecado por alguma música mais irritante e, de repente, enjoa dela. Quando um artista, de Weezer a Blind Melon, Offspring ou Green Day, tem uma música de sucesso, ele já os descartou em favor do retrô, do obscuro, do ultracontemporâneo ou do simplesmente bizarro, uma lista que inclui Coltrane, coleções de polcas, a trilha sonora de *Os guarda-chuvas do amor*, John Zorn, M. C. Solar, Jacques Brel ou, atualmente, samba, ao som do qual ele sai dançando pela sala. Descobre Pearl Jam, uma canção chamada "Jeremy", que fala a respeito de um adolescente no Texas que se suicidou com um tiro na frente de sua turma de literatura inglesa. A professora de Jeremy pediu que ele fosse à sala do diretor tomar uma advertência. Ele voltou e disse a ela: "Senhorita, foi isso que eu realmente fui buscar", antes de apontar a arma para si próprio. Mais que tudo, porém, Nic ainda escuta Nirvana. A música explode como tiros de morteiro vindos de seu quarto: "Sinto-me burro e contagioso. Aqui estamos, agora entretenham-nos".*

No início de maio, pego Nic depois da escola a fim de levá-lo para jantar na casa de Nancy e Don. Quando ele sobe no carro, sinto cheiro de cigarro. No início, ele nega que tenha fumado. Diz que estava junto de alguns garotos que fumavam. Quando o pressiono, no entanto, ele admite que deu uns tragos com um grupo de meninos que estavam fumando atrás do ginásio. Eu lhe dou uma bronca, e ele promete não fazer de novo.

Na sexta-feira seguinte, depois da escola, ele e um amigo, com quem Nic ia passar a noite, estão jogando bola no jardim em Inverness. Estou arrumando uma mala de fim de semana para ele e procuro um suéter em sua mochila. Não encontro o suéter, mas, em vez disso, descubro um pacotinho de maconha.

---

* "1 feel stupid and contagious/ Here we are now entertain us." Trecho de "Smells Like Teen Spirit". (N.E.)

4

QUANDO EU ERA PEQUENO, minha família morava perto de Walden Pond, em Lexington, Massachusetts. Nossa casa ficava perto de uma fazenda com macieiras, milho, tomate e uma fileira de colmeias. Meu pai era engenheiro químico. Ele assistira a um comercial na televisão que dizia que quem tinha sinusite deveria ir para o Arizona. Como ele tinha rinite alérgica, fez isso. Garantiu um emprego em uma fábrica de semicondutores em Phoenix. Fomos de carro para o Oeste no nosso Studbaker verde-oliva, pernoitando ao longo do caminho em motéis da rede Motel 6 e comendo em Dennys e Sambos.

Estabelecemo-nos em Scottsdale, morando em um motel até que nossa casa fosse construída em uma comunidade. O novo emprego do meu pai na Motorola era criar, cortar e gravar placas de silício para transistores e microprocessadores. Minha mãe escrevia uma coluna sobre nossa escola e nossa vizinhança — vencedores de feiras de ciências e resultados de beisebol infantil — para o *Scottsdale Daily Progress*.

Meus amigos e eu muitas vezes relembramos nossa infância, quando as coisas eram diferentes. Era um mundo muito mais inocente e seguro. Minha irmã, meu irmão, eu e as outras crianças do nosso quarteirão brincávamos na rua até o escurecer, quando nossas mães nos chamavam para jantar. Brincávamos de tocar campainha e correr, de pega-pega, meninos correm atrás das meninas. Jantares em frente à TV, com refeições congeladas — galinha frita, purê de batata com um pouco de manteiga, doce de maçã, cada um em seu próprio compartimento —, arrumadas em mesas dobráveis. Assistíamos a *Bonanza, O maravilhoso mundo Disney* e *O agente da U.N.C.L.E.* Pertencíamos ao clube de escoteiros e dos lobinhos. Fazíamos churrasco, construíamos carrinhos de rolimã, fazíamos bolos no forno elétrico de brinquedo da minha irmã e descíamos pelos rios Salt e Verde sobre câmaras de ar.

Entretanto, não tenho certeza de que as saudosas lembranças dessa época sejam totalmente fidedignas. As notícias no nosso bairro corriam por intermédio das vozes abafadas das nossas mães. Charles Manson, liquidações com preços reduzidos em 50% e dietas para emagrecer eram os temas favoritos nas calçadas, em reuniões da Tupperware e jogos de mahjong, e no salão de beleza onde minha mãe pintava o cabelo. Elas sussurraram quando uma criança de dez anos que morava no nosso quarteirão se enforcou e quando, uma menina que vivia a duas casas de distância da minha morreu num acidente de carro. O motorista, um menino mais velho, estava drogado.

A proximidade com o México significava que as drogas eram abundantes e baratas. A geografia, no entanto, provavelmente não fazia muita diferença. Uma variedade de drogas anteriormente desconhecidas e não disponíveis inundou nossa escola e nosso bairro, exatamente como inundou os Estados Unidos a partir de meados dos anos 1960.

A maconha era a predominante. A molecada se juntava perto do bicicletário depois da aula, oferecendo um baseado por cinquenta centavos ou pacotinhos de trinta gramas por dez dólares. Ofereciam tragadas de seus baseados no banheiro ou durante o recreio. Um de meus amigos arranjou um e, depois de fumá-lo, contou para nós a respeito da experiência. Ele disse que pedira a um menino, que todos sabíamos que era maconheiro, e fumara o baseado no quintal de sua casa. Tossira um bocado e não sentira nada, depois entrara em casa e comera uma caixa de biscoitos Chips Ahoy! Ele começou a fumar quase todos os dias.

Mais ou menos um ano mais tarde, um menino do nosso quarteirão perguntou se eu queria fumar um baseado. O ano era 1968, e eu estava no primeiro ano do ensino médio. Não me causou grande efeito, nem me fez ter alucinações ou tentar voar pelo telhado da nossa casa, como a filha de Art Linkletter supostamente fez ao experimentar LSD. Ou seja, parecia inofensivo, e, portanto, nem pensei duas vezes a respeito de experimentar novamente quando entrei na casa de outro menino e o irmão mais velho dele me passou um toco incandescente segurado por uma pinça.

É claro que a coisa não era articulada, mas a erva, com sua marca de ilegalidade, era chave mestra para um círculo social pouco definido. Estar

60 David Sheff

dentro dele era um alívio depois da minha extravagância solitária no início do ensino médio. Eu ria com mais facilidade e me sentia mais engraçado com uma plateia chapada — ou seja, menos crítica. Ali estava um paliativo para uma enorme insegurança. Experimentei tudo — música, natureza — de um jeito exaltado, muito mais intenso, e ficava menos tímido com as meninas, um benefício que não pode ser descartado por um menino de catorze ou quinze anos. O mundo parecia ao mesmo tempo indefinido e mais vívido. Mas essas talvez não fossem as principais razões para eu continuar fumando. Além da contínua pressão dos colegas e do barato, do sentimento de rebelião ao acender um baseado, da camaradagem, e de como a erva ajudava a aplacar minha falta de jeito e insegurança... Além de tudo isso, a maconha me ajudava a sentir alguma coisa quando eu não sentia quase nada e bloqueava os sentimentos quando sentia demais. Exatamente do mesmo modo que a erva tornava as coisas borradas e mais vibrantes, ela me permitia sentir mais e sentir menos.

Hoje as pessoas da minha idade muitas vezes dizem que as drogas naquela época eram diferentes — a maconha, menos potente, e os psicodélicos, mais puros. É verdade. Testes com maconha mostraram que há duas vezes maior quantidade de THC, o ingrediente ativo, na erva de uma década atrás, que já era mais forte do que nos anos 1960 e 1970. Há reportagens frequentes sobre como os psicodélicos e alucinógenos são misturados a — ou até substituídos por — metanfetamina e outras drogas ou impurezas, embora naquela época ouvíssemos falar de garotos inalando produtos de limpeza à base de cloro ativo em vez de cocaína. Uma coisa é inegavelmente diferente: muitas pesquisas provam uma ampla série de efeitos perigosos, físicos e psicológicos das drogas, inclusive da maconha. Achávamos que eram inofensivas. Isso não era verdade. Sei que algumas pessoas lembram do que consideram bons velhos tempos do uso de drogas "inofensivas". Eles sobreviveram ilesos, mas muita gente não teve a mesma sorte. Houve acidentes, suicídios e overdoses. Eu ainda vejo um número chocante de vítimas de drogas dos anos 1960 e 1970 perambulando pelas ruas, alguns deles sem-teto. Alguns se queixam a respeito de conspirações. Aparentemente é um traço comum em dependentes de álcool e de outras drogas. "Toda vez que a bebida começava a fazer efeito, ele quase sempre acusava o governo", disse Huck Finn a respeito de seu pai bêbado.

Por causa disso, durante toda a infância de Nic, desde que ele tinha sete ou oito anos, eu falava com ele a respeito de drogas. Conversávamos a respeito delas "cedo e com frequência", como é recomendado pela ONG Partnership for a Drug-Free America*. Falei a ele das pessoas que foram prejudicadas ou morreram. Falei-lhe de meus erros. Fiquei atento aos sinais iniciais indicativos de alcoolismo adolescente e uso de drogas. (Número quinze na lista de sinais fornecida pela ONG: "Seu filho está subitamente se oferecendo para arrumar a casa depois de uma festa que teve bebidas alcóolicas, mas esquecendo as outras tarefas?".)

Quando eu era criança, meus pais imploravam para eu ficar afastado das drogas. Eu não lhes dei atenção, porque eles não sabiam do que estavam falando. Eles eram — ainda são — abstêmios. Eu, no entanto, conhecia drogas por experiência própria. Então, quando alertei Nic, achei que poderia ter alguma credibilidade.

Muitos psicólogos especializados no uso de drogas dizem aos pais da minha geração que mintam para os filhos sobre nosso passado em relação aos entorpecentes. É o mesmo motivo pelo qual o tiro pode sair pela culatra quando atletas famosos vão dar palestras em escolas ou aparecem na televisão e dizem às crianças: "Cara, não faça essa merda, eu quase morri", e lá estão eles, cobertos de diamantes, ouro, salários multimilionários e fama. As palavras: "Eu sobrevivi por pouco". A mensagem: "Sobrevivi, prosperei, e você também pode fazer o mesmo". As crianças veem que seus pais deram certo na vida apesar das drogas. Então, eu talvez devesse ter mentido para Nic e mantido em segredo minha relação com as drogas, mas não fiz isso. Ele sabia a verdade. Ao mesmo tempo, nosso relacionamento próximo me fez ter a certeza de que eu saberia se ele estivesse exposto a elas. Ingenuamente acreditei que, se Nic ficasse tentado a experimentá-las, ele me contaria. Eu estava enganado.

Ainda estamos mais próximos do inverno do que da primavera nesta fria e nevoenta tarde de maio, com o perfume de fumaça de madeira no ar denunciando os restos de uma fogueira que acendi à tarde. Nesta época do ano, o sol se põe cedo, atrás da cordilheira e dos choupos, de modo que, embora ainda sejam quatro horas, o pátio está envolvido em sombra. O nevoeiro volteia em torno dos pés dos meninos enquanto eles jogam bola. É um jogo sem propósito: eles parecem estar mais

---

* Parceria para uma América Livre de Drogas (N.E.)

interessados na conversa entre si, talvez a respeito de meninas, bandas ou do rancheiro que matou um cachorro raivoso em Point Reyes Station ontem.

O menino que está com Nic é musculoso, um levantador de pesos que exibe o peitoral e os bíceps pronunciados numa camiseta justa. Nic usa um cardigã cinzento grande demais — meu. Com o cabelo desfiado, o olhar cansado do mundo e sua languidez, qualquer pessoa pensaria que ele, no mínimo, fuma maconha. No entanto, apesar de seu traje e de seus humores variantes — o fastio crescente e o enfado, a postura sempre com os ombros caídos —, e apesar de seu novo grupo de amigos, que inclui os meninos durões e apáticos da escola, quando olho Nic vejo juventude, vitalidade, jovialidade e inocência. Uma criança. Por isso, estou extremamente perplexo pelos brotos verdes de maconha comprimidos e apertados, enrolados que seguro na mão.

Karen está sentada no sofá da sala, inclinada sobre seu diário, desenhando com nanquim. Jasper dorme perto dela, no sofá, deitado de costas com as mãos apertadas em punhos minúsculos.

Quando me aproximo, Karen olha para cima.

Eu mostro a maconha a ela.

"O que é isso? Onde você...?"

E depois: "O quê? É do Nic?". É uma pergunta retórica. Ela sabe.

Como sempre, administro meu pânico tentando evitar o dela. "Vai dar tudo certo. Era provável que acontecesse em algum momento. Vamos saber lidar com isso."

De pé no deque, chamo os meninos. Eles vêm, Nic conduzindo a bola, sem fôlego.

"Tenho de conversar com vocês."

Eles olham para minha mão estendida, que segura a maconha.

"Oh", diz Nic. Ele se endireita um pouco, esperando, dócil. Moondog chega até Nic e esfrega o focinho na perna dele. Nic não costuma discutir frente a provas concretas. Ele olha para mim, hesitante, os olhos assustados, arregalados, tentando avaliar o nível de encrenca em que está metido.

"Entrem."

Karen e eu ficamos de pé, de frente para os garotos. Olho para ela em busca de orientação, mas minha esposa está tão incerta quanto eu. Eu me sinto perturbado não só pela descoberta de que Nic está fumando maconha, mas também pelo fato ainda mais desconcertante de que eu não tinha ideia.

"Há quanto tempo você vem fumando essa coisa?"

Os meninos, acuados, olham um para o outro. "Foi a primeira vez que compramos", diz Nic. "Tínhamos experimentado uma vez antes."

Eu penso: será que acredito nele? Essa é uma ideia extremamente perturbadora, que jamais passara pela minha mente. É claro que acredito nele. Ele não mentiria para mim. Mentiria? Conheço pais cujos filhos estão constantemente metidos em encrencas na escola e em casa. A parte mais desconcertante é a desonestidade.

"Conte-me exatamente o que aconteceu."

Olho para o amigo dele, que não dissera uma palavra. Ele olha para o chão. Nic responde pelos dois: "Todo mundo fuma".

"Todo mundo?"

"Quase todo mundo."

Os olhos de Nic fixam-se nos longos dedos de sua mão de menino, que agora estão abertos sobre a mesa. Ele então os fecha e enfia os punhos nos bolsos.

"Onde você comprou?"

"De alguém. Algum garoto."

"Quem?"

"Não é importante."

"É, sim."

Eles nos dizem o nome do garoto.

"Só queríamos ver como era", diz Nic.

"E?"

"Não é grande coisa."

O amigo de Nic pergunta se eu vou ligar para os pais dele. Quando digo que sim, ele implora para que eu não faça isso.

"Sinto muito, mas eles precisam saber. Vou ligar para eles e depois vou levá-lo para casa."

Nic pergunta: "E eu vou dormir lá?"

Eu o fuzilo com o olhar. "Vamos levá-lo para a casa dele e depois você e eu vamos conversar."

Ele ainda está olhando para baixo.

O pai do garoto, quando eu ligo, me agradece por lhe contar. Ele diz que está preocupado, mas não inteiramente surpreso. "Já passamos por isso com nossos filhos mais velhos", diz ele. "Acho que todos passam por isso. Vamos conversar com ele." Ele ainda acrescenta, resignado: "Somos tão ocupados. Não conseguimos vigiá-lo".

Quando ligo para a mãe do menino que vendeu a erva, ela fica lívida, inflexível ao dizer que o filho não está envolvido. Ela acusa Nic e o outro menino de tentarem meter o filho dela em encrenca.

Quando Nic e eu ficamos a sós, ele se mostra arrependido. Concorda quando digo que Karen e eu resolvemos colocá-lo de castigo. "É, eu entendo."

Nosso raciocínio é o seguinte: não queremos reagir com exagero, mas, mais do que isso, não queremos reagir de menos. Impomos um castigo para mostrar como consideramos algo sério quebrar tanto as regras da nossa casa quanto a confiança do nosso relacionamento. Toda ação tem consequências, e esperamos que as consequências dos atos dele sejam apropriadamente pesadas. Além disso, estou desconfiado de seu novo grupo de amigos. Compreendo que não posso escolher os amigos dele, e proibir pode apenas fazer com que eles fiquem ainda mais interessantes. Mas pelo menos posso diminuir o tempo que passam juntos. A outra parte é simplesmente esta: quero vigiá-lo. Olhar para ele. Tentar compreender o que está acontecendo.

"Durante quanto tempo vou ficar de castigo?"

"Vamos ver como serão as próximas duas semanas."

Sentamos todos nos sofás, um de frente para o outro. Nic parece genuinamente arrependido. Eu pergunto: "O que fez você querer experimentar maconha? Não faz muito tempo que a ideia de fumar qualquer coisa — um cigarro, quanto mais maconha — lhe dava repulsa. Você e Thomas" — menciono um de seus amigos da cidade — "costumavam se meter em confusão quando jogavam fora os cigarros da mãe dele".

"Não sei."

Usando a caneta vermelha que está sobre a mesa de centro, ele começa a rabiscar linhas hachuradas no jornal do dia.

"Acho que estava curioso." Depois de um minuto, ele diz: "De qualquer modo, não gostei. Me fez sentir... não sei. Estranho." Então acrescenta: "Você não precisa se preocupar. Nunca mais vou fumar."

"E outras drogas? Você já experimentou alguma?"

Seu olhar incrédulo me convence de que está dizendo a verdade. "Eu sei que isso foi uma burrice", diz ele, "mas não sou assim tão burro".

"E álcool? Você andou bebendo?"

Ele espera antes de responder. "Ficamos bêbados. Uma vez. Eu e Philip. Foi na viagem de esqui."

"A viagem de esqui? Ao Lake Tahoe?"

Ele balança a cabeça.

Lembro do longo fim de semana no meio do inverno antes de Jasper nascer, quando alugamos uma cabana no Alpine Meadows. Deixamos Nic trazer Philip, um amigo de quem gostamos, um garoto de fala mansa e convívio fácil. Ele é pequeno e tem o cabelo penteado para baixo, sobre a testa. Somos amigos dos pais dele.

Chegamos às montanhas à noite, pouco antes de uma nevasca fechar as estradas. Na manhã seguinte, os pinheiros estavam polvilhados de branco. Nic já tinha esquiado antes, mas dessa vez ele e Philip resolveram tentar *snowboarding*. Como surfista, Nic achou que a troca seria fácil. "Você vai escorregar na neve, em vez de na água", disse ele. "As duas coisas têm a ver com equilíbrio e gravidade." Talvez, mas ele passou a maior parte do tempo aos trambolhões montanha abaixo antes de finalmente conseguir.

Agora pergunto: "Quando você teve a oportunidade de beber? Onde conseguiu a bebida?".

O corpo dele balança para trás e para a frente no sofá. "Uma noite você e Karen foram dormir cedo. Estávamos ao lado da lareira assistindo TV. Ficamos entediados e quisemos jogar cartas, mas não consegui encontrar um baralho. Pegamos copos e tomamos um pouco de tudo — só um pouquinho, para que ninguém pudesse perceber. Rum, bourbon, gim, saquê, tequila, vermute, uísque, uma merda verde esquisita e um creme de qualquer coisa." Ele faz uma pausa. "Bebemos de tudo. Era repugnante, mas queríamos ver como era ficar completamente bêbado."

Lembro daquela noite. Karen e eu fomos acordados pelo barulho dos dois vomitando. Ao mesmo tempo, nos dois banheiros do andar de baixo. Fomos ver o que tinha acontecido. Eles passaram mal a noite toda. Achamos que tivessem pegado uma virose.

Na manhã seguinte, ligamos para a mãe de Philip.

"É, está havendo uma virose por aí", concordou ela. Os meninos ainda estavam passando mal no dia seguinte, durante a longa viagem de volta, de Sierra até em casa. Uma hora em que não conseguimos chegar ao acostamento rápido o suficiente, Philip vomitou pela janela do carro.

"Aquela foi a única vez. Desde então, não toquei numa gota álcool. Só de pensar eu passo mal."

A ponderação dele me desarma, mas a informação me bate como um soco na boca do estômago, tanto pelo desapontamento quanto pela bebedeira. Ao mesmo tempo, no entanto, valorizo a sinceridade de Nic. Penso: pelo menos ele está admitindo sua culpa.

Nic então diz: "Se isso é algum consolo para você, eu odeio tudo isso. Não estou querendo arranjar uma desculpa, mas..." — ele faz uma pausa — "é difícil".

"O que é difícil?"

"É difícil. Eu não sei. Todo mundo bebe. Todo mundo fuma." Penso em seu amado Salinger, falando através de Franny: "Estou de saco cheio de não ter coragem de ser um ninguém absoluto".

Na segunda-feira, ligo para o professor dele e conto-lhe o que aconteceu. Ele marca uma reunião com Karen e comigo para depois das aulas do dia. Nos encontramos com ele em uma sala de aula vazia, nós três sentados nas carteiras dos alunos.

O professor me entrega uma das pastas de trabalhos de Nic — matemática, geografia, literatura. Nic cobriu uma página com um grafite feito com caneta esferográfica: uma garota peituda de olhos grandes, homens de olhos vazios e iniciais feitas de blocos. Em estilo e conteúdo, esses desenhos contrastam vividamente com o mural pintado a giz que, reproduz uma cena cuidadosamente sombreada da Idade Média. A imagem recobre o quadro-negro inteiro, que toma toda a parede da frente da sala de aula. Os expressivos autorretratos dos alunos estão pregados em uma outra parede. Facilmente identifico o de Nic: desenhado grosseiramente, parecendo mais uma caricatura, é um menino com um sorriso extravagante e grandes olhos saltados.

O professor tem o porte físico do Cavaleiro Sem Cabeça, com uma careca incipiente, cabelo avermelhado esvoaçante e nariz encurvado. Inclina-se para a frente na cadeira pequena e folheia a pasta de Nic diante de si. "Ele está indo bem com o trabalho da escola. Ele está indo *bastante* bem. Tenho certeza de que vocês sabem. Nic é um líder na turma. Faz com que os outros meninos — alguns dos quais não estariam necessariamente empenhados —, se animem em participar das discussões."

"Mas e a maconha?", pergunta Karen.

O professor, grande demais para a cadeira de aluno na qual está sentado, apoia-se desconfortavelmente nos cotovelos. "Notei que Nic está se deixando levar por alunos que os outros acham legais. São os que contrabandeiam cigarros e — estou só adivinhando — provavelmente fumam maconha. Mas acho que vocês não devem se preocupar demais. É normal. A maior parte dos meninos experimenta."

"Mas Nic só tem doze anos", argumento.

"É." O professor suspira. "É quando eles experimentam. Há um limite para o que podemos fazer. Lá fora, eles são coagidos. As crianças têm de lidar com isso, mais cedo ou mais tarde. Muitas vezes, mais cedo."

Ao pedirmos seu conselho, ele diz: "Conversem com Nic a respeito disso. Eu também vou falar com ele. Se estiver tudo bem para vocês, conversaremos na sala de aula. Não vou mencionar nomes". Não sei se por culpa ou resignação, ele repete: "Há um limite para o que podemos fazer. Se trabalharmos juntos — a escola, as famílias — talvez haja alguma possibilidade de mudança".

"Você poderia proibi-lo de andar com ...?" Cito o nome dos meninos. "Eles não parecem ser uma influência muito boa." As folhas de uma árvore do lado de fora da janela tremulam ao sol da tarde, enquanto o professor remói a questão.

"Vou encorajar amizades mais saudáveis, sim, mas não tenho muita certeza de até que ponto vai ajudar proibi-lo. Pelo que vi em situações anteriores, quando proibimos alguma coisa, as crianças em geral obtêm o que querem às escondidas. Guiá-los parece funcionar muito melhor do que obrigá-los. Vocês podem tentar."

Ele recomenda um livro sobre adolescentes e promete manter contato.

Lá fora venta. No pátio da escola não há ninguém, com exceção de Nic, que está nos esperando. Ele está sentado em um balanço minúsculo no recreio do jardim de infância, suas longas pernas dobradas debaixo dele.

Sozinhos em nosso quarto, Karen e eu conversamos sobre o assunto, pondo em ordem nossa perplexidade e preocupação. Com o que estou preocupado? Sei que a maconha pode se tornar uma dependência química e Nic pode acabar se desviando dos estudos. Temo que ele possa passar a experimentar outras drogas. Então advirto Nic a respeito da erva. "Realmente pode acontecer — muitas vezes leva a drogas pesadas", explico. Ele provavelmente não acredita em mim, exatamente como eu não acreditava nos adultos que me diziam isso quando eu era jovem. Mas, apesar do mito perpetrado pela minha geração, a primeira a usar drogas em massa, a maconha *é* a porta de entrada para outras drogas. Quase todo mundo que eu conheço que fumava maconha no ensino fundamental experimentou outras drogas. E vice-versa. Nunca conheci ninguém que tivesse usado drogas pesadas que não tivesse começado com a maconha.

Começo a questionar todas as minhas decisões passadas, inclusive nossa mudança para o interior. Nunca fantasiei que qualquer subúrbio norte-americano ou periferia de classe média alta, ou cidadezinha do interior, não importa quão remota fosse, estivesse longe o suficiente para não ser tocada pelos perigos mais frequentemente associados às áreas urbanas com alta criminalidade e pobreza, mas achava que cidades como Inverness seriam mais seguras que Tenderloin. Agora já não tenho tanta certeza. Imagino como seria se tivéssemos nos mudado para São Francisco. Talvez esse fator seja irrelevante e isso fosse acontecer em qualquer lugar em que morássemos.

Ponho a culpa na minha hipocrisia. Ela me faz estremecer. Como posso dizer a ele para não usar drogas se ele sabe que eu usei? "Faça o que digo, não faça o que fiz." Digo-lhe que gostaria de não ter usado. Conto-lhe a respeito de amigos cujas vidas foram arruinadas pelas drogas. E, ao mesmo tempo, na minha mente, sempre ponho a culpa no divórcio. Digo a mim mesmo que muitos filhos de pais divorciados estão bem e que muitos filhos de pais que continuam juntos, não. Independentemente disso, não há como desfazer o que sei ser o evento mais traumático da vida de Nic.

Durante alguns dias, continuo conversando com Nic sobre drogas, sobre a pressão dos colegas e do que ser legal realmente significa. "Pode não parecer, mas é muito mais legal ser empenhado, estudar e aprender", digo eu. "Olhando em retrospectiva, acho que os garotos mais legais são os que ficaram afastados das drogas."

Eu sei como isso soa careta e como eu teria reagido na idade de Nic: "É... certo". Mesmo assim, tento convencê-lo de que sei do que estou falando, que entendo a pressão persistente e ubíqua para usar drogas, que entendo a sedução delas.

Nic parece escutar com atenção, embora eu não tenha muita certeza de como ele está absorvendo tudo isso. Na verdade, sinto que meu relacionamento com Nic mudou. Agora sou o alvo ocasional da exasperação dele. Algumas vezes discutimos a respeito de um trabalho malfeito ou tarefas executadas pela metade. Mas é complicado, porque tudo parece fazer parte do reino da rebelião adolescente, aceitável e esperada.

Três semanas mais tarde, estou levando Nic a um médico para fazer um check-up. Reduzo o som do rádio e começo tudo outra vez. Sei que não tem sentido ficar discutindo muito com Nic porque ele simplesmente desliga, mas quero abordar todos os ângulos. Durante as conversas, que têm se arrastado agora há semanas, meu tom mudou da advertência para a apelação. Hoje está menos tenso. Informo-lhe que Karen e eu resolvemos que ele já não está de castigo. Nic balança a cabeça e agradece.

Continuo observando-o durante as semanas seguintes. A melancolia de Nic parece ter diminuído. Eu arquivo mentalmente o episódio da maconha como um caso isolado — que pode ter sido útil, porque talvez tenha lhe ensinado uma lição importante.

Acho que ensinou. Nic está no oitavo ano. E as coisas parecem muito melhores.

Ele raramente se encontra com o menino que fora (estou convencido disso) a pior influência sobre ele — quem, de acordo com Nic, lhe vendeu a erva. (A esse respeito, acredito em Nic, não na mãe do garoto.) Em vez disso, ele passa grande parte de seu tempo livre surfando com seus amigos de West Marin. Nós dois surfamos juntos também, percorrendo as praias, indo atrás de ondas de Santa Cruz até Point Arena. Durante essas saídas, temos tempo para conversar, e Nic parece aberto e otimista. Além disso, está motivado na escola. Quer ter um bom desempenho, em parte porque aumentará suas chances de ser aceito em um dos colégios particulares de ensino médio das redondezas.

Nic continua a devorar livros. Ele lê e relê *Franny e Zooey* e *O apanhador no campos de centeio*. Depois de *O sol é para todos*, apresenta uma resenha sobre o livro no formato de uma gravação da secretária eletrônica de Atticus Finch, com mensagens de Dill para Scout e Jem, bem como ligações anônimas ameaçadoras feitas para Atticus por ele defender Tom Robinson. Nic lê *Um bonde chamado desejo* e depois grava uma entrevista radiofônica com Blanche DuBois. Para um trabalho sobre *A morte do caixeiro-viajante*, desenha uma charge deplorando os valores familiares dos Lohman. Depois, há um projeto de teatro no qual Nic, envergando uma peruca branca, bigode branco e terno branco, entra no palco e recita, em um cadenciado sotaque sulino, a história da vida de Samuel Clemens: "Meu pseudônimo é Mark Twain. Relaxem e deixem-me contar minha história". Não há nenhuma indicação de que ele esteja fumando qualquer coisa — nem maconha, nem cigarros. Na verdade, ele parece mais feliz e comedidamente animado a respeito de sua formatura no ensino fundamental.

É um fim de semana quente, sem vento. Nic tem treze anos. Depois de um dia calmo em casa, e com a promessa de um aumento nas ondas ao sul, nós dois amarramos nossas pranchas de surfe no teto da caminhonete e partimos pela estrada sinuosa que leva à praia ao sul de Point Reyes. Só é possível chegar onde as ondas quebram depois de uma caminhada de uma hora em uma trilha cheia de mato que passa pelas dunas.

Segurando nossas pranchas embaixo do braço, Nic e eu fazemos o trajeto até a boca de um estuário que tem fama de ser o local de procriação de grandes tubarões-brancos. Coelhos passam por nós correndo, e uma formação em V de pelicanos passa voando por nossas cabeças. O sol está baixo; os raios parecem pintados com uma cor aguada de damasco. À medida que o crepúsculo cai, o nevoeiro se derrama como massa de panqueca sobre os ranchos montanhosos, para em seguida transbordar sobre a baía. Nunca vimos antes este lugar com condições tão boas para surfar. Ondas de dois metros a dois metros e meio rolam e quebram, descamando-se em longas linhas sedosas. Rapidamente vestimos nossos trajes de neoprene e corremos para dentro d'água, pulando para cima das pranchas. O sol, que se põe, projeta uma espantosa formação de listras vermelho-rubi ao longo do horizonte, a oeste. Do outro lado, a Lua, gorda e amarela, está baixa. Há mais dois surfistas na água, mas vão embora logo, de modo que Nic e eu ficamos com o lugar todo só para nós. É um surfe emocionante, dos melhores que se pode ter.

Ao remarmos para fora, não há outro som além do suave sussurro da prancha deslizando sobre a água, e então, a intervalos regulares, o ronco de uma onda quebrando. Pegamos uma onda, remamos e depois pegamos outra. Em um certo momento, olho para cima e vejo Nic agachado em sua prancha, dentro de um tubo, com a cachoeira da onda ao seu redor.

Escurece. O nevoeiro dificulta a visão enquanto a lua nos envolve. Eu me dou conta de que estamos em duas correntes diferentes, que estão nos empurrando para lados opostos do canal. Estamos separados por cem metros. Começo a entrar em pânico, porque o nevoeiro cada vez mais espesso e sua obscuridade impedem que nos vejamos bem.

Remo às cegas na direção de Nic, procurando-o freneticamente até meus braços ficarem exaustos de lutar contra a corrente. Finalmente, depois do que me parece ser uma meia hora nadando sem parar, uma lufada de vento limpa uma parte do nevoeiro e eu o vejo. Alto, magnífico, Nic está de pé em cima de uma lasca de marfim, deslizando para cima e para baixo numa estonteante parede vítrea de água, com espuma branca reluzindo nas beiradas de sua prancha, um sorriso brilhante no rosto. Ao me ver, ele acena.

Exaustos, famintos, queimados pelo vento e encharcados depois de uma longa sessão, despimos nossos trajes de neoprene, carregamos nossas mochilas e caminhamos de volta para o carro.

No caminho para casa, paramos em uma loja de tacos. Comemos *burritos* do tamanho de porcos barrigudos e bebericamos refresco de limão. Nic está pensativo, falando do futuro — a respeito do ensino médio. "Ainda não consigo acreditar que eu entrei", diz ele.

Eu não sei se já o vi tão animado quanto depois de ele ter passado um dia visitando a nova escola. "Todo mundo parecia tão..." Ele fez uma pausa para encontrar a palavra certa. "Apaixonado. A respeito de tudo. Arte, música, história, escrita, jornalismo, política. E os professores..." Ele fez outra pausa para recuperar o fôlego. "Os professores são *fantásticos*. Assisti a uma aula de poesia. Eu não queria mais sair." Depois, mais calmamente, ele disse: "Eu nunca vou conseguir entrar". A competição para vagas nessa escola é intensa.

Mas ele entrou, e agora, em um momento eufórico, conclui: "Tudo está parecendo ótimo".

A cerimônia de formatura está marcada para uma tarde do início de junho. O auditório de uma igreja foi reservado, e os membros das famílias chegam e se sentam em fileiras de cadeiras dobráveis. Em seguida vêm os formandos. Eles estão desajeitados em suas roupas elegantes. Muitas das meninas usam vestidos novos ou emprestados. A maior parte mal consegue caminhar nos sapatos de salto; elas bamboleiam, como se tivessem bebido. Os meninos parecem sombrios em seus colarinhos duros, mexendo nas gravatas e puxando irritadamente as fraldas das camisas, que de algum jeito conseguem escapar uns dois centímetros de cada vez, até ficarem quase todas penduradas por cima da calça.

As crianças podem até estar miseravelmente fantasiadas, mas o bom humor delas faz jus à ocasião. De algum modo, suas boas maneiras também. Um a um, o nome dos formandos é chamado pelo diretor da escola. Alguns mais resolutos que outros, eles sobem um pequeno lance de escadas e caminham ao longo do palco baixo para receber os diplomas. Os colegas dão vivas ruidosos. Nesse dia, e apenas nesse dia, eles torcem uns pelos outros com um entusiasmo generoso e desenfreado. Por cada menina e cada menino. Com igual vigor, eles assobiam e gritam. Aplaudem os *nerds*, os espertos, os idiotas, as mandonas e os brigões; os dóceis, os atletas, os modernos, os párias.

Jamais pensei que pudesse me emocionar com uma formatura de ensino fundamental, mas é exatamente o que acontece. Passamos a conhecer bem essas crianças depois de três anos dando carona a elas e levando-as em diversas viagens para o campo; de tê-los em nossas casas para festas; de comparecer às apresentações de seus trabalhos, suas peças, recitais e torneios esportivos; de nos solidarizarmos com seus pais; de ouvirmos um falar do outro, principalmente da parte de Nic, sobre todos os sucessos, crises, paixonites e mágoas. Esses meninos e essas meninas, ainda crianças, mas experimentando as águas da vida adulta, vão em frente. O menino cuja mãe negou que o filho tivesse vendido maconha para Nic. O outro, com quem ele se embebedou. Um amigo de surfe. Os skatistas de cabeça raspada. A menina com a qual Nic costumava conversar horas pelo telefone, até eu obrigá-lo a desligar. As crianças do transporte solidário. Todas elas, desajeitadas e indecisas, com o diploma esvoaçando na mão, descem trôpegas do palco, agora formadas no ensino fundamental, dirigindo-se para o ninho de cobras que é o ensino médio.

É o fim de semana depois da formatura, e algumas famílias estão reunidas no Hearts Desire nesta tarde abafada de junho. A baía está tranquila. Comemos um jantar trivial de fritas e molho, salmão assado inteiro, hambúrgueres grelhados e refrigerantes. A reluzente baía está quente, e as crianças nadam e passeiam de caiaque e canoa, que inevitavelmente acabam virando. Na areia, de camiseta, com os cabelos ainda molhados, os amigos de Nic conversam, animados, a respeito de seus planos para o verão, que passarão juntos — a praia, os acampamentos —, mas Nic está calado. As coisas nunca são fáceis quando chega a hora de ele se preparar para partir.

O nevoeiro cai, e a reunião se desfaz. De volta a casa, sentamos ao lado do fogo, e Nic lê para nós os comentários dos amigos em seu anuário. "Você vai ter um milhão de namoradas no ensino médio." "Divirta-se surfando." "Não vou morar aqui no ano que vem, de modo que provavelmente o vejo em uns dois anos. Mantenha contato." "Amo você, coelhinho engraçado. Tenho te amado desde que o conheço." "Morro de vontade de ver a nova bebê, seja lá qual for o seu nome. Espero que Jasper goste dela." "Boa sorte com o ensino médio e a nova pentelhinha." "Não te conheci assim tão bem, mas tenha um verão divertido." "Divirta-se neste verão, seu babaca idiota. Brincadeira." "Dedique um livro para mim um dia desses. Agradecerei assim que eu ganhar o Oscar.

Fui..." O professor dele escreveu: "Seja lá onde você estiver, sempre que puder, busque a verdade, lute pelo belo, alcance o bom".

Estamos iniciando outro verão que se tornou um tanto amargo pelo fato de Nic estar indo para Los Angeles, embora ele tenha combinado com Vicki de esperar até o bebê nascer.

Na manhã do dia 7 de junho, Karen, Nic, Jasper e eu entramos no carro. O bebê está sentado, de modo que o parto será por cesariana. Karen escolheu a data do aniversário da mãe dela. A cirurgia está marcada para as seis horas. A irmã de Karen nos deu um CD da Enya que considera calmante, mas Karen pede Nirvana. Ela liga *Nevermind* em volume máximo:

> Tenho de encontrar um caminho
> Um caminho melhor
> Melhor esperar
> Melhor esperar*

Atravesso a floresta e paro na casa de Nancy e Don, deixando Nic e Jasper, que irão esperar com os avós por uma ligação do hospital.

Nossa filha nasce às sete da manhã. O cabelo dela é cacheado e preto, e os olhos são luminosos. Damos a ela o nome de Marguerite, mas a chamamos de Daisy.**

Nancy chega ao hospital com Nic e Jasper, que são acompanhados até o quarto à meia-luz no qual Karen segura Daisy. Uma enfermeira pergunta a Nancy e Nic se eles gostariam de dar o primeiro banho no bebê. Jasper senta-se ao lado de Karen enquanto Nancy e Nic, orientados pela enfermeira, levam Daisy no moisés até a sala onde eles ajudam a pesar, banhar e vesti-la com uma camisola branca e macia, com elefantinhos cor-de-rosa, e sapatinhos do tamanho dos de boneca. Ela pesa 3,6 kg e tem 53 cm de comprimento. Olhando para o bebê, Nic diz a Karen: "Nunca pensei que fosse ter uma família como esta".

Voltamos para casa no dia seguinte. Ao lado de Nic, no banco traseiro do carro, há agora duas cadeirinhas infantis.

---

* "Gotta find a way/ A better way/ I better wait/ I better wait." Trecho da canção "Territorial Pissings". (N.E.)

** "Margarida", em inglês. (N.E.)

Acordo cedo na manhã seguinte e encontro os dois meninos vestidos em pijamas de flanela, sentados no sofá com canecas de chocolate quente. Nic lê *Rãs e sapos são amigos* para o irmão. Jasper se aconchega nele. Um fogo baixo queima na lareira. Nic fecha o livro e levanta-se para preparar o café da manhã para todos e, enquanto está em frente ao fogão, canta em seu melhor resmungo no estilo de Tom Waits: "Bem, os ovos correm atrás do bacon em torno da frigideira".

Comemos, e os meninos vão dar uma caminhada em uma praia nas redondezas, parando um pouco a fim de catar amoras para fazer uma torta. Demoram mais do que deveriam, porque Nic e Jasper, com dedos e bocas azuis, colocam apenas uma amora na cesta para cada dúzia que acaba na boca dos dois.

De volta em casa, depois de jantar cedo e comerem a torta, Nic e Jasper brincam na grama. Como um filhote de leão, Jasper sobe na cabeça de Nic, e eles rolam como uma imensa bola vermelha. Karen está segurando Daisy, que olha ao redor com seus olhos grandes. Brutus, pesadão feito um urso marrom sonolento, esparrama-se na grama perto das crianças. Tendo Jasper pendurado ao pescoço, Nic rola e, segurando o cachorro pelo focinho e olhando em seus olhos, canta: "Dê-me um beijo sobre o qual eu possa construir um sonho". Ele dá um grande beijo no nariz de Brutus, que boceja. Nic joga alegremente Jasper para o alto, e Daisy desliza para um sono suave.

Olho para os três e me lembro de uma emoção desconcertante, que reconheço da época em que Nic nasceu. Junto com a alegria da paternidade, junto com cada filho, vem uma penetrante vulnerabilidade. É ao mesmo tempo sublime e aterrorizante.

Li no jornal, faz poucos dias, a respeito da explosão de um ônibus escolar em Israel, além de uma atualização sobre as famílias das crianças mortas há mais de um ano pelas bombas em Oklahoma City; também li sobre balas perdidas que atingem crianças em um campo de refugiados na Bósnia e uma história da China, na qual um assaltante condenado, em seu trajeto para as galés, gritou para o irmão: "Cuide do meu filho". Senti um novo tipo de angústia. Talvez os pais sintam isso em relação a cada filho. Talvez sintamos mais do que achávamos possível. Enquanto olho para meus três filhos, sob a difusa luz dourada que brilha de modo incerto sobre as folhas dos choupos, sinto-me pleno ao saber que neste momento eles estão em segurança, o que, afinal, é o que todo pai quer. Como seria bom se pudesse ser sempre assim — sempre verão e as crianças sempre por perto, dando-se bem, felizes e em segurança.

5

"O PSICOPATA DO SEU marido está torturando meu irmãozinho."

Nic se dirige a Karen, que acaba de entrar na sala. Ele está de pé ao meu lado, com as mãos nos quadris. É uma manhã chuvosa, o dia em que ele vai para Los Angeles. Estou escovando uma parte emaranhada do cabelo de Jasper, e ele está guinchando como se eu estivesse lhe arrancando as unhas com um alicate. Nic, que depois de uma chuveirada se enrolou em uma toalha azul, veste uma parka cor de laranja, enfia os pés em um grande par de botas de jardinagem verde que está perto da porta da frente e ajusta um elegante óculos infantil sobre a ponta do nariz. Ele brande uma colher de pau.

"Largue esse jovem", diz para mim. Para Jasper, ele exclama: "Oh, infame, sinto pena do seu apuro, meu adorável irmão! Oh, a injustiça, a crueldade".

E então canta "My Gallant Crew, Good Morning," do musical HMS *Pinafore*, usando a colher como se fosse um microfone, distraindo ainda mais Jasper, que me deixa acabar de escovar seu cabelo.

Nic, que já fizera as malas, começa a se despedir. Jasper e Nic dão seu aperto de mão secreto, um ritual complicado: depois de um aperto normal, as mãos passam uma pela outra e agarram-se, o punho de Nic bate no de Jasper, e então o contrário, para em seguida darem outro aperto agarrado no qual as duas mãos separam-se deslizando lentamente e terminam com os indicadores apontando na direção um do outro, enquanto dizem, em uníssono: "Você!".

Jasper chora. "Não, Nicky, não quero que você vá embora." Eles se abraçam, e então Nic beija Daisy na testa. Ele e Karen se abraçam outra vez.

"Sputnik, meu velho, tenha um ótimo verão", diz ela.

"Vou sentir sua falta, KB."

"Escreva."

"Escreva de volta."

Ao dirigir para o aeroporto, pego o caminho mais bonito, ao longo de Ocean Beach, em vez de atravessar a cidade. Nic olha para o mar bravio. No terminal da United, deixo o carro no estacionamento e caminho com Nic até o balcão, onde ele despacha sua mala. Dizemos nosso adeus no portão de embarque.

Nic diz: "Tudo".

Eu respondo: "Tudo".

Dizer adeus no aeroporto sempre me tira um pedaço do coração, mas eu finjo estar bem, porque não quero que ele se sinta pior do que já está se sentindo.

Depois do embarque, eu observo através da parede de vidro enquanto o avião onde ele está se afasta do portão e decola.

Embora seja o melhor que possamos fazer, detesto a custódia compartilhada. Ela pressupõe que as crianças possam se adaptar igualmente bem quando estão divididas entre dois lares, cada um definido por um genitor e diferentes padrastos e madrastas, e algumas vezes meios-irmãos e um monte de expectativas misturadas, disciplina e valores que frequentemente se contradizem. "O lar é uma coisa sagrada", disse Emily Dickinson. Mas *lares* são algo antilógico. Quantos adultos conseguem imaginar ter dois lares principais? Para as crianças, o lar é ainda mais importante, é o berço psicológico e físico do desenvolvimento, a encarnação em pedra e cal de tudo o que seus pais representam: estabilidade, segurança e regras de vida.

Na semana seguinte à partida de Nic, eu entrevisto, para escrever um artigo para uma revista, uma famosa psicóloga infantil chamada Judith Wallerstein, que fundou um centro que leva o seu nome e cujo propósito é ajudar famílias em transição pós-divórcio. O centro fica em Marin County, perto de Inverness. Ela ganhou atenção internacional ao levantar dados que davam o que pensar sobre a satisfação dos Estados Unidos com o divórcio após a década de 1960. Antes disso, o divórcio era difícil, estigmatizado e mais raro, porém, mudanças nos costumes e separações sem culpa tornaram-no mais fácil e comum. Era uma mudança libertadora para muitos adultos — convenções sociais já não seguravam as pessoas nos casamentos ruins. A suposição geral, baseada principalmente em um pensamento fantasioso, era que as crianças ficariam mais felizes se os pais também estivessem felizes. Mas a dra. Wallerstein descobriu que, em muitos casos, elas ficavam traumatizadas.

Ela começou suas entrevistas com crianças de dois a dezessete anos cujos pais se divorciaram no início dos anos 1970. Descobriu que as crianças tinham muita dificuldade para lidar com as separações, mas supôs que as tensões teriam vida curta. Encontrou-se com essas crianças para realizar uma segunda entrevista um ano mais tarde. Elas não apenas não tinham se recuperado: estavam pior.

Wallerstein acompanhou essas crianças durante os 25 anos seguintes, encontrando-as a cada poucos anos. Na série de livros que escreveu, ela relata suas descobertas — que mais de um terço dessas crianças experimentou depressão do tipo moderada a severa, e um número significativo delas mostrava-se perturbado e apresentava um desempenho abaixo do normal. Muitas lutavam para estabelecer e manter relacionamentos.

Ninguém quis ouvir a mensagem, e a mensageira foi atacada. As feministas disseram que Wallerstein fazia parte do retrocesso contra as mulheres, que ela estava dizendo-lhes que fossem para casa, permanecessem casadas e cuidassem dos filhos. Diversos grupos com interesses especiais apossaram-se do trabalho dela, inclusive a nova direita conservadora, que o usou para "provar" seu argumento a respeito dos valores familiares tradicionais — e atacar genitores solo e famílias não tradicionais. Grupos de direitos humanos elogiaram-na por enfatizar a importância dos pais na vida das crianças e atacaram-na quando disse que algumas formas de custódia compartilhada poderiam estar prejudicando as crianças. Mas seu trabalho repercutiu no país, influenciando tribunais, legislaturas, terapeutas e pais. Seus livros foram best-sellers e ainda são usados como bíblia por muitos juízes e terapeutas. Alguns juízes indicam seus livros para pais que estão se divorciando.

Encontro-me com a dra. Wallerstein na casa dela, feita de placas de madeira, em Belvedere, com vista para a baía e o Sam's Grill. Ela é minúscula, com cabelo prateado e suaves olhos azul-cristal, vestida com apuro. Quando lhe pergunto a respeito da custódia compartilhada, especialmente custódia compartilhada a longa distância, como a do Nic, ela me conta que observou meninos e meninas pequenos que, quando voltam de uma casa para a outra, passam de um objeto a outro — da mesa para a cama, depois para o sofá —, tocando-os para afirmar a si mesmos que estão ali. O genitor ausente pode muito bem parecer ainda mais fugidio que a mobília. À medida que as crianças ficam mais velhas, embora não precisem mais da prova tátil, podem incorporar uma sensação de que suas duas casas são ilusórias e não permanentes. Além disso, embora as crianças pequenas possam sofrer quando a custódia compartilhada as mantém afastadas de um genitor durante muito tempo, transições frequentes, especialmente quando os pais moram longe, podem prejudicar os mais velhos. A dra. Wallerstein explicou: "As idas e vindas tornam impossível para as crianças gozar de atividades com outras crianças (...). Adolescentes se queixaram amargamente de ter de passar o verão com os genitores, não com os amigos". Ela concluiu: "Você gostaria de pensar que essas crianças poderiam simplesmente integrar suas vidas entre as duas casas, ter dois grupos de amigos e facilmente se ajustar a cada um dos pais, mas a maior parte delas não tem essa flexibilidade. Começam a sentir que isso é um defeito na sua personalidade, quando, na verdade, para muitas pessoas é simplesmente impossível levar vidas paralelas".

Para muitas famílias, as férias de verão, dedicadas a passar o tempo juntos, são um alívio para os estresses do ano escolar. Eu só quero que elas acabem o mais rápido possível. Nic e eu nos falamos regularmente ao telefone. Ele me conta dos filmes que vê, dos jogos de futebol, do valentão no playground, de um novo amigo, dos livros que lê. A casa fica mais silenciosa quando ele está em L. A., e até mesmo a diversão proporcionada pelo novo bebê fica temperada com um pouco de melancolia. Nunca nos acostumamos com a ausência dele.

Aproveitamos ao máximo o tempo que temos com Nic. Ele vem por duas semanas, e nossos dias são repletos de surfe, natação, caiaque e outras coisas divertidas. Vamos a São Francisco para nos encontrar com nossos amigos. À noite, Nic brinca com os pequenos ou conversamos. As reencenações que ele faz dos filmes têm sido, há muito tempo, uma diversão noturna regular. As imitações de Nic são precisas. De Niro: "Você está falando comigo?". Não só a frase, mas a cena inteira de *Taxi Driver*. E Tom Cruise — "Mostre-me o dinheiro" — e Mr. T — "Tenho pena dos bobos...". Ele imita Jack Nicholson em *O iluminado*, "Aaaaaaaaaqui está o Johnny", e, impecável, Dustin Hoffman em *Rain Man*. E também Schwarzenegger: "*Hasta la vista, Baby*"; "Relaxa, retardado", "Eu voltarei"; "Venha comigo, se quiser viver". Talvez a melhor seja a de Clint Eastwood: "Você tem de se perguntar uma coisa: 'Sinto-me com sorte?' Bem, você se sente mesmo, seu vagabundo?".

Além disso, visitamos Nic em Los Angeles em fins de semana predeterminados. Eu o busco de carro e rumamos para o norte, até Santa Bárbara, ou para o sul, até São Diego. Uma vez, alugamos bicicletas na Coronado Island e, numa noite de lua cheia cor de laranja, passeamos pela larga praia, na qual ficamos espantados com o espetáculo de dezenas de milhares de peixes reluzentes jogados na areia por uma onda e deixados para trás em seu aterrorizante ritual de acasalamento. As fêmeas se arrastam na areia, depositando os ovos. Os machos envolvem seus corpos, feito enguias, em torno dos ovos, fertilizando-os. Em meia hora, as ondas crescentes varrem de volta os peixes para o mar. Então parece que nunca estiveram ali, como se tivéssemos imaginado a cena.

Depois desses fins de semana, levamos Nick de volta para a casa da mãe e do padrasto, em Pacific Palisades. Nós o abraçamos e ele desaparece.

O verão termina. Finalmente. Karen, Daisy, Jasper e eu vamos ao aeroporto. Esperamos junto ao portão a chegada do circuito da custódia compartilhada. Uma longa fila de viajantes e famílias passa, e então, atrás deles, vêm os menores desacompanhados, usando crachás de papel cor-de-rosa com o nome escrito com caneta pilot. As crianças pequenas têm, além disso, broches de piloto pregados à lapela do casaco. E lá está Nic. Agora com catorze anos, com o cabelo cortado curto e um novo cardigã azul-claro, que ele está usando aberto sobre uma camiseta. Nós nos revezamos para abraçá-lo. "Tudo." Então ele vai pegar a mala, lotada com suas coisas de verão.

Enquanto voltamos para casa, em Inverness, Nic nos conta a respeito de sua companheira de voo. "Aí ela pega uns fones vermelhos que parecem protetores de ouvido", ele conta a respeito de uma mulher que grudou nele assim que percebeu que estava sozinho. "Liga um walkman e começa a se balançar e a mexer a cabeça, com os olhos fechados, movendo os lábios com a letra, cantando com uma voz esganiçada: 'Óóó, *baby*, amo-te, minha rocha e meu redentor. Oooo, *baby*, és Tu, meu Senhor, que me envia'."

Nic lança um olhar para a plateia — nós.

"Quando ela chega na parte que está procurando na fita, tira os fones e coloca-os no meu ouvido. 'Ouça', me diz ela. 'Você tem que ouvir isso'. Ela simplesmente coloca o troço no meu ouvido e aumenta o volume no máximo. Não pergunta se eu quero ouvir nem nada. A letra da música diz: 'Meu rock é para Jesus. Jesus me balança. É, Jesus — você explode minha mente'. O que praticamente explode é a minha cabeça, de tão alto que está o som, mas eu sorrio, tiro os fones e entrego para ela. Chego até a falar que a música é boa, e ela diz, agora com certa secura: 'Não, a próxima é melhor', e empurra de volta os fones para meus ouvidos. Então ouço um... rap: 'Ah, o demônio quer me tentar, *yo*'. Eu não queria escutar aquilo, de jeito nenhum, mas ainda sorrio e balanço a cabeça, até que finalmente retiro os fones e devolvo para a mulher, que me diz: 'A fita é para você, filho', e a tira do walkman. 'Não, obrigado, é muito gentil da sua parte', retruco, mas os olhos dela agora são assustadores, de modo que digo: 'Bom, se você tem certeza de que não lhe vai fazer falta, eu adoraria ficar com a fita, obrigado'".

Nic retira a fita do bolso da calça. "Querem ouvir?"

Colocamos a fita no rádio do carro. Nic segura a mão de Jasper, sacudindo-a no ritmo da música e cantando junto com o coro de *"woo woos"*.

O nível de barulho na nossa casa aumentou. Com três crianças, os diversos amigos de Nic, vários instrumentos de percussão e dois cachorros, nossa casa é uma cacofonia de música, choro, latidos, risos, ganidos, Raffi*, pancadas, guinchos, Axl Rose, choques, batidas e uivos. Minha agente chega até mesmo a comentar com um amigo meu: "Não sei se ele mora numa creche ou num canil".

Precisamos de um carro novo. Com nossa horda de animais e crianças, a opção mais óbvia é comprar uma minivan. Visitamos vendedores de carro e fazemos alguns *test-drives*. Comparo minivans, examinando suas características de segurança. Tentamos não nos deixar influenciar pelas propagandas do Honda Odyssey, que prometem ser uma minivan para pessoas que odeiam minivans, mas acabamos adquirindo um assim mesmo. Com um fraco suspiro de discordância, acrescentamos um rack de surfe no teto.

Há praias muito mais bonitas e menos apinhadas ao longo do litoral do que Bolinas, que durante o verão fica infestada por cachorros e adolescentes. Entretanto, no dia anterior à orientação para calouros do ensino médio de Nic, vamos a essa praia em uma tarde estonteantemente ensolarada. Karen, Jasper e Daisy estão na areia, onde Jasper envolve Daisy em algas, e juntos os pequenos empilham conchas, comem areia e rolam nas ondas à margem da água. Brutus

---

* Cantor infantil canadense de origem armênia muito popular em toda a América do Norte. (N.E.)

e Moondog correm furiosamente com uma matilha de vários outros cachorros. Uma hora, Brutus rouba uma baguete de um piquenique.

Nic e eu remamos até a fileira de surfistas, onde nos sentamos sobre nossas pranchas. Enquanto esperamos uma série de ondas, Nic me conta mais a respeito de seu verão repleto de beisebol e filmes, atualizando-me também sobre o valentão que o ridicularizou em um parque local e depois o perseguiu até em casa de bicicleta. Quando começamos a discutir sobre a orientação do primeiro ano, que será no dia seguinte, ele admite que está nervoso com o ensino médio, mas que também está animado.

A melhor série do dia vem rolando, então pegamos mais uma onda cada um e chegamos à praia, onde Nic se une a Jasper na construção de um Condado Hobbit de areia e madeira, decorado com algas e conchas.

Enquanto trabalham, Jasper pergunta a Nic: "Como é L. A.?".

"É uma cidade grande, mas eu fico numa cidadezinha legal na periferia. Há parques e praias. É um pouco como aqui, mas sem vocês. Sinto saudades de vocês quando estou lá."

"Fico com saudades de você também", diz Jasper. "Por que sua mamãe não se muda para cá? Podemos todos morar na mesma casa, e você nunca teria de ir embora."

"Que boa ideia", diz Nic, "mas, de algum modo, não consigo achar que vá dar certo."

Voltando de Bolinas para casa, conversamos mais a respeito do incessante ir e vir entre nossa cidade e L. A. Nic também se queixa disso. Embora ele jamais quisesse escolher entre seus pais, tampouco escolheria a custódia compartilhada. Esta é a minha conclusão a respeito disso: sim, isso contribuiu para a formação do caráter dele. Nic é um menino notável, mais responsável, sensível, cosmopolita, introspectivo e sagaz do que imaginei que poderia ser. Porém, o preço pago foi alto e, dado o abismo geográfico e emocional que veio com o nosso divórcio — que provavelmente vem com todos os divórcios —, Nic deveria pelo menos não ser obrigado a fazer todas essas viagens. Nós é que deveríamos. Embora as visitas fossem muito mais inconvenientes, estou convencido de que a infância do Nic teria sido mais fácil para ele. Em vez disso, ele ficou com um parco prêmio de consolação com as viagens de ida e volta entre os pais: meu filho tem mais milhas aéreas acumuladas que a maior parte dos adultos.

6

Mark, o oitavo ano é melhor do que o sétimo?", Dawn pergunta ao irmão mais velho no livro de Todd Solondz, *Bem-vindo à Casa de Bonecas*.

"Não muito."

"E o nono ano?"

"Todo o ensino fundamental é uma droga. O ensino médio é melhor. É mais próximo da faculdade. Eles te insultam, mas não na sua cara."

Eu detestava o ensino médio, um laboratório darwiniano de panelinhas e atos aleatórios de crueldade e violência. Minhas notas eram inexplicavelmente decentes, e eu nunca me meti em nenhuma encrenca, mas, com exceção das aulas de redação, a escola foi um desperdício de tempo. Não aprendi nada, e ninguém notou. Mas a escola de Nic parece mais uma pequena faculdade de artes liberais. Eles têm um programa vibrante de artes, ciências, matemática, inglês, língua estrangeira, jornalismo e daí por diante, além de cursos sobre justiça nos Estados Unidos, Langston Hughes*, política e religião — tudo isso ensinado por professores dedicados. O colégio é caro. Vicki e eu penamos para pagá-lo. Racionalizamos que nada é mais importante que a educação do nosso filho. Mesmo assim, algumas vezes fico pensando no grau de importância que isso vai ter na vida dele. Na minha cidade natal, algumas crianças foram para escolas particulares. Pelas histórias que ficamos sabendo, não tiveram mais nem menos sucesso que nós, da escola pública.

---

* Poeta norte-americano, ativista social, novelista e dramaturgo. Foi um dos criadores da poesia-jazz. (N.E.)

Talvez tenhamos a ilusão de que podemos comprar uma vida melhor (ou pelo menos mais fácil) para nossos filhos.

A escola de Nic fica em um campus de 115 anos de idade de uma antiga academia militar. As salas de aula são abertas e arejadas. Há uma piscina externa, campos verdejantes para a prática de esportes coletivos e impressionantes laboratórios de ciências, estúdios de arte e um teatro. Dentro de um mês, Nic estará jogando no time de basquete de calouros e receberá um papel em uma peça teatral. Conhecemos os novos amigos de Nic no campus e em uma reunião de sexta-feira à noite na nossa casa. Parecem bons garotos, ocupados com conselhos estudantis, política local, esportes, pintura, atuação, dramaturgia e tocar jazz e música clássica. Nic adora os professores. É um começo auspicioso.

Nic continua a devorar filmes, uma obsessão desde que aprendeu a apertar o botão *play* do videocassete. Quando pequeno, uma vez me perguntou se o FBI significava Disney, porque associou as severas advertências antipirataria no início dos vídeos com a promessa de aventura, romance, drama e comédia. Junto com *A Pantera Cor-de-Rosa*, *A ceia dos acusados* e filmes do Monty Python, encorajado pela tutela de Karen, ele agora está obcecado por Godard, Bergman e Kurosawa.

Depois da escola e antes dos filmes, e entre esportes, peças e papos com os amigos, Nic tem tempo para Daisy e Jasper. Daisy estava começando a fixar o inglês, mas por algum motivo mudou para a linguagem de animais — ela grunhe, zurra e mia. Ela e Jasper, um tufo de cabelos castanhos sobre olhos serenos e sábios a quem chamamos de Boppy, em homenagem ao Hale-Bopp,[*] cometa que está zunindo em torno da Terra —, são apaixonados pelo irmão mais velho, e Nic parece adorá-los também.

O ano letivo passa de forma suave. Nic faz seu dever de casa rápido e dedicadamente. Karen o interroga quanto ao vocabulário de francês da semana. Eu o ajudo revisando seus deveres escritos. Os comentários que chegam dos professores no boletim do Nic são incríveis.

Então, numa tarde de maio, Nic, Jasper e Daisy estão no pátio com Karen. O telefone toca. É o diretor dos calouros, que me diz que Karen e eu temos de

---

* O cometa Hale-Bopp, descoberto em 1995, ficou conhecido como o Grande Cometa de 1997, ano no qual alcançou seu brilho máximo. O Hale-Bopp pôde ser visto a olho nu a partir da Terra durante 18 meses. (N.E.)

comparecer a uma reunião a fim de discutir a suspensão de Nic por comprar maconha no campus.

"Ele *o quê?*"

"Você quer dizer que não sabia?"

Nic não nos contara.

Mesmo depois de ter descoberto maconha nas coisas dele dois anos antes, fico pasmo.

"Desculpe, mas deve haver algum engano."

Não há nenhum engano.

Começo imediatamente a racionalizar a situação. Ele está experimentando outra vez, eu acho, e muitos garotos experimentam. Digo a mim mesmo que Nic não é um drogado típico, como os meninos que ficam pelas ruas principais das cidades, largados, fumando cigarros, sem rumo, ou como o filho adolescente de um conhecido lá do Leste, que, com a cara cheia de heroína, se meteu num acidente de carro. Recentemente ouvi falar de uma menina da idade de Nic que está em um hospital psiquiátrico, depois de ter cortado os pulsos. Ela também estava usando heroína. Nic não é como esses garotos. Nic é aberto, amoroso e aplicado.

Meus pais nunca ficaram sabendo que eu já usei drogas. Até hoje eles diriam que estou inventando — ou pelo menos exagerando. Não estou. No ensino médio, tinha dinheiro para comprar fumo graças à minha pequena mesada e à entrega de jornais. Eu era como muitos garotos que cresceram no final dos anos 1960 e 1970, que se depararam não apenas com muita maconha, mas com uma série de drogas desconhecidas pelas gerações anteriores. Antes de nós, a garotada tomava cerveja, mas os usuários de drogas eram exóticos fumantes de ópio que frequentavam antros chineses, ou músicos de jazz dependentes de heroína. Na nossa vizinhança no coração dos Estados Unidos, onde a televisão exibia apenas três canais e os telefones tinham disco, um dos nossos vizinhos plantava maconha com luz artificial em seu sótão, e outro vizinho vendia LSD. Pessoas de diversos grupos da escola, não apenas maconheiros, mas atletas e garotas estudiosas, inclusive uma por quem eu senti o maior tesão durante a maior parte da minha passagem pela escola, pareciam sempre ter maconha e uma variedade de pílulas.

À noite, com meus novos amigos, unidos pela maconha e o rock'n'roll, eu ficava doidão e permanecia na rua, ou íamos para a casa de alguém. Em geral, entrávamos sem ser notados, mas algumas vezes éramos encurralados e obrigados a jantar com nossos pais. Uma vez, minha mãe disse: "Vocês dois estão num terrível bom humor hoje, não estão?".

Depois do jantar, íamos para o meu quarto, com luz negra, um pôster do Jefferson Airplane na parede, e escutávamos música no meu aparelho de som estéreo. Os Beatles, o trabalho solo de Lennon, os Kinks e Dylan: "Embora os mestres façam as regras para os sábios e os tolos, eu não tenho nada, mãe, por que viver".[*]

Brian Jones, Janis Joplin, Jimi Hendrix, Jim Morrison, Keith Moon — estrelas do rock que venerávamos — morreram. Essas tragédias não diminuíram nem um pouco nosso uso de drogas. A morte deles não parecia se aplicar a nós, talvez porque, assim como a vida deles, a morte também foi um excesso. Sob alguns aspectos, eles estavam simplesmente vivendo a música. "Estou acabado", cantava o Who. "Espero morrer antes de ficar velho." E: "Por que vocês todos simplesmente não s-s-s-somem?".[**]

Desconsiderávamos o que entendíamos como histéricas advertências de "drogas matam" e várias outras propagandas de serviços públicos contra drogas. "Eles" — o governo, os pais — estavam tentando nos pôr medo. Por quê? Nas drogas nós víamos através de suas fachadas e já não tínhamos medo deles. E eles não conseguiam nos controlar.

Meus pais eram relativamente modernos. Eles escutavam Herb Alpert e Tijuana Brass. Davam festas ocasionais em sábados à noite para seus amigos, um grupo descolado de músicos amadores que se reuniam na nossa sala para sessões de fondue de queijo e música improvisada. Meu pai tocava feito o Al Hirt, em um trompete amassado, e minha mãe, que usava minissaia e, por um curto período durante o final dos anos 1960, vestidos de papel estampado em laranja e roxo, bombeava um acordeão asmático, tocando "Garota de Ipanema" e o tema de *Um homem e uma mulher*. Mas o modernismo dos meus pais não se estendia à droga. Na verdade, as festas deles sequer incluíam álcool. A variedade de bebidas oferecidas era composta por refrigerantes e café descafeinado.

Os verões no Arizona eram tão quentes que havia um boato a respeito de um repórter ter fritado um ovo no capô de um carro. Sempre que abríamos a

---

[*] "Although the masters make the rules/ For the wise men and the fools/ I got nothing, Ma, to live up to." Trecho da canção "It's Alright, Ma (I'm Only Bleeding)", do álbum *Bringing It All Back Home* (1965). (N.E.)

[**] Trecho da canção "My Generation", do álbum homônimo de 1965. (N.E.)

porta, meu pai gritava: "Entre ou saia. Decida-se! O que você está querendo fazer? Botar ar-condicionado no deserto inteiro?".

Durante as tardes, eu andava de bicicleta com um amigo, um garoto bronzeado com um corte de cabelo comum, passando por casas como as nossas, tentando fugir da claustrofobia do nosso ambiente familiar, e indo até a reserva indígena e o deserto infinito.

Numa noite abafada de verão, fomos até a reserva, como sempre, e, sem dar atenção às placas de ENTRADA PROIBIDA e PERIGO, subimos na lateral de um dos canais de cimento que cortam o deserto. Enquanto nos inclinávamos, apoiados nos cotovelos, observando as estrelas, meu amigo puxou um pequeno pedaço de papel-alumínio. Ele o desembrulhou e me entregou um minúsculo quadrado de papel estampado com a cara de um leão. "É LSD", disse ele.

Nervoso, coloquei o leão na minha língua, onde o senti dissolver-se.

No início fiquei nauseado e imóvel, mas logo ondas de prazer começaram a atravessar meu corpo. Com uma energia repentina, fiquei de pé. A noite parecia mais brilhante. Uma tromba d'água caiu no deserto, lavando tudo. Eu estava pasmo de como conseguia ver tão bem à noite. Era por causa da lua em quarto crescente, mas eu atribuí à droga. Uma lebre que passava correndo parou e olhou para mim. Meu sentimento persistente de ansiedade e alienação havia desaparecido. Tive uma sensação quase avassaladora de bem-estar, uma sensação de que tudo ia ficar — *estava* — perfeitamente bem.

Eu tinha de estar em casa às dez, de modo que voltei, pedalando sem esforço. Estacionei minha bicicleta na garagem e entrei em casa o mais silenciosamente possível.

Ia me retirar para meu quarto, mas parei no caminho e decidi me juntar aos meus pais na cozinha. "O jogo foi bom?" Eles não tinham a menor ideia de que, enquanto assistia com eles a *007 — Só se vive duas vezes,* o filme da semana, minha cabeça estava viajando.

Numa ensolarada tarde de maio, Karen e eu estamos em silêncio enquanto seguimos de carro até a escola de Nic. Alunos junto ao mastro da bandeira fincada na entrada do campus nos indicam o caminho para o escritório correto, no andar térreo do prédio de ciências. Somos recebidos pelo diretor dos calouros, que usa camiseta, short cáqui e tênis. Ele pede para nos sentarmos, indicando um par de cadeiras de plástico em frente a uma escrivaninha coberta por revistas científicas. Outro homem, que mais parece um adolescente, com cabelo escuro esvoaçante, usando uma camisa aberta no colarinho, se junta a nós. Ele é apresentado como o orientador da escola.

Do lado de fora da janela, meninos, inclusive alguns dos amigos de Nic, estão batendo uns nos outros com bastões de lacrosse no campo gramado de atletismo.

"Já estivemos melhor", eu comento.

Eles balançam a cabeça. Mesmo sem minimizar a infração de Nic, se dão ao trabalho de nos tranquilizar, explicando que muitas escolas têm políticas de tolerância zero, mas que esta tem o que eles consideram ser uma abordagem mais progressista e útil, levando em conta a realidade dos meninos nos dias de hoje.

"Nic terá uma segunda chance." O diretor se inclina para a frente em sua escrivaninha. "Ele poderá permanecer na escola, mas se houver outra violação ele terá de sair. Exigimos, além disso, que ele frequente um aconselhamento contra drogas e álcool à tarde."

"O que aconteceu exatamente?", pergunto.

"Do lado de fora da cantina, depois do almoço, um professor pegou Nic comprando maconha. A política da escola é de que qualquer pessoa que venda drogas seja punida com expulsão. O menino que vendeu a erva a Nic foi posto para fora."

O orientador junta as mãos em seu colo. "Vemos isso como uma má escolha feita por Nic. Queremos ajudá-lo a fazer melhores escolhas no futuro. Encaramos isso como um erro e uma oportunidade."

Parece razoável e esperançoso. Karen e eu nos sentimos agradecidos, não apenas porque Nic terá outra oportunidade, mas também por não estarmos sozinhos em tentar compreender o que aconteceu. O diretor, o orientador e outros professores lidam com esse tipo de coisa o tempo todo.

Durante a conversa, que dura uma hora, menciono minha preocupação com o fato de Nic adorar surfe e talvez estar exposto a drogas na praia. É um paradoxo estranho que, para muitos garotos, a euforia de pegar as formidáveis ondas do Pacífico não seja o suficiente. Já vi surfistas na praia, com vestimentas de borracha, fumando um baseado antes de entrar na água.

Os dois trocam um olhar.

"Temos o orientador perfeito para Nic", diz o diretor.

Eles nos contam que um dos professores de ciências da escola também é surfista.

"Vamos chamar o Don."

"Ele é fantástico. Talvez possa ser o orientador do Nic."

Em seguida, nos dão detalhes sobre um centro que oferece orientação psicológica sobre drogas e álcool.

Em casa, imediatamente ligamos para esse centro e marcamos uma hora para o dia seguinte. Nós três nos encontramos com um orientador, e depois Karen e eu saímos, deixando Nic com ele durante uma sessão de duas horas, que inclui uma entrevista e aconselhamento contra drogas. Quando vou buscar Nic, ele diz que é perda de tempo.

Don, o professor, é um homem encorpado, com cabelos cor de areia e olhos azul-mar. O rosto dele é ao mesmo tempo suave e enrugado. Pelo que ouvimos, raramente é efusivo, mas orienta as crianças com mão firme, é paciente e tem um entusiasmo contagiante com os temas que leciona e com seus alunos. É um desses professores que discretamente mudam vidas. Junto com o ensino de ciências, ele é treinador de natação e polo aquático da escola. Além disso, tem um grupo de orientandos. Nic será seu pupilo mais novo, o que ficamos sabendo poucos dias após a reunião, quando Nic pôde voltar à escola depois da suspensão.

"Esse cara!", diz Nic ao entrar correndo casa adentro, jogando a mochila no chão, a caminho da geladeira. "Esse professor..." Nic despeja cereal em uma tigela e começa a descascar uma banana. "Ele se sentou comigo no almoço. Ele é fantástico." Despeja o leite. "Ele é realmente um bom surfista. Surfou a vida inteira." Pega uma fatia de pão. "Fui à sala dele. É coberta de imagens de ondas do mundo inteiro." Passa manteiga de amendoim no pão, depois pega o pote de geleia na geladeira e espalha um pouco por cima. "Ele perguntou se quero surfar com ele, um dia desses."

Em poucas semanas, os dois vão surfar juntos. Nic volta eufórico. Don se encontra com Nic na escola e telefona para nossa casa regularmente. Como o ano letivo está prestes a terminar, ele começa uma campanha para Nic entrar para a equipe de natação, cujos treinos irão recomeçar no outono. Nic não quer, mas Don não dá bola para suas recusas. Durante o verão inteiro ele telefona para Nic em Los Angeles, verificando como ele está indo, e continua a perguntar a respeito da equipe de natação. Depois de uma sessão de surfe no final do verão, de volta ao norte da Califórnia, Don propõe um acordo.

Quando o outono chegar, ele irá parar de insistir, se Nic for a um treino da equipe da natação.

Nic concorda.

Nic está com quinze anos e agora é um segundanista. Como prometido, comparece ao treinamento inicial da equipe de natação, e depois ao seguinte e ao próximo depois desse. Com seu esbelto corpo de nadador e seus braços musculosos de tanto abrir caminho entre densas ondas em cima de uma prancha de surfe, Nic já é um nadador experiente e se desenvolve rapidamente sob o treinamento de Don. Ele curte a camaradagem da equipe. Mais que tudo, é inspirado por Don. "Eu simplesmente quero agradá-lo", diz Nic a Karen um dia, depois de uma sessão de aconselhamento.

A temporada de natação termina por volta dos feriados de fim de ano. A esta altura, Don teve sucesso em recrutar Nic também para a equipe de polo aquático. Ele é eleito cocapitão. Karen, Jasper, Daisy e eu somos presença constante nos jogos dele — Karen e eu sentados com os outros pais, Jasper e Daisy subindo e descendo as arquibancadas e gritando aleatoriamente: "Vamos, Nicky!".

Além disso, Nic se mostra promissor como ator. Uma noite, Karen, parentes, amigos e eu ficamos pasmos com uma apresentação, dirigida pelos alunos, de *Despertar da primavera,* a peça de Frank Wedekind de 1891, muitas vezes proibida, ou pelo menos censurada (não nessa produção). É uma história que aborda com franqueza o despertar sexual de um grupo de adolescentes incapazes de se aproximar dos adultos para pedir ajuda. Uma menina morre ao tomar uma pílula para abortar; outro personagem se suicida.

Don encoraja o interesse de Nic por biologia marinha. À medida que o segundo ano de Nic vai chegando ao fim, conta a ele sobre um programa de verão na Universidade da Califórnia, em São Diego, dedicado ao assunto. Um dia, Nic chega em casa sacudindo um folheto e um formulário impresso do portal do programa na internet, perguntando se pode ir. Depois de eu conversar com a mãe dele a respeito, Nic se inscreve.

Numa manhã, no final de junho, a vista da janela do jato é maravilhosa. O céu está cor-de-rosa, e o Pacífico, no ponto em que repentinamente se encontra com o litoral, brilha num azul sonhador, tão otimista quanto pode ser o sul da Califórnia. Ao aterrissarmos em São Diego, pegamos nossas malas na esteira e alugamos um carro. Dirigimos para o norte pela Autoestrada 5, através de São Diego, até alcançarmos a entrada para a pequena cidade balneária de La Jolla. Ao sair da autoestrada, levamos Nic até o campus da UC e fazemos o registro de entrada. Nic está um pouco nervoso, mas seus novos colegas parecem acolhedores. Como ele, alguns trouxeram suas pranchas de surfe, uma visão reconfortante.

Nós nos despedimos. Daisy se agarra ao pescoço de Nic com seus bracinhos. "Tudo bem, fofinha", diz ele. "Vejo vocês logo."

Nic dá notícias frequentes pelo telefone. Ele está se esbaldando. "Talvez eu queira ser biólogo marinho", diz ele um dia. Conta-nos sobre os meninos do programa e como ele e outros surfistas se levantam cedo, antes das aulas, para caminhar pela trilha estreita até Blacks Beach. Ele diz que resolveu seguir o programa de certificação para mergulho livre do campus. Durante um mergulho noturno perto da ilha de Catalina, ele nada com um grupo de golfinhos.

Quando o programa termina, Vicki o busca e ele passa o resto do verão em L. A. O tempo passa mais rápido que de costume, e logo ele está outra vez em casa, preparando-se para seu terceiro ano.

É até agora o ano mais interessante de Nic no colégio. Ele tem um grupo unido de amigos, com os quais parece comprometido e com quem partilha preocupações apaixonadas sobre política, meio-ambiente e questões sociais. Juntos, eles protestam contra uma execução em San Quentin. Um amigo nosso que também está na manifestação vê Nic sentado numa calçada. Lágrimas rolam pelo rosto dele. Nic adora as aulas. Redação é uma de suas matérias prediletas. Um professor de inglês que o inspira a escrever contos e poemas o incentiva a entrar para o jornal do colégio como editor e colunista. Nic redige sinceras colunas pessoais e políticas a respeito de ações afirmativas, Littleton, Colorado, tiroteios e a guerra em Kosovo. Ele comparece a reuniões editoriais e fica até tarde da noite para ajudar a revisar o jornal. Suas colunas estão cada vez mais ousadas. Uma delas trata da época em que ele traiu seus mais altos ideais. Fala de alguns de nossos amigos mais queridos, um casal que veio a ser os padrinhos não oficiais de Nic. Um deles é HIV positivo. Ele deu a Nic uma pulseira da campanha para levantar fundos para as pesquisas a respeito da Aids, "igual às que a gente vê todas as celebridades idiotas usarem, que são entregues na porta do teatro quando eles entram para o Oscar", como escreve Nic. "Para muitas daquelas pessoas, a fita provavelmente não passa de moda, mas na pulseira do meu amigo estava simbolizada a esperança. Disseram-me que o dinheiro seria usado para ajudar a encontrar uma cura para a doença."

Nic escreveu que usou a pulseira todos os dias, "mas aí fiquei mais velho. Embora meus sentimentos a respeito de meus padrinhos nunca tenham mudado, fiquei preocupado com o que as outras pessoas iriam pensar. Comecei a escutar gente do meu colégio dizer coisas horríveis sobre gays (...) e passei a me sentir desconfortável ao usar aquela pulseira (...). Finalmente, parei de usá-la". Então, continuou Nic, ele a perdeu. "Lamento ter perdido a pulseira, mas talvez sua ausência simbolize mais que sua presença. Simboliza que eu não tive força de tomar o partido do meu amigo."

Encorajado pelo instrutor de jornalismo, Nic apresenta essa e outras colunas para o prêmio anual de redação Ernest Hemingway para jornalistas do ensino médio. Ele ganha o primeiro lugar. Em seguida, submete uma coluna à seção "Minha vez" da *Newsweek,* que a revista publica em fevereiro de 1999. O texto é uma crítica pungente à custódia compartilhada à longa distância. "Talvez devesse haver um acréscimo aos votos matrimoniais", escreve Nic. "Prometem amar e defender um ao outro na riqueza e na pobreza, na saúde e na doença, até que a morte os separe? Se procriarem e acabarem se divorciando, prometem permanecer na mesma região geográfica que seus filhos? Na verdade, já que as pessoas frequentemente quebram esses votos, talvez devesse haver uma lei: 'se tiverem filhos, têm de ficar próximos a eles'. Ou que tal um pouco de bom senso: 'se você se mudar para longe de seus filhos, você tem de viajar para vê-los'?" Ele descreve de modo comovente o efeito de sua própria condição na custódia compartilhada: "Estou sempre sentindo falta de alguém".

O gosto de Nic para livros e música continua a evoluir. Seus antigos autores favoritos, J. D. Salinger, Harper Lee, John Steinbeck e Mark Twain, foram substituídos por uma variedade de misantropos, viciados, bêbados, depressivos e suicidas, Rimbaud, Burroughs, Kerouac, Kafka, Capote, Miller, Nietzsche, Hemingway e Fitzgerald. Um de seus escritores preferidos, Charles Bukowski, mantém o título de autor mais roubado nas bibliotecas escolares. Ele uma vez resumiu seus leitores como "os derrotados, dementes e malditos". Adolescentes podem ser ou pelo menos sentir que são tudo isso, mas me preocupa que esses autores, especialmente quando glamourizam as drogas e a devassidão, sejam tão cativantes para Nic.

No recesso de primavera, nós dois partimos para uma turnê pelas faculdades do Meio-Oeste e da Costa Leste. Voamos para Chicago, chegando numa manhã nevoenta. Temos uma tarde livre, de modo que visitamos o Instituto de Arte e os museus, e à noite vamos assistir a uma peça. Nic assiste às aulas e dorme de um dia para o outro no dormitório da Universidade de Chicago. De manhã, voamos para Boston, onde alugamos um carro. Depois de dois dias visitando as universidades da cidade, vamos a Amherst, onde chegamos depois de escurecer. Paramos no centro da cidade para jantar em um restaurante indiano. Depois, pedimos orientações para chegar a nosso hotel. O homem a quem perguntamos imediatamente responde berrando:

"Vá reto!", grita ele. "Você vai chegar depois de passar por dois semáforos." Ele olha intensamente nos nossos olhos. "E aí vire à direita! Você *tem* de virar à direita, nunca à esquerda!"

Nic e eu seguimos as instruções à risca. Nic me orienta no mesmo volume e tom utilizados pelo homem:

"Pare!", grita ele. "Direita! Direita! Direita. Você *tem* de virar à direita, nunca à esquerda!"

Nossa parada final é em Manhattan, onde Nic visita a Universidade de Nova York e Columbia.

Em casa, ele preenche formulários para a faculdade e fazemos planos para o verão. Ele e Karen continuam falando francês. Nic tem um dom para línguas; memorização é fácil para ele, que tem um ouvido excelente. O que lhe falta em vocabulário, ele compensa com um fluido sotaque parisiense e, com a ajuda de Karen, um arsenal de gírias francesas. Mais para o final do ano letivo, de fato, seu professor de francês o encoraja a candidatar-se a um programa de verão em Paris, para estudar francês na Universidade Americana. Vicki e eu conversamos e resolvemos enviá-lo.

Nic passa grande parte de junho em L. A. e depois viaja a Paris, para uma estada de três semanas. Pelo telefone, diz que está se divertindo muito. Seu francês está melhorando, e ele fez bons amigos. Chegou a representar um papel em um filme de estudantes. "Adoro isso aqui, mas tenho saudades de vocês todos", diz ele uma vez, antes de desligar. "Mandem beijos para os pequeninos."

Quando o programa termina, Nic voa de volta para casa, e eu o encontro no aeroporto. À espera, no portão, vejo-o saindo da ponte de desembarque. A aparência dele está horrível. Ele está mais alto, mas não é isso que eu noto logo de início. O cabelo está revolto e despenteado. Há círculos negros sob seus olhos. De algum modo, ele está mais cinzento. Seus modos me alarmam. Eu detecto um mau humor latente. Finalmente pergunto o que está errado.

"Nada. Estou bem", diz ele.

"Aconteceu alguma coisa em Paris?"

"Não!", responde com uma explosão de raiva. Olho para ele desconfiado.

"Você está doente?"

"Estou bem."

Em poucos dias, no entanto, ele se queixa de dor de estômago, de modo que marco uma consulta com o médico da família. O exame demora uma hora. Então Nic sai e diz que eu devia entrar com ele. Com os braços cruzados sobre o peito, o médico olha preocupado para Nic. Sinto que ele quer dizer mais, mas simplesmente anuncia que Nic tem uma úlcera.

Que adolescente tem úlcera aos dezessete anos?

7

DEPOIS DA ESCOLA, eu me matriculei na Universidade do Arizona, em Tucson, ainda mais perto da fronteira com o México. Meu companheiro de quarto era de Manhattan. Charles tinha um fundo de custódia. Seus pais tinham morrido. Eu nunca soube a verdade a respeito da morte deles, mas havia álcool e drogas envolvidos. Talvez suicídio. "Perder um dos pais, sr. Worthing, pode ser considerado uma infelicidade", diria Charles, apropriando-se da famosa frase de *A importância de ser honesto*. "Perder os dois parece descuido."

Charles era desajeitadamente bem-apessoado, com um nariz marcante, cachos castanhos e olhos cor de café. Tinha uma energia sedutora e irreprimível. Impressionava a mim e aos outros que o conheciam com sua sofisticação intelectual, histórias a respeito de Natais passados com alguns parentes dos Kennedy em Hyannis Port e "em Vineyard", e verões em Mônaco e na Côte d'Azur. Quando me levou, com outros amigos, para jantar em um restaurante francês, ele pediu — em francês — escargot, *foie-gras* e Dom Pérignon. Regalava seu público com histórias de travessuras no colégio interno que poderiam ter saído (e podem ter saído) de Fitzgerald e incursões sexuais que poderiam ter saído (e provavelmente saíram) de Henry Miller. Se você mencionasse que precisava de uma camisa nova, ele recomendava um alfaiate em Hong Kong que durante anos fez os ternos do pai dele. Alegava conhecer o melhor relojoeiro na Madison Avenue, o melhor *bartender* no Carlyle e o melhor massagista no Pierre. Se você mencionasse que gostava de um bom vinho da Califórnia, ele lhe contaria a respeito de um Chateau Margaux que tomara com um rebento Rothschild. Tudo a respeito de sua vida era planejado para inspirar assombro.

Incluindo o jeito como consumia álcool e drogas. Consumia as duas coisas com o que, na época, eu achava ser uma determinação impressionante.

Descobri que havia duas universidades paralelas em Tucson. Uma era frequentada por alunos que encaravam a faculdade pelo menos com algum grau de seriedade. A outra — a que eu frequentava — fora eleita pela *Playboy* uma das principais escolas de libertinagem no país.

Eu era amador se comparado com Charles, que nunca deixou a faculdade nem qualquer outra coisa interferir em sua devassidão, embora houvesse ressacas intermitentes, acompanhadas por culpa e resoluções de melhora de desempenho, seguidas de brindes com champanhe ou margaritas à nova assiduidade.

Charles tinha amigos, também de Nova York, que dividiam uma casa de adobe cor-de-rosa na Speedway Boulevard, nos limites de Tucson, mais distante da universidade. Eles não viviam de fundos de custódia, mas tinham dinheiro para festas e jantares caros financiados pela venda de cogumelos mágicos congelados que contrabandeavam de Yucatán.

Na época, *A erva do diabo,* de Carlos Castañeda, e suas sequências eram populares nos campi universitários. Castañeda, um antropólogo, escreveu crônicas sobre sua busca pelo conhecimento com um xamã Yaqui que lhe ensinou uma filosofia com aparência religiosa, reminiscente de diversas tradições místicas orientais e ocidentais. Fazia parte da exploração espiritual integral de Don Juan o consumo de drogas psicodélicas, inclusive peiote, datura e cogumelos *Psylosibe*. Meus amigos e eu ficávamos intrigados, e os livros nos encorajavam a encarar nossas viagens de cogumelo e outras drogas psicodélicas não como depravação, mas como investigação intelectual. De algum modo, justificávamos também maconha, Mandrix, Jack Daniels, Jose Cuervo, cocaína e outros tóxicos fortuitos.

Lembro-me bem distintamente de ficar chapado no deserto alto de pedras vermelhas nos arredores de Tucson e observar uma margarida mexicana se transformar no rosto de um homem. Logo ele e as margaridas à sua volta tornaram-se novos rostos, pertencentes a milhares de anjos, e depois o conjunto todo começou a sussurrar a resposta à pergunta suprema: qual é o sentido da vida? Cheguei mais perto para ouvir o que estavam dizendo, mas as vozes sussurrantes deram lugar a um riso abafado, e a série de rostos sombrios se transformou em um campo de risonhos *muffins*.

À noite, depois de uma enorme lua cheia branca ter aparecido no horizonte, resolvi que, se as pessoas no livro de Ítalo Calvino que estávamos lendo em um curso de literatura podiam usar escadas para subir até a Lua, por que não eu? Mas desisti da ideia quando Charles anunciou que era hora de sairmos para uma ronda pelos clubes.

Charles comprava drogas para estudar, e elas ajudavam durante meia hora. Depois ficávamos chapados demais para nos concentrar em qualquer coisa que não fosse decidir para qual bar iríamos em seguida. Quantidades copiosas de drogas e bebida nunca impediram Charles de dirigir, e ele destruiu dois Peugeot. Por sorte — milagrosamente — ele nunca feriu ninguém, pelo menos não que eu saiba. Eu ia no banco do carona, e agora sei que aquilo era uma forma de roleta-russa.

Tocava Rolling Stones no máximo, a música preferida de Charles, "Shine a Light", no *repeat*. Ele cantava junto com Mick Jagger:

> Bem, você está bêbada no beco, baby
> Com suas roupas rasgadas
> E seus amigos de final de noite
> A deixam na fria e cinzenta madrugada
> Simplesmente parecia haver moscas demais sobre você
> Eu não consigo afastá-las.*

Num capricho alimentado pelas drogas, Charles e eu, uma noite, resolvemos dirigir até a Califórnia para ver o sol nascer, e então, depois de empacotar um arsenal de drogas, nos dirigimos para o oeste, rumo a São Diego. Ainda estava escuro quando chegamos à praia. Sentados na areia, com cobertores sobre os ombros, olhando para o horizonte, esperamos o sol nascer. Fumamos baseados e conversamos. Depois de um longo tempo, um de nós notou que estava claro. Viramo-nos. Deviam ser mais ou menos dez horas. O sol tinha nascido há tempos.

"Oh", disse Charles, chegando à uma conclusão fabulosa. "O sol nasce no leste."

Outra vez, enquanto dirigíamos para Tucson depois de uma visita a meus pais em Scottsdale, ele parou para uma garota que pedia carona. Ao chegarmos ao destino dela, uma escola de paraquedistas na cidade de Casa Grande, no deserto, no meio de lugar nenhum, nossa carona nos convenceu a experimentar o esporte dela. A aula de instrução foi num lugar em frente a uma parede na

---

* "Well, you're drunk in the alley baby/ With your clothes all torn/ And your late night friends/ Leave you in the cold grey dawn/ Just seemed too many flies on you/ I just can't brush them off." Canção lançada no álbum *Exile on Main Street* (1972). (N.E.)

qual alguém tinha pintado: "Tudo o que você faz no solo é irrelevante". Nosso instrutor disse: "A tarefa mais importante de vocês é curtir o passeio". Quando chegou ao final de seu discurso, estourou numa crise de risos e falou: "Foda-se. Vamos voar".

Meu paraquedas não abriu. Fui salvo no último minuto quando o paraquedas de reserva amorteceu a queda. Bati forte no chão, mas fiquei bem. Charles veio correndo até onde eu estava. "Legal, porra!"

Histórias de drogas são sinistras. Do mesmo modo que algumas histórias de guerra, elas focalizam a aventura e a fuga. Na tradição de uma longa lista de vários beberrões famosos e infames e seus cronistas, até as ressacas e as experiências de quase morte, com visitas a salas de emergência, podem ser contadas para parecer glamorosas. Porém, em geral, os contadores das histórias omitem a lenta degeneração, o trauma psicológico e, finalmente, as vítimas.

Certa noite, depois que Charles voltou de uma farra de dois dias, fiquei preocupado porque ele estava no banheiro havia muito tempo. Quando não respondeu aos meus gritos, quebrei o trinco e empurrei a porta. Ele desmaiara, cortando a cabeça no chão de ladrilhos, que estava cheio de sangue. Chamei uma ambulância. No hospital, o médico advertiu Charles sobre as bebedeiras, e ele prometeu parar, mas é claro que não fez isso.

Mais para o fim do ano, outra de nossas viagens rodoviárias inspiradas em Hunter Thompson nos levou a São Francisco, onde chegamos num início de noite imaculado. Eu nunca tinha estado ali antes. Paramos o carro no topo do morro mais alto da cidade. Soprava um vento revigorante. Depois de uma infância passada no Arizona, parecia que eu estava respirando pela primeira vez na vida.

Fiz um requerimento a fim de me transferir para a Universidade da Califórnia, em Berkeley. Ainda não tinha manchado meu histórico acadêmico, de modo que fui aceito, matriculando-me para o outono. Naquela época não era raro um aluno da universidade construir um tema individual de estudo no campo das ciências sociais. Meu foco era a morte e a consciência humana.

Eu me dediquei aos estudos em Berkeley, mas lá também havia drogas à vontade. Cocaína e maconha eram os sustentáculos dos nossos fins de semana. O pai de um amigo, médico, deu-nos receitas de Mandrix, porque não queria que seu filho comprasse drogas nas ruas. Usei muitas drogas, mas não mais do que aqueles que me rodeavam. De algum modo, seguimos em frente com nossas vidas, de forma que educação superior, bebedeira e drogas estão, para muitos alunos, indissociavelmente unidas.

Mantive contato com Charles, cujo consumo de bebidas e drogas aumentou de tal maneira que, tantos anos depois, me faz ficar preocupado com Nic. Meu uso de drogas era excessivo, mas nunca fui como Charles. À uma ou às duas da manhã eu já tinha dado a noite como terminada porque tinha de acordar para a aula. Charles olhava para mim como se eu estivesse louco. Ele estava apenas começando.

Depois do verão na França, Nic está de volta ao colégio. A úlcera sarou, mas ele está diferente. Está menos interessado nos estudos. Apesar disso, vai bem nas aulas, mantendo uma média alta de notas, e isso faz com que sua queda seja mais trágica do que se ele fosse um fodido total. Ele sai das equipes de natação, de polo aquático e, por fim, do jornal. Começa a matar aula, insistindo em dizer que sabe exatamente como escapar impune. Volta tarde para casa, forçando os limites de sua hora de chegada. Cada vez mais preocupados, Karen e eu nos reunimos com seu orientador, que diz: "A sinceridade do Nic, pouco comum, especialmente nos meninos, é um bom sinal. Continuem a conversar com ele, e ele vai sair dessa".

Vou tentar.

É como se Nic estivesse sendo puxado por duas forças opostas. Os professores e orientadores — e seus pais — lutam para segurá-lo e fazer com que não sucumba à outra força, que está dentro dele.

Depois de 25 anos na mesma escola, Don aceita um cargo em outro lugar. Ninguém mais exerce sobre Nic a influência que ele tinha — não que Don ou qualquer outra pessoa possa fazer qualquer coisa para alterar o caminho que meu filho está seguindo. Alguns professores ainda estão impressionados com a inteligência e o talento de Nic para escrever e pintar, incluindo uma obra para uma exposição de arte, uma pintura a guache que tem como tela um tabuleiro do jogo Detetive, representando um menino aos gritos com algumas frases escritas sobre seu rosto. Mas outros professores estão preocupados. Um antigo professor de história que Nic adora nos liga: "Ele simplesmente não quer conversar sobre o que quer que esteja acontecendo." Embora a falta de motivação dos alunos do terceiro ano seja comum, um dia o diretor me diz que Nic quebrou o recorde da escola para a maior quantidade de aulas matadas por qualquer aluno de último ano. Isso acontece na mesma época em que temos notícias das faculdades para as quais Nic se candidatou. Ele foi aceito na maior parte delas.

QUERIDO MENINO *101*

Nic passa o máximo de tempo possível fora de casa. Sua companhia é um grupo de garotos que são obviamente drogados. Eu enfrento Nic, mas ele nega estar usando qualquer coisa. É esperto o suficiente para justificar com mentiras convincentes qualquer comportamento afrontoso, e está ficando cada vez melhor em esconder seus rastros. Quando descubro suas mentiras, fico confuso, porque ainda acho que somos muito próximos — mais próximos que a maior parte dos outros pais e filhos. Por fim, ele admite que vem usando algumas drogas, "como todo mundo", "só maconha", e apenas "de vez em quando". Promete que jamais entrará num carro com alguém que esteja chapado. Meus conselhos, meus pedidos e minha zanga entram por um ouvido e saem pelo outro — drogados. Ele continua a me tranquilizar: "Não é nada de mais. É inofensivo. Não se preocupe".

"Não é sempre inofensivo", digo eu, repetindo a mesma bronca de sempre, que nunca surtiu efeito algum. "Pode se tornar um problema para algumas pessoas. Conheço gente que começou a fumar só bem de vez em quando e se tornou maconheiro e..."

Nic revira os olhos.

"É verdade", continuo. "A ambição deles foi esgotada por causa de décadas de maconha." Conto-lhe a respeito de outro ex-amigo que jamais conseguiu manter um emprego e nunca teve um relacionamento que durasse mais de um mês ou dois. "Ele uma vez me disse: 'Vivi dentro de uma nuvem de fumaça e televisão desde que tinha treze anos, então talvez não seja surpresa que as coisas não tenham dado certo para mim'."

"Você fumou toneladas de maconha", acusa Nic. "Você é um ótimo exemplo."

"Gostaria de não ter fumado", retruco.

"Você se preocupa demais", responde ele com desdém.

Durante uma visita aos meus pais, em uma reunião de família no Arizona, Nic e eu vamos dar um passeio em volta do quarteirão. Desde a época em que eu morava lá, as palmeiras cresceram finas e disparatadamente altas, como girafas com pescoços absurdamente longos. Algumas das casas foram reformadas e ganharam mais um andar. Quanto ao resto, nossa rua parece a mesma. Lembro que Nic e eu fizemos esse mesmo passeio quando ele tinha dois ou três anos. Eu o levei com uma corda amarrada num pequeno carro de plástico, com Nic no assento do motorista. Fomos ao Chaparral Park, onde ele puxou um freio de mão imaginário, abriu a porta e cuidadosamente fechou-a antes de correr para os lagos artificiais. Alimentou os patos e gansos com pedaços de pão. Um velho ganso mal-humorado bicou o dedo dele, e Nic chorou.

Sei que estou perdendo meu filho, mas ainda racionalizo: é típico de adolescentes se afastar dos pais — tornarem-se mal-humorados e distantes. "Você tem de pensar em como Jesus era aos dezessete anos", escreveu Anne Lamott. "Eles sequer falam sobre isso na Bíblia, pois ele deveria ser provavelmente horrível." Mesmo assim, tento quebrar a barreira, fazer Nic falar, mas ele não tem muito a dizer.

Por fim, ele se vira para mim e pergunta prosaicamente se quero fumar um pouco de maconha. Eu o encaro. Será que ele está me testando, afirmando sua independência ou tentando estender a mão — para fazer uma conexão? Talvez tudo isso ao mesmo tempo.

Ele puxa um baseado, acende e passa para mim. Eu olho fixo para o meu filho durante um minuto. Eu ainda fumo maconha, embora raramente. Como quando vou a uma festa ou à casa de algum amigo na qual se fuma maconha com tanta informalidade quanto o vinho é servido no jantar. Nessas ocasiões, dou um tapinha. Ou dois.

Mas isso é diferente. Ainda assim, aceito o baseado, pensando — racionalizando — que não é muito diferente de um pai da geração passada dividindo uma cerveja com o filho de dezessete anos, um momento inofensivo, de intimidade. Dou uma tragada, fumando com ele enquanto caminhamos pelo meu velho bairro. Andamos e rimos, e a tensão entre nós se desfaz.

O clima de apreensão, entretanto, logo retorna. Naquela noite, estamos exatamente onde estávamos antes. Nic é o adolescente beligerante, chateado, ofendido por ter sido arrastado para o Arizona. Eu sou o pai irascível, preocupado e, sob muitos aspectos, inepto. Deveria ter fumado com ele? É claro que não. Estou desesperado — desesperado demais — para me relacionar com ele. Não é uma desculpa muito boa.

Nic concorda em consultar outro terapeuta, que nos foi recomendado como um gênio para lidar com adolescentes. Até a hora em que chegamos para a consulta de Nic, ele está cheio de inquietação e com um toque de repugnância pela perspectiva de conhecer outro analista. O terapeuta é alto, levemente encurvado, corpulento e tem intensos olhos azuis. Ele e Nic apertam as mãos e desaparecem juntos.

Uma hora mais tarde, Nic ressurge com um sorriso nos lábios, o rosto corado e uma leveza no andar que aparece pela primeira vez desde algum tempo.

"Foi fantástico", Nic elogia. "Ele é diferente dos outros."

Nic começa com sessões semanais depois da escola, embora ele falte a algumas. Karen e eu nos reunimos com o terapeuta também. Em uma sessão, ele afirma que a faculdade vai pôr Nic nos trilhos. É uma ideia ridícula — quando o primeiro ano da faculdade já endireitou alguém? E, no entanto, só me resta esperar que ele tenha razão.

Em uma ensolarada tarde de primavera, Vicki chega, e ela, Karen, Daisy, Jasper e eu comparecemos à formatura de Nic no ensino médio. A cerimônia acontece no campo de esportes. Nic está transtornado desde que sua turma escolheu usar beca. Karen e eu ficaremos decepcionados, mas não surpresos, se ele não aparecer. Mas ele aparece. Com o cabelo empastado de gel, vestindo beca, Nic avança e aceita seu diploma da mão da diretora do colégio, beijando-lhe a face. Ele parece radiante. Eu me animo por qualquer pequeno sinal de que ele possa estar bem. Penso que talvez no fim tudo dê certo.

Depois da cerimônia, convidamos seus amigos para um churrasco. Uma longa mesa é posta embaixo de um arbusto repleto de flores cor-de-rosa. No meio do jantar, enquanto os pratos de comida estão sendo servidos, Nic e seus amigos estão superagitados. Então se despedem e vão para a festa "segura e sóbria" da noite de formatura, organizada em um centro recreativo local. Nesta noite, os amigos de Nic o deixam tarde em casa — Nic, meu formando no ensino médio que, quando indagado a respeito da festa, passa por mim, direto para o seu quarto, murmurando: "Estou exausto. Boa noite".

No verão, não há mais fingimento de controle por parte de Nic. É evidente, pelo comportamento instável e pelas mudanças de humor, que ele muitas vezes está chapado e que a maconha vem sendo suplementada por outras drogas. Minhas ameaças, castigos e as ameaças de castigos mais severos são inúteis. Nic às vezes reage com preocupação e remorso, mas, com maior frequência, com enfado. Eu passei a ser irrelevante. Não sei mais o que é possível fazer além de adverti-lo, negociar e impingir um horário para que ele esteja em casa, bem como negar o uso do carro e continuar a arrastá-lo ao terapeuta, embora ele se torne cada vez mais furtivo, brigão e irrequieto.

Ainda vamos jantar às quartas-feiras na casa de Nancy e Don. Os adultos se reúnem na cozinha, enquanto os netos em geral ficam no andar de baixo, em um porão repleto de mobília amontoada, caiaques pendurados e um Folbot, um caiaque dobrável, jogando pingue-pongue. Ou estão se balançando na sala. A casa de Nancy e Don é a única que já vi que tem um balanço na sala de estar. Tem cordas grossas presas a uma viga e um assento de lona. Algumas vezes as crianças usam o balanço como uma plataforma de lançamento em uma espécie de jogo de boliche. Primeiro, eles empilham tijolos de papelão multicoloridos em torres elaboradas. Então miram Daisy no alvo, sentada no balanço enquanto segura nas cordas, e a deixam voar.

Uma grande ilha de madeira com um fogão de seis bocas é o principal atributo da cozinha de Nancy. Em geral, há alguma coisa no fogo, e o aposento emana cheiros deliciosos e exóticos — ocasionalmente queimados — de alguma receita que Nancy encontrou no jornal, no último livro de culinária de Peggy Knickerbocker ou na revista *Gourmet*. Uma noite, serve-se galinha ao curry amarelo com arroz de jasmim, raita* feita com pepinos, chutney de manga e pão pita indiano perfumado com cardamomo. Outro menu inclui uma borbulhante caçarola mexicana com pimentões verdes e queijo. Ou porco assado ensopado com limões e ameixas, batatas crocantes e couves-de-bruxelas fritas com *pancetta*. Quando é hora de comer, as crianças escolhem seus pratos de cerâmica preferidos, cada um com um animal diferente. Jasper sempre escolhe a baleia. Daisy e o primo brigam pelo cachorro até Daisy ceder, ficando com o burro.

Nic ainda parece curtir essas noites festivas. Hoje, no entanto, ele está se comportando de um modo muito estranho. Está na cozinha, proferindo uma série de argumentações sem nexo. "Por que as pessoas *não deveriam* poder transar com quem quisessem, quando quisessem? A monogamia é uma convenção arcaica", disserta ele a Nancy, que o ouve enquanto mexe uma panela em ebulição no fogo. "O dr. Seuss é um *gênio*." Ele ainda continua durante algum tempo com suas últimas filosofias frenéticas e incoerentes, do tipo que o imagino despejar tarde da noite sobre os amigos.

Mais tarde, no entanto, fica claro para mim que Nic deve ter tomado alguma coisa. Na manhã seguinte, pergunto a ele, que nega. Mais uma vez o ameaço,

---

* Molho indiano à base de iogurte. (N.E.)

mas minhas ameaças não servem para nada. Proíbo-o de usar drogas, mas isso também é inútil. Ao consultarmos o terapeuta, ele me alerta contra proibir drogas dentro de casa, dizendo: "Se você as proibir, ele vai levar escondido. O uso de drogas passará a ser clandestino, e você o terá perdido. É mais seguro tê-lo em casa".

Amigos e amigos de amigos dão conselhos contraditórios: ponha-o para fora, não o deixe fora de sua vista. Eu penso: "colocá-lo para fora"? Que chances teremos então? Não o deixar sair de minha vista? Tente *você* prender um moleque de dezessete anos que usa drogas.

É uma noite tranquila no meio do verão, pouco antes do aniversário de dezoito anos de Nic. Chego em casa e sinto que alguma coisa está errada. Lentamente me dou conta de que ele foi embora e que roubou dinheiro, alimentos e uma caixa de vinho de nossa casa. Ele foi seletivo. Só levou o vinho muito bom. Estou em pânico. Ligo para o terapeuta, que, apesar do episódio, tranquiliza-me dizendo que Nic vai ficar bem, que ele está, com muita propriedade, "exercitando sua independência". Se a rebelião dele é extrema, é porque eu torno difícil ter alguma coisa contra o que se rebelar.

Finalmente alguém me disse: então a culpa *é* minha se Nic se torna cada vez mais melancólico, sombrio e usa drogas — e agora está mentindo e roubando. Fui tolerante. Estou pronto para aceitar esse julgamento, aceitar que fiz merda, embora fique pensando a respeito dos filhos com problemas cujos pais foram extremamente severos e repressivos e os que foram muito mais tolerantes do que eu e, no entanto, os filhos parecem estar bem.

Nic fica desaparecido durante dois dias antes de ligar. Aparentemente, ele e seus amigos estão no Vale da Morte, em uma odisseia kerouaquiana alimentada por drogas e bebida. Exijo que ele volte para casa. Ele retorna, e eu o ponho de castigo. Fazemos um arranjo segundo o qual ele vai trabalhar para me pagar o que roubou. (Não conto muito com isso.)

"Você está sempre tentando me controlar!", guincha Nic uma noite, quando lhe digo que ele não pode sair enquanto estiver de castigo. Está vestido com uma calça *baggy* verde, um cinto camuflado e uma camisa branca com as mangas enroladas.

"Eu já te dei liberdade demais. Você abusou dela."

"Vá se foder. Vá se foder!", ele repete, com veneno. Nic se retira ruidosamente para seu quarto, batendo a porta.

Karen e eu temos uma sessão com Nic no consultório do terapeuta, um aposento pequeno e confortável com um par de cadeiras estofadas. Nic senta-se, ressentido, à nossa frente, prostrado em um sofá. O terapeuta faz o melhor que pode para orquestrar uma conversa civilizada, mas Nic está irascível e na defensiva, minimizando minhas preocupações como tentativas burras e superprotetoras. Novamente, ele cai em cima da gente por tentarmos controlá-lo.

Mais tarde, mas só mais tarde, é que mais uma vez chego à conclusão de que Nic devia estar drogado. Quando ligo para o terapeuta a fim de pedir sua opinião, ele diz: "Talvez, mas a hostilidade do adolescente é normal. É bom ele poder se abrir com você. É saudável".

Concordamos em fazer uma sessão complementar, que é mais civilizada. Nic pede desculpas e diz que tem andado com raiva. Ele chega até a nos tranquilizar, dizendo de que o fato de ir a festas — ele admite frequentar "moderadamente" algumas festas — é um prelúdio à todo o estudo pesado que virá na faculdade. "Sinto que mereço isso", diz ele. "Eu dei duro no ensino médio."

"Você não deu tão duro assim."

"Bom, eu vou estudar muito quando começar a faculdade. Sei que é uma ótima oportunidade. Não vou desperdiçá-la."

É claro que ainda quero acreditar nele. Não acho que eu seja simplesmente ingênuo, mas não consigo assimilar as implicações do comportamento de Nic. Quando a mudança se dá aos poucos, é difícil compreender seus significados.

Passam-se duas semanas, e, numa tarde de domingo, Karen tem planos para levar as três crianças à praia. Estou na data limite para entregar um trabalho, de modo que ficarei em casa escrevendo.

O nevoeiro deu uma trégua, e estou com eles na entrada da garagem, ajudando a carregar o carro. Nossos amigos, que vão acompanhá-los, chegam e estacionam o carro. Em seguida, chegam duas patrulhas da polícia municipal. Quando dois policiais uniformizados se aproximam, acho que vão pedir orientação de como chegar a algum lugar, mas eles passam direto por mim e se dirigem a Nic. Algemam os pulsos dele às costas, empurram-no para o assento de trás de um dos carros de patrulha e vão embora.

Jasper, que tem seis anos, é o único de nós que reage de forma apropriada. Ele chora, inconsolável, durante uma hora.

8

A PRISÃO É O RESULTADO de Nic não ter aparecido no tribunal depois de ter sido intimado por posse de maconha, infração sobre a qual ele se esquecera de me falar. Mesmo assim, pago a sua fiança. "Foi a única e última vez", digo a ele. Estou confiante de que o episódio lhe servirá de lição.

O humor de Nic está instável, mas ele consegue um emprego de barista, servindo expressos e cafés com leite espumante em uma cafeteria em Mill Valley. Às vezes vamos lá — Karen, Jasper, Daisy e eu. Nic, de pé atrás do balcão, nos cumprimenta com um grande sorriso. Ele apresenta as crianças ao resto da equipe e depois faz canecas altas de chocolate quente com picos de creme nevado para elas.

Nic nos alegra com histórias sobre seu local de trabalho. Ele passa a conhecer diversos fregueses, que são classificados em diferentes categorias. "Espertinhos" pedem cafés pequenos em xícaras grandes. Segundo ele explica, os espertinhos sabem que os balconistas costumam encher as xícaras grandes, então eles ganham café a mais grátis, economizando 25 centavos. Os "deixa para lá" são os que pedem cappuccinos feitos com café descafeinado e leite desnatado. Os "quádruplos" são maníacos que pedem quatro doses de expresso de uma só vez. Fregueses desagradáveis acabam pagando caro pelas grosserias. Nic e seus companheiros se vingam confundindo de propósito os pedidos, de modo que um freguês especialmente detestável que especifica descafeinado recebe uma dose dupla de café reforçado, enquanto os que pedem café normal recebem o descafeinado.

Nic continua adorando Jasper e Daisy. Em uma manhã, com humor brincalhão, ele faz sua imitação de Agnes Moorehead — de *Pollyanna* —, mas desta vez sua plateia é Daisy:

"Senhorita, o seu narizinho está entupido!"

Quantas vezes ficamos furiosos com Nic, mas depois nos vimos desarmados por sua gentileza e humor? Como podem os dois Nics, o amoroso, afável e generoso, e o auto-obcecado e autodestrutivo serem a mesma pessoa?

Daisy, de pé dentro de uma cesta africana, está furiosa. "Nic, como é que você me encontrou? Não *é justo*."

Como sempre, seu esconderijo tinha sido o primeiro a ser descoberto no jogo de esconde-esconde. Nic a encontrara enrolada dentro da cesta, junto da estante de livros na sala. "Pare com seus miados", diz Nic agora com uma nova voz, com sotaque de pirata irlandês. "Quantas cestas começam a cantar de repente? Da próxima vez, guarde suas cantigas para você mesma."

Os dois correm para fora em busca de Jasper e dos primos, que ainda estão escondidos. É final do verão, as folhas do bordo estão grenás, e as rosas e hortênsias, estupendamente brancas e amarelas. Faz frio, e as crianças, em meio à sua brincadeira, exalam vapor.

Nic, desta vez imitando Karl Malden, um pregador apocalíptico — outro personagem de *Pollyanna* —, berra com Jasper: "Vamos encontrá-lo, e aí o penduraremos pelos dedinhos dos pés!".

"É", diz Daisy. "E vamos derramar xarope de chocolate sobre sua cabecinha."

Nic brinca com os pequenos, e parece que está tudo bem na nossa casa. Depois da prisão dele, esse paradoxo me confunde.

Nic decidiu que vai estudar na Universidade da Califórnia, em Berkeley. Numa tarde quente de agosto, amontoamo-nos no carro, então Karen e eu, com Jasper e Daisy a reboque, vamos com Nic para ajudá-lo a se instalar em seu dormitório. Paramos para comer uma pizza e depois o levamos para o enorme campus, onde encontramos Bowles Hall, um antigo dormitório em estilo Tudor.

"É um castelo!", diz Jasper, impressionado e com inveja. "Você vai morar num castelo!"

Estacionamos em frente ao dormitório e o ajudamos a levar a bagagem por sob arcos de pedra e dois lances de escadas acima, onde encontramos o quarto de Nic e somos apresentados a seus colegas, que estão arrumando suas coisas. Parecem sérios, estudiosos e um deles é, aparentemente, um *nerd*. Todos parecem muito legais. Um garoto com cabelo vermelho desmazelado e um suéter azul-claro rente ao pescoço está montando uma elaborada rede caseira de computadores. Outro garoto, esse com óculos ovais de tartaruga e uma camiseta listrada, tem George Michael, Celine Dion, Barbra Streisand e Elton John empilhados a esmo ao lado de um pequeno CD *player* — seleção que não pressagia grande harmonia em um quarto pequeno, dado o gosto musical intransigente do meu filho.

Nic nos acompanha até o carro. "Vou ficar bem", diz ele, nervoso. "É um prédio legal."

Ele abraça cada um de nós.

Menciono George Michael, e Nic ri. "Vou educá-los. Não vai demorar muito para eles começarem a escutar Marc Ribot." Ribot canta uma das canções preferidas de Nic no momento, "Yo! I Killed Your God".

Quando nos telefona depois de alguns dias, Nic parece envolvido em suas aulas, especialmente num curso de pintura. Em ligações subsequentes, no entanto, ele admite que não consegue construir esticadores de tela. "Não importa o que eu faça, elas saem todas tortas", ele reclama. "E tenho de arrastá-las pelo campus inteiro. Sinto-me como Jesus carregando sua cruz."

Nos telefonemas seguintes, ele passa a se queixar também dos outros cursos. "As aulas são dadas por assistentes, em vez de professores de verdade. São uns idiotas."

Em algumas outras conversas, Nic parece distraído, e depois para de responder minhas ligações. Não tenho ideia do que está acontecendo, mas o silêncio me diz que as coisas não vão bem. Quando finalmente ele dá sinal de vida — "Andei na casa de uns amigos", "A faculdade é legal, mas estou mergulhando mesmo é na cena da música alternativa daqui" —, eu o encorajo a aproveitar a oportunidade e superar esse período inicial. "Vai valer a pena", insisto. "No começo é sempre difícil, mas você vai se dar bem."

Sugiro que ele se encontre com os orientadores acadêmicos no centro de saúde e, se quiser, fale com o terapeuta dele, que fizera uma oferta para que Nic se mantivesse em contato tanto quanto quisesse. "Muitos calouros têm dificuldades no início", digo eu. "É comum. Talvez os orientadores possam ajudar."

Ele diz que é uma boa ideia. Parte de mim acredita que Nic vai seguir os meus conselhos e procurar ajuda, mas uma parte maior sabe que ele não vai. Uma semana mais tarde, um de seus colegas de quarto me liga, dizendo que eles estão preocupados porque Nic não aparece há alguns dias. Fico angustiado.

Dois dias depois, no final de uma tarde de outono, Nic liga, finalmente admitindo que a faculdade não está dando certo. Supondo que o problema sejam as drogas, digo que temos de conversar a respeito de reabilitação, mas ele fala que não está usando muita coisa. "Eu não estava pronto para a faculdade", ele explica. "Só preciso de um pouco de tempo. Primeiro tenho que trabalhar um monte de coisas em mim mesmo. Tem sido difícil para mim. Tenho me sentido bastante deprimido."

Nic soa equilibrado, e aquilo faz sentido para mim. Há muitas provas de que os garotos usam drogas para se automedicar contra depressão, sem falar de uma série de transtornos mentais. As drogas que eles usam se tornam o foco para os garotos e seus pais, mas eles podem estar atravessando problemas mais profundos ou concomitantes. Como um pai pode saber? Consultamos novos especialistas, mas eles não necessariamente sabem mais do que nós. O diagnóstico não é uma ciência exata, e é complicado, especialmente para adolescentes e jovens adultos, para os quais as variações de humor, inclusive a depressão, são comuns. Muitos sintomas desses transtornos parecem idênticos a alguns dos sintomas do uso abusivo de drogas. Além disso, quando os especialistas finalmente descobrem que há um problema, a dependência química pode já ter superado o transtorno inicial e se fundido a ele. Torna-se impossível saber onde termina uma e começa o outro.

"Tendo em vista o nível de maturidade dos adolescentes, a disponibilidade de drogas e a idade com que eles começam a usá-las, não é de surpreender que um número considerável deles desenvolva sérios problemas com entorpecentes", escreve o dr. Robert Schwebel, em *Antes que aconteça*. "Uma vez que isso ocorre, os efeitos são devastadores. As drogas afastam os adolescentes da obrigação de lidar com a realidade e de dominar tarefas de desenvolvimento fundamentais ao futuro deles. As capacidades que lhes faltavam e que os deixaram vulneráveis ao abuso de drogas, para começar, são exatamente aquelas que ficam embotadas pelas drogas. Eles vão ter dificuldade de estabelecer um sentimento de identidade claro, de dominar habilidades intelectuais e de aprender a desenvolver o autocontrole. O período da adolescência é quando os indivíduos supostamente fazem a transição da infância para a idade adulta. Os adolescentes com problemas com drogas não estarão preparados para os papéis da vida adulta (...). Eles vão amadurecer cronologicamente, mas permanecerão emocionalmente adolescentes."

Uma especialista em desenvolvimento infantil me diz que o cérebro das crianças está em seu estado mais maleável — ou seja, quando ocorrem as maiores mudanças — antes dos dois anos de idade, e depois, outra vez, na adolescência. "A pior época para mexer com o cérebro deles é quando são adolescentes", diz ela. "As drogas alteram radicalmente o modo como o cérebro dos adolescentes se desenvolve." Ela explica que tanto as experiências quanto os comportamentos derivados do uso de drogas ajudam a estabelecer um ciclo que pode aprofundar os problemas emocionais. As bases biológicas podem se tornar mais pronunciadas e intratáveis. Isso compele e intensifica problemas psicológicos, que ficam mais firmemente estabelecidos. Depois disso, tratar pessoas cujo uso de drogas começou nessa época da vida fica ainda mais complicado, porque desconstruir ou redirecionar os caminhos estabelecidos envolve raízes biológicas, além de emocionais e comportamentais.

Quando Nic levanta essa questão, consigo acreditar que ele andou sofrendo com outros problemas, possivelmente depressão. Será que os analistas que esteve frequentando, incrivelmente qualificados, poderiam não ter notado um diagnóstico tão evidente? Se os terapeutas não notaram, talvez fosse porque Nic é bom em encobrir os fatos, assim como era bom em encobrir o uso de drogas. A depressão é uma explicação plausível, mais facilmente aceitável que um problema com drogas. Não que a depressão não seja uma coisa séria, mas, ao contrário das drogas, não é autoinfligida. É tranquilizador imaginar que as drogas sejam um sintoma, não a causa das dificuldades de Nic.

Além disso, Nic me diz que Berkeley foi um erro e que ele teria melhor desempenho em uma faculdade menor. Sua teoria é de que ele foi engolido pela burocracia impessoal da instituição. "Tentei ver um orientador", disse, "como você sugeriu. Mas tive de esperar uma hora numa fila para marcar uma reunião. Ao chegar a minha vez, disseram-me que o horário disponível mais próximo seria dali a uma semana. Quero me candidatar a faculdades outra vez, mas, enquanto isso, acho que deveria ficar um ano longe da faculdade, arranjar um emprego e voltar à boa forma física e mental."

Nic então se muda de volta para casa. Ele promete seguir as regras que estabelecemos — irá à terapia, obedecerá aos horários de chegar em casa, ajudará com as tarefas domésticas, trabalhará e seguirá adiante com suas novas candidaturas a outras faculdades. Ele se encontra com o terapeuta, que, mais tarde, me diz que apoia o plano. Na verdade, Nic parece estar se sentindo um pouco melhor, de modo que há motivos para acreditar que as coisas estão progredindo. Ele se candidata a diversas pequenas faculdades liberais de artes na Costa Leste. Sua primeira escolha é o Hampshire College, no oeste de Massachusetts.

Quando visitamos essa faculdade, ele ficou inspirado pela atmosfera vibrante e a paisagem bucólica. Assistiu a cursos de inglês e ciência política e passou pelos estúdios de música e teatro. Eu também achei que essa faculdade tinha sido feita para Nic. Aparentemente, o histórico escolar dele ainda é relativamente forte, porque cerca de dois meses depois de seu retorno para casa, ele recebe uma carta de aceitação da escola. Eu respiro aliviado. Nic está outra vez nos trilhos, no inevitável caminho (do meu ponto de vista) que o levará de volta à faculdade. Passamos por um mau período, mas Nic seguirá em frente. Embora às vezes apareça para brincar com Daisy e Jasper ou se materialize para alguma refeição, quando não está trabalhando, Nic passa a maior parte do tempo em seu quarto.

Uma noite, quando ele está trabalhando, adormeço cedo, mas acordo assustado depois da meia-noite. Sinto que alguma coisa está errada. Talvez seja o meu sexto sentido de pai. Talvez alguma parte de mim tenha detectado os sinais iniciais do alerta de encrenca iminente. Quando saio da cama, ela faz um leve farfalhar, o suficiente para acordar Karen.

"Está tudo bem?"

"Está tudo bem", sussurro. "Volte a dormir."

O chão e o quarto estão frios, mas eu não paro para calçar os chinelos ou vestir um roupão, ou um suéter, porque não quero fazer mais barulho. O corredor está escuro, mas o luar que atravessa a claraboia da sala lança um esplendor grená. Acendo a luz da cozinha e vou ao quarto do Nic. Bato na porta. Não há resposta. Abro-a e espio. Sinto um frio na barriga. A cama desarrumada está vazia.

Começo a ficar acostumado com uma mistura avassaladora e opressiva de raiva e preocupação, cada emoção escurecendo e distorcendo a outra. É um sentimento desolador e desesperançado. Posso até conhecê-lo bem, mas isso não faz com que seja mais fácil de suportar.

Nic desobedeceu ao horário de chegar em casa. Isso é até onde vou deixar minha preocupação chegar. Prevejo sua chegada para qualquer minuto e ensaio o que vou fazer. Vou confrontá-lo, embora encará-lo seja uma lembrança dolorosa de minha incapacidade de alterar o comportamento dele.

Vou na ponta dos pés até o meu quarto e tento adormecer outra vez, mas, a esta altura, é inútil. Fico deitado, com os olhos abertos. A preocupação está começando a me consumir.

Moramos no cume de uma pequena colina, antes que a estrada continue a subida, de modo que os carros que passam pela rua na frente da nossa casa seguem em marcha lenta, como se fossem parar antes de continuar. Um carro passa, depois outro e a seguir há uma pausa. A cada vez meu coração para. É Nic. Mas então o motor prossegue morro acima.

Às três, eu desisto de fingir que vou voltar a dormir. Levanto-me. Karen também se levanta e pergunta: "O que houve?". Digo a ela que Nic não voltou para casa. Vamos para a cozinha.

"Provavelmente ele está com amigos e ficou tarde demais para voltar para casa, então acabou dormindo na casa de um deles", Karen diz.

"Ele teria telefonado."

"Talvez ele não quisesse nos acordar."

Olho para ela e vejo desânimo e preocupação em seus olhos. Ela também não acredita no que acaba de dizer. O tique-taque dos minutos não para. Bebemos chá, inquietos.

Por volta das sete da manhã, ligo para os amigos de Nic, acordando alguns deles, mas ninguém o viu. Ligo para seu terapeuta, que, mesmo nessa situação, me tranquiliza — talvez essa seja a maneira como ele encara a tarefa dele: consolar-me —, dizendo que "Nic está se resolvendo e ficará bem". Meu pânico aumenta. Cada vez que o telefone toca, meu estômago se contrai. Onde estará ele? Não consigo imaginar, ou, para ser mais exato, prefiro não imaginar. Afasto os pensamentos mais pavorosos. Finalmente ligo para a polícia e para as salas de emergência dos hospitais, perguntando se ele está preso ou se sofreu um acidente. Cada vez que ligo, me preparo para o impensável. Ensaio a conversa — a voz impassível, sem rosto, e as palavras: "Ele está morto". Eu ensaio isso para me preparar. Vou na direção do pensamento, caminho em torno dele. Ele está morto.

A espera é horrível, mas não há mais nada que eu possa fazer.

Mais tarde, Jasper, descalço e de pijama, entra na cozinha olhando-nos com seus olhos límpidos. Ele sobe no colo de Karen e mastiga um pedaço de torrada. Em seguida, Daisy, bocejando, entra na cozinha também, com o cabelo revolto.

Não falamos sobre Nic. Não queremos preocupá-los. Teremos de contar-lhes em breve, no entanto. Eles sabem que alguma coisa está errada. Sabem que Nic está ausente.

Finalmente Jasper pergunta: "Cadê o Nic?".

Eu respondo com mais emoção do que tenha a intenção de demonstrar: "Não sabemos".

Jasper começa a chorar. "O Nicky está bem?"

"Não sabemos", digo, trêmulo. "Esperamos que sim."

Esse horror dura quatro dias.

Então, uma noite, ele liga.

Sua voz treme, mas mesmo assim traz uma onda de alívio.

"Pai..."

"Nic."

A voz dele parece estar saindo de um túnel escuro.

"Eu." Com voz fraca. "Pisei na bola." Um suspiro gutural. "Estou numa encrenca."

"Onde você está?"

Ele me diz e desliga.

Vou encontrá-lo em um beco atrás de uma livraria, em São Rafael. Paro o carro e desço perto de uma fileira de latas de lixo cheias de garrafas vazias, vidro quebrado, papelão rasgado e cobertores encardidos.

"Pai..."

A voz abafada, rouca, vem de trás de uma das latas. Caminho na direção dela, empurrando para o lado as caixas jogadas fora, viro a esquina e vejo Nic caminhando, trêmulo, na minha direção.

Meu filho, o nadador esbelto e musculoso, o jogador de polo aquático, o surfista com sorriso radiante, está machucado, pálido, pele e osso, e seus olhos são buracos negros vazios. Quando o alcanço, ele desvanece nos meus braços. Eu praticamente o carrego, os pés embaralhados embaixo dele.

No carro, antes de ele desmaiar, digo-lhe que precisa ir para um centro de reabilitação.

"É isso", digo eu. "Agora não há outra escolha."

"Eu sei, pai."

* * *

Dirijo para casa em silêncio. Nic acorda por um breve momento e balbucia, em um tom monótono e árido, a respeito de dever dinheiro a pessoas, de ter que pagar a alguém ou será morto, depois perde outra vez a consciência. Ele continua murmurando, mas suas palavras são incompreensíveis.

Doente, frágil e ocasionalmente ainda balbuciando sem coerência, ele passa os três dias seguintes tremendo como se estivesse com febre, enroscado na cama, soluçando e chorando.

Embora eu esteja aterrorizado, ao mesmo tempo me sinto encorajado pelo fato de Nic ter dito que irá para a reabilitação. Ligo para a clínica que visitamos quando ele estava no primeiro ano do ensino médio e marco uma hora. Entretanto, na manhã do dia da consulta, quando lembro Nic de aonde estamos indo, ele me olha, horrorizado.

"Nem fodendo."

"Nic, você tem de ir. Você me disse que iria."

"Não preciso de reabilitação."

"Você prometeu. Você quase morreu."

"Fiz merda, só isso. Não se preocupe. Aprendi a lição."

"Nic, não."

"Escute, vai dar tudo certo. Nunca mais vou fazer aquela merda outra vez. Aprendi a lição. Aprendi como a metanfetamina é perigosa. É foda. Não sou burro. Nunca mais vou brincar com isso outra vez."

Eu paro. Será que ouvi bem? "Metanfetamina?"

Ele assente com a cabeça.

Cai a ficha. Meu Deus, não. Estou horrorizado por Nic ter usado metanfetamina. Eu tive uma experiência com essa droga também.

Parte II
Sua droga preferida

Oh, Deus, que os homens ponham um inimigo na boca para que este lhes roube o cérebro! Que devamos, com alegria, deleite, diversão e aplauso, nos transformar em bestas.

William Shakespeare, *A tempestade*

9

No primeiro verão que passei em Berkeley, Charles se mudou de Tucson, matriculando-se numa escola de verão, e alugamos um apartamento juntos. Uma noite, ele chegou em casa, arrancou o espelho barato da parede e o colocou sobre uma mesa de centro. Desembrulhou um pacote de origami e derramou o conteúdo sobre o espelho: um monte de pó cristalino. Da carteira, retirou uma gilete com uma lâmina só, com a qual repicou os cristais, o aço batendo ritmadamente no vidro. Enquanto arrumava o pó em quatro fileiras paralelas, ele explicou que Michael — Michael, o Mecânico, um traficante de drogas — tinha ficado sem cocaína. Em lugar dela, Charles tinha comprado *crystal meth*.

Inalei as carreiras com uma nota de um dólar enrolada. A substância química queimou minhas vias nasais, e meus olhos lacrimejaram. Seja inalada, fumada ou injetada, o corpo absorve a metanfetamina de forma muito rápida. Uma vez na corrente sanguínea, se torna um canal quase instantâneo para o sistema nervoso central. Quando alcançou o meu cérebro, escutei uma música cacofônica, como um órgão a vapor, e senti como se fogos de artifício tivessem sido acesos dentro do meu crânio. A metanfetamina detona dez a vinte vezes mais o nível normal de neurotransmissores no cérebro, principalmente a dopamina, mas também a serotonina e a norepinefrina, que se espalham como balas saídas da metralhadora de um gângster. Eu me senti fantástico — extremamente confiante, eufórico.

Depois que a metanfetamina ativa a liberação de neurotransmissores, ela bloqueia a reabsorção nos seus reservatórios, mais ou menos como fazem a cocaína e outros estimulantes. Ao contrário da cocaína, no entanto, que é quase completamente metabolizada no corpo (e tem uma meia-vida de 45 minutos), a metanfetamina permanece relativamente inalterada e ativa durante dez a doze horas. Quando a aurora começou a insinuar-se pelas frestas das persianas, eu me senti sombrio, exaurido e agitado. Fui para a cama e dormi um dia inteiro, matando aula.

Nunca mais toquei em metanfetamina, mas Charles voltou muitas vezes a Michael, o Mecânico. A viagem dele com metanfetamina durou duas semanas.

Charles sabia ser atencioso, encantador e sedutoramente divertido, mas, sob o efeito da metanfetamina, ele podia, às duas ou três da madrugada, se tornar ignóbil e mau. Depois, desculpava-se profusa e convincentemente caso tivesse prejudicado alguém — desconhecidos ou amigos —, e a maior parte das pessoas o perdoava. Durante um tempo longo demais, eu o perdoei, mas ele voltou de Berkeley para Tucson e nos afastamos. Por fim, perdemos o contato. Mais tarde, fiquei sabendo que, depois da faculdade, a vida dele foi definida pelo abuso de metanfetamina, cocaína e outras drogas. Houve reabilitações voluntárias e determinadas por tribunais, acidentes de carro, uma casa que pegou fogo depois de ele ter adormecido com um cigarro aceso na boca, viagens de ambulância a salas de emergência após overdoses e acidentes, e prisões, tanto em hospitais como em presídios.

Então Charles morreu na véspera de seu quadragésimo aniversário.

O álcool e a cocaína são metabolizados pelo fígado, a metanfetamina, pelos rins. Aos quarenta anos, Charles finalmente sucumbiu.

Possa o bom Deus fazer brilhar uma luz sobre você, Charles. Quente como o sol da tarde.

Quando escuto os Stones, penso nele.

E também quando ouço falar de metanfetamina. Por isso, fico horrorizado quando Nic me diz que usou.

É parte essencial do meu processo de escrita me dedicar compulsivamente à pesquisa. Agora que sei que Nic está usando metanfetamina, tento aprender tudo o que posso a respeito da droga. É mais que uma tentativa de conhecê-la. Sinto que há poder em se ter conhecimento sobre um adversário. Quanto mais aprendo, no entanto, mais desencorajado fico. A metanfetamina parece ser a mais maléfica de todas as drogas.

O químico alemão que sintetizou a anfetamina, a precursora da metanfetamina, escreveu, em 1887: "Descobri uma droga milagrosa. Ela inspira a imaginação e dá energia a quem a usa". A anfetamina estimula a parte do sistema nervoso que controla as atividades involuntárias — a ação do coração e das glândulas, a respiração, o processo digestivo e as ações reflexas. Um dos efeitos é a dilatação das vias brônquicas, o que levou, em 1932, a seu uso médico inicial — como spray nasal para o tratamento da asma. Estudos posteriores mostraram que a droga era útil também no tratamento da narcolepsia, em acalmar crianças hiperativas e como supressora do apetite. Além disso, permitia que os indivíduos ficassem acordados durante longos períodos de tempo.

Ao fazer uma experiência com uma simples mudança na estrutura molecular da anfetamina, um farmacólogo japonês sintetizou a metanfetamina pela primeira vez em 1919. Era mais potente que a anfetamina, mais fácil de fazer, e, além disso, o pó cristalino era solúvel em água, portanto, passível de ser injetado. A metedrina, produzida nos anos 1930, foi a primeira fórmula de metanfetamina comercialmente disponível. Posta num inalador, era vendida como broncodilatador; sob a forma de pílulas, como supressora do apetite e estimulante. Um anúncio dizia: "Nunca mais sinta-se sombrio ou sofra de baixo-astral".

A metanfetamina foi amplamente usada na Segunda Guerra Mundial por japoneses, alemães e pelo exército dos Estados Unidos, para aumentar a resistência e o desempenho das tropas. A partir de 1941, fórmulas relativamente suaves de metanfetamina podiam ser compradas sem receita, como Philopon e Sedrin. Um bordão publicitário comum era: "Lute contra a sonolência e acentue a vitalidade". Em 1948, essas drogas passaram a ser usadas no Japão por cerca de 5% dos jovens de 16 a 25 anos. Aproximadamente 55 mil pessoas tiveram sintomas que os médicos chamaram inicialmente de "psicose induzida pela metanfetamina". Essas pessoas brigavam e deliravam. Tinham alucinações. Algumas ficavam violentas. Mães esqueciam ou, em alguns casos, maltratavam seus bebês.

Em 1951, o Food and Drug Administration* dos Estados Unidos classificou a metanfetamina como substância controlada. Exigia-se receita médica. De acordo com um relatório publicado naquele ano no *Pharmacology and The-*

---

* Agência Federal de Alimentos e Medicamentos (N.E.)

rapeutics, a metanfetamina era eficaz para "narcolepsia, doença de Parkinson pós-encefalite, alcoolismo, alguns estados depressivos e obesidade".

O entusiasmo por *speed** ilegal, incluindo o primeiro tipo de *crank*, um pó amarelo-pálido, derivado da metanfetamina, que é inalado, e o *crystal meth*, uma forma mais pura, a primeira a ser injetada (e cheirada também), se deu no início dos anos 1960. Laboratórios ilegais de produção de metanfetamina surgiram em São Francisco em 1962, e o *speed* inundou o Haight-Ashbury District, pressagiando a primeira epidemia nacional em meados do final dos anos 1960. Quando minha pesquisa me leva ao consultório de David Smith, em São Francisco, o médico que fundou a Haight Ashbury Free Clinic, ele recorda a chegada da droga em seu centro de reabilitação: "Antes da metanfetamina, víamos algumas viagens ruins de ácido, mas o usuário ficava razoavelmente tranquilo, ao passo que a metanfetamina devastou o bairro, enviou garotos para as salas de emergência, alguns para o necrotério. A metanfetamina acabou com o verão do amor".

Antes de fundar a clínica, Smith fora um estudante de destaque na Faculdade de Medicina da Universidade da Califórnia. Quando, na sala de emergência do hospital, começou a ver overdoses dessa nova droga, deu início à primeira pesquisa clínica sobre seus efeitos. Administrou pequenas doses em ratos, e todos eles morreram com convulsões intensas. Os ratos engaiolados morreram com doses ainda menores da metanfetamina —, o efeito era mais rápido, e a causa da morte mudara. Os ratos passaram a interpretar o comportamento afagador, antes considerado normal, como um ataque e, como lembra Smith, "eles se estraçalharam".

Em 1967, Smith assumiu a presidência da American Society of Addiction Medicine** e atualmente também é o diretor-médico de uma instituição de reabilitação em Santa Mônica. "Quando chegamos na Haight", diz ele, "encontrei uma grande gaiola de ratos — pessoas tomando *speed*, acordadas a noite inteira, paranoicas, completamente insanas, violentas, perigosas". Smith publicou a advertência original "*Speed* mata" em 1968, na época em que eram realizadas competições de metanfetamina no bar Crystal Palace. Um círculo de usuários passava uma seringa pelo grupo. "Eu era chamado às sete da manhã, quando o cara mais rápido com a agulha estava totalmente psicótico", lembra Smith.

---

* Speed: um dos nomes populares da metanfetamina. (N.E.)

** Sociedade Norte-Americana de Medicina da Dependência Química. (N.E.)

As agulhas compartilhadas levaram a uma epidemia de hepatite C. "Quando alertei os dependentes de metanfetamina sobre a hepatite, eles disseram: 'Não se preocupe. É por isso que deixamos o cara amarelo por último'".

Desde a época do auge inicial da droga, o uso da metanfetamina nos Estados Unidos diminuiu, aumentou e diminuiu outra vez. Agora muitos especialistas alegam que está mais potente e difundida do que nunca. Enquanto alguns anos atrás ficava concentrada nas cidades do Oeste, a metanfetamina agora insinuou-se pelo país inteiro, inundando o Meio-Oeste, o Sul e a Costa Leste. O uso de metanfetamina é uma epidemia em muitos estados, mas a dimensão do problema só recentemente foi reconhecida em Washington — em parte por causa do tempo que levou até que a onda mais recente de dependentes químicos enchesse os hospitais, as instalações de reabilitação e as prisões do país. O ex-chefe da Drug Enforcement Administration* (DEA), Asa Hutchington, chamou a metanfetamina de "o problema número um relacionado a drogas nos Estados Unidos". Ela está desafiando a imposição da lei, os elaboradores de políticas públicas e os sistemas de saúde.

Em 2006, o governo Bush provocou um furor político quando autoridades do Office of the National Drug Control Policy** minimizaram os resultados de um levantamento feito pela Associação Nacional de Municípios, no qual quinhentas autoridades locais de segurança pública no país inteiro declararam que a metanfetamina era seu problema número um. (A cocaína vinha num distante segundo lugar, e a maconha, em terceiro.) Mais para o final de 2006, o National Drug Intelligence Center*** publicou resultados de uma amostragem maior, aleatória, de 3.400 agências de segurança pública relacionadas a drogas no país inteiro. Pela primeira vez desde que a organização promovera um levantamento, um número significativo (40%) considerou a metanfetamina seu principal problema no que se refere a drogas.

Usuários da metanfetamina incluem homens e mulheres de todas as classes, etnias e origens. Embora a epidemia atual tenha suas raízes em gangues de motociclistas e bairros de classe baixa rurais e suburbanos, a metanfetamina, como relatou a Newsweek em uma matéria de capa em 2005, "atravessou o país e subiu os degraus socioeconômicos". Agora, "as pessoas mais prováveis e mais

* Agência Federal Antidrogas (N.E.)
** Departamento Nacional de Controle Contra as Drogas (N.E.)
*** Centro Nacional de Inteligência sobre Drogas (N.E.)

improváveis tomam metanfetamina", de acordo com Franck Vocci, diretor da Divisão de Farmacoterapias e Consequências Médicas do Abuso de Drogas do National Institute on Drug Abuse (NIDA)*.

Internacionalmente, a Organização Mundial de Saúde calcula serem 35 milhões os usuários de metanfetamina, comparados a 15 milhões de usuários de cocaína e a 7 milhões de usuários de heroína. Dependendo do lugar, concentrações e formas diferentes da droga são chamadas de diversos nomes, incluindo *crank, tweak, crystal, lith, Tina, gak, L. A. P.,* e *speed.* Uma forma especialmente devastadora, o *ice,* que é fumada da mesma maneira que se inala fumaça de cocaína aquecida, raramente tem sido vista em cidades norte-americanas, com exceção de Honolulu, mas já começa a aparecer no continente. Outra variedade, chamada *ya ha* — "remédio maluco" em tailandês —, é fabricada às centenas de milhões em Mianmar, contrabandeada para a Tailândia e de lá segue para a Costa Oeste dos Estados Unidos, onde é vendida em clubes e esquinas, algumas vezes sob a forma de pílulas coloridas que são ingeridas ou moídas e fumadas.

A forma mais onipresente no continente é o cristal, que muitas vezes é fabricado com ingredientes como descongestionantes e fluido de limpar freios, em lugares que a DEA chamou de laboratórios "Beavis e Butthead", instalados em residências e garagens. Laboratórios móveis, montados em trailers e vans e até mesmo em motéis foram descobertos em todos os Estados Unidos. Em 2006, o político, comediante e comentarista de TV Bill Maher gracejou: "Se os americanos ficarem ainda mais burros a respeito de ciência, eles sequer serão capazes de fabricar sua própria *crystal meth*". Por enquanto, contudo, basta uma visita à internet, onde, por trinta dólares mais o frete, eu comprei um grosso manual chamado *Secrets of Methamphetamine Manufacture [Segredos da fabricação de metanfetamina].* A sexta edição, revista e ampliada, do "texto clássico sobre química clandestina" tem um aviso na página de rosto: "Vendido apenas com o objetivo de fornecer informação". Essa informação inclui instruções passo a passo para a fabricação de uma variedade de formas e quantidades de metanfetamina, além de conselhos sobre como fugir dos agentes de segurança pública.

Os fabricantes de metanfetamina de fundo de quintal conseguem o ingrediente principal — a pseudoefedrina — a partir de pílulas para resfriado vendidas sem receita médica, o que induziu vários estados a iniciar restri-

---

* Instituto Nacional sobre o Abuso de Drogas (N.E.)

ções, inclusive impor limites ao número de embalagens de Contact, Sudafed e Drixoral que podem ser comprados por vez. Por conseguinte, os fabricantes desses remédios, segundo se se tem notícias, estão trabalhando para modificar suas fórmulas, de modo que não possam mais ser usadas na fabricação de metanfetamina. Enquanto isso, grandes redes de farmácias passaram-nas para o lado de dentro dos balcões.

O controle sobre a venda de pílulas para resfriados e outras fontes de efedrina e pseudoefedrina teve efeito sobre o suprimento de metanfetamina, e muitos STLS — *"small toxic labs"* ("pequenos laboratórios de tóxicos") — fecharam. Mas o sucesso contra a produção doméstica promoveu um novo ramo de negócios para os cartéis mexicanos e outros cartéis internacionais de drogas, que agora contrabandeiam a metanfetamina pelas rotas usadas para cocaína, heroína, maconha e outros entorpecentes. Embora a droga ainda seja feita, muitas vezes, em garagens, porões e cozinhas, a maior parte vem de superlaboratórios operados por esses cartéis. O jornal *The Oregonian* publicou uma matéria detalhada, assinada pelo repórter Steve Suo, que revela que o governo poderia ter contido (e ainda poderia conter) a epidemia de metanfetamina. Apenas nove fábricas manufaturam o grosso do suprimento mundial de efedrina e pseudoefedrina, mas as companhias farmacêuticas — e os legisladores influenciados por elas — impediram qualquer manobra que pudesse controlar com eficácia a distribuição das substâncias químicas, de modo a não deixar que fossem desviadas para os superlaboratórios de metanfetamina. A reportagem de Suo sugere que, enquanto o governo não enfrentar as companhias farmacêuticas, a guerra contra essa droga continuará a ser uma piada. A prova? Um usuário que queira metanfetamina pode encontrá-la praticamente em qualquer lugar, a qualquer hora.

O governo insiste que, no geral, o uso da droga diminuiu nos Estados Unidos, mas isso depende do ponto de vista. Em muitas comunidades, há mais dependentes de álcool e de outras drogas do que nunca. De acordo com o *Los Angeles Times,* na Califórnia, as overdoses e outras mortes relacionadas a drogas podem em breve superar os acidentes de automóvel como causa principal de morte não natural no estado. Diversos indicadores apontam um aumento acentuado no abuso da metanfetamina. Em muitas cidades, a substância está por trás do número cada vez maior de dependentes químicos que começam tratamentos, que aparecem em emergências de hospitais e que se envolvem em crimes relacionados ao uso de drogas. De 1993 até 2005, o número de admissões em centros de reabilitação para tratamento de dependência de metanfetamina mais que quintuplicou: de 28 mil casos por ano para cerca de 150 mil casos, de acordo com o dr. James Colliver, do National Institute on Drug Abuse. Em seu relatório de 2006, a Substance Abuse and Mental Health Services Administration* relatou uma onda de admissões para tratamento de dependência de metanfetamina. Além disso, houve um grande aumento nos índices criminais em comunidades onde a metanfetamina é um problema endêmico. De 80% a 100% dos crimes em algumas cidades estão relacionados à metanfetamina. Em alguns estados, as autoridades de segurança pública atribuíram à droga as crescentes taxas de assassinato. Em cidades onde a metanfetamina é o problema predominante em termos de substâncias ilícitas, há alta incidência de maus-tratos contra cônjuges e crianças — na verdade, histórias horrorosas sobre maus-tratos infantis são comuns.

Chega a 50% o número dos usuários de metanfetamina — entre usuários de *ice*, a porcentagem é ainda maior — que passam pelo que se chama de *tweaking*: em determinado ponto, eles experimentam o mesmo tipo de psicose de metanfetamina identificado inicialmente no Japão no final dos anos 1940. O *tweaking* é caracterizado por alucinações auditivas e visuais, paranoia intensa, delírios e uma variedade de outros sintomas, alguns dos quais são indistinguíveis da esquizofrenia. O estado de hiperansiedade gerado quando o viciado está na fase do *tweaking* pode levar a agressão e violência, daí a seguinte observação, retirada de um relatório de instrução de abordagem de usuários de metanfetamina pela polícia: "O estágio mais perigoso do abuso de metanfetamina tanto para os dependentes químicos quanto para as equipes médicas e para as forças policiais é conhecido como *tweaking*. Um *tweaker* é um dependente químico que provavelmente não dormiu durante três a quinze dias e está irritável e paranoide. Muitas vezes se comporta ou reage com violência. (...) Não é recomendável prender um *tweaker* sozinho, e os policiais devem pedir apoio".

O relatório inclui "Seis recomendações de segurança para a abordagem de um *tweaker*": "Mantenha uma distância de dois a três metros. Chegar perto demais pode ser percebido como ameaça. Não dirija luzes fortes em sua direção. O *tweaker* é sempre paranoide, e se for cegado por uma luz forte há probabilidade de ele fugir ou se tornar violento. Fale devagar e abaixe o tom da sua voz. Um *tweaker* já escuta sons em ritmo acelerado e intensidade alta. Faça

---

* Agência Federal de Serviços de Saúde Mental e Abuso de Substâncias (N. E.)

128 *David Sheff*

movimentos lentos. Isso irá diminuir a probabilidade de um *tweaker* interpretar erroneamente suas ações. Mantenha suas mãos visíveis. Se você colocar as mãos onde o *tweaker* não as possa ver, ele pode se sentir ameaçado e ficar violento. Mantenha o *tweaker* falando. Um *tweaker* que fica em silêncio pode ser extremamente perigoso. O silêncio muitas vezes significa que os pensamentos paranoicos dele tomaram o lugar da realidade e qualquer pessoa presente pode passar a fazer parte de seus delírios".

Tweakers ou não, os dependentes de metanfetamina têm maior probabilidade que qualquer outro usuário de drogas (com a possível exceção dos dependentes de crack) de desenvolver comportamento antissocial. Um empresário de sucesso tomou a droga para conseguir trabalhar durante mais tempo, ficou dependente e assassinou um homem que lhe devia drogas e dinheiro. Um dependente de metanfetamina atirou em sua esposa; outro matou sua vítima a cacetadas e outro assassinou um casal por causa de um carro e setenta dólares. Um casal, os dois dependentes de metanfetamina, espancou, deixou sem comer e depois escaldou a sobrinha de quatro anos, que morreu numa banheira. Um homem em Pontoon Beach, Illinois, estava sob influência de metanfetamina quando assassinou a esposa e depois se matou. Em Portland, uma mulher sob os efeitos da metanfetamina foi presa por matar a filha de dezoito meses, estrangulando-a com uma echarpe. No Texas, um homem chapado com metanfetamina, depois de discutir com um amigo, foi atrás dele e o assassinou — com seis tiros na cabeça. Em Ventura County, Califórnia, um homem sob influência da metanfetamina estuprou e estrangulou uma mulher. Também na Califórnia, uma mãe dependente de metanfetamina foi condenada por manter seus dois filhos pequenos trancados em uma garagem fria e infestada de baratas. Em Omaha, um homem foi condenado a quarenta anos de prisão por, depois de injetar a droga, assassinar o filho da namorada. A criança tinha sido sufocada e apresentava diversos ossos quebrados. Houve julgamentos em Phoenix, Denver, Chicago e Riverside County, Califórnia de mães acusadas de assassinar seus bebês porque os amamentavam enquanto estavam sob o efeito de metanfetamina. A mãe de Riverside, durante seu julgamento, disse: "Acordei com um cadáver".

Além do crime, a metanfetamina provoca danos ambientais significativos nos locais em que é produzida. A fabricação de meio quilo da droga gera três quilos de líquidos corrosivos, vapores ácidos, metais pesados, solventes e outros materiais perigosos. Quando essas substâncias químicas entram em contato com a pele ou são inaladas, podem causar doenças, desfigurar ou até mesmo matar. Os operadores dos laboratórios quase sempre jogam os resíduos no lixo comum. As implicações para o Vale Central da Califórnia, fonte de uma grande porcentagem das frutas e hortaliças — e também da metanfetamina — consumidas nos Estados Unidos, são significativas. No início dos anos 2000, os hospitais do Vale tratavam várias crianças, muitas vezes imigrantes sem documentos, de problemas relacionados aos subprodutos químicos da produção de metanfetamina. Como me contou um agente federal de lá: "Milhões de quilos de substâncias químicas tóxicas estão indo para a cesta de frutas dos norte-americanos. Substâncias químicas estão aparecendo em níveis alarmantes em amostras do lençol freático".

Os efeitos do uso de metanfetamina sobre a saúde são desastrosos. Essa droga leva mais gente às salas de emergência que qualquer outra, incluindo ecstasy, ketamina e GHB (gama-hidroxibu-tirato) combinadas. (Num teste de laboratório feito na Universidade da Califórnia — UCLA —, em Los Angeles, oito de dez tabletes vendidos como ecstasy em clubes noturnos naquela cidade continham metanfetamina.) Aqueles que não sofrem uma overdose da droga ainda assim podem morrer por causa dela. A metanfetamina provoca acidentes fatais e suicídios, ou contribui muito para que ocorram. Depois de fazer um levantamento das tendências suicidas em usuários de drogas, o psiquiatra Tom Newton, pesquisador na UCLA, concluiu que a "metanfetamina é uma droga singularmente potente para induzir uma depressão tão severa a ponto de as pessoas terem vontade de cometer suicídio".

Muitos outros riscos à saúde estão relacionados ao abuso crônico dessa droga. Um médico que trabalha na emergência de um hospital em São Francisco me contou sobre a torrente de dependentes de metanfetamina que aparecem com a aorta "estourada" — literalmente rompida. Dependentes podem expelir, com a tosse, pedaços do revestimento de seus pulmões. Muitos perdem os dentes. O uso crônico de metanfetamina pode provocar distúrbios cognitivos semelhantes aos da doença de Parkinson, incluindo a deterioração da memória e da acuidade mental, além da deterioração física e até mesmo a paralisia — resultado dos derrames induzidos pela droga. Um único uso de metanfetamina pode ser fatal, provocando um súbito e violento aumento da temperatura corporal, o que pode levar a convulsões letais, morte por hipertermia, ou "morte súbita arrítmica"

— quando o coração já não apresenta batimento funcional. Problemas sérios ou fatais têm maior probabilidade de ocorrer quanto maior o período de atividade em que os usuários se envolvem. Os usuários de metanfetamina podem ficar sem dormir e sem comer durante dias. Tem-se demonstrado que a combinação da droga com a fadiga contribui para a paranoia e a agressividade. O ciclo tende a combinar males físicos, psicológicos e sociais, que podem ainda ser somados a problemas mentais já existentes, algo comum entre os usuários.

Nic usou metanfetamina. Apesar de seus protestos e promessas, eu insisto para que ele vá para um centro de reabilitação, mas ele não quer ceder. Descubro que, como ele tem mais de dezoito anos, não posso interná-lo à força. Se ele se mostrasse uma ameaça a si mesmo ou a alguma outra pessoa, há um processo complicado por meio do qual eu poderia interná-lo para uma breve avaliação em um hospital psiquiátrico, mas eu sou apenas um pai preocupado com o uso de drogas do meu filho, e isso não basta. Se eu tivesse percebido o que iria acontecer, teria obrigado Nic a entrar na reabilitação enquanto eu ainda podia tomar essa decisão por ele. Não há como saber se teria ajudado ou não — ele poderia ainda não estar pronto para ouvir a mensagem do tratamento —, mas pelo menos isso poderia ter retardado o processo. Agora, ele terá de ir por conta própria.

Ele dorme continuamente durante os três dias seguintes. Depois, fica deprimido e reservado. Então, sem aviso, numa fria tarde de primavera, desaparece outra vez.

10

Nic desapareceu e levou nosso velho carro com ele. Mais uma vez, ligo para a emergência dos hospitais nas redondezas. Mais uma vez, ligo para a polícia para ver se ele foi preso. Ao explicar que meu filho sumiu, um atendente da delegacia, antes de me passar o número do telefone da prisão, me diz que, se Nic aparecer, eu deveria enviá-lo para uma colônia correcional, onde os moleques apanham e ficam acordados e algemados durante a noite. Eu já lera a respeito de um desses lugares — uma colônia correcional no Arizona, perto da casa dos meus pais. Num verão, um menino morreu lá. Na colônia correcional, os jovens apanham, são chutados, ficam sem comer, são acorrentados e privados de água, mesmo estando no meio do deserto, a uma temperatura de 45°C.

Converso com outros pais que já passaram por situações parecidas e sou bombardeado por seus conselhos. Muitos são a favor do convívio familiar, mas também há muitos que são contra. Novamente, um me diz que, se Nic aparecer, eu deveria expulsá-lo de casa. Isso não faz o menor sentido para mim, porque eu sei para onde ele iria, para a casa de seus amigos, sem supervisão, ou talvez para os esconderijos miseráveis e traiçoeiros dos traficantes de drogas. Isso seria o fim. Toda esperança em relação a ele estaria perdida. Uma mãe me recomenda uma escola correcional, para onde ela enviou sua filha por dois anos.

Nic está desaparecido há seis dias, e meu desespero cresce a ponto do desvario. Eu nunca senti uma dor como esta. Passo horas frenéticas na internet, lendo angustiantes histórias de jovens dependentes químicos. Ligo para pais que conhecem pais que conhecem pais que já passaram por isso. Tento e tento compreender o que as drogas significam para Nic. Ele uma vez me disse: "Todos os escritores e artistas de que gosto eram bêbados ou viciados". Eu sei que Nic usa drogas porque se sente mais inteligente e menos introvertido e inseguro, e, além disso, acalenta a perigosa — e falaciosa — ideia de que a devassidão leva a uma arte melhor, seja ela de Hemingway, Hendrix ou Basquiat.

Em sua nota de suicídio, Kurt Cobain escreveu: "É melhor queimar de vez do que se apagar aos poucos". Ele estava citando uma canção de Neil Young sobre Johnny Rotten, do Sex Pistols. Quando eu tinha 24 anos, entrevistei John Lennon. Perguntei-lhe a respeito desse sentimento que permeia o *rock and roll*. Indignado, ele se opôs fortemente a isso. "É melhor desaparecer como um velho soldado do que queimar", disse ele. "Eu venero as pessoas que sobrevivem. Prefiro os vivos e saudáveis."

Vivos e saudáveis.

Não sei se meu filho pode ser um deles.

De algum modo, nunca desabo perto de Jasper e Daisy. Não me permito fazer isso; não quero deixá-los mais aflitos do que já estão. Para as crianças, admitimos que estamos preocupados com Nic e, fazendo isso, tentamos encontrar um delicado equilíbrio. Não queremos assustá-los; no entanto, ao mesmo tempo, não queremos fingir que está tudo bem quando eles sabem — como podem não saber? — que não está. Estou convencido de que não reconhecer essa crise seria mais perturbador e mais prejudicial do que eles saberem a verdade.

Quando estou sozinho, porém, choro como nunca chorei desde que era menininho. Nic costumava implicar comigo a respeito da minha incapacidade de chorar. Nas raras ocasiões em que meus olhos se encheram d'água perto dele, ele brincou sobre minhas "lágrimas constipadas". Agora, as lágrimas vêm em momentos inesperados, sem nenhuma razão óbvia, e rolam de forma feroz. Elas me assustam a ponto de me deixar em pânico. Me assusta a ponto de me deixar em pânico o fato de eu estar tão perdido, indefeso, fora de controle e com medo.

Ligo para Vicki. Nosso ressentimento da época do divórcio foi posto de lado por nossa preocupação com relação a Nic. É com alívio que eu passo a enxergá-la não pelo que nos separava, mas pelo que nos une. Nós dois amamos Nic de um jeito que só os pais amam seus filhos. Não é que Karen e o padrasto de Nic não estejam preocupados com ele, mas, nas longas conversas telefônicas da qual ninguém mais pode fazer parte, a não ser Vicki e eu, nós partilhamos um tipo especial de preocupação — aguda e visceral.

Enquanto isso, Karen e eu nos revezamos em nossos papéis. Quando eu desabo, ela me tranquiliza.

"Nic vai ficar bem."

"Como é que você sabe?"

"Eu só sei. Ele é um garoto esperto. Ele tem um bom coração."

Aí Karen perde o ânimo, e eu a consolo.

"Tudo bem", digo eu. "Ele está apenas confuso. Vamos resolver isso. Ele vai voltar."

E ele volta.

Em uma tarde quieta e fria, uma semana depois, ele simplesmente aparece em casa. Como na vez em que fui encontrá-lo no beco em São Rafael, ele está frágil, doentio e desconexo — um fantasma quase irreconhecível.

Eu simplesmente olho fixo para ele de pé, na entrada.

"Oh, Nic", digo eu. Encaro-o e depois levo-o pelo braço para o quarto dele, onde, ainda vestido, ele se deita na cama, envolvendo-se num edredom. Fico contente por não haver mais ninguém em casa, de modo que, no momento, não tenho de explicar nada.

Olho fixo para ele.

Se toda aquela terapia não ajudou, o que ajudaria? Reabilitação. Não há mais nenhuma outra opção.

"Nic, você precisa entrar na reabilitação. Você tem que fazer isso."

Ele resmunga e cai no sono.

Eu sei que tenho de fazer o possível para que ele entre em um programa de reabilitação para dependentes químicos. Telefono para orientadores e outros especialistas, em busca de recomendações. O terapeuta de Nic agora concorda que a reabilitação é essencial e liga para alguns de seus colegas especialistas em dependência de álcool e outras drogas. Meus amigos ligam para os amigos deles que já passaram por isso.

Nic dorme.

Ligo para clínicas recomendadas em nossa região, querendo saber de sua probabilidade de sucesso em tratar usuários de metanfetamina. Essas conversas me dão uma ideia inicial do que deve ser o mais caótico e descontrolado campo da saúde nos Estados Unidos. Citam-me uma variação de 25% a 85% nas taxas de sucesso, mas um orientador de drogas e álcool que conhece muitos programas diz que esses números não são confiáveis. "Até mesmo os números mais conservadores parecem excessivamente otimistas", diz ele. "Apenas cerca de 17% das pessoas que passam por esses programas permanecem sóbrias depois de um ano." Uma enfermeira sincera de um hospital no norte da Califórnia talvez seja a mais acurada ao me dizer o número verdadeiro da taxa de sucesso para dependentes de metanfetamina: "Está na casa de um dígito. Quem quer que prometa mais que isso, está mentindo".

Quanto mais aprendo a respeito da indústria da reabilitação, mais ela me parece confusa. Alguns programas altamente elogiados e caros são ineficazes. Muitos centros de reabilitação empregam programas do tipo "um modelo serve para todos os dependentes químicos". Sejam privados ou públicos, alguns são apenas pouco mais do que inúteis no tocante ao tratamento de dependentes de metanfetamina, de acordo com Richard Rawson, o codiretor do Programa Integrado de Abuso de Substâncias da UCLA, que os chama de "os Earl Scheibs* da reabilitação. A pintura não dura".

O dr. Rawson, entretanto, não quer dizer que muitos programas não tenham componentes úteis. A maioria tende a se basear nos princípios dos Alcoólicos Anônimos, princípios que parecem essenciais para manter sóbria a maior parte dos dependentes químicos, senão todos eles, não importa que tipo de droga esteja em questão. Mas, fora isso, eles oferecem uma frouxa colcha de retalhos de terapias comportamentais, psicológicas e cognitivas. Muitos programas incluem palestras, sessões de orientação individual, tarefas com consequências implacáveis para quem fizer corpo mole e terapias de confissões e confrontos em grupo, incluindo atormentar os pacientes que resistem ao evangelho do tratamento. (De acordo com os orientadores de drogas e álcool, nesses programas, a resistência significa negação, e a negação leva à recaída.) Alguns programas oferecem capacitação profissional, como elaboração de currículos, exercícios, sessões em grupo e sessões individuais com a família, além

---

* Empresa especializada em pintura e reforma de automóveis danificados após acidentes. Presente em 23 estados norte-americanos, que declarou falência em 2010. (N.E.)

de consultas com um clínico geral e psiquiatras, que podem receitar medicação. Alguns estabelecimentos oferecem massagens e consultas sobre nutrição. Outros programas ambulatoriais acrescentam ainda uma técnica relativamente nova chamada "gerenciamento de contingência", um sistema de premiação positiva para a abstinência. No entanto, sem padrões baseados em protocolos comprovados, os pacientes muitas vezes são submetidos às filosofias dos diretores de programa, alguns dos quais têm como única qualificação ser ex-dependentes. "Ter seis filhos não faz de você um bom obstetra", diz Walter Ling, neurologista e codiretor, ao lado de Rawson, do programa da UCLA. Até mesmo centros de reabilitação administrados por médicos e clínicos treinados empregam uma ampla gama de tratamentos, muitos não comprovados. O mais importante: vários programas deixam de levar em consideração a condição específica da metanfetamina, que é, de acordo com alguns especialistas, a dependência mais difícil de ser tratada. Mas o que mais posso tentar?

Escolho um lugar altamente recomendado em Oakland, chamado Thunder Road, e marco uma hora. Endureço-me para, usando o que sobrou da minha autoridade cada vez menor, fazer a coisa mais difícil que já me imaginei fazendo: ameaçar que expulsarei Nic de casa e retirarei todo o meu apoio a ele para obrigá-lo a vir comigo. O fato de eu realmente ter essa intenção — porque estou convencido de que essa é a nossa única esperança — não a torna mais fácil.

Na manhã seguinte, quando Daisy e Jasper estão na escola, vou ao quarto de Nic, onde ele ainda dorme profundamente, com o rosto relaxado e em paz. Uma criança adormecida. Então, enquanto observo, ele se agita, faz caretas e range os dentes. Eu o acordo e digo-lhe para onde vamos.

Ele se enfurece. "Nem fodendo!"

"Vamos, Nic, vamos acabar logo com isso", peço.

Ele se levanta e empurra o cabelo para trás com mãos trêmulas. Segura-se no batente da porta para apoiar-se.

"Eu disse que nem fodendo." Sua fala está arrastada, e ele cambaleia.

"É isso aí, Nic", digo com firmeza. Minha voz treme. "Nós vamos. Não é uma escolha."

"Você não pode me obrigar. Que porra é essa?"

"Se você quiser morar aqui, se você quiser que eu o ajude, se você quiser que eu pague sua faculdade, se você quiser nos ver..." Olho bem nos olhos dele. "Nic, você quer morrer? É esse o objetivo final?"

Ele chuta a parede, bate com o punho na mesa e chora.

Eu digo, tristemente: "Vamos".

Ele se enraivece um pouco mais, mas me segue até o carro.

PARTE III
SEJA O QUE FOR

Você está em segurança, *lembro ter sussurrado para Quintana quando a vi pela primeira vez na* UTI *do hospital da* UCLA. *Estou aqui. Você vai ficar bem. Metade do crânio dela havia sido raspado para a cirurgia. Dava para ver o longo corte e os grampos de metal que o mantinham fechado. Ela estava outra vez respirando apenas através de um tubo endotraqueal. Estou aqui. Está tudo bem... Eu cuidaria dela. Tudo ficaria bem. Também me ocorreu que essa era uma promessa que eu não poderia cumprir. Eu não poderia cuidar dela para sempre. Eu não poderia jamais deixá-la. Ela já não era mais uma criança. Era adulta. Aconteciam coisas na vida que as mães não conseguiam prever nem consertar.*

JOAN DIDION, O ANO DO PENSAMENTO MÁGICO.

11

Dirijo o velho Volvo azul desbotado, enferrujado pela maresia do litoral e amassado pelas desventuras de Nic. Tem o cheiro dos cigarros dele. É o carro que ele pegou. Nic desaba como uma boneca de pano, apertando-se contra a porta, o mais longe possível de mim.

Nenhum de nós fala.

A guitarra elétrica de Nic, amarelo-vivo com o *pick guard* preto, está no assento de trás. Outro resquício de suas escapadas está ao lado da guitarra: um cachimbo para fumar maconha intrincadamente esculpido, feito de um béquer de vidro e uma haste entalhada. E ainda: uma lanterna, um livro de Rimbaud com a capa rasgada, jeans sujos, uma garrafa de Gatorade pela metade, o *Bay Guardian* — o tabloide alternativo de São Francisco —, sua jaqueta de couro, garrafas de cerveja vazias, fitas cassetes e um sanduíche velho.

Ele tenta me fazer desistir algumas vezes.

"Isso é burrice", suplica fracamente. "Eu sei que fiz merda. Já aprendi a lição."

Eu não respondo.

"Eu não posso fazer isso", diz ele. "Não vou."

Ele fica lívido. Olhando irritado para mim, diz: "Eu vou fugir". Ele está sendo desdenhoso e condescendente — quase selvagem. "Você acha que me conhece? Você não sabe porra nenhuma a meu respeito. Você sempre tentou me controlar."

Grita até ficar rouco.

Enquanto ele esbraveja, noto que sua fala está arrastada e me dou conta de que está chapado. Outra vez. Ainda.

"O que você tomou hoje, Nic?" Existe incompreensão no meu tom de voz. Um cochicho zangado parte dele. "Vá se foder."

Eu o observo, olhando profundamente para seu rosto impassível. Nic tem muitos dos traços bonitos da mãe. Como ela, é alto e esbelto, e tem também o belo nariz e os lábios dela. Tinha ainda o cabelo claro de Vicki, mas os fios escureceram quando ele cresceu. Mesmo assim, algumas vezes olho para o rosto dele e é como se eu estivesse me vendo no espelho. Não são apenas as semelhanças físicas que eu vejo. Vejo a mim mesmo escondido em seus olhos, em sua expressão. Isso me assusta. Talvez toda criança, quando cresce, adote os traços e os maneirismos dos pais, tornando-se mais parecida com eles. Vejo meu pai em mim agora, de um modo como nunca vi quando era jovem. No carro, no entanto, vejo um estranho em Nic. Mas um estranho cujo passado eu conheço intimamente. Lembro-me de seus olhos suaves quando estava exultante e quando estava decepcionado, seu rosto quando ficava pálido por causa de uma doença e quando ficava vermelho, queimado do sol, de sua boca e de cada dente, de visitas ao dentista, de seus joelhos, de quando os esfolava e eu punha Band-Aids, de seus ombros, nos quais passava bloqueador solar, de seus pés, dos quais tirava farpas. Conheço cada parte de Nic de tanto observá-lo, viver com ele e ser próximo dele, mas, apesar disso, ao dirigir para Oakland, olho para sua obstinação, a raiva e o vazio, o recuo e a confusão, e penso: "Quem é você?".

Paro na frente da clínica de reabilitação em Oakland, então passamos por portas de vidro para entrar em uma sóbria sala de espera. Enquanto informo à recepcionista que temos hora marcada, Nic está de pé atrás de mim, beligerante sobre os calcanhares, com os braços cruzados no peito.

Ela nos instrui para esperarmos.

Uma orientadora, com olhos pretos e cabelo preso para trás em um longo rabo de cavalo, aparece e se apresenta, primeiro para Nic, depois para mim. Ele a cumprimenta com um grunhido. Como fora instruído, Nic segue-a até outra sala. Ele está encurvado. Os pés mal o conduzem para a frente.

Folheio um velho exemplar da *People*, e então, depois de quase uma hora, a orientadora reaparece e diz que quer falar comigo sozinha. Nic, visivelmente agitado, toma meu lugar na sala de espera. Sigo a mulher até um pequeno escritório com uma escrivaninha de metal, duas cadeiras e um aquário turvo.

"Seu filho está com um problema sério", diz ela. "Precisa de tratamento. Poderia morrer facilmente por causa de todas as drogas que está usando."

"O que pode..."

"Com 18 anos, ele está usando e misturando mais drogas que muitas pessoas bem mais velhas. Ele tem uma atitude perigosa — não entende que está com um problema. Está orgulhoso de seus excessos, e usa isso como um distintivo. Este programa não é o adequado para ele. Ele está no limite de idade, e está, no momento, resistente ao tratamento. Vemos isso aqui o tempo todo. Ele está em negação. É típico dos dependentes químicos, que afirmam e acreditam que está tudo bem, que podem parar quando quiserem, que todo o resto do mundo tem problemas mas eles não, eles têm tudo sob controle, mesmo quando acabam perdendo tudo, mesmo quando estão nas ruas, mesmo quando acabam na prisão ou no hospital."

"Então o que...?"

"Ele tem de fazer um tratamento agora, custe o que custar. Não aqui, mas em algum outro lugar."

Ela recomenda outros programas. Em seu tom e expressão sombrios, percebo que ela não tem grandes esperanças quanto a Nic.

De volta para casa, a tensão no carro aumenta e então explode. Nic finalmente grita: "Isso tudo é uma merda!". Eu chego a pensar que ele pode pular para fora do carro enquanto acelero pela autoestrada.

"*É* uma merda", cuspo de volta. "Se você quer se matar, eu deveria simplesmente deixar."

"É a minha vida!", ele grita com voz rouca. Chora incontrolável e histericamente, tremendo. Bate no painel com os punhos e chuta-os com as botas.

Paramos em frente de casa, mas, com Daisy e Jasper presentes, eu não levo Nic para dentro. Fico com ele no carro durante mais meia hora, até ele ter se exaurido. Nic está distante — sonolento por causa das drogas e esgotado de raiva. Sua respiração fica mais lenta, e então, finalmente, ele cai num sono profundo. Deixo-o no carro e venho olhá-lo com frequência. *Você vem me olhar a cada quinze minutos?* Depois de um tempo, ele se arrasta para dentro de casa e vai diretamente para o quarto. Jasper e Daisy observam em silêncio o corpo lânguido do irmão se deslocar pela sala.

Tenho de encontrar um programa que aceite Nic o mais rápido possível. Antes que eu o perca.

* * *

Com Nic adormecido em seu quarto, eu me sento com as crianças. Explico da melhor maneira possível que Nic está outra vez usando drogas e que está doente. Digo que estou tentando encontrar um hospital ou um programa de reabilitação para dependentes de drogas que possa ajudá-lo. Dizem que crianças que têm um irmão, uma irmã ou um genitor com problema de drogas às vezes acham que a culpa é delas.

"Não é culpa de vocês, garanto."

Eles me olham tristes e sem compreender.

"Nic tem um problema sério, mas vamos conseguir encontrar a ajuda de que ele precisa. Com ajuda, ele pode ficar bem."

Nic se agita e xinga, dentro e fora de um meio-sono atormentado, e eu ligo para outros programas de reabilitação. Um deles, a Casa de Recuperação Ohlhoff, em São Francisco, tem uma vaga. É um programa bem respeitado, recomendado por muitos especialistas na Bay Area. Uma amiga de um amigo me disse que o programa mudou a vida de seu filho dependente de heroína. "Ele agora mora na Flórida", contou ela. "Tem sua própria família. Tem um emprego que adora e, além disso, é voluntário em um programa que ajuda garotos com problemas de drogas."

Os pais de dependentes químicos vivem de histórias encorajadoras como essa.

Quando Nic acorda, digo-lhe que encontrei um programa na cidade, e ele sombriamente concorda em se apresentar para outra avaliação. Fechando a cara, segue-me até o carro.

A Casa de Recuperação Ohlhoff fica localizada em uma grandiosa e antiga mansão vitoriana de três andares, com uma cúpula central e um bonito saguão de lambris de madeira, onde eu espero enquanto Nic entra para uma entrevista, desta vez com a diretora do programa primário de 28 dias — primário como em escola primária: é o passo inicial para a reabilitação e o restabelecimento.

Depois que eles conversam, sou chamado para entrar no aposento simples, e me sento na cadeira vaga. Nic e eu estamos de frente para a diretora, que está atrás de uma escrivaninha de madeira. Pelas maneiras dela e pela aparência de cansaço em seus olhos, posso apostar que Nic foi tão beligerante com ela como fora com a orientadora em Thunder Road, mas ela parece menos perturbada.

A diretora começa: "Nic não reconhece que é um dependente químico".

"Porque não sou."

Sem perder o ânimo, ela continua: "E diz que só está vindo para o tratamento porque você o está obrigando".

"Sei disso", digo eu.

"Tudo bem. Muitas pessoas não vêm aqui por escolha. Mas elas têm tanta chance de conseguir ficar sóbrias quanto alguém que rasteja aqui para dentro implorando para ser tratado."

Eu digo: "Está bem".

Nic nos fuzila com o olhar.

"Vamos registrá-lo amanhã de manhã para nosso programa de 28 dias."

Nic se esconde em seu quarto durante todo o jantar. Dizemos a Daisy e Jasper que Nic está indo fazer um programa de tratamento na manhã seguinte, mas que ele está com medo.

Sento-me com eles depois de Karen lhes contar uma história na hora de dormir. "Lamento tanto que vocês tenham de passar por isso com Nic", digo pela enésima vez. De que outro jeito eu poderia ajudá-los? "É uma coisa tão triste, ter esse problema na nossa família. Espero que vocês conversem sobre isso com suas professoras e seus amigos na escola, se vocês quiserem. Se tiverem perguntas ou estiverem angustiados, vocês sempre podem conversar comigo ou com a mamãe."

Jasper balança solenemente a cabeça. Daisy está imóvel. Ela começa a ler uma revistinha do Garfield, que Jasper arranca da mão dela. Ela o arranha, e Jasper a empurra. Os dois choram.

De manhã, na ida para a cidade, Nic está danado da vida, mas exausto, então mal diz uma palavra. Ele é um prisioneiro condenado, resignado e pétreo. Faz força para não chorar.

Estaciono na frente da velha mansão e caminho em direção à entrada com Nic, que carrega uma sacola de roupas. Escondido dentro de uma camisa social rasgada e um jeans muito grande, com a cabeça baixa, Nic treme. Subimos os degraus, passando por um grupo de dependentes químicos — pelo menos eu suponho que eles sejam pacientes residentes do programa — aglomerado nas escadas da frente, fumando. Eu também tremo. Ao verem a sacola de Nic e seus olhares apreensivos e furtivos, alguns dos homens se dirigem a ele:

"Ei."

"Oi."

"Bem-vindo ao manicômio."

Nic se encontra rapidamente com a diretora do programa no mesmo escritório de lambris de madeira, e ela lhe entrega uma folha de papel:

"Eu, abaixo assinado, por meio desta, solicito admissão no Programa de Recuperação para Álcool e Entorpecentes" etc.

Ele assina.

Na entrada, a diretora, de pé com Nic ao lado dela, me diz: "Você pode dizer até logo agora. As ligações telefônicas são proibidas durante a primeira semana.".

Viro-me para Nic.

Abraçamo-nos, desajeitados, e eu vou embora.

Do lado de fora, tenho um certo vislumbre de euforia com o frescor do ar, mas, ao dirigir para casa, sinto como se fosse desabar com uma carga de emoção maior do que consigo lidar. Ilogicamente, sinto-me como se tivesse traído Nic, o tivesse abandonado, o tivesse entregado à polícia, embora eu sinta, sim, algum consolo com o fato de que sei onde ele está. Pela primeira vez em semanas, durmo a noite inteira.

Na manhã seguinte, entro no quarto dele, suspendo as cortinas pesadas e abro inteiramente a janela, que dá para o jardim. O sombrio quarto vermelho está lotado de livros, telas pintadas pela metade, roupas sujas, caixas de som monstruosas e, sobre a cama, a guitarra amarela. Desenhos feitos por Nic com canetas hidrográficas, homens e mulheres alongados, os corpos grotescamente contorcidos, estão pregados na parede. O quarto tem o cheiro de meu filho — não o doce cheiro de infância que ele já teve um dia, mas um enjoativo odor de incenso e maconha, cigarro e loção pós-barba, além de um possível traço de amônia ou formaldeído — o odor residual da queima de metanfetamina. O quarto de Nic cheira à adolescência.*

Karen observa enquanto faço uma busca nas gavetas da cômoda, da escrivaninha e no armário do quarto, reúno o arsenal secreto do meu filho — o cachimbo de água, o cachimbo de metanfetamina feito a mão, papéis para

---

* Em inglês, "Smells like teen spirit", referência ao clássico do Nirvana. (N.E.)

enrolar cigarros, cacos de espelho quebrado, giletes, isqueiros Bic sem fluído, garrafas vazias — e coloco tudo em um saco de plástico, que levo para fora e ponho na lata de lixo.

Durante os dias seguintes, a avalanche de conselhos de amigos e amigos de amigos continua. Um amigo de Karen, quando fica sabendo que Nic está em reabilitação, pergunta: "Durante quanto tempo?".

Karen explica que é um programa de quatro semanas.

O amigo sacode a cabeça. "Não é suficiente."

"O que você quer dizer?"

Ele conta a história do filho, que passara pelo programa de quatro semanas antes de eles o enviarem para um outro com duração de um ano. O garoto ainda divide os seus dias entre a reabilitação e as aulas do ensino médio. Tem dezessete anos, de modo que puderam enviá-lo à força. "Mesmo com um ano, não sabemos se é tempo suficiente", o amigo de Karen conclui.

Outro amigo nos diz que a reabilitação é a abordagem errada, o que Nic precisa é passar um tempo no meio da natureza. Algumas pessoas acreditam em terapia, outras a detestam. Meu sentimento é que os psicólogos e psiquiatras que viram Nic ao longo dos anos me deram conselhos e apoio úteis, e possivelmente o ajudaram também. Mas, apesar de suas credenciais impecáveis e de sua evidente dedicação ao trabalho, quase todos os profissionais que consultamos não tinham experiência em dependência de drogas e não conseguiram diagnosticá-la. Todo mundo tem uma opinião, e conselhos bem-intencionados surgem sem parar. Karen e eu escutamos intensamente. Embora desconsideremos a maior parte deles, somos gratos pelas pessoas se preocuparem.

A mãe de uma criança da escola de Jasper e Daisy ligou para recomendar um especialista local em dependência de drogas, alegando que ele ajudara uma amiga mais que qualquer outro especialista que ela consultara. Por algum motivo, prestamos atenção nessa recomendação e marcamos uma hora para vê-lo.

O consultório do terapeuta fica um lance de escada acima de uma loja de suprimentos de arte em São Anselmo. É modesto, dividido com um conselheiro conjugal, menos formal que os consultórios dos psicólogos que conhecemos até então. Temos a sensação de que já consultamos todos os orientadores sobre drogas e álcool, psicólogos e psiquiatras na Bay Area, onde um em cada três habitantes parece ser algum tipo de terapeuta. O que isso diz sobre nós? Scott Peck disse que tanto as pessoas mais doentes quanto as mais saudáveis estão em terapia. Nós somos quais?

O médico tem um sorriso calmo e um rosto enrugado. Careca, usa uma camisa com colarinho aberto sob um colete de lã. Ele parece confiável, gentil e compreensivo. Pela sua aparência e seus modos, a voz suave e os olhos, percebemos que ele conhece nosso desespero porque já o experimentou.

Contamos a ele tudo a respeito de Nic. Explicamos que está em reabilitação na Casa Ohlhoff. Confessamos que não temos certeza de ter feito a coisa certa. Dizemos que nos preocupamos com Jasper e Daisy. Contamos que não temos a menor ideia do que fazer quando o programa terminar.

Para nossa surpresa, ele não tem muitos conselhos a nos dar, pelo menos não no sentido de ajudar Nic, embora apoie a decisão de tê-lo colocado na reabilitação. A maior parte de seus conselhos é para nós.

"Cuidem-se", diz ele. "Prestem atenção no casamento de vocês. Os casamentos podem ser destruídos quando um filho é dependente de drogas." Ele diz que não podemos e não devemos tentar resolver o que fazer quando o programa terminar — muita coisa vai acontecer nesse ínterim. "Vivam um dia de cada vez." O clichê funciona, ele garante.

Mais tarde, ainda na sessão, ele se inclina para a frente e fala com uma sinceridade convincente: "Saiam vocês dois sozinhos em um encontro".

"Já estamos em um", responde Karen, seca. "É isto aqui."

Ela e eu nos entreolhamos, compartilhando a ironia. De fato, faz muito tempo que não saímos sozinhos. Traumatizados, quisemos ficar perto de casa, além de nos sentirmos apreensivos de deixar as crianças sozinhas. Naquele dia, finalmente, havíamos deixado as crianças com Nancy e Don.

O terapeuta pergunta se já tentamos o Al-Anon.

Digo que não. "Achei que o Al-Anon fosse para..." Minha voz some.

Ele responde: "Pode valer a pena tentar".

Telefonemas eram proibidos, mas, no terceiro dia na Ohlhoff, Nic dá um jeito de ligar, implorando para voltar para casa. Quando recuso, ele bate o telefone na minha cara. Preocupado, ligo para a orientadora dele. Ela relata que Nic está ríspido, deprimido e agressivo, ameaçando fugir. "Mas eles quase sempre começam assim", diz ela.

"E se ele fugir?"

"Não podemos impedi-lo. Ele é adulto."

Karen e eu temos uma série de sessões com o orientador de drogas e álcool. Ele é um bom ouvinte, o que pode ser o que mais precisamos no momento, mas não é só isso. Ele também nos ajuda a esclarecer o que podemos e o que não podemos fazer por Nic. Diz que uma das coisas mais difíceis com relação a ter um filho dependente químico é o fato de não podermos controlá-lo. Não podemos salvar Nic. "Vocês podem apoiar a recuperação dele, mas não podem fazê-la por ele. Tentamos salvá-los. Os pais tentam. É isso que os pais fazem."

Ele nos conta dos três Cs do Al-Anon: "Você não causou, você não pode controlar, você não pode curar".

Cada vez que saímos do consultório, ele nos lembra: "Sejam aliados. Lembrem-se, cuidem de si mesmos. Vocês não vão ajudar ninguém — um ao outro, ou a seus filhos — se não se cuidarem".

Agora que Nic está em segurança — pelo menos por enquanto —, eu trabalho ainda mais. Um dos meus entrevistados é um dependente químico que está em recuperação e é pai de outro. Digo-lhe que acabo de levar meu filho para a reabilitação. Ele fala: "Deus o abençoe. Já passei por isso. É o inferno. Mas ele está nas mãos de Deus". Isso me assusta. Menciono que nossa família nunca acreditou em um poder superior. "Gostaria de acreditar", digo. "Gostaria de poder entregar o problema nas mãos de outro. Alguém poderoso e benevolente. Mas não acredito."

"Você vai acreditar em Deus antes de isso tudo terminar", ele me responde.

Ligo para a orientadora de Nic na Ohlhoff. Dá para ver que ela está tentando aparentar o melhor, mas parece desanimada. Ela diz: "A metanfetamina é especialmente complicada. É a droga do próprio diabo. É horrível o que faz com eles". Após uma pausa, acrescenta: "Ainda é cedo, no entanto".

Não é a primeira vez que me dizem que metanfetamina é pior que a maior parte das drogas. Para aprender por que, continuo minha pesquisa, viajando para me encontrar com outros pesquisadores que estudam esta substância. Eles explicam que os usuários de várias drogas muitas vezes se excedem e aumentam as doses numa tentativa de recriar o barato original, mas, para os dependentes de metanfetamina, com uma depleção que chega a 90% da dopamina do cérebro, isso já não é possível. Do mesmo modo que acontece com muitas drogas, a deficiência de dopamina provoca depressão e ansiedade, mas esse efeito é muitas vezes bem mais severo com a metanfetamina. Isso impele os usuários a tomar quantidades maiores da droga, provocando mais danos no sistema nervoso, o que aumenta a compulsão pelo uso — um ciclo que leva tanto à dependência química quanto à recaída. Muitos pesquisadores afirmam que a neurotoxicidade única dessa droga significa que os dependentes de metanfetamina, ao contrário dos usuários da maior parte das demais drogas, podem nunca se recuperar completamente. Para mim, isso é obviamente uma conclusão de arrepiar, o que torna minha pesquisa ainda mais urgente.

O governo Clinton destinou milhões de dólares à pesquisa de tratamentos para a dependência de metanfetamina quando a epidemia estava começando a se espalhar, e os dependentes dessa substância apresentavam uma taxa inaceitável de recaída e baixo índice de permanência nos programas de reabilitação. Um dos objetivos da pesquisa era determinar se o cérebro dos dependentes químicos ficava irreparavelmente danificado. Se assim fosse, do mesmo modo que no mal de Parkinson, o melhor que se poderia fazer seria tratar os sintomas, ou possivelmente retardar a degeneração. A recuperação plena, porém, provavelmente seria impossível.

Em 1987, a Partnership for a Drug-Free America* lançou a campanha "Este é o seu cérebro sob a ação de drogas". Mas o cérebro humano sob a ação de metanfetamina não parece um ovo frito. Assemelha-se mais ao céu de Bagdá à noite durante as primeiras semanas da guerra. Pelo menos é assim que se parece na tela do computador na escrivaninha de Edythe London, farmacologista e professora de psiquiatria e ciências comportamentais na David Geffen School of Medicine** na UCLA.

Quando era estudante de graduação, a dra. London fez um teste que concluiu que tinha aptidão para ilustrações médicas. De certo modo, usando tecnologias funcionais de imagens do cérebro, ela faz exatamente isso. Em 2000, London criou imagens do cérebro de dezesseis pessoas que abusavam de metanfetamina. Da mesma maneira que a maioria dos usuários da substância quando param de tomar a droga, seus voluntários dormiram no hospital durante dois dias seguidos após serem admitidos. Vários dias depois de terem acordado, London usou tomografia por emissão de pósitron (PET) para mapear o cérebro deles. Esse exame registra a atividade do cérebro medindo o fluxo de sangue e as reações bioquímicas por meio dos movimentos e das concentrações de traçadores radioativos. Os resultados são imagens da função cerebral humana — e

* Parceria por uma América Livre de Drogas (N.E.)
** Escola de Medicina David Geffen (N.E.)

150 David Sheff

a atividade medida pode ser relacionada à emoção. Dependendo do composto ou do marcador usado num teste, uma tomografia pode mapear a atividade geral no cérebro ou a atividade de um neurotransmissor específico. Ao fazer a tomografia de dependentes de metanfetamina, o objetivo de London era aprender mais sobre o estado do cérebro dos usuários quando eles estão nos estágios iniciais de abstinência da droga. Ou seja, em que estado eles estão ao iniciarem a reabilitação?

A dra. London é uma mulher de voz mansa, com cabelos pretos na altura dos ombros e franja. Quando me sento em frente a ela em seu pequeno escritório no centro médico, ela gira seu monitor de tela plana para que eu possa ver a imagem do funcionamento (ou, mais exatamente, do mau funcionamento) do cérebro dependente. Ela explica que a imagem é a média do cérebro dos dezesseis dependentes químicos, após combinar as tomografias por PET, que registram a atividade cerebral, e imagens por ressonância magnética (MRI), que fornecem uma estrutura de contexto altamente acurada. Essas imagens estão sobrepostas à média de cérebros do grupo de controle. London atribuiu cores às imagens. O resultado está diante dos meus olhos: um mapa mostrando a marcante diferença entre o cérebro dos dependentes químicos e o das pessoas normais. Trata-se de uma seção transversal lateral, com a massa cinzenta — a estrutura mostrada pela ressonância magnética — em cinza. Pedaços azuis indicam onde a atividade no cérebro do usuário de metanfetamina é significativamente menor que no cérebro do grupo de controle. Áreas amarelas a vermelhas são áreas "quentes", indicando que há muito mais atividade no cérebro dos dependentes químicos do que no das outras pessoas.

London olha intensamente para a imagem. Depois de alguns momentos, solta um suspiro. "É lindo, mas triste."

Penso em Nic. Supondo que ele seja um usuário médio de metanfetamina, a maior extensão das cores mais quentes, de tamanho e aparência de um pequeno camundongo sem o rabo, está localizada no cingulato posterior. Apontando para essa área, que é amarela no centro e irradia para um círculo da cor de uma abóbora de Halloween, London explica: "Aqui está acionado exatamente o mesmo mecanismo que é ativado enquanto alguém está sentindo dor". A palavra-chave é *enquanto*. Ela continua: "Quando uma pessoa para de usar metanfetamina, é isso o que a espera". Clínicos que trabalham com dependentes de metanfetamina já sabem que os dependentes muitas vezes ficam deprimidos, brigões, ansiosos e pouco dispostos a se envolver no tratamento

— exatamente como Nic —, mas a tomografia de London revela que essas condições têm um fundamento biológico. Além disso, indicam um nível de seriedade jamais reconhecido antes. Isso levou-a a concluir que os dependentes de metanfetamina podem ser incapazes, e não pouco dispostos, de participar da maior parte dos tratamentos comuns, pelo menos nos estágios iniciais de abstinência. Em vez de falha moral ou falta de força de vontade, a desistência e a recaída podem ser resultantes de um cérebro danificado.

A dra. explica que danos cognitivos severos podem tornar os pacientes incapazes de participar de terapias que exijam concentração, lógica e memória. Além disso, pacientes com níveis extremamente altos de depressão e ansiedade, e que estejam sofrendo de um tipo de "agonia crônica", como London a descreve, estão em grande desvantagem ao participar de tratamentos cognitivos e comportamentais. Não é de surpreender que Nic, nas primeiras semanas de recuperação, queira fugir. De fato, a pesquisa de London me preocupa, porque, somada a outras pesquisas, mostra como demora para o cérebro retornar ao normal — se é que retorna.

Depois de um mês de abstinência, os sintomas depressivos e a dor que se seguem à retirada da metanfetamina são menos severos em muitos dos usuários abstinentes, mas, em um número substancial, ainda estão longe de ter diminuído. Não é de se admirar que as chances de recuperação sejam tão poucas — ou seja, não é de se admirar que os programas disponíveis na maior parte dos centros de reabilitação geralmente fracassem. Alguns dos lugares para os quais liguei oferecem desintoxicação de apenas alguns dias ou semanas de duração. Muitos deles, como o da Ohlhoff, duram 28 dias, mas poucas cidades têm programas públicos de longo prazo, e poucos planos de saúde privados cobrem tratamento intensivo continuado. Programas mais longos, especialmente aqueles com internação, são proibitivamente caros para a maioria das pessoas. E, embora um dependente de metanfetamina possa ficar bem o suficiente em quatro semanas para entender a necessidade de tratamento continuado, ele (ou ela) pode não ficar bem o suficiente para conseguir continuar. As imagens das pesquisas da dra. London ilustram por que os programas com maior probabilidade de eficácia teriam de durar muitos meses. São necessários provavelmente pelo menos sessenta dias para que um paciente se recupere o suficiente para se envolver nos tratamentos de modo expressivo.

O que deveria então ser feito para os pacientes quando eles chegam a esses programas? Seria absurdo tentar tratar com terapias cognitivas e comportamentais — o sustentáculo dos programas de reabilitação — dependentes de heroína após poucos dias de seu último pico. Os dependentes em heroína têm uma abstinência física da droga bem documentada, que inclui tremedeiras, convulsões e sintomas semelhantes. Os efeitos físicos da abstinência da metanfetamina, no entanto, se manifestam em sintomas que são usualmente associados à psicologia e à emoção, mas — e na tela de computador da dra. London está a prova em azul e laranja — eles têm bases físicas.

Nos cérebros dos dependentes, há muitos pontos de atividade cerebral "quente" correlacionados à ansiedade, tanto como traço característico (ansiedade crônica) quanto como estado emocional (ansiedade circunstancial), muito mais do que nos dos pacientes do grupo de controle. A imagem é exclusiva para a metanfetamina, explica London. "Tomografias do cérebro de pessoas que abusam de heroína, cocaína ou álcool não mostram mudanças como essas."

As imagens sugerem também danos cognitivos. Para London, é preocupante um trecho azul no córtex medial orbitofrontal, porque a atividade nessa área está relacionada à capacidade de tomada de decisão. O pedaço está distintamente azul, com um centro esbranquiçado. Enquanto isso, o cingulato posterior, relacionado à dor e à emoção, não está ativado nos pacientes do grupo de controle, mas está aceso brilhantemente nos usuários de metanfetamina. É lógico que fica mais difícil pensar quando partes do cérebro relacionadas a emoções negativas estão ativadas. "Nos usuários de metanfetamina, pelo menos durante as primeiras semanas de abstinência, as estratégias cognitivas que o cérebro usa são anormais", diz London. Isso significa que, além da alta ansiedade e depressão enraizadas biologicamente, as pessoas que estão saindo da metanfetamina têm as funções cognitivas severamente danificadas.

Eu pesquiso ainda mais e me deparo com um estudo feito por Stephen Kish, médico da Universidade de Toronto, três anos antes da investigação de London. Ele fez autópsias do cérebro de usuários de metanfetamina. (Os cérebros eram de pessoas que morreram de overdose da substância ou que tinham altos níveis da droga no organismo quando morreram — baleadas ou em acidentes.) Ao longo de gerações, as aulas de ciências apresentaram slides que comparavam o cérebro de alcoólatras — murcho, desidratado, deteriorado — a cérebros sadios — esponjosos e de tom branco-cremoso. Ao contrário dos alcoólatras, não há dano visível a olho nu no cérebro dos dependentes de metanfetamina. No nível microscópico, no entanto, a metáfora do ovo frito para "este é o seu cérebro sob a ação de drogas" se aplica. Pesquisadores observaram que a extremidade de alguns neurônios estava, basicamente, queimada.

Biópsias das células do cérebro contaram ainda mais. Para analisá-las, Kish usou sensores bioquímicos que retiraram pedaços de 20 miligramas de cada cérebro. Ele mediu a quantidade de neurotransmissores específicos e a comparou com o número deles em cérebros normais.

Seu estudo mostrou níveis modestamente reduzidos de serotonina e outros neurotransmissores, mas "brutalmente mais baixos" — cerca de 90 a 95% — de dopamina. Além disso, Kish estudou a presença de transportadores de dopamina, onde a substância química é liberada, e eles também estavam reduzidos. Outros cientistas encontraram uma depleção semelhante ao examinar cérebros de macacos, babuínos, camundongos e ratos dependentes de metanfetamina, chegando à conclusão de que a droga é neurotóxica e modifica fisicamente o cérebro, muito mais que a cocaína ou a maior parte das outras drogas. Isso levantou uma questão essencial — a minha questão essencial: mesmo que Nic pare de usar, será que seu cérebro consegue se recuperar?

O estudo comprovou que a dopamina é dramaticamente reduzida, mas não estabeleceu se ocorre perda física dos terminais da substância. De acordo com o doutor Kish, se a droga destruir de forma permanente esses terminais, não há muita chance de recuperação. Então, nas amostras de cérebro, Kish examinou um marcador chamado "transportador de monoamina vasicular", o V-MAT2. Em pacientes com mal de Parkinson, em que há perda permanente de neurônios para a dopamina, os níveis de V-MAT2 são extremamente baixos. Se o nível desse marcador estiver muito reduzido no cérebro dos dependentes de metanfetamina, é provável que isso indique uma perda de terminais nervosos, e o dano cerebral seria irreversível. Entretanto, quando Kish realizou os testes para V-MAT2, ele encontrou níveis normais. Foi uma descoberta surpreendente e esperançosa. Essa e outras e pesquisas subsequentes indicam que os terminais nervosos "fritos" provavelmente se desenvolvem outra vez, embora isso possa levar até dois anos. Dois anos.

Isso significa que dependentes de metanfetamina provavelmente podem se recuperar.

São boas notícias para o pai de um dependente químico. É claro que quero que Nic sobreviva, mas não consigo deixar de querer algo a mais para ele. Quero que ele fique bem outra vez. E, embora inconclusivas e ainda em debate, as descobertas dos pesquisadores sugerem que ele pode, sim, ficar bem, se ficar longe da droga. *Se* ele ficar longe da droga.

Karen e eu jantamos em Haight Street e depois subimos, nos arrastando morro acima, para o que passamos a chamar de Casa do Conde Ohlhoff — Conde Olaf é o vilão de *Desventuras em série*, os livros de Lemony Snicket que costumamos ler para Jasper e Daisy. Passando pelos fumantes na entrada, atravessamos os portões de ferro batido. Depois de absorver décadas de fumaça de cigarro e dependência de drogas, o jardim do pátio através do qual passamos parece incapaz de sustentar qualquer vida.

Estamos aqui a fim de encontrar Nic para uma sessão familiar em grupo. As reuniões são organizadas em um aposento úmido. Karen e eu, junto com outros pais, cônjuges ou parceiros visitantes, nos sentamos com nossos dependentes químicos em sofás desgastados e cadeiras dobráveis. Uma orientadora com jeito de avó e voz de quem abusa de uísque (embora esteja sóbria há vinte anos) lidera a conversa.

"Diga a seus pais o que significa para você eles estarem aqui, Nic", pede ela na nossa primeira sessão.

"Tanto faz. É legal."

São reuniões duras, perturbadoras, de partir o coração. Ficamos conhecendo os demais dependentes químicos e suas famílias. Entre os dependentes de metanfetamina há uma menina de dezenove anos com ar inocente, cabelo cor de café desarrumado em um par de marias-chiquinhas e olhos tristes. Ela perdeu a guarda de seu bebê — a criança nasceu dependente da droga. Ela própria parece uma criança, tirando as marcas de agulha. Outros pacientes incluem dependentes de heroína, maconheiros e um alcóolatra velho, cheio de manchas na pele, que parece ter saído de *Vício maldito*. Escutamos as histórias deles. O dependente de álcool vivia deixando os filhos e esposa sem sequer dizer até logo. Depois voltava para casa e se desculpava. "Após as primeiras quatro ou cinco vezes, as desculpas já não significavam quase nada para eles", conta. Resolveu vir para a reabilitação quando eles o deixaram. Um menino, ligeiramente mais velho que Nic, com cabelo e olhos sem cor, é de Nova York. Resolveu vir para São Francisco para estudar arquitetura, mas, segundo ele, "a metanfetamina mudou os meus planos".

Não é surpresa que, em um programa com base em São Francisco, quase metade dos pacientes seja composta de homens gays, cuja droga preferida é Tina — o termo que utilizam para se referir à metanfetamina. O *speed* é um desastre em muitas comunidades gays urbanas, "levando-as de volta aos anos

1970, antes da Aids", de acordo com Steven Shoptaw, psicólogo no Departamento de Medicina da Família da UCLA. Especialistas em saúde calculam que até 45% dos homens gays em São Francisco, Nova York e L.A. tenham experimentado o cristal. Trinta por cento daqueles que apresentam infecção recente por HIV são usuários. Homens gays na Califórnia que usam *speed* têm duas vezes mais chances de serem soropositivos do que os que não usam a droga. Tanto homens como mulheres, gays e não gays, usam metanfetamina para maratonas sexuais. O *"speed sex"* pode ser duradouro e intenso. Na verdade, nos estágios iniciais, a droga pode fazer o usuário sentir-se "enérgico, sociável, autoconfiante e sexy", diz Gantt Galloway, cientista do Laboratório de Pesquisa de Farmacologia da Dependência Química, no Califórnia Pacific Medical Center Institute. "Mas logo, logo, se torna impossível ficar excitado. A essa altura, um usuário provavelmente já praticou o tipo de sexo que ele não praticaria sem a droga — o tipo que dissemina o vírus."

Um homem gay soropositivo que está no programa com Nic, e que é dependente há sete anos de metanfetamina, fala em um sussurro trêmulo. "Perdi a maior parte dos meus dentes", diz ele, mostrando um solitário par de pré-molares inferiores. "Tenho buracos nos pulmões." Com as mãos tremendo, ele ergue a camiseta e projeta a barriga afundada, cheia de feridas. "Esta merda não cicatriza. Tusso sangue. Tusso pedaços do meu estômago. Sinto dor o tempo inteiro."

Na sessão familiar em grupo da terceira semana, Nic, encorajado por sua orientadora, diz a Karen e a mim que ele não irá para a faculdade. "Eu só estava indo por você", diz Nic. "Quero trabalhar. Quero ficar sozinho durante um tempo. Preciso ser independente."

Quando Karen e eu saímos da casa do Conde Ohlhoff, somos recebidos por um vento gelado, cortante. Fechamos melhor nossos casacos e fazemos uma longa caminhada pela Fillmore Street e depois pelo Centro Cívico. Karen está tão chocada quanto eu com a decisão de Nic de abandonar a faculdade. Para ser honesto, ainda não consigo aceitar muito bem a ideia de que Nic seja um dependente químico. A reabilitação é necessária, acredito, mas ele vai ficar bem. Não vejo Nic do mesmo jeito como vejo os outros dependentes daquela sala. Nic é um garoto inteligente que fugiu do controle. Desconsiderando a advertência do nosso amigo, acho que a reabilitação vai, sim, durante essas quatro semanas, fazê-lo ficar sóbrio e assustá-lo o suficiente para que ele compreenda que esteve no limite de destruir sua vida. Mas é só isso. Então, ele voltará para a faculdade, vai se formar e ter uma... uma vida normal.

Dada minha fantasia quixotesca, fico com raiva dos orientadores da reabilitação, cujo ponto de vista é claro: para eles, a reabilitação é tudo o que importa. O resto deve ser posto de lado.

No final da nossa caminhada, cheguei a uma nova interpretação. Nic está apenas adiando a faculdade. Só isso. Faz sentido. Eu me adapto a esse novo cenário. Nic tem só dezoito anos. Muitas pessoas passam um tempo longe da faculdade e se dão bem.

Na reunião familiar em grupo da quarta semana, Nic nos surpreende mais uma vez. Agora ele nos diz que se deu conta de que precisa de mais tempo na reabilitação e pergunta se pode se mudar para a casa do nível intermediário do programa. Walter Ling, da UCLA, havia me dito: "Tempo longe da droga é o melhor prenúncio de mais tempo longe da droga". Apesar de assustador — quero que isso tudo termine logo, quero-o curado —, é um plano sensato. Além disso, admito, estou com medo do que acontecerá se ele voltar para casa.

Desse modo, concordamos em deixá-lo mudar-se para o centro intermediário do programa de reabilitação da Ohlhoff. Ele se muda para lá e, três dias mais tarde, quando ligo para ter notícias dele, fico sabendo que Nic desapareceu.

12

Em algum momento, os pais podem até se acostumar à autodestruição de um filho, mas eu não me acostumo. Sei, contudo, como funciona. Ligo para a polícia e para as seções de emergência dos hospitais. Nada. Não tenho notícias durante um dia, outro dia e depois outro. Mais uma vez, explico a Jasper e Daisy da melhor maneira que consigo. Tudo o que eles compreendem é que Nic está em apuros e que seus pais estão arrasados de preocupação. Lembrando do incidente com os policiais em Inverness, Jasper pergunta: "Nic está na prisão?".

"Liguei para as prisões. Ele não está em nenhuma."

"Onde ele dorme?"

"Não sabemos."

"Talvez ele tenha um amigo e durma na casa dele."

"Espero que sim."

Continuo tentando avaliar o que está acontecendo — não apenas com Nic, mas com a nossa vida, a dos que estão preocupados com ele. Sou sempre cauteloso perto das crianças, mas descarrego em Karen. Na maior parte das vezes ela tolera minhas explosões de raiva e frustração, mas, em outras, ela fica de saco cheio de mim e de minha preocupação com Nic. Não que ela não entenda, mas às vezes é preciso dar um basta, e esse ciclo é interminável. Não durmo muito. Ela acorda no meio da noite e me encontra na sala, olhando fixamente as chamas fracas da lareira. Confesso que não consigo dormir por não ser capaz de bloquear as imagens de Nic nas ruas de São Francisco. Imagino-o ferido, em apuros. Imagino-o morrendo.

"Eu sei", diz ela. "Eu também." Pela primeira vez, choramos juntos.

Cada vez mais desesperado, quero e preciso saber que ele está bem, e então, numa manhã fresca, nublada, mesmo sabendo que estou numa busca infrutífera, atravesso a Golden Gate Bridge com planos de esquadrinhar Haight e Mission District, os bairros onde suspeito que Nic possa estar. Após dirigir sem destino por Mission, atravesso a cidade, estaciono em Ashbury e sigo a pé pela Haight Street. Entro na Amoeba, a loja de discos preferida dele, e depois espio dentro de cafés e livrarias.

Apesar da remodelação, o Haight ainda conserva seu clima de anos 1960, e o ar está temperado com fumaça de maconha. Desertores — com cabelos pintados, tatuagens, camisetas tingidas, marcas de picos e chapados — ficam pelas portas. "Os meninos de rua ainda se agarram à fantasia do que já foi Haight Ashbury, mas não tem mais a ver com paz e amor", observou Nic uma vez, "tem a ver com música punk, preguiça e drogas." (Tem a ver também com "todos aqueles terríveis adolescentes hippies de Marin mendigando moedas", acrescenta Dave Eggers em *Uma comovente obra de espantoso talento*.) Uma vez ouvi uma dependente química, na reabilitação, descrever seu ex-namorado de um jeito que me lembra esses garotos: "Ele tinha as unhas pintadas de preto e dirigia um carro fúnebre. Tudo nele clamava: 'Olhem para mim, olhem para mim'. E, quando você olhava para ele, ele reagia: 'Para quem você está olhando?'". Se você endossa a ideia de que a dependência química é uma doença, é assustador ver quantos desses meninos — paranoicos, ansiosos, machucados, trêmulos, mirrados e, em alguns casos, psicóticos — estão seriamente doentes, morrendo aos poucos. Nunca admitiríamos uma cena dessas se esses garotos tivessem qualquer outra doença. Eles estariam num hospital, não nas ruas.

Ridiculamente pergunto a alguns deles se conhecem meu filho. Eles não me dão atenção ou me olham furiosos. Passo por cima ou ao lado deles, olhando para o rosto de cada um, curioso a respeito deles, curioso a respeito de seus pais.

Em Stanyan, atravesso o Golden Gate Park, indo em direção a uma pequena floresta, esquivando-me dos patinadores e das bicicletas nas trilhas. Perto do carrossel, paro um policial e explico que estou procurando meu filho, dependente de metanfetamina.

"Os pirados de metanfetamina são inconfundíveis", diz ele. Conta que sabe onde alguns deles passam o tempo e me leva ao longo de uma trilha. "Tente ali", acrescenta, indicando uma colina com grama, onde, debaixo de uma magnólia, há uma dúzia de pessoas reunidas.

Abordo uma menina que está sentada num banco, afastada do grupo. Ela é magérrima e melancólica, e está envolvida em um ensebado suéter de listras azuis e brancas. Ao chegar mais perto, vejo os sinais que denunciam o uso de metanfetamina: a mandíbula tensa e o corpo pulsante. Apresento-me, e ela recua.

"Você é policial?"

Digo que não, mas conto a ela que foi um policial que a indicou para mim. Mostro o homem, que se afasta, e ela parece relaxar.

"Ele é legal", fala. "Ele só fica bravo se você provocar encrenca ou usar droga perto das crianças pequenas que brincam no *playground*." Ela aponta. É claro que conheço o *playground*. Nic costumava brincar de agente secreto ali.

Depois de um pouco de conversa fiada, falo a respeito de Nic e pergunto se ela o conhece. Ela me pergunta como ele é. Respondo, e ela sacode a cabeça. "Parece com metade dos caras que conheço", diz. "Você não vai encontrá-lo se ele não quiser ser encontrado."

"Você está com fome? Não tenho o que fazer durante algum tempo. Pensei em comer alguma coisa."

Ela balança a cabeça e diz: "Claro", de modo que vamos até o McDonald's, onde ela devora um cheeseburguer.

"Estou na dieta do cristal", fala.

Quero saber como ela chegou até esse ponto. Ela responde minhas perguntas numa voz baixa, hesitante.

"Eu não era encrenqueira", diz num determinado momento. "Eu era uma garota amável."

Ela me conta que brincava de boneca, era a rainha do jogo Twister, tocava na banda marcial do colégio, gostava de História e era boa em Francês. "*Comment allez-vous? Où est la bibliothèque, s'il vous plaît?*" Ela diz que lia vorazmente e enumera seus autores preferidos, contando-os nos dedos finos. A lista poderia ser a de Nic, pelo menos quando ele era mais jovem: Harper Lee, Tolkien, Dickens, E. B. White, Hemingway, Kafka, Lewis Carroll, Dostoiévski. "Fiódor era o meu deus, *Os irmãos Karamazov* era a minha bíblia, mas agora não leio porra nenhuma." Ela ergue os olhos. "Sabe, eu era líder de torcida. Sério mesmo. Mas nunca cheguei ao baile de formatura."

Seu riso é acanhado, e ela cobre a boca com a mão trêmula, depois puxa o cabelo desarrumado. "Nenhuma fada madrinha me salvou."

Um garoto lhe deu metanfetamina quando ela tinha quatorze anos. Isso foi cinco anos atrás. Ela suga ruidosamente seu refrigerante e então, balançando para a frente e para trás na cadeira, acrescenta: "Metanfetamina... Mesmo sabendo que é foda, eu começaria tudo de novo, se tivesse a oportunidade. Não consigo viver sem droga, não quero viver sem droga. Você não imagina quão bom é quando ela faz efeito, e eu preciso disso na minha vida".

Ela retira alguns pedaços de gelo de seu copo de Coca-Cola e coloca-os sobre a mesa, dando petelecos e olhando-os deslizar pelo tampo de plástico. Conta que o pai é bancário; a mãe, corretora de imóveis. Ambos ainda moram na casa onde ela cresceu, em Ohio. "É branca, com roseiras, cerca de estacas — o típico modelo norte-americano". Os pais contrataram um detetive particular para encontrá-la na primeira vez que ela fugiu de casa, pegando uma carona até São Francisco com um amigo. O detetive a seguiu até um abrigo de pessoas sem-teto e a convenceu a voltar com ele. De volta a Ohio, os pais a levaram a um hospital para desintoxicação do cristal. "Foi um inferno. Eu queria morrer."

Ela roubou um vidro de Valium e, no dia em que teve alta, tomou e teve uma overdose. Depois de recuperada, os pais a internaram no Hazelden, um conhecido centro de reabilitação de dependentes químicos no Meio-Oeste, mas ela fugiu de lá também. Os pais a encontraram outra vez e a enviaram para outro centro de reabilitação. "É babaquice, um culto", diz ela sobre os programas. "Toda aquela merda sobre Deus." Ela fugiu de novo, conseguiu droga com um antigo namorado e voltou de carona a São Francisco, a maior parte do trajeto com um caminhoneiro que fumava metanfetamina. Estabeleceu-se em Haight, onde começou a traficar e a "consumir" — ou seja, injetar — cristal. Ela diz que mora numa garagem com aquecedor, mas sem água corrente, onde dorme num colchão velho.

Ela me conta que usa cristal quase todo dia, fuma e injeta; fica acordada durante 72 horas ou mais. E, quando dorme, hiberna durante dias, tem pesadelos "estranhos". Por três vezes foi parar na emergência, uma delas por pneumonia, outra por "algum problema de estômago, eu estava cuspindo sangue" e também por "ter tido uma viagem ruim". Ela ganha dinheiro suficiente para café e cigarros, mendigando. Uma vez apunhalou um cara "só na perna", e paga a metanfetamina traficando. "Quando não consigo pagar, faço um boquete ou qualquer coisa assim." Ela diz isso e aí parece ficar com vergonha, de algum modo abalada pela lembrança de uma emoção fossilizada. Vira a cabeça para um lado e olha para baixo. De perfil, com o cabelo sujo solto, ela parece ter metade da idade. "Sem droga eu fico um terror", diz. "Com *meth*, me sinto bem."

"E os seus pais?"

"O que tem eles?"

"Você tem saudades deles?"

"Não muito. É. Acho que sim."

"Você deveria entrar em contato com eles."

"Por quê?"

"Tenho certeza de que eles têm saudades de você e se preocupam. Eles poderiam ajudá-la."

"Eles me diriam para voltar para a reabilitação."

"Talvez não seja má ideia."

"Sei como é, já passei por isso."

"Pelo menos ligue para eles. Deixe eles saberem que você está viva."

Ela não responde.

"Ligue para eles. Eu sei que eles gostariam de saber que você está viva."

Volto para casa. Sem Nic. Fico pensando nos pais da garota. Se eles forem um pouco como imagino que são — isto é, parecidos comigo —, seja lá o que estiverem fazendo no momento, estão fazendo pela metade, usando apenas parte de sua consciência. Eles nunca estão livres da preocupação com a filha. Ficam imaginando o que deu errado. Ficam imaginando se ela está viva. Ficam imaginando se foi culpa deles.

Eu me atormento com as mesmas questões sem resposta:

Mimei-o demais?

Fui indulgente demais?

Dei atenção de menos?

Demais?

Se nunca tivéssemos mudado para o interior...

Se eu nunca tivesse usado drogas...

Se ao menos a mãe dele e eu tivéssemos continuado juntos...

Se ao menos, e se ao menos, e se ao menos...

Culpa e autorreprovação são reações típicas de pais de dependentes químicos. Em *Addict in the Family**, livro incrivelmente útil, Beverly Conyers escreveu:

> A maior parte dos pais, ao olhar para trás e pensar em como criaram os filhos, tem pelo menos alguns arrependimentos. Eles podem desejar ter sido mais ou menos severos; ter esperado mais ou menos de seus filhos. E se tivessem passado mais tempo com eles? E

* *Um dependente químico na família*, inédito no Brasil. (N.E.)

se não os tivessem superprotegido tanto? Podem refletir a respeito de eventos difíceis, como um divórcio ou uma morte na família, e ver nisso pontos de transição na saúde mental de seus filhos. Alguns podem suportar cargas pesadas de vergonha sobre dificuldades do passado, como uma infidelidade que prejudicou a família e minou a confiança. Sejam lá quais tenham sido as falhas dos pais, é quase inevitável que os dependentes químicos reconheçam esses pontos vulneráveis e tirem vantagens disso.

Dependentes químicos podem ter muitas queixas, inclusive ressentimentos grandes e pequenos relativos ao passado. Algumas de suas acusações podem ser verdadeiras. As famílias podem muito bem ter causado dor nos dependentes químicos, podem muito bem ter fracassado em relação aos dependentes químicos de algum modo significativo. (Afinal, que relacionamento humano é perfeito?) Mas os dependentes químicos não apresentam esses problemas para clarear a atmosfera ou com a esperança de curar velhas feridas. Eles os trazem com o único intuito de induzir a culpa, uma ferramenta com a qual eles manipulam os outros em busca da permanência em sua dependência química.

Mesmo assim: se ao menos, se ao menos, se ao menos...

Preocupação, culpa e remorsos podem até ter uma função — turbinar a consciência —, mas em excesso são inúteis e incapacitantes. Ainda assim, não consigo silenciá-los.

Depois de dias sem notícias de Nic, ele liga da casa de uma ex-namorada. Fala rápido e obviamente está mentindo. Diz que largou a droga por conta própria e que está sóbrio há cinco dias. Digo-lhe que, no que me diz respeito, ele tem duas opções: outra tentativa de reabilitação ou a rua. Minha fala dura esconde meu impulso de correr para ele e tomá-lo nos braços.

Ele reafirma que a reabilitação é desnecessária — vai parar sozinho —, mas eu lhe digo que isso não é negociável. Com indolência, concorda em tentar outra vez, concluindo no final: "Tanto faz".

Vou até a casa da garota, em uma rua sem saída, e espero do lado de fora, deixando o carro em ponto morto. Nic entra pesadamente no carro. Noto um hematoma preto em sua face e um corte em sua testa. Pergunto o que aconteceu. Ele olha para o céu, fecha os olhos. "Nada de mais", diz. "Algum babaca me bateu e me roubou."

Eu dou um grito. "E isso é *nada de mais*?"

Ele parece cansado e vazio. Não tem mala nem mochila, nada.

"O que aconteceu com as suas coisas?"

"Roubaram tudo."

Quem é ele? O garoto sentado ao meu lado no carro não é Nic, nem tem nada a ver com o garoto de que me lembro. Para corroborar minha observação, ele ainda fala: "Que diabos estou fazendo aqui? Que babaquice. Não preciso de reabilitação. É babaquice. Vou embora".

"Vai embora?"

"Vou embora."

"Para onde?"

"Paris."

"Ah, Paris."

"Sair dessa porra de país, é disso que eu preciso."

"O que você vai fazer em Paris?"

"Tom, David e eu vamos tocar música no metrô, arranjar um macaquinho, como os velhos realejos."

Durante as 24 horas seguintes, o humor de Nic vai de agitado a apático. Além do macaco, seus planos incluem mochilar pelo México, entrar para o Corpo da Paz e ser agricultor na América do Sul, mas cada nova ideia eventualmente acaba na sombria resignação de que ele vai voltar para o programa de reabilitação. Depois diz de novo que não precisa de tratamento, que está sóbrio, para eu me foder, e aí fala que precisa de drogas, que não consegue sobreviver sem elas. "A vida é uma merda, é por isso que fico chapado."

Não sei bem se outras quatro semanas de reabilitação fazem sentido, mas sei que vale a pena tentar. Desta vez dou um jeito de interná-lo no Hospital Santa Helena, localizado, por incrível que pareça, na região vinícola de Napa Valley.

Muitas famílias gastam cada centavo, hipotecam suas casas e levam seus fundos para educação e planos de aposentadoria à bancarrota, tentando sucessivos programas de reabilitação, colônias correcionais, acampamentos em locais inóspitos e as mais diversas variedades de terapia. O plano de saúde da mãe de Nic e o meu pagam a maior parte dos custos desses programas. Sem a cobertura deles, não sei bem o que faríamos. Para 28 dias, o custo é de quase 20 mil dólares.

Na manhã seguinte, Nic, Karen e eu passamos por intermináveis campos amarelos e verdes — flores de mostarda e vinhedos geométricos — em nosso caminho para o hospital.

Acima de Napa Valley, perto do Silverado Trail, viro o carro na Sanatorium Road, que leva até o hospital. Nic olha para a placa, sacode a cabeça e comenta ironicamente: "Ótimo. Campo de terapia. Lá vamos nós outra vez".

Estaciono o carro e vejo Nic olhando sobre o ombro. Ele está pensando em fugir.

"Não ouse."

"Estou com um puta medo, está bem? Meu Deus!", diz ele. "Isso vai ser um pesadelo."

"Pior do que ser surrado e quase morto?"

"É."

Entramos no prédio principal e seguimos as placas que indicam o programa de abuso de entorpecentes. Pegamos um elevador até o segundo andar e de lá caminhamos por um corredor. Ao contrário da Casa de Recuperação Ohlhoff, este é um hospital estéril — carpete cinzento, luz fluorescente, corredores intermináveis, enfermeiras vestidas de branco, empregados de azul. Sentamo-nos numas cadeiras estofadas perto de uma sala de enfermagem movimentada e preenchemos formulários. Não conversamos.

Uma enfermeira com um penteado à Harpo Marx e grandes óculos cor-de-rosa aparece para buscar Nic. Ela explica que ele será entrevistado e submetido a um exame físico antes de ser admitido. Para mim, ela diz: "Isso vai demorar cerca de uma hora. Ele virá encontrá-lo aqui".

Karen e eu descemos para a loja de suvenires do hospital e, de uma seleção escassa, compramos para ele alguns artigos de toalete. Ao voltarmos, Nic diz que é hora de ir para o quarto. Caminhamos com ele durante algum tempo pelo corredor. Ele se apoia no meu braço. Parece quase não ter peso, como se pudesse levitar.

Nos abraçamos todos sem jeito. "Boa sorte", digo. "Cuide-se."

"Obrigado, papai. Obrigado, KB."

"Te amo", diz Karen.

"Eu também te amo."

Ele me olha e diz: "Tudo". As lágrimas fluem.

O programa em Santa Helena é semelhante ao da casa do Conde Ohlhoff, embora inclua mais exercícios, como ioga e natação na piscina do hospital, que tem formato de rim, além de consultas com médicos da equipe e com um psiquiatra. O programa enfatiza a informação, com palestras e filmes a respeito da química da dependência no cérebro e reuniões diárias do AA e NA, mais um programa expandido de dois dias por semana para as famílias. A esta altura, já não estou tão otimista quanto à reabilitação, mas me permito ter uma lasquinha de esperança. Assim como na canção de Springsteen: "No final de todo dia arduamente ganho, tem gente que encontra algum motivo para acreditar".* O meu é uma mistura dessa esperança e, mais uma vez, um tênue alívio por saber onde ele está.

Em casa, durmo, mas não profundamente. Em meus pesadelos, Nic está drogado. Eu me enfureço com ele. Imploro. Choro por ele. Chapado, ele não dá bola. Chapado, ele me olha de forma desinteressada e fria.

Outras pessoas visitam a região vinícola pelo Cabernet e pelo Pinot Noir, pelos banhos de lama e pela boa comida. Karen e eu fazemos peregrinações para os fins de semana em família no hospital. Antes de nossa primeira sessão em Santa Helena, uma orientadora me diz que o prognóstico de um dependente químico é bem melhor quando a família participa. "Nossa maior preocupação é com os que não têm família", ela explica. "Nic é um dos que têm sorte."

"Vocês vão encontrar Nicolas muito mudado", ela comenta enquanto caminhamos por um corredor branco. "Mas ele está se sentindo bastante deprimido. Todos eles se sentem quando estão em desintoxicação, e a metanfetamina é a pior."

As sessões familiares no hospital são estruturalmente diferentes daquelas que tivemos na casa do Conde Ohlhoff. Para começar, nos reunimos em um amplo aposento com cadeiras enfileiradas em frente a um estrado e monitores de TV. O hospital oferece quatro fóruns educacionais em domingos alternados. Nosso primeiro é sobre a dependência química como doença. Esse é um conceito estranho para mim. Que outras doenças incluem, como sintoma, a participação voluntária da vítima? Cada vez que Nic toma *speed*, ele faz uma escolha. (Não faz?) Fumantes podem provocar seu câncer de pulmão, mas, em outros casos, pacientes de câncer não são responsáveis por sua doença. Os dependentes químicos são. (Não são?)

A palestrante explica que a dependência química é genética, pelo menos a predisposição a ela é. Ou seja, os genes de Nic são em parte culpados, a mistura potente de sua ancestralidade: meus antepassados de pele morena e judeus russos, misturados com os louros metodistas sulinos da parte de sua mãe. O pai de Vicki morreu de alcoolismo, de modo que não precisamos procurar muito longe na árvore genealógica de Nic, embora ninguém saiba exatamente como a predisposição é passada para as gerações seguintes. Aproximadamente 10% das pessoas têm essas predisposições, diz a palestrante. E, se tiverem, as drogas ou

---

* "Still at the end of every hard earned day people find some reason to believe". Trecho da canção "Reason to Believe", lançada no álbum *Nebraska*, de 1982. (N.E.)

o álcool "ativam" a doença. "Uma chave é virada", explica ela. Uma vez ativado, não pode ser desativado. A caixa de Pandora não pode ser fechada.

Um homem interrompe. "Você está livrando a cara das pessoas. Ninguém obrigou meu filho a procurar seu traficante, a comprar drogas, a destilar metanfetamina, a injetar heroína, a nos roubar, a roubar uma loja de bebidas e a roubar seus avós."

"Não", responde ela. "Ninguém obrigou. Ele próprio fez isso. Mas, mesmo assim, ele tem uma doença. É uma doença complicada. Sim, as pessoas realmente têm escolhas sobre o que fazer com si próprias. É a mesma coisa quando se trata de uma doença como o diabetes. Um diabético pode escolher monitorar seus níveis de insulina e tomar a medicação; um dependente químico pode escolher tratar sua doença por meio da reabilitação. Nos dois casos, se não tratarem a doença, vão piorar e podem morrer."

"Mas", interpõe o mesmo homem, "um diabético não rouba, nem trapaceia ou mente. Um diabético não escolhe injetar heroína".

"Há evidências de que as pessoas que se tornam dependentes químicas, uma vez que começam a usar a droga, têm um tipo de compulsão que não pode ser facilmente parada ou controlada", explica ela. "É quase como respirar. Não é uma questão de força de vontade. Eles simplesmente não conseguem parar sozinhos, senão parariam. Ninguém quer ser dependente químico. A droga domina a pessoa. A droga, não o lado racional do indivíduo, está no controle. Ensinamos os dependentes químicos a lidar com sua doença por meio de um trabalho de recuperação contínua. É o único jeito. As pessoas que dizem que podem controlá-la não compreendem a natureza da doença, justamente porque é a doença que está no controle."

Não, penso eu.

Nic está no controle.

Não, Nic está fora de controle.

Depois da apresentação, há perguntas e respostas. Então, reunimo-nos em outra sala. Sentamos em um círculo de cadeiras. Outro círculo. Já estamos ficando acostumados a essas reuniões circulares surreais de pais, filhos e caras-metades de dependentes químicos. Apresentamo-nos, um de cada vez, contando versões resumidas de nossas histórias. Elas são todas diferentes — drogas diferentes, mentiras diferentes, traições diferentes —, mas, também, iguais, terríveis, de cortar o coração, todas impregnadas de intensa preocupação, tristeza e um desespero quase palpável.

Somos liberados para almoçar com nosso familiar que está no programa. Nic perambula trêmulo por um corredor, vindo em nossa direção. Ele está pálido, move-se lentamente, como se cada passo lhe causasse dores insuportáveis. Parece genuinamente feliz em nos ver. Abraça-nos calorosamente, agarrando-se a nós durante muito tempo. Pressiona o rosto contra o meu.

Escolhemos sanduíches envolvidos em papel-filme, despejamos café em canecas de plástico e levamos tudo em bandejas para um banco vazio lá fora, na sacada. Depois de dar uma mordida em seu sanduíche e empurrá-lo de lado, Nic explica sua lassidão. Ele recebeu sedativos. Diz que a medicação é distribuída duas vezes por dia pela "enfermeira Ratchet" — ele imita Louise Fletcher em *Um estranho no ninho.* "Se o senhor McMurphy não quiser tomar seu remédio por via oral", sua fala arrastada é acompanhada de um olhar ameaçador, "tenho certeza de que podemos dar um jeito de fazê-lo tomar de algum outro modo".

Nic solta uma risada, mas é uma apresentação fraca. Ele está sedado demais para colocar muito entusiasmo nela.

Depois do almoço, ele nos mostra seu quarto, que tem duas camas de solteiro, mesas de cabeceira e uma pequena mesa redonda com duas cadeiras. Parece confortável, como um quarto modesto de hotel. Indicando a cama ao lado de uma das paredes, ele fala de seu companheiro de quarto. "É um cara ótimo. Era chef. Bêbado. Casado, tem um bebê. Olha..."

Nic pega uma fotografia numa moldura de bambu na mesa de cabeceira. Uma menininha angelical, com cerca de dois anos, e a mãe dela, muito bonita, com um mar revolto de cachos amarelos e um sorriso iluminado. "Ela lhe disse que esta é sua última chance", conta Nic. "Se não permanecer sóbrio, ela vai largá-lo."

Na mesa de cabeceira de Nic há um exemplar do Alcóolicos Anônimos, livro em que se baseia o AA, e uma pilha de livros sobre recuperação. Há um pequeno armário e uma cômoda na qual ele pôs a pequena pilha de roupas dobradas que trouxéramos.

Em seguida, ele nos leva até a varanda, com vista para os vinhedos.

"Lamento tanto por tudo", ele deixa escapar.

Olho para Karen. Não sabemos o que dizer.

13

Outro fim de semana na região dos vinhos. A palestra desta manhã é sobre "a família dependente" —, ou seja, nós.

"Provavelmente não preciso dizer que a dependência química é uma doença que afeta também as famílias", começa a palestrante, uma orientadora do programa. "Elas não dormem, não comem, ficam doentes. Culpam-se. Sentem raiva, vergonha, uma preocupação avassaladora. Muitas pessoas escondem seu sofrimento. Se seu filho tem câncer, o apoio por parte dos amigos e da família vem aos borbotões. Por causa do estigma da dependência química, porém, muitas vezes as pessoas não tocam no assunto. Os amigos e a família podem tentar dar apoio, mas podem também deixar passar um preconceito sutil, ou nem tão sutil assim."

Aparentemente, a dinâmica das famílias é previsível, exemplificada por um móbile pendurado no teto, de um dos lados do estrado. Apontando para o móbile, a palestrante explica todos os nossos papéis com exatidão perturbadora.

Pendurada no centro está uma figura, uma boneca de papel, que representa o dependente químico. Bonecas menores flutuam em torno da figura central. As figuras penduradas do lado, na periferia, representam as crianças e Karen, impotentes, mas indissoluvelmente amarradas aos humores, caprichos e à ingestão de drogas da figura central. Uma outra figura está um tanto precariamente pendurada entre eles: eu. Sou um capacitador, isto é, quem apoia Nic; cria desculpas para ele; se desdobra para cuidar dele; tenta proteger Jasper e Daisy do irmão e, ainda assim, manter todos ligados uns aos outros.

"Não é culpa sua", diz a palestrante. "Essa é a primeira coisa que se deve compreender. Há dependentes químicos que foram maltratados e dependentes químicos que, até onde se sabe, tiveram infâncias ideais. Mesmo assim, muitos membros da família se culpam. Outra coisa que a família tenta fazer é encontrar uma solução. Escondem garrafas de bebida e de remédios, procuram drogas nas roupas e no quarto da pessoa amada e levam o dependente químico às reuniões do AA ou NA. Tentam controlar aonde o dependente químico vai, o que faz e com quem passa o tempo. É compreensível, mas inútil. Você não pode controlar um dependente químico."

Ela prossegue: "Um dependente químico pode dominar a família — tomar toda a atenção de um genitor, mesmo à custa dos irmãos e do cônjuge. Os humores dos membros da família passam a depender de como o dependente está. As pessoas ficam obcecadas. É compreensível, mas danoso. Os familiares passam a ser controladores de um modo como nunca foram antes, porque têm medo. As pessoas perdem sua identidade porque nada mais importa a não ser seu cônjuge dependente químico, ou filho, pai, seja lá quem for. Não há mais alegria na vida deles".

Quando encontramos Nic para o almoço, ele recuperou um pouco de cor nas faces e alguma vida de volta aos olhos. Seus movimentos estão mais livres, em vez de crispados pela dor. Ainda assim, ele se encurva e parece desanimado.

Conversamos sentados na varanda do quarto dele. "Não acho que isso vá funcionar para mim melhor do que da última vez", diz Nic. "Todo o papo a respeito de Deus..."

Ele faz uma pausa.

"Todo o papo de Deus. Não consigo lidar com isso."

"Eles dizem 'poder elevado', não Deus", corrijo. "Há uma diferença."

"'Poder elevado' é um sinônimo de Deus. Você tem de acreditar, e eu não acredito. Você não consegue lidar com este negócio a não ser que acredite."

Nic explica sua perplexidade: "Não tenho problema com o primeiro dos doze passos. Bom, algumas vezes eu tenho, mas acho que é óbvio que sou impotente quanto a drogas e álcool e que minha vida se tornou ingovernável. Mas o que vem depois disso é babaquice".

Ele lê os passos dois e três de um marcador de livros.

"Dois: Comece a acreditar que um poder maior do que nós pode restaurar nossa sanidade. Três: Tome a decisão de voltar sua vontade e sua vida para o cuidado de Deus, do jeito como O entendemos."

Eu chamo a atenção dele: "Há um monte de brechas em 'do jeito como O entendemos'".

"Eu não O entendo como sendo qualquer tipo de coisa."

Para algumas pessoas, isso — seu ateísmo, herdado de seus pais, pelo menos de mim — já basta para explicar o problema de Nic. Não acredito que qualquer fator isoladamente pudesse ter mudado seu destino, mas quem sabe? Se uma crença em Deus ou uma criação religiosa pode evitar a dependência química, no entanto, como se explicam todas as pessoas com criação e crenças religiosas que se tornaram dependentes? Os devotos não são poupados.

Sem ser solícito nem falso, tento encontrar um jeito para que ele possa conceber um poder mais alto. Embora eu o tenha criado sem religião, sua educação não foi destituída de um conjunto de valores morais. Tentei ensinar que a moralidade é certa por ela mesma. Dalai Lama, ao escrever recentemente para o *New York Times,* explicou isso de um modo que reflete o que penso: "Princípios éticos fundamentais são aqueles que todos compartilhamos como seres humanos, tais como compaixão, tolerância, consideração pelos outros e um sentimento de afeto, bem como o uso responsável do conhecimento e do poder — princípios estes que transcendem as barreiras entre crentes religiosos e não crentes, entre seguidores dessa ou daquela religião". Para mim, esses princípios são um poder mais alto, acessível a cada um de nós. Meu pai uma vez explicou seu conceito de Deus: "a pequena voz calma" dentro de nós — a nossa consciência. Não chamo isso de Deus, mas acredito na nossa consciência. Quando escutamos essa voz, fazemos a coisa certa. Quando não escutamos, em geral nos damos mal. Na minha vida, não prestei muita atenção a ela — eu não sabia como —, mas agora eu tento. Quando a escuto e ajo de acordo com ela, sou mais compassivo, menos auto-obcecado, mais amoroso. Isso, digo eu a Nic, é o meu poder mais alto.

Ele não fica impressionado. "Racionalizações", diz ele, "mais babaquice. É uma grande mentira."

Orientadores da Ohlhoff, pessoas que ele conheceu em reuniões e agora o pessoal do Santa Helena tentaram convencê-lo de que o poder mais alto de uma pessoa pode ser qualquer coisa que ela imagine — uma fonte de orientação que vem de fora da pessoa quando é perigoso basear-se na orientação distorcida, influenciada pela droga que vem do cérebro de um dependente químico. "Para alguns, é necessário um salto de fé", disse uma orientadora a Nic. "Você tem de confiar que existe alguma coisa maior do que nós por aí — alguma coisa que pode nos mostrar o caminho que vai salvar nossa vida. O primeiro passo é a franqueza: minha vida está fora do controle. Então, quais são suas escolhas? Continuar ou submeter-se a um poder mais alto. Você tem de arriscar — tem de ser corajoso o suficiente para dar um salto de fé e confiar que haja alguma coisa maior do que nós que possa nos ajudar."

Mais uma vez, comemos no deque do lado de fora da cantina, onde Nic nos apresenta a dois amigos que fez no hospital. Sentimos como se já os conhecêssemos, porque, a esta altura, já estivemos em sessões de grupo com suas esposas. James é um empresário amável, boa-pinta, com cabelo ruivo, sardas e modos tranquilizadores de um dos personagens saudáveis de Jimmy Stewart. Ele é dependente de Vicodin. A droga foi receitada depois de uma cirurgia na coluna. Antes de se internar no Santa Helena, ele engolia cerca de quarenta pílulas por dia. O outro amigo de Nic é o companheiro de quarto dele, o chef, Stephen, que foi aprendiz em algumas das cozinhas mais renomadas da Bay Area. De acordo com Nic, o homem atlético, de cabelo cor de areia e olhos azuis caídos abusou de diversas drogas, mas sua dependência principal é a do álcool, que quase destruiu seu casamento e quase o matou pelo menos duas vezes. Com trinta e poucos anos, ele já foi submetido a uma cirurgia no fígado e no pâncreas por causa de envenenamento por álcool. É chocante saber a idade dele. Parece ter cinquenta anos.

Sentamos em uma longa mesa com eles e suas esposas. Ambas parecem bondosas, amorosas e extremamente cansadas. Nic, James e Stephen compartilham o mesmo senso de humor e alguma coisa mais: o tipo de intimidade e afeto que normalmente se constrói ao longo de meses ou anos, mas que é acelerado durante a reabilitação, onde a alma das pessoas é exposta. Na verdade, depois, Nic nos conta quanto significou para ele ter se ligado a James e Stephen. "Tarde da noite, quando todo mundo está dormindo, entramos de fininho na cozinha do hospital", diz ele.

"Isso é permitido?", pergunta Karen.

"Ninguém se importa", responde Nic, falando baixo. "Em uma noite, Stephen fez suflê de alcachofra e sopa de alho-poró. Ontem à noite tivemos galinha cordon bleu. Eu fui o subchef."

Conversamos com Nic a respeito das palestras da manhã e da semana anterior, e pergunto se ele concorda que a dependência química é uma doença — e que ele a tem. Ele dá de ombros. "Às vezes concordo, às vezes não."

"Se uma chave foi virada, quando isso aconteceu?", pergunto. "Em Berkeley?"

"Meu Deus, não", diz ele. "Antes. Muito antes."

"Quanto tempo antes? Quando você ficou bêbado em Lake Tahoe? Na primeira vez que você fumou maconha?"

Depois de um minuto, ele diz: "Talvez Paris".

Balanço a cabeça, lembrando-me da úlcera, e pergunto: "O que aconteceu em Paris?".

Ele admite que suas aulas de francês não podiam competir com as demais atrações da cidade, inclusive a abundância de bebida facilmente acessível, já que os garçons franceses não achavam nada de mais servir bebida a garotos de dezesseis anos. Por conseguinte, Nic passou muito tempo por lá imitando seus heróis bêbados, esquecendo-se da parte da escrita e da pintura. "Uma noite", diz ele, "eu estava tão bêbado que me arrastei para um barco ancorado na beira do Sena e desmaiei. Dormi lá, acordei só no dia seguinte".

"Você podia ter sido assassinado."

Ele me lança um olhar profundo. "Eu sei", diz, sombrio. "Ao voltar para casa, contrabandeei de Paris algumas garrafas de vinho na minha mala, mas elas só duraram alguns dias. Eu estava fodido. Em Paris, eu ia todas as noites para bares e clubes, bebia pra caralho, mas, depois que voltei para casa, eu ainda tinha dezesseis anos, era aluno do ensino médio e morava com vocês." Ele olha para baixo. "Era muito estranho. Eu não tinha como conseguir álcool, então comecei a fumar um baseado todos os dias. Não era a mesma coisa, mas era mais fácil de conseguir."

"E as drogas pesadas?", pergunto, sem muita certeza de que quero ouvir a resposta. "Quando você começou?"

"Lembra quando [ele cita nomes de alguns amigos e da namorada dele] e eu saímos depois do churrasco, na noite em que me formei no ensino médio?" Ele apoia os cotovelos na mesa. "Havia ecstasy na festa a que fomos. Tomei um pouco. A sensação era a de estar voando. Me senti tão próximo de todo mundo, passando por aquelas despedidas tão longas e significativas. Depois disso, comecei a tomar tudo o que conseguia encontrar — ecstasy, LSD, cogumelos, e então..." Ele ergue os olhos. "Então, cristal. Ao experimentá-lo, senti... me senti melhor do que jamais me sentira na vida."

Mais uma vez, reunimo-nos na grande sala de conferências, pacientes e membros das famílias, para a sessão em grupo da tarde. Mais cadeiras são trazidas de um armário para acomodar cerca de cinquenta pessoas. O círculo aumenta até formar um longo oval sinuoso, tocando os cantos das paredes. Uma orientadora lidera a sessão, que começa, como sempre, com todos da sala se apresentando — é uma sala cheia de ressentimento, preocupação, tristeza e raiva.

"Não consigo parar de pensar na minha filha. Não consigo desligar. Sonho com isso. O que posso fazer? Essa situação dominou minha vida. As pessoas me dizem para eu deixar para lá, mas como é possível deixar sua filha para lá?" A mulher que está falando chora sem parar. A filha está sentada ao lado dela, com uma fisionomia pétrea.

Quando chega sua vez, Nic diz: "Sou Nic, dependente de álcool e outras drogas".

Já o ouvira dizer isso em outras sessões antes, aqui e em São Francisco, e também em algumas reuniões do AA aonde fui com ele, mas, apesar disso, ainda me choca. Meu filho, dependente químico. Sinto certo orgulho em ouvi-lo admitir uma coisa que deve ser extremamente difícil. Mas será que ele realmente acredita nisso? Eu, não. Não de verdade.

Comparado aos que se reuniam na velha casa vitoriana em São Francisco, o grupo em Santa Helena é mais bem-vestido, embora uma mulher de idade tenha a aparência de que poderia, algumas horas atrás, ter estado morando na rua. A terapia de grupo começa com os pacientes e suas famílias contando histórias, algumas vezes fazendo comentários sobre o progresso uns dos outros. A mulher idosa me choca. Em uma voz tumular, explica: "Tenho um diploma de mestrado. Sou professora. Boa professora, eu acho". Ela para e, durante um momento, olha ao redor com os olhos vazios. "Eu era boa. Antes do *speed.*"

Do mesmo modo que eu, os parentes dos dependentes químicos parecem ao mesmo tempo desesperançados e esperançosos.

Algumas vezes, o sofrimento na sala é quase insuportável. Sem alívio, ouvimos, vemos e principalmente sentimos, com golpes que rasgam o coração, a desolação da vida das pessoas cujos entes amados se tornaram dependentes de metanfetamina, embora a "droga preferida" dificilmente faça diferença. Metanfetamina, heroína, morfina, Klonopin, cocaína, crack, Valium, Vicodin, álcool e, para a maior parte deles, a combinação de todas elas. As pessoas no círculo são diferentes e, ao mesmo tempo, são todas iguais. Todos temos feridas abertas.

Stephen, o amigo de Nic, fala. Ele descreve sua "dança" de uma vida inteira com o álcool — tinha dez anos quando ficou bêbado pela primeira vez. Sua esposa chora sem parar.

"Nós amamos tanto você", diz ela a Stephen, quando chega sua vez, "mas já ouvi o seu remorso antes. Já ouvi suas promessas. Não consigo viver desse jeito".

A esposa de James fala sobre como ele despencou, "da pessoa que eu mais respeitava no mundo inteiro, o companheiro da minha alma", para alguém consumido pelas pílulas, à custa de tudo o mais. "Ele passou do mais bondoso, mais gentil..."

A orientadora, com voz baixa, monótona, interrompe: "Tente se dirigir diretamente a ele. Fale com o seu marido".

Olhando nos olhos de James, tremendo, ela continua: "Você passou do homem mais bondoso, mais gentil que já conheci na minha vida a um estranho que grita comigo, apático, deprimido, indelicado e incapaz de compartilhar qualquer tipo de abertura e intimidade. Fico me perguntando...".

Ela começa a chorar.

E então outra pessoa, e depois outra. Elas contam suas histórias, dirigem-se a quem que elas amam, pedem desculpas, fazem críticas e choram. Nossas semelhanças são profundas. Em graus variados, passamos anos aceitando e racionalizando, em nossos familiares amados, comportamentos que jamais toleraríamos em qualquer outra pessoa. Nós os protegemos e encobrimos sua dependência. Ressentimo-nos e também nos sentimos culpados por isso. Ficamos furiosos e nos sentimos culpados por isso. Juramos não aceitar mais a crueldade, a falsidade, o egoísmo, a irresponsabilidade, mas depois os perdoamos. Sentimos raiva deles, muitas vezes internamente. Nos culpamos. Nos preocupamos — nos preocupamos o tempo todo — com que eles se matem.

A história de cada dependente químico tem questões semelhantes também — remorso, fúria incontrolável, dirigida na maior parte das vezes a eles mesmos, e um sentimento de desamparo. "Você acha que eu quero ser assim?", grita um homem na cara de sua trêmula esposa. "Acha? Acha mesmo? Eu me odeio." Os dois choram, choram e choram.

"Estou tão orgulhosa de ele estar aqui", diz uma mulher sobre seu marido, dependente de heroína. "Mas o que vai acontecer depois? Estou aterrorizada."

Uma mulher mais velha, cuja irmã, advogada, é dependente de metanfetamina, diz: "Eu já não lhe dou mais dinheiro, mas compro a comida dela, levo-a ao médico e pago seus remédios". E acrescenta tristemente: "Ela é incapaz de atravessar o apartamento e chegar até a geladeira". A terapeuta delicadamente lhe dá uma bronca. "Ela é capaz de conseguir drogas, mas está incapacitada de chegar até a geladeira?"

Nesse ponto, outro pai interrompe: "Eu sentia a mesma coisa em relação ao meu filho, até que me dei conta de que ele não conseguia ir à escola, ou ao trabalho, nem à sessão de terapia, mas conseguia chegar às lojas de penhores, aos traficantes, conseguia qualquer droga que quisesse, conseguia bebida, assaltar casas, conseguia agulhas — tudo de que precisasse. A destilação de metanfetamina é um processo bastante sofisticado, mas eu sentia pena dele, pensando: ele está deprimido, ele é frágil e incapaz. É claro que eu pagava a conta se ele acabasse parando no hospital. É claro que eu pagava seu aluguel, ou ele estaria na rua. Então, durante um ano, paguei um lugar confortável para ele ficar chapado".

Uma mulher bonita, com cabelo acaju cortado curto, usando uma blusa de seda, cardigã e calça de lã, diz que é médica. Profundamente triste, admite ter feito cirurgias, durante mais de um ano, sob o efeito da metanfetamina. Inicialmente, ela experimentara a droga em uma festa. "Senti-me melhor do que nunca na vida", conta. "Senti como se fosse capaz de fazer qualquer coisa. Não queria jamais perder essa sensação."

Ela sacode a cabeça. "E aí vocês conhecem o resto da história. Cheirava para poder trabalhar a noite inteira. Eu cheirava quando não estava trabalhando. Eu sabia que tinha um problema, mas só estou aqui porque um colega ameaçou me denunciar se eu não cuidasse voluntariamente da minha dependência química."

Outro paciente a censura. "Você fez cirurgias enquanto estava chapada! *Deveriam* te denunciar. Você poderia ter matado alguém."

A orientadora interrompe e, sem elevar a voz, diz: "Você não disse que sofreu um acidente ao dirigir embriagado e dormir ao volante? Você poderia facilmente ter matado alguém também".

Algumas histórias estão além da minha compreensão. Uma mulher pequena, agitada, que quase desaparece dentro de seu volumoso suéter e calça de moletom, se lembra do último aniversário do filho. "Eu tinha usado crack", recorda ela. "Saí de casa, larguei meu filho, deixei-o com meu marido. Pelo crack. Ele tem três anos."

Uma mulher de pele pálida, cabelo louro e olhos cor de mel, enevoados, diz ao grupo que um juiz mandou o marido dela para esse programa como uma alternativa à cadeia. Ele, um soldado de cabelo raspado e camisa de manga curta abotoada até o pescoço, está sentado, rígido, ao lado dela. Sem expressão, ele olha fixamente para sua frente.

Ela conta que ele, sob efeito de metanfetamina, a atacou, batendo com a cabeça dela no chão. Ela conseguiu ligar para o serviço de emergência antes de apagar. Mais tarde, quando é a vez dele de falar, ele explica que o tribunal permitiu que tentasse a reabilitação em vez de ir para a cadeia, e agradece a Deus por isso. "Eu ainda não consigo acreditar que ataquei minha esposa. Eu a amo mais do que a minha própria vida", fala. "Mas agora compreendo meu problema. Termino meu período aqui na semana que vem e mal posso esperar para voltar para casa e começar uma vida nova."

A mulher não o olha de frente. Ela parece horrorizada.

Há um intervalo para o café.

Sentado na cantina, Nic, com um lampejar de olhos, indica o marido da mulher e diz a Karen e a mim que a mulher estaria mais segura se ele fosse trancafiado. "É um filho da puta assustador", fala Nic.

A reunião é retomada. Mais histórias de cortar o coração, mais lágrimas.

Na conclusão de cada sessão, a orientadora sempre pergunta se alguém tem alguma coisa a dizer antes de o grupo se separar. Membros da família muitas vezes dizem como estão orgulhosos de seu amado familiar e como ele parece estar muito melhor. Pacientes companheiros muitas vezes dão vivas aos participantes. Neste dia, na conclusão da nossa sessão, em uma sala com cerca de cinquenta pessoas amontoadas em cadeiras formando um sinuoso oval, Nic fala. Ele dirige suas palavras ao soldado que atacou a esposa.

"Lamento, mas tenho uma coisa a lhe dizer, Kevin, porque você falou que deve sair daqui esta semana." Nic olha fixo para ele, que está do outro lado da sala. "Já estive em sessões com você desde que cheguei aqui, e, embora todo mundo pareça sincero e aberto, genuinamente tentando aprender sobre sua dependência química, não há qualquer indicação de que você tenha percebido o que significa tudo isso. O programa exige humildade, e você é arrogante. Não parece que você tenha realmente entendido e admitido que você é impotente quanto à sua dependência. Você constantemente interrompe as pessoas. Você fala um bocado, mas não escuta."

Nic então olha para a esposa do cara. Os olhos arregalados dela despejam lágrimas. Ela treme como um animal aterrorizado.

Nic se dirige a ela. "Estou dizendo isso para você, porque estou preocupado. Acho que Kevin precisa de mais tempo antes de voltar para casa. Não quero que alguma coisa aconteça a você."

Ninguém, nem mesmo a orientadora, diz uma palavra. O homem parece querer atravessar o círculo para se lançar sobre Nic. Então Kevin e todos nós olhamos para a esposa dele, que está arfando por entre soluços guturais. Entre lágrimas, ela finalmente fala, preparando-se para enfrentar o marido, sentando--se mais ereta, dirigindo-se a Nic. "Obrigada", diz ela. "Eu sei. Não confio nele." Uma mulher a seu lado põe o braço em torno de seus ombros.

Ela se volta para o marido e fala categoricamente, com selvageria, na cara dele: "Se você tocar em mim ou nas crianças outra vez...".

Ela não consegue terminar a frase. Soluços irrompem de seus rugidos.

O homem olha para a esposa. A expressão em seu rosto não é de remorso, amor ou pesar. Ele parece ferido, envergonhado e enraivecido. Senta-se ereto, os olhos movendo-se rapidamente pela sala.

Finalmente a orientadora termina a sessão. Ela agradece a todos que participaram e despede-se de nós. A esposa de Kevin atravessa direto o círculo e, ainda soluçando, abraça Nic, agradecendo-lhe.

O marido, imóvel na cadeira, passeia os olhos fuzilantes, de modo malevolente, pela sala.

Ao sairmos, Karen sussurra para Nic: "Tome cuidado".

14

No PROGRAMA, OS PACIENTES escrevem diários, e Nic nos mostra uma de suas anotações: "Como, diabos, vim parar aqui? Não parece que foi há tanto tempo que eu estava na porra da equipe de polo aquático. Eu era editor no jornal da escola, representei uma peça na primavera, era obcecado por quais meninas eu gostava, conversava sobre Marx e Dostoiévski com meus colegas de sala. Os meninos da minha turma estão na faculdade. Isso é triste, porém, mais ainda, é desconcertante. Na época, tudo parecia tão legal e inofensivo".

É o terceiro fim de semana de Nic no hospital, e eu vim para outra visita da família. Depois da sessão em grupo, pela manhã, Nic, com um passe de saída por um dia, irá visitar a pousada onde estamos hospedados.

Nic está aberto e emotivo, chegando até a expressar gratidão pela chance de passar pelo programa. Ele parece sincero. Em seguida, aborda um assunto novo. Quer saber se a faculdade ainda é uma opção. Ele sabe que cometeu erros enormes, mas diz que fará qualquer coisa se ainda puder ir para Hampshire. Está animado com a possibilidade de voltar a estudar. Como agora ele entende seu problema com as drogas, promete comparecer regularmente às reuniões do AA e ter um padrinho. Contaram-lhe que muitas faculdades têm dormitórios onde é proibido qualquer tipo de entorpecente, e ele diz que irá solicitar um desses. Ele compreende que uma recaída significará que eu cumprirei minha ameaça de retirar meu apoio, de modo que ele ficará fora da faculdade e entregue à sua própria sorte.

No carro, enquanto vamos para a pousada para nos encontrarmos com Karen, Jasper e Daisy, Nic me conta o que o fez mudar de ideia. Colegas de suas sessões de terapia de grupo tinham ouvido dizer que os pais dele estavam dispostos a mandá-lo para a faculdade e caíram matando em cima dele. O consenso foi resumido por um homem cuja dependência de bebida e drogas o tinha afastado dos pais e irmãos. "Você pirou, caralho?", ele gritou para Nic. "Você tem *pais*? Eles o amam? Eles ainda estão dispostos a mandar você para uma faculdade? Então simplesmente vá. Não seja um completo idiota. Eu daria qualquer coisa por uma chance de ir para a faculdade."

Reflito a respeito do pedido de Nic. "Karen e eu vamos conversar sobre isso", digo. "Vou falar também com a sua mãe. Temos que estabelecer um acordo bem claro. Acho que pode funcionar se você realmente quiser e se achar que consegue levar isso adiante." Eu ainda fantasio que tudo pode dar certo. *Nic vai ficar sóbrio. Ele compreende seu problema. Graças a Deus não causou mais danos à sua vida — ao seu corpo e à sua mente —, a suas opções para o futuro. Ele ainda pode ir para a faculdade, conseguir um diploma, um bom emprego, ter um bom relacionamento... Tudo vai dar certo.*

Vamos de carro até a pousada, um resort decadente com vinhedos, uma piscina de água turva, quadras de tênis rachadas e cavalos velhos que ficam perambulando pela propriedade. Nic fica nervoso quando atravessamos o portão. Este será seu primeiro encontro com Jasper e Daisy desde que ele entrou para a Ohlhoff, três meses atrás.

Nic está exultante em ver os irmãos, e, apesar da relutância inicial deles — a última vez que viram Nic, ele estava saindo do barato e deprimido, indo embora zangado para Ohlhoff —, estão felizes em vê-lo. Nic brinca com eles na água gelada da piscina e depois batem bolas de tênis. Sento-me num banco de piquenique sob um caramanchão de videiras e observo Karen unir-se a eles para jogar críquete. Enquanto eles batem nas bolas de um lado para o outro, Nic pergunta às crianças sobre a escola e os amigos e conta histórias a respeito de um gato que mora nos terrenos do hospital. Na hora de levar Nic de volta, Jasper e Daisy parecem perplexos. Tentamos sempre fazer o melhor que podemos para explicar o que está acontecendo com Nic, mas, aos olhos dos dois, ele parece estar bem. Eles não entendem por que o irmão não pode voltar para casa conosco.

Durante nosso retorno para Santa Helena, Nic me conta sobre dois outros eventos da semana. O primeiro é desanimador. Stephen largou o programa — ele simplesmente foi embora no meio de uma tarde, sem cerimônias, caminhando pela estrada que leva a Calistoga. Posteriormente, os pacientes ficaram sabendo que ele imediatamente parou num bar. Nic estava entristecido, mas não inteiramente surpreso. "Por fora, ele parecia empenhado em continuar sóbrio", diz. "Ele sabia que podia perder a esposa e aquele bebê lindo. Mas nunca levou isso muito a sério. Culpava ela pelos problemas deles. Culpava os pais. Culpava todo mundo, menos a si mesmo. Ele nunca entendeu."

Em sua outra notícia, era mais difícil de acreditar. Cada vez que alguém completa o programa de 28 dias, faz-se uma cerimônia de despedida entre os pacientes. O graduado pede a outro paciente que "se levante" e fale por ele ou ela, mandando-o de volta para o mundo. Essas cerimônias são planejadas para encorajar o graduado e inspirar os recém-chegados.

Na manhã em que Kevin, o soldado, se graduaria, ele aproximou-se de Nic. "Você é um sacana corajoso", disse ele. "Tenho de reconhecer isso." Então, chocando meu filho, pediu que Nic se levantasse por ele em sua cerimônia de partida. "Eu o respeito", disse o homem. "Andei observando-o e sei que, de nós todos, você é o que vai ter sucesso. Você é jovem o suficiente para não ter fodido demais sua vida. Você tem uma família amorosa. E você é muito inteligente. Eu quero ter sucesso mais que qualquer outra coisa na vida. Vou provar que você está enganado. Eu serei bem-sucedido."

Nic concordou. "Então eu me levantei por ele", diz. "Falei que espero que ele tenha sucesso e rezo para que ele consiga colocar em prática o que aprendeu na reabilitação. Eu disse: 'Espero que isso aconteça pelo seu bem, pelo bem da sua esposa e dos seus filhos'. Mais tarde, eu os observei partindo — ele e a esposa. Os dois me abraçaram. Estavam de mãos dadas quando foram embora."

Uma semana depois, após a graduação do próprio Nic, vou buscá-lo. Estou nervoso. As janelas do carro estão abaixadas, o ar está quente. Nic fala animadamente do futuro. Seu otimismo aparece não apenas em sua lucidez, mas também em sua postura, confiante e forte, e em seus olhos, que mais uma vez estão cheios de luz. Ele diz que está empenhado em ficar afastado das drogas. Compartilho da esperança dele, mas sei que a sobriedade é muito mais fácil no ambiente seguro e estruturado de um programa de reabilitação, de modo que a minha esperança é hesitante. Preciso acreditar que tudo vai dar certo e, ao mesmo tempo, sou incapaz de aceitar que isso vai acontecer.

As coisas são mais fáceis em casa, embora haja uma tensão ocasional. Preocupo-me quando Nic sai para as reuniões do AA. Preocupo-me quando ele parece distraído ou deprimido. Preocupo-me quando, em agosto, é hora de ele voltar para a faculdade, que desta vez fica a 4.800 quilômetros de distância de nossa casa.

O Hampshire College está localizado em um antigo pomar de maçãs que conserva uma sensação de fazenda. A faculdade oferece um programa impressionante e estimulante de artes liberais e centenas de especializações e cursos. Como se isso não fosse suficiente, Hampshire faz parte de um consórcio de cinco faculdades, que inclui a Universidade de Massachusetts, o Amherst College, Smith e Mount Holyoke. Nic pode escolher cursos oferecidos nos outros campi. Um ônibus faz o circuito entre eles.

Karen e eu pegamos um voo com Nic para o Leste, para ajudá-lo a se instalar e se aprontar para a orientação aos calouros. Comemos num restaurante indiano que Nic e eu descobrimos quando fizemos nossa turnê pelas universidades, mais de um ano atrás.

"Vire à direita no sinal!", grita Nic. "Direita, direita, direita!"

Pela manhã, vamos ao campus. O dia está quente e ensolarado. As famílias estão ocupadas deixando os filhos em seus respectivos dormitórios, vindas em vans, caminhonetes e, em um caso específico, numa limusine carregada de malas, baús, um imenso aparelho de som, uma bateria e diversos computadores.

O quarto de Nic, localizado no alojamento que não aceita entorpecentes, é pequeno, mas confortável. Depois de deixar suas malas, seguimos as indicações das placas até o centro do campus, para o churrasco de boas-vindas. Karen e eu damos uma olhada nos calouros que estão chegando, na tentativa de identificar traficantes de drogas em potencial.

No final da refeição, diversos diretores discursam para as famílias reunidas. Depois disso, eu procuro a diretora de alunos e faço-lhe perguntas a respeito de drogas no campus, explicando que meu filho acaba de passar por duas séries de reabilitação. Ela admite que o uso de maconha está aumentando, mas, corretamente, observa o óbvio. "As drogas estão em todos os campi de faculdades nos Estados Unidos, em todas as cidades, de modo que um jovem adulto tem de aprender a viver entre elas."

Ela então me encaminha para a chefe dos serviços de saúde da faculdade, que escreve seu nome e telefone num papel e diz que ajudará Nic de todas as formas que puder. Ela o orientará nas reuniões dos doze passos e o apresentará a outros alunos em recuperação. "Ele não é o único", diz ela. "Há sempre apoio para pessoas que o queiram."

* * *

"Oi, pai", diz Nic ao telefone depois que Karen e eu voltamos para a Califórnia. "Sou eu, Nic."

Ele está ligando do dormitório. Enquanto fala, imagino-o usando uma camiseta surrada, calça caída e suja, um cinto preto com tachas de metal segurando-a nos quadris e tênis Converse e empurrando seu longo cabelo encaracolado para trás, para evitar que caia sobre os olhos. Ele parece empolgado com a faculdade. Esperançoso desta vez, esperançoso como antes. Eu continuo minha fantasia acadêmica depois que ele desliga, vejo-o no campus, caminhando para as aulas com sua mochila. Posso ouvir sua voz em discussões a respeito do imperialismo dialético, Nietzsche, Kant e Proust.

Um mês mais tarde, ele parece estar bem, mas detecto certo nervosismo em sua respiração. Antes de ele desligar, ouço-o suspirar. Eu sei que não é fácil. Nic está fazendo novamente a velha tentativa da faculdade.

Além das aulas, ele tem sessões regulares com um orientador, recomendado pela universidade, sobre drogas e álcool. Como combinamos, ele vai a reuniões do AA e encontra um padrinho, um estudante de pós-graduação na Universidade de Massachusetts, em cuja casa um grupo de alunos se reúne todos os domingos pela manhã para comer *muffins,* tomar café e conversar.

Ele dá notícias regularmente, e o peso no meu peito começa a se aliviar. À medida que as coisas voltam a ficar quase normais, ele me conta mais a respeito de seus estudos. Fala de novos amigos. Fala sobre as reuniões do AA e do NA, nas quais comparece durante a semana.

Um mês mais tarde, Nic repentinamente para de ligar de volta quando eu telefono. Presumo que ele tenha tido uma recaída. Apesar de seus protestos, e talvez (embora eu não tenha certeza) de suas boas intenções, e apesar do quarto no alojamento onde drogas são proibidas — mas não tão proibidas assim, Nic havia afirmado aborrecido (ele contou que os sons das noites de sexta-feira e sábado incluíam bebedeiras, quedas, tropeções e vômitos) —, Nic não teve muita chance.

Mandá-lo para a faculdade tão cedo depois da reabilitação havia sido um jogo de azar, mas todo mundo, inclusive seus orientadores em Santa Helena, aplaudiu o plano, pois Nic parecia verdadeiramente dedicado a fazê-lo dar certo.

Peço a um amigo que está visitando Amherst para dar uma olhada nele. Ele encontra Nic em seu quarto no dormitório, evidentemente chapado.

Preparo-me para ir adiante com minha ameaça e retirar meu apoio, mas primeiro ligo para conversar com a orientadora de saúde de Hampshire. Imagino-a em sua escrivaninha, o barulho do aquecedor, a neve caindo do lado de fora da janela.

Informo-a sobre a recaída de Nic e, ao fazê-lo, me surpreendo com a resposta dela. Ela aconselha paciência, dizendo que muitas vezes "a recaída faz parte da recuperação".

É um conceito contraintuitivo. É como dizer que a queda de um avião é um treinamento para o piloto. Na Ohlhoff e em Santa Helena, ouvi dizer que pode ser mais difícil para um dependente químico se recuperar depois de subsequentes recaídas, por causa da natureza progressiva da doença. No entanto, muitas vezes é preciso tempo e muitos erros para que uma pessoa compreenda o poder pernicioso da dependência química, além de entender como é fácil a recaída. Eu posso ter ouvido, mas ainda não digeri a natureza terrível da doença, incluindo sua permanência. A despeito disso, tampouco compreendi que o fracasso, até mesmo uma série deles, pode levar ao sucesso.

"Embora seja verdade que dentre os usuários pesados alguns podem passar por tratamento uma vez e permanecer limpos indefinidamente, a maior parte deles passará por ciclos repetitivos, exatamente como alguns fumantes precisam de diversas tentativas para largar o cigarro, ou pessoas precisam fazer dietas inúmeras vezes para emagrecer", explica o dr. Rawson. "O tratamento alcança você", disse Douglas Anglin, codiretor do Centro de Pesquisas em Abuso de Drogas da UCLA, a Peggy Ornstein, quando ela o entrevistou para um artigo sobre reabilitação publicado na *New York Times Magazine*. "Para usuários de heroína com um histórico de cinco anos de dependência química, podemos demorar de dez a quinze anos para ajudá-los a deixar a dependência. Se você começar quando eles tiverem 25 anos, quando tiverem 40 vão estar bastante recuperados. Se não, a maior parte terá colapsado aos 40."

Isso não é nada reconfortante. Entretanto, se o tratamento for considerado um processo contínuo, e não uma cura, uma ideia de sucesso diferente, mais otimista — e muito mais realista — aparece. De acordo com o Estudo Nacional de Avaliação de Sucesso em Tratamentos, embora os dependentes químicos possam recair, um ano depois do tratamento o uso da droga diminui 50%, e a atividade ilegal chega a diminuir 80%. Além disso, eles têm menor probabilidade de se envolver em comportamento sexual de alto risco ou de precisar de cuidados em salas de emergência. Outros estudos também mostraram que eles têm menor probabilidade de depender da previdência social e que sua saúde mental em geral melhora.

Entretanto, cada recaída é potencialmente letal. É um pouco reconfortante — e aterrorizador — saber que, sim, um dependente químico pode, se sair com vida de uma recaída, voltar permanentemente à sobriedade.

Incentivado pelo meu amigo, Nic liga. Ele admite ter "feito merda" e promete que vai parar de usar.

"Nic...", ouço o tom da minha voz, aquele tom solene, de censura, de um pai decepcionado, e o sinto instantaneamente ficar na defensiva.

"Não precisa dizer, eu sei", diz ele. "Eu tinha de passar por isso — para aprender."

A espera é difícil, especialmente a distância, mas sei que será um passo significativo se ele conseguir sair de uma recaída sem eu ter de arrastá-lo para um centro de reabilitação.

Muitas vezes a recaída faz parte da recuperação. Eu fico repetindo isso, a frase fica rolando na minha cabeça, e então espero.

Ele se mantém em contato constante e vem para casa nas férias de inverno. É uma visita tranquila. Ele parece estar muito, muito melhor. Foi um escorregão, pronto. Muitas vezes a recaída faz parte da recuperação. Ele descolore o cabelo com alvejante, queimando o couro cabeludo no processo, mas parece estar bem.

Nic volta a Hampshire para o semestre de primavera e, ao ligar para casa uma noite, me conta como está empolgado com um curso de redação dado por um escritor famoso que é também um professor admirado. "É quase impossível para um calouro ou alguém do segundo ano conseguir entrar para o curso, mas vou tentar", diz ele. "Escrevi um conto — fiquei acordado escrevendo na noite passada — e o apresentei." O professor vai pregar a lista dos alunos aceitos na porta de sua sala na sexta-feira.

No final da tarde de sexta, Nic liga, exultante, porque seu nome estava na lista datilografada pelo professor, embora ele fosse o único com um asterisco e uma nota no pé da página, que dizia:

"Venha me ver."

Nic imediatamente foi à sala dele, e estava nervoso — cheio de dedos — quando se sentou à frente do professor, que lhe perguntou, sem preâmbulos, se Nic era dependente químico. A suspeita veio por causa do assunto do conto apresentado por Nic. Ele escrevera relatos ficcionais sobre alguns personagens memoráveis que conheceu na Casa de Recuperação Ohlhoff e no Hospital Santa Helena.

Nic disse que sim, que era um dependente químico em recuperação.

"O negócio é o seguinte", disse o professor. "Se você permanecer sóbrio, eu vou trabalhar com você e fazer de você um escritor melhor. Se não, você está fora. A escolha é sua." Na segunda-feira, Nic aparece e aperta a mão do professor.

Pelo relato dele no telefone, Nic parece estar verdadeiramente envolvido nesse e em outros cursos. Ele parece estável, comparece regularmente às reuniões dos doze passos e tem se reunido com o padrinho do AA. Parece que também está progredindo nas aulas e que está recém-apaixonado por uma menina que o leva de carro para as reuniões.

Visito Boston no final do inverno. Nic e Julia, sua namorada, vêm de Amherst para jantarmos juntos. Está nevando na noite em que eles chegam ao meu hotel em Cambridge, envolvidos em casacos pesados e cachecóis.

Caminhamos pela Harvard Square e encontramos um restaurante japonês. Nic e a namorada têm os braços apertados em torno um do outro, os dois entrelaçados, andando em sincronia. Nós três jantamos e depois caminhamos um pouco mais. Eles falam animadamente sobre livros — Hegel, Marx, Thomas Mann —, política e filmes. Nic vence no jogo dos seis graus de Kevin Bacon, embora Julia praticamente o detone com — quem diria? — Hulk Hogan. Nic precisa de cinco dos seis graus.

"Está bem", diz ele, animando-se com o desafio. "Ele estava em *Rocky IV*, com Sylvester Stallone, que estava em *Cop Land*, com Ray Liotta, que estava em *Narc*, com Jason Patric, que estava em *Garotos perdidos*, com Kiefer Sutherland." Nic exibe um sorriso satisfeito. "E Kiefer Sutherland estava em *Linha mortal*, com Kevin Bacon."

Viajei a Boston com um amigo íntimo da família, que mora e trabalha em Xangai e sobre quem estou escrevendo um livro. Nós três o encontramos para um café. Nic e Julia impressionam o meu amigo, e, antes que os dois voltem para Amherst, ele pergunta se estão interessados em passar o verão na

China. Ele poderia ajudá-los a encontrar um emprego ensinando inglês, e eles também poderiam se oferecer para fazer trabalho voluntário, possivelmente em uma pré-escola. Ele tem até um lugar para eles ficarem. Os dois ficam entusiasmados e agradecidos com a ideia. De volta a casa, sinto-me eufórico. Nic está seguindo em frente com sua vida. Ele deixou o problema com as drogas para trás.

O ano letivo termina, e a viagem à China está sendo planejada. Depois de trabalhar seis semanas em Xangai, o casal viajará a Yunnan e ao Tibete. Antes disso, Nic virá para casa no final de maio, quando trabalhará a fim de ganhar algum dinheiro para a viagem. Então Julia chegará, e juntos irão para a China. Nic parece entusiasmado com isso tudo e com voltar para casa — principalmente por ver Jasper e Daisy. Eles estão exultantes também. Sua volta para casa é marcada por alguma apreensão, mas também por esperança, e por isso é tão devastador quando Nic confessa a verdade: ele andou usando drogas o tempo inteiro enquanto esteve em casa e também durante o semestre todo.

Ele vai embora, batendo a porta atrás de si. Estou pasmo. *Não*, penso. *Não, não, não.* Quando, depois da escola, Jasper e Daisy irrompem em casa e não encontram o irmão, perguntam: "Cadê o Nic?".

"Eu não sei", respondo. Não consigo conter as lágrimas.

Com Nic desaparecido, mergulho em um mal-estar desgraçada e asquerosamente familiar, alternado com um pânico debilitante — a cada minuto sinto a ausência de meu filho.

Na manhã seguinte, a grade abaixo da claraboia projeta barras listradas ao longo dos móveis. Sento-me no parapeito largo de uma janela da sala, lendo e relendo o parágrafo de chamada de um artigo, quando Jasper, descabelado, saído diretamente da cama, entra na sala segurando uma caixa de cetim, na qual ele guarda suas economias — um total de oito dólares. Ele parece perplexo. "Acho que Nic pegou meu dinheiro", diz ele.

Olho para Jas, seu robusto corpo em crescimento, os olhos de quem não compreende, e estendo os braços para que ele possa subir no meu colo. Como você explica para uma criança de oito anos que seu amado irmão mais velho roubou o seu dinheiro?

PARTE IV
SE AO MENOS

Embriaguez — essa raiva furiosa, o veneno lento, seguro, que passa por cima de qualquer outra consideração; que joga de lado esposa, filhos, amigos, felicidade e posição social; e apressa loucamente suas vítimas para a degradação e a morte.

CHARLES DICKENS, OS ESBOÇOS DE BOZ

*está melhor agora, a morte está mais próxima
já não tenho de procurar por ela,
já não tenho de desafiá-la,
ridicularizá-la, brincar com ela.
está bem aqui, comigo.
como um gato de estimação ou um calendário
de parede.*

CHARLES BUKOWSKI, THOUGHTS ON BEING 71

15

Numa noite de quarta-feira, no final de maio, Karen e eu contratamos uma babá. Vamos sair. Outra data dedicada à dependência química de Nic.

Relutantes, vamos até Novato, cidadezinha rural a leste de Marin, para uma reunião do Al-Anon. Essas reuniões noturnas são o último lugar em que eu esperava me encontrar. Assim como as reuniões do AA, elas lotam porões de igrejas, bibliotecas e centros comunitários pelo país inteiro. Não sou lá muito sociável. Quando posso, evito reuniões nas quais se implora aos presentes que compartilhem seus sentimentos. E, no entanto, cá estou eu.

Mantive o problema da nossa família em segredo durante muito tempo. Não que eu tivesse vergonha. Queria proteger Nic — preservar as boas impressões que nossos amigos e outras pessoas tinham dele. Mas aprendi que o ditado do AA é verdadeiro: você é tão doente quanto seus segredos. Aprendi o quanto ajuda falar a respeito da dependência química do meu filho, refletir sobre ela, escutar e ler histórias dos outros. A maior parte dos conselheiros, nas sessões a que Karen e eu comparecemos, recomendou o Al-Anon. Mesmo assim, demorou algum tempo para irmos.

A reunião acontece em um aposento lúgubre, com uma dúzia de pessoas sentadas em cadeiras de plástico dispostas em círculo. Outro círculo. São servidos café solúvel e roscas polvilhadas com açúcar. No teto, lâmpadas fluorescentes tubulares piscam e zumbem, e um ventilador bamboleante faz barulho num dos cantos. A reunião se inicia. Clichês, alguns mais irritantes que outros, são despejados. O Al-Anon, do mesmo modo que o AA, parece depender deles. Dizem: "Liberte-se e entregue a Deus". E também aqueles três Cs que ajudam, mesmo que eu não consiga acreditar sempre neles: "Você não causou, não pode controlar e não pode curar". Não importa o que digam, parte de mim acredita que é culpa minha. Para mim, foi fácil parar com as drogas, mas Nic não conseguiu fazer o mesmo. Talvez eu o tivesse iniciado, por dar a ele, junto com minhas advertências hipócritas sobre drogas, uma permissão tácita para que as usasse. Os dependentes químicos procuram pôr a culpa em alguém, e muitos têm diversas pessoas prontas para receber essa acusação. Seja lá o que eu tenha feito, fui de forma ingênua e burra guiado pela minha imaturidade, mas isso não importa. Eu me culpo. As pessoas de fora podem me vilipendiar. Podem me criticar. Podem pôr a culpa em mim. Nic pode. Mas nada do que possam dizer ou fazer é pior do que aquilo que eu faço comigo mesmo todos os dias. "Você não causou a dependência química." Eu não acredito nisso.

Meu primeiro impulso na reunião é a condescendência. Olho ao redor, com um sentimento que beira a repugnância, e penso: o que estou fazendo aqui com todas essas mulheres de cabelo pintado e terninho, e homens barrigudos com camisas de manga curta abotoadas até o pescoço e calças de sarja? Na saída, no entanto, sinto uma afinidade com todos — pais e filhos, maridos e esposas, amantes, irmãos e irmãs de dependentes químicos. Meu coração fica partido por essas pessoas.

Sou um deles.

Não tenho intenção de falar, mas, por fim, digo: "Meu filho sumiu. Não sei onde ele está". As lágrimas começam a correr pelo meu rosto. Não consigo proferir outra palavra. Estou consternado com minha demonstração pública de sentimentos, mas também me sinto enormemente aliviado.

No final da reunião, eles repetem a Prece da Serenidade: "Deus, concedei-me serenidade para aceitar as coisas que não posso modificar, coragem para modificar aquelas que posso e sabedoria para perceber a diferença".

Por favor, por favor, por favor, conceda-me a serenidade de aceitar as coisas que não posso mudar, coragem para mudar as coisas que posso e sabedoria para saber a diferença entre uma e outra.

Eu repito silenciosamente.

Depois, eles entoam: "Continue voltando".

Volto, desta vez para companheiros mais pretensiosos. O café é melhor. Há, finalmente, uma história divertida. Um homem num agasalho cor de pêssego conta que, para manter seus remédios — Zoloft, betabloqueadores, pílulas contra pressão alta, soníferos, Viagra — longe das mãos do filho, ele guardou todos num único frasco escondido. Os outros na sala balançam a cabeça em aprovação: sabemos tudo sobre esconder medicação (e bebida) dos nossos parentes.

O homem diz que um dia teve de sair correndo antes de uma reunião e engoliu um betabloqueador do frasco. Pelo menos a ideia era tomar um betabloqueador. Mas, em vez disso, engoliu um Viagra. A pílula fez efeito exatamente quando ele estava prestes a levantar na frente do grupo para falar. Não havia nada atrás de que pudesse se esconder.

Quando as risadas terminam, uma mulher extremamente tímida, que menciona sua clínica, de modo que talvez seja médica ou terapeuta, revela numa voz fragmentada que tentara se matar poucos dias antes. Ela está pálida, quase verde, sem maquiagem, com o cabelo arrepiado e os olhos sombrios pela falta de sono e pela preocupação. Ela diz que dirigiu até a Golden Gate e estacionou. Depois, caminhou do carro até a ponte. "O vento estava cortante, as lágrimas escorriam pelo meu rosto, e olhei para a água lá embaixo", conta ela. "Eu teria de subir por uma grade, e havia uma tela do outro lado, de modo que eu precisaria dar um jeito de passar por cima dela também. Resolvi que seria mais fácil conseguir uma arma. Meu pai tem uma. Ele a mantém trancada em uma gaveta perto da cama. Eu tenho as chaves. Da casa dos meus pais e da gaveta. Uma arma seria mais rápida. Menos fria."

Ela caminhou ao longo da ponte até o ponto onde deixara o carro, mas não conseguiu encontrá-lo. Pensou que havia se esquecido de onde havia estacionado. Deu uma olhada ao redor, mas o carro havia desaparecido. Viu uma placa. Tinha parado numa zona proibida. O carro fora rebocado.

"Era tanta maluquice que eu comecei a rir", diz ela. "Eu ria e chorava ao mesmo tempo. Foi quando me dei conta de que eu não poderia me suicidar se ainda conseguia rir."

As lágrimas rolam pelo rosto dela, e todos nós choramos também.

Estou de volta a Novato para outra reunião na igreja. Agora já conheço várias das pessoas daqui. Abraçamo-nos. Em outros lugares, todo mundo pergunta como eu vou indo. Aqui, eles sabem.

Uma mãe se balança ligeiramente enquanto fala. Eu estou sentado encurvado na cadeira de metal cinzento, com as mãos no colo, e encaro o chão de ladrilhos brancos. A mulher, em um terninho simples, toma café num copo de papel. Seu cabelo longo está trançado, e ela usa na face um toque de ruge pêssego e delineador preto. Com voz trêmula, nos conta que a filha está na cadeia há dois anos, depois de uma batida policial em busca de drogas. A mulher se contrai, ficando menor na cadeira. Então explode em lágrimas.

Em todo lugar a que vou agora há lágrimas.

Lágrimas por toda parte.

Ela diz: "Estou feliz. Sei onde ela está. Sei que está viva. No ano passado, ficamos muito empolgados por ela estar matriculada em Harvard. Agora estou aliviada porque ela está na cadeia".

Uma mãe de cabelos brancos interrompe para dizer que ela sabe como a outra mulher se sente. "Todos os dias agradeço a Deus por minha filha estar na cadeia", diz ela. "Expresso minha gratidão a Deus. Ela foi condenada há seis meses por usar e traficar drogas e por prostituição." Ela recupera o fôlego e diz, tanto para si própria como para o grupo: "Ela está em segurança".

Eu penso: então chegamos a esse ponto. Não todos, é claro. Mas, para alguns de nós, a boa notícia é que nossos filhos estão na cadeia.

Não posso controlar e não posso curar, no entanto, continuo pensando que há algo que eu possa fazer. "Em um momento, uma faísca de esperança brilha, no momento seguinte, um mar de desespero se enfurece: e sempre a dor, a dor, sempre a angústia, a mesma coisa, repetidamente", escreveu Tolstoi.

Não tenho notícias de Nic, e cada hora, cada dia, cada semana é uma tortura silenciosa, como uma dor física. Na maior parte do tempo, parece que estou em chamas. Pode até ser verdade que o sofrimento ajuda a fortalecer o caráter, mas pode também prejudicar as pessoas. Nas reuniões do Al-Anon, estão todos danificados, alguns deles visivelmente, mas todos psicologicamente. Ao mesmo tempo, são também as pessoas mais abertas, vivas e generosas que já conheci.

Como aconselham no Al-Anon, tento me "distanciar" — libertar-me e entregar a Deus. Mas como um pai se liberta? Eu não consigo. Não sei como.

Como pude não perceber que Nic estava usando drogas durante todos esses meses, até mesmo quando estava na nossa casa? Eu fiquei tão traumatizado com sua dependência química que o surrealismo e a realidade se tornaram a mesma coisa. Não consigo mais distinguir o normal do gritante. Sou tão bom em racionalização e negação que não consigo dizer onde termina uma e a outra começa. Ou talvez seja apenas o fato de que, com a prática, os dependentes químicos se tornam perfeitos mentirosos, e isso coincide com a crescente suscetibilidade de seus pais às mentiras deles. Eu acreditei em Nic porque queria acreditar nele — eu estava desesperado para acreditar nele.

O que aconteceu com meu filho? Onde eu errei? De acordo com o Al-Anon, não é minha culpa. Mas eu me sinto o único responsável. Repito a ladainha: se ao menos eu tivesse estabelecido limites mais severos; se ao menos eu tivesse sido mais consistente; se ao menos eu o tivesse protegido mais da minha vida adulta; se ao menos eu não tivesse usado drogas; se sua mãe e eu ao menos tivéssemos continuado juntos; se ela e eu ao menos tivéssemos continuado a morar na mesma cidade depois do divórcio.

Sei que o divórcio e os arranjos da guarda foram os aspectos mais difíceis da infância de Nic. Filhos de pais divorciados usam drogas e álcool antes dos catorze anos com maior frequência que filhos de famílias em que os pais permaneceram juntos. De acordo com um estudo, 85% dos filhos de pais divorciados usavam drogas pesadas no ensino médio, comparados a 24% dos filhos das outras famílias. As meninas cujos pais se divorciaram tinham experiências sexuais mais cedo, e crianças dos dois sexos sofriam uma taxa maior de depressão. Como mais da metade dos primeiros casamentos e 85% dos segundos casamentos terminam em divórcio, poucos de nós queremos encarar o fato de que o divórcio é muitas vezes um desastre para os filhos e pode levar ao abuso de drogas e a outros problemas sérios. Mas talvez seja absurdo especular sobre isso, já que muitas crianças que passam pelo divórcio dos pais — às vezes muito mais conflituoso que o meu — não recorrem a drogas. E muitos dependentes químicos que eu conheço vêm de famílias intactas. Não há como saber definitivamente. Será que éramos mais doidos que a maioria das famílias? Não mesmo. Ou talvez sim.

Em que mais posso pôr a culpa? Por muitos motivos óbvios, algumas vezes acho que crianças ricas são as primeiras candidatas à dependência de drogas, mas e a legião de dependentes químicos que cresceram na mais terrível pobreza? Seria fácil pôr a culpa na pobreza, se não fosse o caso de encontrarmos crianças pertencentes a todas as classes socioeconômicas em centros de reabilitação e em reuniões do AA. Eu poria a culpa nas escolas particulares, se as crianças das escolas públicas tivessem menos problemas com drogas. A pesquisa, porém, confirma que a dependência química é uma afecção com oportunidades iguais — afeta pessoas independentemente de sua posição econômica, de educação, etnia, geografia, QI ou qualquer outro fator. Provavelmente uma confluência de fatores — uma combinação poderosa de biologia e criação, impossível de se decifrar — pode ou não levar à dependência química.

Algumas vezes sei que nada nem ninguém é culpado. Aí escorrego e me sinto supremamente responsável. Então, outras vezes, sei que a única coisa da qual temos certeza é que Nic tem uma doença terrível.

Ainda tenho dificuldade de aceitar isso. Repito os argumentos dos dois lados. As pessoas com câncer, enfisema ou doenças cardíacas não mentem e roubam. Alguém que esteja morrendo de uma dessas doenças faria qualquer coisa para viver. Mas aí é que está o problema com a dependência química. Por sua natureza, as pessoas afetadas não são capazes de fazer o que, do lado de fora, parece uma solução simples — não beba. Não use drogas. Em troca desse pequeno sacrifício, um presente pelo qual outras pessoas com doenças terminais dariam qualquer coisa: a vida.

Mas, como diz o dr. Rawson: "Um dos sintomas da doença é o uso. Um sintoma é perder o controle. Um sintoma é a necessidade de alimentar a ânsia". É uma força tão poderosa que um dependente químico numa reunião a comparou à "necessidade de um bebê morto de fome mamar — usar drogas seria uma escolha igual a essa".

Existe um motivo prático para que as pessoas entendam que a dependência química é uma doença — as companhias de seguro cobrem doenças e pagam seu tratamento. É bom que o façam, porque, se você esperar até a doença progredir, e ela vai progredir, você acaba tendo que pagar por um transplante de fígado, coração, estômago e rins, sem falar das doenças mentais dos dependentes químicos, que vão de psicose a demência, sem falar nos custos de famílias destruídas, que não conseguem trabalhar, sem falar nos custos do crime relacionado à dependência química.

Algumas pessoas permanecem céticas. Para elas, a dependência química é uma falha moral. Os usuários querem ficar chapados, pura e simplesmente. Ninguém os obriga. "Não estou discutindo o fato de determinadas regiões do cérebro serem ativadas quando um dependente pensa em usar, ou usa, cocaína", diz Sally Satel, psiquiatra da equipe da Clínica Oasis de Tratamento da Dependência de Drogas em Washington e membro do American Enterprise Institute. "Mas isso transmite a mensagem de que a dependência química é um problema tão biológico quanto a esclerose múltipla. Doenças cerebrais verdadeiras não têm esse componente de escolha."

Mas eu lembro a mim mesmo que Nic não é Nic quando está usando drogas. Durante todo esse suplício, luto para compreender essa força que entorpeceu o cérebro do meu filho, e algumas vezes me pergunto se sua reincidência é uma fraqueza moral ou uma falha de caráter. Algumas vezes ponho a culpa também nos programas de tratamento. E depois ponho a culpa em mim mesmo. Vou para a frente e para trás. Mas sempre volto a isto:

Se Nic não estivesse doente, ele não mentiria.

Se Nic não estivesse doente, ele não roubaria.

Se Nic não estivesse doente, ele não aterrorizaria nossa família.

Ele não abandonaria seus amigos, sua mãe, Karen, Jasper e Daisy, e não me abandonaria. Ele não faria isso. Ele tem uma doença, mas a dependência química é a mais desconcertante das doenças, única na culpa, na vergonha e na humilhação que a acompanham.

Não é culpa de Nic se ele tem uma doença, mas é culpa dele se ele tem recaídas, já que é o único capaz de fazer o trabalho necessário para evitá-las. Seja ou não culpa dele, Nic tem de ser considerado responsável. Enquanto esse ruído permanente continua martelando na minha cabeça, compreendo quando, em Santa Helena, Nic admitiu que ele às vezes desejava ter qualquer outra doença, porque assim ninguém o culparia. Mesmo assim, pacientes com câncer, por exemplo, ficariam justificadamente horrorizados ao ouvi-lo dizer isso. Tudo o que um dependente químico tem a fazer é parar de beber, parar de usar a droga! Não existe uma opção semelhante para o câncer.

Os pais dos dependentes químicos têm o mesmo problema que os filhos: temos que aceitar a irracionalidade da doença. Ninguém que nunca a tenha confrontado consegue compreender inteiramente seus paradoxos. E, como muitas pessoas não conseguem compreender isso, não existe um entendimento pleno da doença, só pena, que pode vir acompanhada de uma condescendência levemente velada. Fora das reuniões do Al-Anon, e tirando os pais que ouviram falar sobre o que estávamos passando e ligaram para se comiserar, eu muitas vezes me sinto dividido, com a tarefa quase impossível de impedir minha mente de continuar sua tentativa de entender. Van Morrison canta: "Não é por que, por que, por quê. Não é por que, por que, por quê. Simplesmente é".*

Simplesmente é.

Acreditar que a dependência química é uma doença ajuda. A dra. Nora Volkow, diretora do National Institute on Drug Abuse, disse: "Já estudei álcool, cocaína, metanfetamina, heroína, maconha e, mais recentemente, obesidade.

---

* "It ain't why, why, why. It ain't why, why, why. It just is." Trecho da canção "Summertime in England", lançada no álbum *Common one*, de 1980. (N.E.)

Há um padrão na compulsão. Nunca me deparei com uma única pessoa que quisesse ser dependente. Alguma coisa aconteceu no cérebro delas que levou a este processo".

O avô de Nic veio nos visitar — anos atrás, quando Vicki e eu moramos durante um ano em Los Angeles. No caminho do aeroporto ao nosso apartamento, ele nos pediu para pararmos em uma loja para que ele pudesse comprar cigarros. Tentou disfarçar, mas vimos que ele tinha uma garrafa de bourbon na sacola de papel. No final do jantar, a garrafa estava vazia. Em dois anos, ele estava morto. Ele era um homem de família, gentil, amoroso e trabalhador, um agricultor cuja vida se deteriorou tragicamente. Mas como era álcool, em vez de *speed* ou heroína, sua debilitação levou décadas. Ele tinha mais de sessenta anos quando morreu. "O álcool causa o mesmo dano durante um tempo muito maior", disse alguém em uma reunião. "As drogas acabam com o sujeito mais rapidamente. É a única diferença."

Fora a potência e a toxicidade de suas drogas preferidas, a diferença entre dependentes de drogas e dependentes de álcool é discutível: eles acabam todos no mesmo lugar, igualmente debilitados, igualmente sozinhos — igualmente mortos.

Estou lendo *Retorno a Brideshead* e fico pasmo ao saber que, cem anos atrás, Waugh escreveu: "Com Sebastian é diferente". Julia está falando de seu irmão. "Ele vai acabar um bêbado, se ninguém aparecer para impedi-lo (...). Está no sangue (...). Vejo isso no *jeito* que ele bebe."

Brideshead: "Você não pode impedir as pessoas, se elas quiserem se embriagar. Minha mãe não conseguiu impedir o meu pai".

Substitua algumas palavras, e eles poderiam estar discutindo sobre o meu filho: "Com Nic é diferente. Ele vai acabar um dependente, se ninguém aparecer para impedi-lo. Está no sangue. Eu vejo isso no jeito que ele usa drogas".

"Você não pode impedir as pessoas, se elas quiserem ficar chapadas."

Depois que você passa algum tempo em programas de recuperação, você nunca mais olha do mesmo jeito para um bêbado *ou* um maconheiro, seja numa festa ou em livros ou filmes. Os relatos de Hunter Thompson sobre seu jeito glutão de consumir drogas ou beber já não me parecem mais engraçados. Eles são patéticos. Não há nada de divertido acerca de Nick Charles entornando martínis — engolindo-os no café da manhã, no almoço, no jantar, entre, antes e depois de cada refeição — nos filmes da série *O homem das sombras*

("Vamos, querida, vamos comer alguma coisa", Nick diz. "Tenho sede."). Em um desses filmes, Nora brinca que seu marido é dipsomaníaco. Ele é. Muitas pessoas ficaram encantadas com o filme *Sideways — entre umas e outras,* de 2005, a respeito de um entusiasta de vinhos, mas eu senti repulsa. Para mim, era a história de um dependente de álcool desgraçado.

Há dependentes de álcool funcionais do mesmo modo que há dependentes de drogas funcionais, pelo menos funcionais até deixarem de funcionar de vez. Talvez a única diferença entre eles e bêbados e vagabundos drogados de rua seja algum dinheiro — o suficiente para o aluguel, as contas, uma refeição e o próximo drinque.

Algumas pessoas sustentam que o fato de se designar a dependência química como uma doença do cérebro, não como um distúrbio comportamental, dá ao dependente químico, seja ele usuário de álcool, crack, heroína, metanfetamina ou drogas controladas, uma desculpa para a recaída. Alan I. Leshner, antigo diretor do National Institute on Drug Abuse e atualmente presidente executivo da American Association for the Advancement of Science[*], concorda que não se deve livrar a cara dos dependentes químicos. "O perigo de chamar a dependência química de doença do cérebro é que as pessoas pensam que isso faz de você uma vítima desafortunada", escreveu o dr. Leshner no periódico *Issues In Science and Technology,* em 2001. "Mas isso não é verdade. Para começar, uma vez que a dependência se inicia com um comportamento voluntário, para todos os efeitos você é quem causa isso a si mesmo".

A dra. Volkow, entretanto, discorda: "Se dizemos que uma pessoa tem uma doença cardíaca, estamos eximindo a responsabilidade dela? Não. Estamos sugerindo que ela se exercite. Que coma menos, pare de fumar. Reconhecer que temos uma doença significa reconhecer que há alterações, nesse caso, no cérebro. Do mesmo modo que em qualquer outra doença, você tem de participar de seu próprio tratamento e recuperação. E as pessoas com colesterol alto que continuam a comer batata frita? Podemos dizer que uma doença não tem base biológica porque é influenciada pelo comportamento? Ninguém começa esperando ficar dependente; eles simplesmente gostam da droga. Ninguém começa esperando ter um infarto; eles só gostam de galinha frita. Quanta energia e raiva queremos desperdiçar com o fato de que as pessoas causaram isso a si próprias? A dependência química pode ser uma doença do cérebro,

---

[*]Associação Norte-Americana para o Progresso da Ciência (N.E.)

e você pode tê-la causado a si mesmo, e é você quem tem fazer alguma coisa para tratá-la."

Tento não culpar Nic.

Não culpo.

Às vezes, culpo.

16

Nesta ensolarada manhã de junho, embora eu tenha prometido a Jasper e Daisy, Nic não está presente na plateia da cerimônia de fim de ano letivo deles.

O diretor da escola, vestido com um paletó esporte cor de camelo e uma gravata berrante, tem um sorriso caloroso, olhos que revelam o afeto sem limites por seus pupilos e uma voz que acalma. Ele está radiante junto com as crianças e os pais. De pé atrás de um microfone, ele conduz a cerimônia, chamando-os, classe por classe. Obedecendo às instruções, eles ficam de pé e depois se movem juntos do degrau em que estão sentados para a fileira mais acima. Jasper, vestido com uma camisa branca de colarinho, o cabelo castanho penteado, fulgura ali, entre os amigos. Ele agora passou para o terceiro ano.

O diretor diz:

"Alunos do primeiro ano, por favor, levantem-se."

Eles se levantam. Então ele continua:

"Novos alunos do segundo ano, por favor, subam um degrau."

Agora é a vez da classe de Daisy.

"Alunos do jardim de infância, por favor, levantem-se."

Daisy, com um vestido azul-claro casinha de abelha — o vestido foi de Nancy quando ela era uma menininha —, levanta-se com suas coleguinhas.

"Novos alunos do primeiro ano, por favor, subam um degrau."

Há um estrondoso aplauso e batidas de pés. Essa é a tradição da escola. Daisy e os demais alunos do jardim de infância, quando são promovidos ao primeiro ano, são saudados por um rugido ensurdecedor. É um momento comovente quando a primeira fileira fica vazia, a não ser pelas professoras do jardim de infância, que ficam sozinhas, esperando o novo grupo de crianças de cinco anos que chegará no outono.

Dentro de mim há um vazio cáustico. A contradição entre a inocência daquelas crianças e meu filho ausente é quase demais para ser contida dentro de um mesmo cérebro.

Depois da cerimônia de conclusão do ano letivo, vêm os discursos e a cerimônia de entrega dos diplomas aos alunos do nono ano, que começarão o ensino médio no outono. Não sou o único pai com lágrimas nos olhos, mas não consigo deixar de pensar que as minhas são diferentes. Observo Jasper e Daisy bem-vestidos — Jasper com a camisa branca cujo colarinho lhe dá coceira, Daisy com o vestido da avó, meias brancas e sapatos-boneca —, de pé com seus colegas de turma, imaculados, nervosos e excitados, e me lembro de Nic nessa época, brilhando também, alto, de pé, com toda a vida pela frente... Onde ele estará?

Do lado de fora, o céu está estriado com manchas de azul, mas o sinal de que a tempestade passou — e que o verão está chegando — não eleva o meu estado de ânimo. Estou na cozinha, fervendo água para um chá. O telefone toca. Minha reação ansiosa é reconhecível. Quem mais ligaria a esta hora da manhã? Deve ser Nic. Mesmo assim, quando estendo a mão para o telefone, digo a mim mesmo: "Não, não é o Nic", para afastar a amarga decepção que sinto quando não é.

Não é ele.

"É Sylvia Robertson", diz uma mulher, com a voz animada. "Sou a mãe de Jonathan e coordenadora do Angry Tuna."

A coordenadora da equipe de natação de Jasper pergunta se podemos trabalhar na barraca de lanches na competição no próximo fim de semana.

"É claro. Será o maior prazer." Preparo-me para desligar.

"Vamos, Angry Tuna", diz ela, animada.

"Vamos, Angry Tuna."

A cozinha está em silêncio.

Perto da louça, entre xícaras e copos, uma fotografia domina as prateleiras em cima da pia. Estamos em um barco num lago, em algum lugar. Meu pai, usando óculos escuros e um chapéu de pescador, acena e sorri. Daisy, no colo de Karen, ainda é um bebê. O rosto dela está escondido embaixo de um chapéu de abas largas. Os meninos estão em primeiro plano, sorrindo para a câmera. Jasper, que acabou de cortar o cabelo, tem a franja castanha emoldurando-lhe o rosto ansioso, e Nic, com cabelo à escovinha, tem um aparelho brilhando nos dentes. Meus meninos. A foto tem uma uma data no verso, 12-10-96, que indica que Nic estava com catorze anos.

Onde estará ele?

Enquanto isso, na montanha, na casa dos pais de Karen, que fica ao lado de um cânion, Don acaba de sair de sua toca e se instalar em seu costumeiro canto ensolarado da sala. Usando velhos sapatos com sola de borracha, camiseta gasta e shorts, está sentado numa cadeira de rattan, lendo sobre o almirante Lord Nelson. Nancy está ocupada no jardim, no caminho sinuoso, quando percebe que a máquina provavelmente já acabou de lavar a roupa. Com a tesoura de poda enfiada num estojo no cinto, ela caminha em direção à casa.

Retirando suas luvas de jardinagem, Nancy entra pela porta de baixo no térreo e segue para o porão atulhado, dono de um característico cheiro de mofo e sabão de lavar roupa. Além da máquina de lavar e da secadora, há um quarto de costura e um pequeno quarto de dormir, usado pelo filho dela quando era adolescente. Pendurados nas paredes deste quarto há arcos, que foram presentes de amigos — membros da tribo de índios Blackfoot — aos pais dela. O aposento agora é um quarto extra no qual os netos dormem quando passam a noite lá.

Antes de ela conseguir transferir a carga de lençóis e fronhas limpas para a secadora, tem de retirar uma carga de roupas secas. Então as empilha em cima da cama, para dobrá-las mais tarde.

E leva um susto. Há um corpo embaixo de uma pilha de cobertores de lã. Recuperando o fôlego, ela olha mais de perto e vê que é Nic, um esqueleto vibrando, dormindo, imperturbado pelo grito dela.

"Nic", exclama ela. "O que..."

Assustado, com olhos negros, vestido com jeans e uma camisa de mangas compridas, Nic olha para ela. Senta-se.

"O quê? Nan ..."

Os dois estão pasmos.

"O que você está fazendo?"

"Nancy", começa ele. "Eu..."

"Você está bem?"

Ele se levanta, agarra sua sacola, gagueja desculpas.

"Nic, não", diz Nancy. "Tudo bem. É que você me deu um susto enorme."

"Des... desculpe."

"Nic, você usou drogas?"

Ele não diz nada.

"Você pode ficar quanto tempo quiser. Tudo bem. Só me diga. Não entre escondido. Você quase me fez ter um ataque cardíaco."

Ele sai do quarto e se dirige para a escada. Ela o segue.

"Você comeu? Posso lhe preparar alguma coisa?"

"Não, obrigado. Talvez uma banana. Se puder."

"Nic... O que posso fazer para ajudar?"

Há lágrimas nos olhos dela. Ela pisca. "É só me dizer o que posso fazer."

Nic resmunga alguma coisa incoerente, uma desculpa, e pega uma banana na cesta da cozinha. Ele diz obrigado, murmura "desculpe" outra vez e depois caminha rapidamente porta afora, subindo o caminho dos carros.

"Nic!"

Ela corre atrás dele, chama-o, mas ele não para.

Quando Nancy consegue chegar até a rua, ele desapareceu.

Nancy me liga para contar o que aconteceu. Don está pairando por perto, escutando as notícias. Nancy tem todo o direito de estar furiosa, mas ela se desculpa *comigo*. "Desculpe", diz ela. "Eu não sabia o que fazer."

Garanto-lhe que não havia nada a fazer.

"Lamento que ele a tenha assustado", digo eu. "Sinto muito que você tenha tido de vê-lo assim."

Nancy não está ouvindo. "Eu tentei convencê-lo a ficar", diz ela. "Ele parecia..." Ela faz uma pausa e engasga. "Estou tão furiosa!"

Em uma tarde fria de junho, poucos dias depois da cerimônia de formatura dos pequenos, estou num parque onde a turma de Daisy está fazendo uma comemoração de final do ano letivo. Um amigo — professor e pai de uma amiga de Daisy — está liderando as crianças num jogo inventado por ele, inspirado em J. K. Rowling. Trata-se de uma versão de quadribol que envolve quatro bolas de tamanhos variados em substituição aos balaços e aos goles, e um *frisbee* no lugar do pomo de ouro.

Estou aqui de corpo presente, mas na verdade estou ausente. A felicidade dos pais é medida pela felicidade de seu filho mais infeliz, de acordo com um velho dístico. Temo que seja verdade.

Sem fôlego, Daisy corre para mim. "Precisamos de você no nosso time", diz ela. "Vamos." Ela agarra meu braço e me puxa para o jogo.

* * *

Não há notícias de Nic durante mais uma semana, e então ele liga para o padrinho de batismo dele, que o convida a vir à sua casa, perto de Twin Peaks. Horrorizado com a aparência de Nic — "ele poderia ser levado por um vento forte" —, ele lhe prepara uma carne assada, que Nic devora. Ele implora a Nic que procure ajuda.

"Vou ficar bem, parei de usar droga", mente Nic. "Só preciso ficar sozinho durante algum tempo."

Depois que Nic sai, meu amigo me liga. Ele me conta sobre a visita e depois fica em silêncio. "Pelo menos consegui que ele comesse alguma coisa", diz ele.

Não temos notícias durante mais duas semanas — nada, a não ser um estado perpétuo de ansiedade.

Mais uma vez, verifico as cadeias para ver se ele foi preso. Mais uma vez, ligo para as seções de emergência dos hospitais. Então o irmão de Karen o vê, ou acha que o vê, na Haight Street, encolhido numa esquina, evasivo, agitado e com aparência suspeita.

Estou fora de mim — sem entender nada, aterrorizado. Nada na minha vida me preparou para a preocupação incapacitante de não saber onde ele está. Imagino Nic nas ruas de São Francisco, como um animal selvagem, ferido e desesperado. Como um anestesista baratinado comandando sua própria cirurgia cerebral, imagino Nic tentando administrar o fluxo de drogas para alcançar um barato, que rápida e necessariamente se trata menos de euforia e mais de evitar o inferno da abstinência.

Na gaveta da velha escrivaninha no quarto dele, encontro uma página rabiscada em um diário, um caderno de redação marmoreado, que enumera um típico menu do dia.

1,5 grama de *speed*
3,5 gramas de cogumelo
2 klonopins
3 codeínas
2 Valium
2 injeções de ecstasy

Tento escrever, mas estou catatônico. Karen entra no escritório e me encontra sentado, olhando fixo para o nada, e suspira. Ela está segurando um pequeno pedaço de papel.

"Olhe", diz ela, entregando-me um cheque cancelado. Assinado por Nic. A letra trêmula é uma evidente falsificação.

Eu digo: "Ele não faria...", mas, mesmo enquanto estou dizendo, sei que estou enganado. Karen ama Nic profundamente e, além de pasma, está ferida e furiosa.

"Coitado do Nic", digo eu. "Ele não faria isso se estivesse em seu perfeito juízo."

"Coitado do Nic?"

Ela se vira, zangada, para sair do aposento. Digo a ela: "Mas esse não é o Nic".

Ela me olha e sacode a cabeça. Ela não quer ouvir. Não posso ficar arranjando desculpas para ele por muito mais tempo.

Passo ainda muitas noites angustiado e com medo.

Em uma delas, as crianças dormem após Karen ter lido *As mil e uma noites* para elas. Eu estou escrevendo no meu escritório, e Karen está lendo um jornal na cama. Então escuto alguma coisa.

A porta da frente?

Com o coração disparado, vou investigar e trombo com Nic no corredor.

Ele mal grunhe um "oi", depois passa batido por mim, indo em direção ao quarto, embora pare brevemente quando pergunto: "Nic? Onde você esteve?".

Ele expressa aborrecimento, gritando comigo: "Qual é o seu problema?".

"Fiz uma pergunta: onde você esteve?"

Ele responde com toda a indignação e incredulidade que consegue exprimir, depois olha para mim por cima do ombro e resmunga "em lugar nenhum", então continua indo na direção do quarto.

"Nic!" Sigo-o, entrando em sua enevoada caverna vermelha, onde Nic está abrindo e fechando com força gavetas da cômoda. Seus olhos varrem as estantes do armário. Ele está vestido com uma camiseta vermelha, desbotada, e jeans rasgados. Seus tênis, vermelhos, estão desamarrados. Sem meias. Seus movimentos são frenéticos. Ele está obviamente procurando alguma coisa — suponho que dinheiro, drogas.

"O que você está fazendo?"

Ele me fuzila com os olhos.

"Não se preocupe", diz ele. "Estou sóbrio há cinco dias."

Pego sua sacola, que ele pôs em cima da cama, abro-a e vasculho os bolsos de seus jeans, desenrolando meias, sacudindo cobertores e desatarraxando uma lanterna elétrica. (Estava cheia de pilhas.) Enquanto faço isso, Nic se apoia no batente da porta, observando-me com olhar vago, os braços cruzados no peito. Finalmente, com um cáustico sorriso afetado, mal perceptível, ele diz: "Você já pode parar, está bem?". Ele pega uma pilha de roupas e as enfia de volta na sacola de lona. "Vou embora."

Peço a ele que se sente e converse comigo.

"Se for a respeito de reabilitação, não há nada a dizer."

"Nic..."

"Não há nada a dizer."

"Você tem de tentar outra vez. Nic. Olhe para mim."

Ele não olha.

"Você está jogando tudo fora."

"O que é meu, eu posso jogar fora."

"Não faça isso."

"Não há nada para jogar fora."

"Nic!"

Ele passa por mim e, sem levantar os olhos, diz: "Sinto muito". Então caminha rápido pelo corredor.

Quando ele passa por Karen, diz: "Oi, mama", e ela olha para ele, sem compreender.

Karen está de pé ao meu lado, ainda segurando o jornal. Estamos os dois olhando pela janela enquanto ele desaparece pela rua deserta.

Além de pular em cima dele para prendê-lo, o que posso fazer?

Embora eu queira me agarrar a ele, e embora eu tema o melancólico vazio e a preocupação debilitante que sinto quando ele está sumido, não faço absolutamente nada.

Estou acordado às quatro da madrugada, da mesma forma que outros pais de filhos dependentes químicos, filhos que estão... não sabemos onde.

É outra interminável noite de lua cheia. Repentinamente lembro: é aniversário do Nic. Hoje meu filho completa vinte anos.

Luto para afastar os contundentes anseios de me recriminar. Deve ter havido alguma coisa que eu pudesse ter tentado. Eu nunca deveria ter deixado ele ir embora. Eu deveria tentar encontrá-lo.

QUERIDO MENINO *209*

* * *

A esta altura, já nos disseram centenas de vezes que a dependência química é uma doença progressiva. Eu ainda não estou bem convencido disso, até que, na manhã seguinte, o telefone toca. É Julia, a namorada de Nic, que eu conheci no inverno passado, em Boston. Agora que Nic desapareceu e que os planos de irem à China foram para o brejo, ela está ligando da casa de sua família na Virgínia. Sua voz está entrecortada. Ela andou chorando. "Nic roubou agulhas hipodérmicas da casa da minha mãe quando esteve comigo aqui no mês passado", me conta Julia.

"Agulhas?"

"Eram da medicação para o câncer. Além disso, ele roubou morfina." Ela soluça.

"Não sei o que dizer."

"Nem eu."

Depois de uma pausa, ela fala: "Eu posso lhe dizer uma coisa. Não o ajude. Não lhe dê dinheiro. Ele vai tentar de tudo para fazer com que você o ajude. Depois, vai recorrer à mãe dele. Se você o ajudar, só vai matá-lo mais rapidamente. É uma das poucas lições que aprendemos com a dependência da minha irmã".

"Eu não tinha ideia. Sou um idiota. Achei que ele estivesse melhor. Achei que ele tivesse passado o ano na faculdade sóbrio."

"Você queria acreditar nele, do mesmo modo que eu."

Ela está prestes a desligar o telefone.

"Pela experiência da nossa família, com a minha irmã, o melhor conselho que posso dar é que você se cuide."

"Você também, se cuide."

Mesmo depois de tudo por que passamos, estou estupefato. Nic está injetando drogas — injetando-as nos braços, braços que nem há tanto tempo assim jogavam beisebol e construíam castelos de Lego, braços que envolviam meu pescoço quando eu entrava em casa, à noite, carregando seu corpo adormecido do carro.

Prometemos levar os pequenos ao Monterey Bay Aquarium no dia seguinte. A disparidade entre nossos dois mundos continua a nos atordoar e a nos dominar. Algumas vezes parece impossível que esses dois mundos coexistam.

Não tem sentido ficar sentado em casa esperando o telefone que não toca. Lutamos para seguir em frente com nossa vida.

Vamos de carro a Monterey, parando em Santa Cruz, no caminho, onde descemos um penhasco, seguindo uma série de apoios irregulares para o pés até uma gruta, pouco acima da água do Pacífico, agitado e espumoso. As pedras mais baixas são escorregadias, com algas. As crianças nadam nas proximidades, em Cowles Beach. Meus filhos — todos os três — parecem se sentir tão confortáveis no mar como na terra. Parecem golfinhos.

No aquário, assistimos a um filme sobre uma baía calma e centenas de biguás alimentando-se. As aves parecem estar brincando e jogando água na arrebentação. Então, de repente, um demônio cinzento, uma boca cheia de dentes, um grande tubarão-branco surge na água, e um biguá é engolido inteiro. A cauda do tubarão bate de um lado para o outro, como uma corda que arrebenta, e desaparece.

Sinto-me como o biguá. Um tubarão apareceu das profundezas. Olho para ele e, indefeso, o vejo se aproximar — e com ele a precariedade da vida de Nic, como ele está prestes a morrer. Por mais fisicamente doente que essa imagem me faça sentir, não consigo afastá-la.

Depois do aquário, vamos para o sul, pegando a Autoestrada 1 até Carmel, onde as crianças brincam na praia. Depois seguimos para um parque, onde trepam num antigo medronheiro com a casca soltando-se como uma velha queimadura de sol. Relaxo por um momento enquanto os observo, mas a ansiedade instalou-se permanentemente no meu corpo.

Estamos voltando para casa. Não falamos sobre Nic. Não que não estejamos pensando nele. A dependência química e seu gêmeo, o espectro da morte de meu filho, permeiam o ar que respiramos. Karen e eu tentamos nos preparar, caso o telefonema seguinte traga a pior notícia possível.

Nic continua desaparecido. A vida não para.

Karen está trabalhando até mais tarde em seu estúdio, e eu levo Jasper e Daisy para a cidade, para jantarmos no Pine Cone Diner. Depois, caminhamos até a mercearia. O Palace Market está quase deserto. Empurro um carrinho para cima e para baixo pelos corredores. Jasper e Daisy jogam cereais de chocolate e Oreos dentro dele, e eu os tiro, até que por fim digo asperamente para que parem. Mando-os em direções diferentes para buscarem coisas de que realmente precisamos, como leite, manteiga e pão. Em um dos corredores, examino vagamente uma parede de macarrão quando o sistema de som do supermercado começa a tocar a canção de Eric Clapton sobre seu filho morto.

"Você saberia meu nome, se eu o visse no céu?"*

É mais do que consigo suportar. Começo a chorar no meio do mercado. Jasper e Daisy, com os braços cheios dos itens de suas listas, correm ao mesmo tempo em minha direção, vindos de cantos diferentes, e presenciam minhas lágrimas. Eles estão estarrecidos e com medo.

Aqui vai uma nota para os pais de filhos dependentes químicos: escolha as músicas que você ouve com cuidado. Evite "What a Wonderful World", de Louis Armstrong, as trilhas sonoras dos comerciais da Polaroid ou da Kodak, ou de seja lá que outro anúncio, as canções "Turn Around" e "Sunrise, Sunset" e... há milhões de outras. Evite "Time After Time", da Cyndi Lauper, e essa, a canção de Eric Clapton sobre seu filho. "Hallelujah", de Leonard Cohen, me pegou de surpresa uma vez. A música não precisa ser sentimental. Springsteen pode ser perigoso. John e Yoko. Björk. Dylan. Eu fico arrasado ao ouvir Nirvana. Quero gritar como Kurt Cobain. Quero gritar *para* ele. Não é só a música. Há milhões de momentos traiçoeiros. Enquanto dirijo ao longo da Autoestrada 1 e vejo uma onda quebrando. Ou quando chego à bifurcação em que duas estradas se encontram perto de Rancho Nicasio, onde virávamos à esquerda no transporte solidário. Uma estrela cadente numa noite tranquila no alto do Olema Hill. Quando estou com meus amigos e escuto uma boa piada — uma que Nic apreciaria. Quando as crianças fazem alguma coisa engraçada ou enternecedora. Uma história. Um suéter usado. Um filme. Sentir o vento e olhar para cima enquanto ando de bicicleta. Um milhão de momentos.

Não temos mais nenhuma notícia durante outras duas semanas, e, então, Nic me envia um e-mail. Minha reação inicial é de alívio — meu filho está vivo, pelo menos semiconsciente, e consegue se movimentar, nem que seja apenas o suficiente para chegar a uma biblioteca pública e usar um computador. Ele pede ajuda, dinheiro para que não precise morar nas ruas. Eu respondo que o ajudarei a voltar para o tratamento, e só. Não estou papagueando nenhum roteiro de firmeza do Al-Anon nem me tornei empedernido. Fui derrotado pela metanfe-

---

* "Would you know my name, if I saw you in heaven?". Trecho de "Tears in Heaven", lançada no álbum *Unppluged*, de 1992. (N.E.)

tamina e desisti. Pagar fiança para soltá-lo, quitar suas dívidas, arrastá-lo para analistas, orientadores e buscá-lo na rua — tudo isso tem sido inútil; a metanfetamina é impenetrável. Sempre supus que a vigilância e o amor garantiriam uma vida decente para os meus filhos, mas aprendi que isso não é suficiente.

Ele recusa a minha oferta.

O professor de redação de Nic em Hampshire, aquele que o aceitou em seu curso depois de apertarem as mãos, fica sabendo que ele teve uma recaída e me escreve: "Sóbrio, Nic brilha. Já enterrei gente demais ao longo dos anos para não ficar doente ao saber dessas notícias."

Depois de outra semana angustiada, Nic liga a cobrar:

"Oi, pai, sou eu."

"Nic."

"Como vai você?"

"Essa não é a questão. Como você está?"

"Estou bem."

"Onde você está?"

"Na cidade."

"Você tem um lugar para ficar? Onde você está morando?"

"Estou bem."

"Ouça, Nic, você quer se encontrar comigo?"

"Não acho que seja uma boa ideia."

"Só encontrar. Não vou passar sermão. Só para um almoço."

"Acho que sim."

"Por favor."

"Está bem."

Por que quero me encontrar com ele? Não importa quão irrealista isto seja, ainda mantenho um fiapo de esperança de que posso fazê-lo mudar de ideia. Não é bem isso. Eu sei que não vou conseguir, mas pelo menos poderei acariciar seu rosto.

Para nosso encontro, Nic escolhe Steps of Rome, um café na Columbus Avenue, em North Beach, o bairro onde o criei. Nic brincava na Washington Square, em frente à Catedral de São Pedro e São Paulo. Perambulávamos pela City Lights, a livraria, e descíamos de costas as ruas quase verticais até o cais, onde nos sentávamos na calçada e assistíamos ao Human Jukebox tocar seu trompete, e depois comíamos banana split no Ghirardelli Chocolate Factory. Em frente à Broadway, em Chinatown, escolhíamos acelga chinesa e melões e, no nosso caminho de volta para casa, parávamos no Caffe Trieste para tomar café e chocolate quente. Algumas vezes jantávamos cedo em algum restaurante japonês, onde Nic pedia tempurá personalizado, só com legumes cor de laranja (cenouras e batata-doce). Ou íamos ao Vanessi's, um restaurante italiano onde os garçons, de colete bordô e calça preta vincada, suspendiam Nic e o colocavam, com seu cabelo claro e seu diastema nos dentes da frente, em um banquinho no balcão, sobre uma pilha de catálogos telefônicos. Os olhos de Nic se arregalavam ao espiar a pirotecnia da fila de cozinheiros jogando brandy nas panelas. A bebida pegava fogo, e Nic ficava entusiasmado. Os cozinheiros sabiam o pedido dele de cor: salada Caesar tamanho infantil, ravióli triangular e zabaione batido em uma tigela de cobre amassada. Ao caminhar para casa, passávamos pelas meninas que ficavam em frente aos clubes de *striptease* na Broadway e que ele reconhecia pelas fantasias — Mulher-Maravilha, She-Ra, Mulher Gato etc. Ele estava convencido de que eram super-heroínas patrulhando a North Beach. Quando ele ficava com sono, eu o carregava no colo para casa, seus bracinhos minúsculos envolvendo meu pescoço.

No Steps of Rome, sento-me numa mesa de canto, esperando nervosamente por ele. Já que a razão e o amor, as forças nas quais passei a me fiar na minha vida, me traíram, sinto que estou em terreno desconhecido. O Steps of Rome está deserto, a não ser por dois garçons que dobram guardanapos no bar. Peço um café, enquanto procuro por uma única coisa em que ainda não tenha pensado que possa tocá-lo.

Espero mais de meia hora depois da hora combinada, identificando a preocupação sufocante, e também a amargura e a raiva.

Depois de 45 minutos, concluo que ele não vai vir — o que eu esperava? — e vou embora. No entanto, não estou disposto a desistir, de modo que ando em volta do quarteirão, retorno, espio dentro do café e dou mais uma volta. Mais meia hora se passa, e estou pronto para ir para casa, agora definitivamente, talvez, quando o vejo. Caminhando na minha direção, mas olhando para baixo. Com os braços desengonçados pendurados ao lado do corpo, ele parece, mais que nunca, um fantasmagórico autorretrato de Egon Schiele, devasso e gasto.

Ele me vê e para, depois se aproxima, cauteloso. Nos abraçamos, hesitantes, meus braços envolvendo sua coluna ossuda, e eu lhe beijo a face. Ele está branco como giz. Nós nos abraçamos assim, e então nos sentamos em uma mesa perto da janela. Ele não consegue me olhar nos olhos. Não se desculpa por estar atrasado. Dobra e desdobra um canudinho de refrigerante, balança-se ansiosamente na cadeira, os dedos tremem, a mandíbula se revolve, e ele range os dentes. Fazemos nossos pedidos. Ele se antecipa a qualquer pergunta, dizendo: "Estou... Me sinto ótimo. Estou fazendo o que preciso, sendo responsável por mim mesmo pela primeira vez na minha vida".

"Estou tão preocupado com você."

Silêncio. Então, ele pergunta:

"Como estão Karen e as crianças?"

"Eles estão bem, mas estamos todos preocupados com você."

"É, bem."

"Nic, você está pronto para parar? Para voltar a viver?"

"Não comece."

"Jasper e Daisy sentem sua falta. Eles não..."

Ele me corta. "Não consigo lidar com isso. Não me venha com chantagem emocional."

Nic raspa o prato com o lado do garfo e bebe seu café. Quando afasta a franja do rosto, noto um vergão, que ele toca com os dedos, mas não me dou ao trabalho de perguntar o que é aquilo.

Depois de nos despedirmos, eu o observo se levantar e sair. Ele está tremendo e apertando o estômago. Com a dependência de drogas de Nic, aprendi que os pais conseguem suportar quase tudo. Cada vez que chegamos a um ponto em que achamos que não conseguimos suportar mais, damos um jeito e nos mantemos de pé. Eu fico chocado com minha capacidade de racionalizar e tolerar coisas antes intoleráveis. As racionalizações vão aumentando. Ele está apenas experimentando. Passando por uma fase. É só maconha. Ele só fica chapado nos fins de semana. Pelo menos não está usando drogas pesadas. Pelo menos não está usando heroína. Jamais recorreria a agulhas. Pelo menos está vivo. Aprendi também (da maneira mais difícil, porque, no fim das contas, não há outro jeito de aprender essas lições) que os pais são mais flexíveis com seus sonhos e esperanças em relação aos filhos do que jamais imaginamos. Quando Nic estava crescendo, eu achava que poderia ficar contente com qualquer escolha que ele fizesse na vida. A verdade, no entanto, é que eu esperava plenamente que ele fosse para a faculdade. É claro que ele iria. Isso nunca foi questionado. Eu o imaginava num emprego satisfatório, com um bom relacionamento e, depois de um tempo, com seus próprios filhos. Entretanto, com seu uso cada vez maior de drogas, acabei revisando minhas esperanças e expectativas. Quando a faculdade pareceu pouco provável, aprendi a viver com a ideia de que ele saltaria a universidade e iria diretamente para o mercado de trabalho. Muitos garotos atravessam uma trilha tortuosa para se encontrar. Mas isso começou a parecer algo irreal, de modo que concluí que ficaria satisfeito se ele encontrasse uma sensação de paz. Hoje, eu sei que mesmo a definição mais modesta de uma vida normal ou saudável não faz diferença: meu filho pode não chegar aos 21 anos.

O verão termina.

Cada vez que o telefone toca, meu estômago se contrai. Quando a euforia da metanfetamina não é mais alcançável — Tennessee Williams descreveu o equivalente com o álcool em *Gata em teto de zinco quente*: "Eu nunca mais consegui a sintonia" —, e por um bom tempo depois disso, os dependentes químicos ficam agitados e confusos, e a maior parte para de comer e de dormir. Os pais dos dependentes químicos também não dormem.

17

Em algumas cidadezinhas, o meio-dia é marcado pelo toque de sinos das igrejas ou pelo carrilhão de torres de relógio. Em Point Reyes, é anunciado pelo canto do galo seguido da harmonia de vacas mugindo — ambos os sons saídos de um equipamento no topo do Western Saloon.

O cocoricó e os *muuus* nos param por um momento.

Estou na feira, em Tobys Feed Barn, com Daisy e Jasper, e o lugar parece um cenário de *Oklahoma!*. Nossos vizinhos e amigos estão comprando tomates, pepinos, verduras e queijos.

Encontramos com meu irmão, minha cunhada e os filhos deles, ao lado da cesta de tomates, manjericão e outras ervas prontas para serem plantadas, todas alinhadas ao longo de um mural que retrata uma cena da população local, incluindo Toby com seu boné de tricô e minha sobrinha quando era bebê.

A esta altura, basicamente todo mundo que conhecemos na cidade ouviu falar de Nic, de modo que as pessoas perguntam por ele com graus nada sutis de nervosismo. Laurel, uma mãe que também está passando por isso — a filha, dependente de heroína, sofreu um acidente de automóvel quase fatal —, me abraça e começa a chorar. Ainda bem que Jasper e Daisy estão longe, com os primos, escutando uma combinação de violino e baixo tocando música local.

Meu celular toca, e eu sei que é Nic ligando. Procuro um lugar tranquilo fora da multidão e encontro um, perto das galinhas chocas, que ficam numa gaiola dentro do celeiro de Toby.

Atendo o telefone, mas ninguém fala.

Verifico as mensagens na caixa postal. Há uma — de Nic. A voz dele soa arrogante, inarticulada.

"Ok, ok... sinto muito. Meu Deus, isso é realmente difícil. Desculpe. Estou parando. Mas esse negócio de ficar deprimido*, ou sei lá, e tentando manter o foco para trabalhar... Tive de dormir um bocado, porque meu corpo não está feliz comigo. Dormi a sexta-feira inteira... acordei no sábado, sem me dar conta de que tinha perdido um dia inteiro. Com relação ao resto, não sei. Estou confuso."

Depois, nada.

Jasper, vestido de camiseta e short cáqui, aparece. "Podemos comprar biscoitos de gengibre?"

Ele nota alguma coisa e para. "O que foi?"

Com olhos preocupados, ele olha para o telefone na minha mão e pergunta: "É o Nic?".

Mais ou menos uma semana mais tarde, Nic entra em contato com a mãe, pedindo ajuda. "Sinceramente, você ficaria horrorizada ao ver a vida que estou levando, e já tenho merda negativa suficiente na minha vida do jeito que as coisas estão", escreve ele num e-mail. "Estou numa enrascada. Os dois últimos meses foram uma loucura, e acabou que fui expulso de casa. Eu não tinha dinheiro, nada... Ainda estou expulso, a não ser que volte para a reabilitação. Isso não é uma opção. Já passei por isso... O AA e essa história de poder mais alto não funcionam comigo. Deixam-me tão horrivelmente vazio como sempre..."

Corta, termina aí.

Outro e-mail para Vicki. "Estou bastante fodido física e mentalmente, então me perdoe se estou sendo menos do que perfeitamente eloquente", escreve ele. "Vou ligar para você mais tarde, mas antes queria botar algumas coisas no papel só para esquematizar os detalhes." Ele explica que roubou alguns cheques da mãe de um amigo. "Posso ter uma ordem de prisão contra mim e preciso pagá-los, ou vou ter de permanecer escondido."

Vicki e eu discordamos a respeito da melhor maneira de proceder. Eu entendo o medo dela, mas fico transtornado quando ela paga a dívida dele. É um instinto natural, e até louvável, mas temo que o apoio dela enquanto ele está usando drogas simplesmente adie o inevitável, permitindo que Nic

---

* Em inglês, *crashing out*, estágio da abstinência que envolve depressão e uma redução drástica de energia. (N.E.)

continue em seu trajeto perigoso. Pelo menos ela diz que, embora tenha pagado as dívidas dele, não lhe dará dinheiro vivo. Dar dinheiro a um dependente químico é o mesmo que entregar uma arma carregada a alguém à beira do suicídio.

Quando eu conto a Karen a respeito dos e-mails e como é incompreensível para mim que Nic possa fazer algo tão repugnante — tão autodestrutivo —, ela reage com fúria.

"Estou tão cansada disso tudo."

"O que deveria fazer?"

"Só estou de saco cheio disso tudo." Ela sai do quarto.

Nic desaparece outra vez, reaparece outra vez, mantendo contato esporádico com a mãe, não comigo.

Quando velhos amigos de Nova York por acaso estão visitando São Francisco, Vicki dá um jeito de Nic se encontrar com eles. Ela lhe implora para que vá até o hotel em que estão hospedados.

Ele vai. Desgrenhado e obviamente chapado, ele é barrado na entrada, até que convence um segurança a ligar para nossos amigos.

Quando Nic, um esqueleto cinzento, irrequieto e incoerente, entra vacilante no quarto, eles ficam horrorizados, tanto pelo seu estado debilitado como pelas marcas de picadas nos braços. Imploram para que vá com eles para Nova York, onde poderá ficar na casa deles e se desintoxicar.

Talvez seu romance com as ruas de São Francisco tenha acabado, talvez ele esteja exausto e assustado, ou talvez seja só porque se mudar para Nova York o deixe curioso. Nic concorda em ir, mas não antes de fugir mais uma vez, para comprar drogas. Seu traficante lhe dá um presente de despedida: uma quantidade obscena de metanfetamina, e Nic a cheira antes de entrar a bordo do voo que atravessa o país.

Em Nova York, nossos amigos convencem Nic a ver um psiquiatra especializado em dependência química. O médico receita pílulas para dormir, e Nic dorme durante quase uma semana. Ele passa pela abstinência física acompanhada pela angústia mental — "remorso, vergonha, descrença, vontade de usar a droga, vontade de morrer", como ele conta quando liga para mim.

Além de falar para Nic que eu o amo e que lamento que seja tão difícil, não sei muito bem o que mais posso lhe dizer.

* * *

Uma semana depois. Eu atendo o telefone. O representante de um banco em que eu tinha conta está ligando. Alguém passou um cheque de 500 dólares relativo a uma conta que já havia sido fechada. Cada nova traição traz consigo uma nova explosão de emoções, muitas delas conflitantes. Ser roubado é, não importa como aconteça, uma experiência visceral, traumatizante. Ter sido roubado pelo meu filho... Primeiro Karen, agora eu.

Depois de mais ou menos um mês, quando Nic liga, ele parece um pouco menos desolado. Vicki o ajuda a se mudar para um apartamento no Brooklyn, e ele consegue um emprego. Após ter chegado à conclusão, em algum momento, de que a faculdade era burrice, Nic resolveu que trabalhar em empregos que lhe pagavam um salário mínimo era uma burrice ainda maior, de modo que diz ter planos de voltar para a faculdade. "Desta vez eu vou fazer tudo sozinho", fala. "Já desperdicei outras chances antes, mas não vou desperdiçar esta."

Nic me diz que nunca mais poderá usar cristal, ele sabe disso, mas também diz que, segundo seu médico, tudo bem se ele fumar maconha ou tomar um copo de vinho; isso o ajudaria a "se manter equilibrado". Ao ouvir isso, mais uma vez, eu me preparo. Tenho motivos para me preocupar. Um estudo da UCLA mostrou que um dependente químico tem doze vezes maior probabilidade de ter recaída com metanfetamina se fumar maconha ou ingerir álcool.

Mesmo assim, ainda não estou preparado para o telefonema que recebo às cinco horas da manhã de um domingo. Acordo num pulo, e meu coração dispara. Karen ergue a cabeça e olha para mim. "O que foi?"

Agarro o telefone e digo um alô fraco.

É o padrasto de Nic. O padrasto de Nic? Em vinte anos, só falei com ele algumas poucas vezes. A esta hora? Ele diz que um médico acabou de ligar do Brooklyn. Nic está na sala de emergência de um hospital devido a uma overdose. "Ele está em condições críticas, mantido por aparelhos."

Eu já esperava por esse telefonema, no entanto não é mais fácil só porque o previ com tanta frequência na minha imaginação.

Desligo e conto a Karen.

"Ele vai ficar bem?"

"Não sei."

Começo a rezar, implorando a um deus em quem nunca acreditei.

"Deus, não o deixe morrer. Por favor, não o deixe morrer."

Ligo para o médico, que explica que alguém — um dos garotos que estavam com Nic quando o fato ocorreu na noite anterior — chamou o 911 porque Nic ficou inconsciente. Uma ambulância foi enviada para o apartamento de meu filho. Quando viu a ambulância, o proprietário do apartamento de Nic ligou para Vicki, cujo nome está no contrato de aluguel.

O médico me diz que, se os paramédicos não tivessem agido imediatamente, Nic teria morrido antes mesmo de chegar ao hospital. Agora há uma chance.

Aprendi a viver com contradições atormentadoras, como o conhecimento de que um dependente químico pode não ser responsável por sua condição e que, no entanto, ele é na verdade o único responsável pelo que acontece com ele. Também aceitei o fato de que tenho um problema para o qual não há cura e pode não haver solução. Sei que tenho de traçar uma linha na areia — o que vou aceitar, o que não vou, o que não posso aceitar, o que já não aceito mais — e, ainda assim, também ser flexível o suficiente para apagá-la e traçar uma nova. E agora, com Nic no hospital, aprendo que o amo mais, e com maior compaixão, do que nunca.

Organizo-me para ir a Nova York e jogo algumas coisas numa mala.

O telefone toca outra vez. É o mesmo médico. Ele tem uma voz séria, mas empática. Ele diz que Nic deve sair dessa. Seus sinais vitais estão voltando ao normal.

"Ele é um garoto de muita, muita sorte", diz o médico. "Ele terá uma nova chance."

Meu filho terá uma nova chance. Pela primeira vez, desde o telefonema da madrugada, eu respiro.

Jasper e Daisy estão acordados. Eles entram no quarto e veem o estado em que estou. Contamos a eles. Contamos que só temos de torcer para que Nic saia dessa.

Ligo para o hospital e pergunto se posso falar com meu filho. O médico diz que não, Nic está dormindo, que eu deveria tentar dali a algumas horas. Ando de um lado para o outro. Caminho pelo jardim. Vicki e eu conversamos algumas vezes, lamentamos. Nosso filho quase morreu. Jasper e Daisy perguntam outra vez se Nic vai ficar bem.

Ligo para o hospital depois de uma hora, e transferem minha ligação para o telefone ao lado da cama de Nic. Ele mal está consciente o suficiente para conversar, mas parece desesperado. Pede para ir para outro programa de reabilitação, diz que é sua única chance. Digo-lhe que estou indo para Nova York.

Dentro de outra hora, saio para o aeroporto. No caminho, ligo para o hospital a fim de saber como Nic está indo.

A enfermeira de plantão me diz que ele saiu.

"Como assim ele saiu?"

"Ele foi embora, contra as ordens do médico."

Ele arrancou os tubos e cateteres e foi embora.

Desligo e encosto o carro no acostamento da autoestrada. Sei que, se essa overdose não foi suficiente para pará-lo, nada mais vai funcionar.

Trêmulo, volto para casa.

À noite, deitado na cama, sinto o cheiro de jasmim-estrela que entra pela janela aberta e olho para o escuro.

"Você está acordada, Karen?"

"Você está?", pergunta ela.

Nenhum dos dois consegue dormir.

Não consigo compreender o que pode ter acontecido, porém o mais provável é que a abstinência tenha sido demais para Nic, ou a perspectiva de recuperação tenha sido demais para ele, ou a dor tenha sido demais, e ele saiu para se picar. Outro terror conhecido surge no meu cérebro. Nic, subjugado pelos novos eventos e se sentindo derrotado física e psicologicamente, saiu para se matar.

O telefone dele não chama. Nada.

Ele liga de manhã. Parece grogue e profundamente deprimido.

"Nic..."

"É, eu sei."

"Onde você está?"

Ele me diz que está no apartamento dele.

"Mas o que aconteceu? Por que você saiu do hospital?"

Eu surtei. Não sei. Eu tinha de sair de lá."

Eu o imagino em seu apartamento, no subsolo do prédio de arenito no Brooklyn em que o visitei da última vez — destituído de decoração ou mobília, fora um colchão no chão e uma cômoda que Nic encontrou na rua, com as cortinas bem fechadas para não deixar passar a luz do dia. Imagino que, a não ser por tirar as botas que ele pegou no armário do seu quarto no hospital, ele não tenha se dado ao trabalho de se despir. Ainda deve ter restos de esparadrapo no braço. Chegou ao apartamento, conseguiu entrar e caiu de cara no colchão, como se mergulhasse de cabeça para dentro de um túmulo.

Ele me pergunta se eu estou indo vê-lo. Posso ir?

"O que você vai fazer?"

Desta vez, não é preciso nenhum tipo de coerção, Nic escolhe voltar para a reabilitação. Na verdade, ele implora.

Será que é isso o que significa chegar ao fundo do poço? Todos os especialistas dizem que um dependente químico, após chegar ao fundo do poço, se empenha na recuperação de uma maneira nova.

Voo até Nova York para ajudá-lo a se registrar no centro Hazelden, em Manhattan. Tomo um táxi na chuva, sob um céu sombrio, cor de lavanda, e no caminho para a cidade tento antecipar o que vou sentir ao encontrá-lo. Alívio por vê-lo vivo. Raiva porque ele chegou tão perto de jogar sua vida fora.

Espero-o no saguão do meu hotel, onde combinamos de nos encontrar.

De repente, ele aparece de pé à minha frente.

"Oi, pai!"

Sempre é um momento dramático quando Nic chega. Apesar de sua tentativa de apresentar uma fachada valente, ele parece alguém que sobreviveu à fome. Seu rosto parece papel crepom, branco-fantasma. Ele usa um casaco esportivo rasgado por cima de uma camiseta, calças jeans igualmente rasgadas e tênis destroçados. Nós nos abraçamos sem jeito. O afeto que sinto por Nic é temperado pelo medo.

Ele fica para passar a noite comigo no hotel. Para matar o tempo, vamos ver um filme, *Embriagado de amor,* e comemos massa em um café. Ele tenta explicar o que aconteceu, mas estamos esperando o momento propício, já que o motivo dessa viagem tem a ver com a manhã seguinte, quando ele se internará na reabilitação. Outra vez.

Depois do jantar, Nic e eu assistimos tv. Em um dos programas, homens jovens filmam uns aos outros fazendo coisas absurdas, humilhantes. Arremessadores profissionais de beisebol são convocados para arremessar bolas a 160 quilômetros por hora no saco de garotos de cabelo oleoso. Quando as bolas batem, os meninos se dobram de dor. Por que alguém exibiria isso na tv? Por que estamos assistindo?

Em nosso quarto, há duas camas de casal com grossos edredons brancos, e nossa cabeça descansa em gordos travesseiros. Na TV, passa o programa de David Letterman. No meio do programa, Nic diz que tem uns negócios a resolver antes de ir para Hazelden. Olho para ele como se ele estivesse maluco, e de fato ele está.

"Negócios? Que tipo de negócios?"

Ele diz: "Está tudo bem. Vou sair e volto logo".

"Não", digo. "Qualquer negócio que você tenha a resolver agora deve ser problema."

"Eu preciso", ele insiste. "Tenho de cuidar de algumas coisas."

Ele calça os tênis.

Não consigo dissuadi-lo, então digo: "Vou também".

Calço os sapatos, e então saímos na noite fria. Pegamos o metrô até o East Village, paramos em prédios miseráveis, tocamos campainhas que (ainda bem) não são respondidas. Seguimos para dentro de um prédio uma mulher indiana que está carregando compras de supermercado e subimos cinco lances de escada. Estou com Nic quando ele soca uma porta. Ele diz que tem dinheiro a receber.

Finalmente ele desiste. Fico aliviado quando, perto das duas da manhã, um táxi finalmente nos leva de volta ao hotel. Enquanto subimos de elevador, olhamos para uma minúscula tela de televisão, que exibe um desenho animado de Piu-Piu e Frajola.

Na manhã seguinte, caminhamos a esmo até a hora marcada para a admissão de Nic no Hazelden, que fica localizado em uma majestosa mansão de arenito com vista para o Stuyvesant Park. Enquanto ele é entrevistado, espero no parque, sentado num banco. Observo um grupo de meninos encolhidos em um canto do parque, perto de um portão de metal. Rola um tráfico de drogas.

Hazelden é provavelmente o mais famoso centro de reabilitação para drogas e álcool do país. A sede fica em Mineápolis, mas há filiais em Nova York, Oregon e Chicago. Não é um programa básico. Nic já tentou dois desse tipo. O Hazelden oferece um programa contínuo, de seis meses ou mais, dependendo de como Nic se sair. Em vez de um curso intensivo de reabilitação espremido em quatro semanas, os pacientes têm de trabalhar ou estudar. A ideia é que eles aprendam a integrar a recuperação em suas vidas. Há reuniões regulares com terapeutas do centro, terapia de grupo e reuniões obrigatórias do AA. Há tarefas e uma longa lista de regras, mas, ao contrário de outros programas, os pacientes podem entrar e sair quando quiserem, desde que estejam presentes no jantar, nas reuniões e nos eventos obrigatórios e voltem para seus quartos antes da hora de se recolher.

Nic acena para mim da porta aberta do prédio. Está na hora. Subo, e nos sentamos no grande salão forrado de estantes de cerejeira. Não há muito o que dizer, mas nos sentamos lá durante algum tempo, em sofás de couro. Quando uma recepcionista chama Nic — informando que é hora de se despedir e entrar —, nos levantamos e olhamos um para o outro.

Nós nos abraçamos. Seu corpo parece frágil, como se eu pudesse quebrá-lo em pedacinhos.

18

OBSERVO DE LONGE AS semanas e depois os meses da recuperação de Nic. Enquanto espero, continuo minha pesquisa sobre a metanfetamina, desta vez investigando os mais proeminentes pesquisadores do país e perguntando a eles aquilo que para mim é o ponto principal: o que você faria se um membro da sua família fosse dependente dessa droga?

Eles concordam que o primeiro passo seria a avaliação. Se um dependente químico está em psicose de metanfetamina, devem ser administrados sedativos e outras medicações. ("Muitas vezes eles estão completamente pirados, e isso tem de ser tratado", diz o dr. Ling, da UCLA.) Embora os dependentes de metanfetamina tenham três a quatro vezes mais chances que os outros de desenvolver problemas psiquiátricos além da dependência, os sintomas são difíceis de serem distinguidos dos sintomas de abstinência da droga. Alguns médicos são a favor de tratar os dependentes químicos como se tivessem depressão. Essa proposta tem um custo elevado, e alguns pesquisadores sugerem que os pacientes devem estar fora da metanfetamina por pelo menos um mês antes de serem diagnosticados e tratados de doenças secundárias.

Os especialistas estão divididos com respeito ao tratamento — se há maior probabilidade de os programas funcionarem com os pacientes em sistema de internato ou em ambulatórios. O primeiro é caro, mas propicia um ambiente seguro e controlado, onde o paciente pode ser monitorado de perto. Entretanto, pode ser difícil transferir a reabilitação para o mundo real, e os pacientes que têm alta muitas vezes apresentam recaídas. Programas de ambulatório integram o trabalho de recuperação do dependente químico com a volta à vida normal, mas há muitas oportunidades para deslizes. A maior parte dos especialistas diz que, idealmente, escolheria o programa de internato mais longo possível, seguido de uma transição gradual para um programa ambulatorial abrangente, com duração de um ano ou mais. Esse segundo programa começaria com quatro ou cinco sessões vespertinas diárias durante um período inicial e passaria a um menor número de sessões até chegar a um único encontro por semana.

Esses especialistas concordam que, tanto em um programa de internato quanto em um ambulatorial, faz pouco sentido começar terapias comportamentais e cognitivas no período inicial de retirada da droga. Paliativos como massagem, acupuntura e programas de exercícios, com sedativos cuidadosamente monitorados, podem valer tanto quanto qualquer outro método para ajudar os pacientes a passar pelos piores estágios da abstinência. Nos programas de ambulatório, os dependentes químicos parecem se beneficiar quando conseguem ajuda para montar uma agenda de atividades que possam seguir até a próxima sessão. Testes para uso de droga, com punições severas para as recaídas, segundo os especialistas, são essenciais. Terapias comportamentais e cognitivas têm de ser acrescentadas lentamente. Ao serem introduzidas, devem ser monitoradas para que reflitam a capacidade de um dependente químico de participar delas. Alguns médicos defendem a psicoterapia, mas muitos, não. "Provavelmente tem pouco efeito", diz o dr. Rawson, da UCLA. "Conversa não é o suficiente para penetrar o cérebro danificado." O dr. Ling acrescenta: "Compreender as coisas não mudará a vida do dependente químico. Fazer as coisas de modo diferente mudará." Os médicos, no entanto, receitam psicoterapia e medicamentos quando há diagnósticos duplos aparentes, seja depressão, transtorno bipolar, ansiedade aguda ou outros problemas.

O objetivo inicial é reter os dependentes químicos em tratamento durante tempo suficiente para que eles participem de terapias cognitivas e comportamentais que os ensine ou reeduque. Uma série dessas terapias foi implementada e testada nas unidades do Matrix, centro de reabilitação para drogas fundado por Rawson e seus colegas na UCLA. O programa Matrix, desenvolvido para dependentes de cocaína, foi adaptado para metanfetamina. Ele inclui terapias que ensinam os dependentes químicos a, se possível, evitar situações que anteriormente os teriam levado à recaída — ou então "reconfigurá-las". Em teoria, novos comportamentos acabam se tornando habituais. Nos programas baseados no Matrix, os dependentes químicos são treinados para interromper suas reações normais de raiva, decepção ou outras emoções. Aprendem a respeito dos componentes da dependência, tais como a pré-ativação e o efeito gatilho, que muitas vezes levam à recaída. A pré-ativação (ou *priming*) é um mecanismo que faz com que um uso isolado ou incidental da droga se transforme em uma recaída completa. Como os dependentes químicos podem escorregar em determinados estágios de sua recuperação, o programa os treina para reconfigurar o incidente. Em vez de reagir à pré-ativação, um dependente químico pode aprender a parar o processo em um "ponto determinado". O momento pode ser encarado como uma oportunidade para tentar uma atividade alternativa. O efeito gatilho leva ao uso da droga quando o dependente químico se depara com um gatilho que inicia um ciclo de desejo intenso que muitas vezes resulta no uso. Passei a entender como o efeito gatilho funciona quando pensei nas diferenças entre as reações de Nic e as minhas ao vermos o filme *Réquiem para um sonho*. Nic adorava a implacavelmente funesta história do diretor Darren Aronofsky sobre um menino e mãe, um dependente de heroína e a outra, de *speed*. Eu achei o filme insuportável. Mesmo as pessoas que conheço que gostaram do filme ficaram deprimidas com a sua desolação e a depravação, mas Nic sentiu-se estimulado. Ele me contou mais tarde que as cenas de drogas, acompanhadas pela música palpitante do Kronos Quartet, que era perturbadora, quase insuportável para a maioria das pessoas, o faziam querer se drogar.

Estudos demonstraram que gatilhos alteram dramaticamente os sinais vitais de um dependente químico. Eles não precisam ser tão óbvios quanto uma agulha. Um gatilho pode ser qualquer coisa, desde o cheiro de alguma substância química que lembre a metanfetamina queimando num cachimbo a "pessoas, locais e coisas" associados à droga, e, para determinados dependentes químicos, o dia do pagamento, uma esquina, uma canção ou um som — coisas sutis que passam despercebidas por todos os demais, menos pelo dependente químico. Muitos usuários de metanfetamina associam a droga ao sexo. Como diz o Casanova do Ensino Médio que aparece no episódio piloto do seriado *A sete palmos,* a metanfetamina "simplesmente faz com que tudo queime de um modo um pouco mais brilhante e torna o sexo totalmente sublime". Embora a maior parte dos usuários pesados acabe não conseguindo fazer sexo, a excitação — qualquer coisa, de pornografia a uma situação sexual — pode continuar sendo um gatilho poderoso. "Tentar interromper o uso da droga nesse estágio é como tentar ficar na frente de um trem", disse o dr. Rawson. Entretanto, o dr. Shoptaw, da UCLA, trabalhou em terapias especificamente projetadas para ajudar dependentes químicos gays que associam a metanfetamina com sexo a reconstruir suas reações à excitação. A ideia é que qualquer comportamento, inclusive aqueles que parecem ser automáticos ou compulsivos, pode se tornar consciente e, portanto, ser interrompido. Pode-se ensinar um usuário a parar o trem e chamar o padrinho do AA ou um orientador qualificado, comparecer a uma reunião de recuperação, fazer exercícios numa academia ou qualquer outra escolha construtiva. Mais uma vez, permanecer algum tempo em tratamento — muitos meses, se não em anos — é em geral necessário para uma mudança dramática. Durante o processo, provavelmente o cérebro do usuário estará se regenerando, e os níveis de dopamina podem se normalizar. Um ciclo de abstinência substitui um ciclo de dependência.

Experiências clínicas recentes mostraram que dependentes de metanfetamina reagem bem à abordagem skinneriana, em que suas amostras de urina limpas (ou seja, sem droga) são premiadas com pequenos pagamentos em dinheiro ou vales para qualquer coisa, de uma vacina para o filho do dependente químico a uma entrada para um rinque de patinação no gelo, ou ainda um certificado que sirva para o conserto de um cortador de grama quebrado. De acordo com o estudo da UCLA, essas estratégias de gerenciamento de contingências, quando somadas a um programa de terapia cognitiva e comportamental, produziram duas a três vezes maior tempo de abstinência que os programas que levavam em conta apenas a terapia cognitiva e comportamental.

Medicamentos também podem ajudar. Atualmente não existe metadona para usuários de metanfetamina. Tampouco há medicações para neutralizar a metanfetamina em caso de overdose, contra-atacar a maior parte dos sintomas, tratar a neurotoxicidade da droga ou interromper o barato que ela gera — coisas que seriam úteis em estágios diferentes do tratamento. Em parte, pode ser que isso se dê por não ter havido tanta pesquisa sobre metanfetamina quanto sobre heroína e cocaína, drogas cujos usos há muito têm se generalizado na Costa Leste, especialmente de Nova York a Washington. A metanfetamina não despertou interesse dos responsáveis por decidir onde alocar o dinheiro das pesquisas, embora isso esteja mudando à medida que essa droga se esgueira para o Oeste. Outra razão para isso pode ser a estrutura molecular da heroína, se comparada à da metanfetamina. "A metanfetamina é mais suja", explicou um pesquisador. Seja lá qual for o motivo, por causa do nível singular de dano causado por essa droga, até quando comparado ao da heroína e ao da cocaína, somado ao histórico deplorável dos tratamentos atuais, os clínicos estão desesperados por medicações que aumentem as chances dos dependentes químicos se recuperarem — seja com a substituição da dopamina, seja ajudando a reparar os danos nos nervos ou então tratando ou controlando os sintomas. Entretanto, os principais pesquisadores da área admitem que seus esforços não são motivo para grande otimismo. No início do teste de uma medicação que poderia ajudar na abstinência, o médico encarregado admitiu: "Sucesso para mim? Efeito modesto em uma minoria de pacientes. Minhas expectativas são de zero a um mínimo, de modo que ficarei feliz com o mínimo". Isso porque ele estava trabalhando em uma das drogas mais promissoras.

Como a depressão é preponderante nos estágios iniciais da abstinência, alguns pesquisadores sustentam que os antidepressivos ajudariam. Entretanto, testes preliminares com Prozac, Zoloft e outros SSRIs (da sigla em inglês para inibidores seletivos de recaptação de serotonina) sugerem que essas drogas têm pouco efeito. Pesquisadores atualmente investigam outros antidepressivos, inclusive a bupropiona, que interage com subsistemas específicos dos transmissores e receptores de serotonina e de dopamina, e uma droga chamada ondansetrona. Há muitos outros testes planejados. Pesquisadores em todos os Estados Unidos me falaram de dezenas de drogas que podem ajudar. Uma delas é a levodopa (L-Dopa), usada para combater a degeneração do mal de Parkinson. Ela essencialmente substitui a dopamina desaparecida, embora o efeito pareça diminuir ao longo do tempo. Quando foi testada em dependentes de cocaína, a droga não fez nenhuma diferença. Entretanto, os pesquisadores afirmam que a droga pode ter efeito maior sobre os dependentes de metanfetamina, já que os níveis de dopamina deles é quase zero, se comparado às pequenas reduções nos níveis dos usuários de cocaína.

Mesmo que as medicações ajudem na abstinência de metanfetamina ou em outros estágios da recuperação, o pesquisador Gantt Galloway está convencido de que nunca terão mais do que um papel secundário. Nunca haverá uma droga que faça você espiar pelo olho mágico quando a campainha tocar, para que, se for seu traficante, você não abra a porta, diz ele. "E, mesmo se você aperfeiçoar a desintoxicação e criar uma farmacoterapia maravilhosa, e conseguir fazer o cérebro de alguém ficar exatamente como era antes da pessoa começar a usar metanfetamina, tudo vai se repetir outra vez, desde o início. É o Dia da Marmota. Você tem de interferir nesse ponto, usando terapias comportamentais e cognitivas para ensinar um modo alternativo de as pessoas viverem suas vidas."

De vez em quando, Nic dá notícias. Ele comparece às reuniões do AA todas as noites com um grupo de pacientes do Hazelden. Descreve essas saídas com seu típico humor seco: "Precisa ver a gente caminhando pela cidade. Um bando de desajustados agradecidos."

Volto a frequentar as minhas próprias reuniões. Os encontros do Al-Anon não são nenhuma solução milagrosa para os meus problemas, porém, mais uma vez, são reconfortantes, embora seja sempre bem triste escutar as histórias dos outros. Depois de uma reunião na hora do almoço, na qual eu falo brevemente — eu começo, trêmulo: "Meu filho está mais uma vez em reabilitação..." —, uma mulher se aproxima timidamente de mim e me entrega um folheto chamado "Três visões do Al-Anon". "Isso me ajudou", ela explica.

Em casa, leio o panfleto. Ele contém uma carta assinada por um dependente químico: "Não acredite nas minhas promessas. Prometo qualquer coisa para livrar a cara. Mas a natureza da minha doença me impede de manter minhas promessas, mesmo que elas tenham sido sinceras (...). Não acredite em tudo o que lhe digo; pode ser mentira. A negação da realidade é um sintoma da minha doença. Além do mais, provavelmente vou acabar perdendo o respeito por aqueles que consigo enganar com muita facilidade. Não me deixe tirar vantagem de você ou explorá-lo de alguma forma. O amor não consegue existir durante muito tempo sem a dimensão da justiça".

Com Nic na reabilitação outra vez, Karen e eu pegamos na biblioteca livros para crianças sobre dependência de drogas e os lemos para Daisy e Jasper. Fazemos o que podemos para encorajá-los a falar sobre seus sentimentos — a colocá-los para fora. Fazemos reuniões com seus professores para discutir seu desempenho escolar. Até agora, nos dizem que ambos parecem ir bem.

Em dezembro, o programa de internato do Hazelden em Nova York fecha as portas. A organização, que continua a funcionar como um programa de ambulatório em Manhattan, põe a culpa na economia — eles não conseguem ocupar as três dúzias de leitos da mansão com clientes pagantes. Nic está inseguro com permanecer na Bay Area, que ele associa à metanfetamina, de modo que escolhe, com a ajuda de seu orientador, mudar-se para Los Angeles para ficar perto de Vicki.

Herbert House, uma casa de tratamento em Culver City, na verdade é uma série de bangalôs, caiados e alegres, cercados por buganvílias e roseiras, com pequenos pórticos mobiliados com sofás de dois lugares e cadeiras de balanço, todos dando para um pátio central de tijolos com palmeiras, mesas de piquenique e mobília de jardim — uma espécie de Melrose Place para dependentes químicos.

Nic se instala e gosta de lá. Faz bons amigos entre os outros pacientes e fica especialmente próximo do diretor do programa, um homem compassivo chamado Jace, que dedicou a vida a ajudar dependentes de drogas e de álcool. A Herbert House tem regras severas e exige o cumprimento de tarefas, além do comparecimento dos residentes às reuniões todas as noites. Nic também participa de um programa de ambulatório nas imediações, consulta-se com um novo psiquiatra e trabalha com outro padrinho do AA, Randy, um homem com quem faz longos passeios de bicicleta ao longo da autoestrada Pacific Coast. Randy tem intensos olhos azuis e está sóbrio há mais de quinze anos. Nic diz que Randy o inspira, "mostra como a vida pode ser boa".

No telefone, meu filho parece o velho Nic, o Nic em seu perfeito juízo. É quase impossível reconciliar esse Nic com a pessoa que ele era sob efeito das drogas. Acho que, por tentativa, erro e persistência, ajudado pelos meses em Hazelden, pelo apoio das pessoas na Herbert House, pelas sessões no programa de ambulatório, pelo AA, por Randy e seus amigos em recuperação, Nic construiu um programa abrangente que, de acordo com o que aprendi com os pesquisadores, reflete o que deveria estar disponível para todos os dependentes de metanfetamina.

Os amigos de Nic no AA o ajudam também a conseguir um emprego de técnico no Promises, outro famoso centro de reabilitação para drogas e álcool, com sede em Malibu. Ele leva pacientes a reuniões e consultas médicas, entrega remédios, assiste os orientadores, entre uma ampla gama de outras responsabilidades. É um trabalho recompensador. Ele sente que tem alguma coisa a oferecer — pode ajudar os outros, ao mesmo tempo em que o trabalho o ajuda.

Em julho, Nic completa 21 anos. Para comemorar, eu o visito em Los Angeles. É uma tarde quente de verão quando o busco em frente à Herbert House. Nic pula para dentro do carro. Nós nos abraçamos. Ele parece inteiro outra vez. Vinte e um é um marco na vida de todo mundo, e é um marco também na vida dos pais quando seus filhos fazem 21 anos. Para mim, parece outro milagre.

Demora algum tempo até Karen estar pronta para vê-lo de novo. Além disso, ainda não permitimos que Nic veja Daisy e Jasper. Não queremos que ele os magoe novamente. Estamos todos ainda despedaçados pela guerra entre nosso medo e nosso amor. Queremos proteger Daisy e Jasper; no entanto, eles amam Nic, e Nic também os ama. Mais uma vez, nos perguntamos: como saber se podemos confiar nele?

Finalmente, nos últimos dias do verão, Karen e as crianças vêm comigo quando viajo de carro pela costa até L. A. A família está reunida na praia, onde Nic, Jasper e Daisy fazem castelos de areia e brincam na arrebentação. Depois disso, voltamos para vê-lo em uma série de fins de semana. Visitamos Nic no trabalho e ele nos apresenta a seus colegas, que claramente o adoram e que ele parece adorar também. Ele nos leva a uma outra praia, um lugar afastado perto de Malibu, ao qual se chega por meio de uma trilha íngreme. Em outra ocasião, caminhamos por um cânion com a mãe dele e os cachorros do padrasto, Payson e Andrew. (Nic está tomando conta deles.) Subimos por uma trilha até chegarmos a um mirante, de onde temos uma vista de Hollywood até o oceano. Alugamos bicicletas e ele nos encontra com a sua, de corrida, e vamos juntos pelo calçadão em Venice, parando para observar levantadores de peso e artistas que fazem grafites. Como sempre, vamos a museus e galerias — uma exposição do Royal Art Lodge no Moca, e, na Angles Gallery, em Santa Mônica, uma exposição composta por mil fotografias de Nick Taggart retratando sua esposa e colaboradora, Laura Cooper, logo antes de ela acordar todas as manhãs durante treze anos. Em geral, jantamos nos mesmos restaurantes: uma churrascaria coreana ou um minúsculo restaurante japonês, onde toca um reggae nas alturas. Passamos a maior parte do nosso tempo na praia, mas, como sempre, também assistimos a filmes. Nic já viu *As bicicletas de Belleville,* mas o vê outra vez porque quer que Jasper e Daisy assistam também. Depois do filme, juntos, Jasper e Nic cantam com um sotaque indígena, exatamente como no comercial antes do filme.

Nic começa: "Os ingressos do filme estão esgotados, meu marido?".

Jasper: "Chitra, minha rainha, eu os comprei no Fandango"*.

Nic: "Minha felicidade é um poema dourado".

Jasper: "Vou buscar pipoca".

Nic liga com frequência. Temos um relacionamento telefônico próximo. Algumas vezes simplesmente batemos papo sobre coisas sem importância, às vezes conversamos a respeito de sua recuperação. Sempre falamos de filmes e livros. Especialmente filmes. Mal podemos esperar para conversar depois que um de nós assiste a algum lançamento dirigido por um dos nossos diretores preferidos, seja ele Spike Jonze, David O. Russell, Todd Solondz, os irmãos Coen, P. T. Anderson, Wes Anderson, Pedro Almodóvar ou Robert Altman, além de qualquer coisa cujo roteiro seja de Charlie Kaufman. Eu recomendo filmes para ele alugar — *Rivers and Tides* — ou ele faz recomendações para Karen e para mim — 8 *Mulheres,* de François Ozon, e seu atual favorito, *As lágrimas amargas de*

* Site americano de compra de ingressos de cinema. (N. E.)

Petra von Kant, de Fassbinder. "Já leu o artigo de Anthony Lane sobre o novo *Guerra nas estrelas?*", pergunta Nic um dia. Ele lê em voz alta: "Além disso, já que estamos falando sobre Yoda, qual é o problema dele? Por que ele utiliza aquela sintaxe maluca? Ele é aparentemente a mente mais sábia da galáxia, mas se expressa como um turista que, para se comunicar em um país estrangeiro, precisa recorrer a um velho guia de frases feitas. 'Espero que certo você esteja.' Uma porra de tempo me dê!"

Algumas vezes ele relata conquistas que para outras pessoas não são grande coisa, mas para ele são hercúleas. Pequenas coisas: ele agora tem uma conta bancária e conseguiu um cartão de crédito. Está economizando algum dinheiro. Compra um Mazda de quinta mão por 400 dólares e, mais tarde, uma bicicleta nova. Muda-se para um quarto que alugou na casa do padrinho de AA de Randy, um homem extremamente gentil, de cabelos prateados, que caminha com uma bengala. Ted esteve em recuperação durante trinta anos e ajudou muitos jovens dependentes químicos.

Mesmo assim, alguns dias são torturantes para Nic. Percebo na voz dele. Ele se sente solitário. Tem Randy e bons amigos, mas gostaria de ter alguém especial em sua vida. Ele fica extremamente preocupado com o futuro. Seu humor fica instável, e ele anseia por drogas. Algumas vezes, ele me descreve esses altos e baixos com determinação estoica, em outras ocasiões, segurando as lágrimas. "Às vezes não consigo pensar em outra coisa que não seja usar drogas. Algumas vezes é muito difícil. Sinto que simplesmente não consigo. Mas ligo para o Randy. Realmente ajuda, se a gente fizer o que eles nos aconselham."

Em setembro, Nic comemora seu primeiro ano de sobriedade. Por mais que o aniversário de um filho seja importante para um pai, por mais que os 21 anos de Nic tenham sido significativos para mim, um ano em recuperação é ainda mais.

Aos tropeções, Nic nos conta a respeito de um novo relacionamento com uma garota, Z., mas então, um dia, me liga aos prantos. Ela terminou com ele. Antes, Nic teria ligado para um traficante, para um de seus amigos dependentes ou recorrido a um baseado ou uma cerveja. Dessa vez, ele liga para Randy.

"Venha para cá, Nic", diz Randy. "Vamos dar uma volta de bicicleta."

Eles pedalam durante três horas — sobem o Temescal Canyon. Duas vezes. Depois, Nic me liga e parece exultante. "Vou ficar bem."

* * *

Um mês depois, Nic para de retornar minhas ligações. Alguma coisa está errada.

Na nossa última conversa, ele admitiu ainda estar abalado por causa daquele rompimento tão doloroso. Ele disse: "Não consigo parar de pensar em Z.".

É a manhã do terceiro dia depois dessa conversa. Depois de comer algumas rabanadas, Daisy e Jasper brincam no quarto deles durante algum tempo, então, embora esteja chuviscando, vão lá para fora. Quando consigo reuni-los, já estamos atrasados. Eles tomam banho e se vestem, e eu lembro que devem escovar os dentes. Daisy pergunta se pode usar a escova acústica.

"Escova de dentes acústica?"

"Uma escova normal. Não a escova elétrica."

Daisy está levando a escovação a sério, agora que retirou o aparelho. Mas ainda tem que lutar contra um retentor. "Não consigo parar de mexer nele com a língua", diz ela.

"Tente não fazer isso", recomendo.

"É muita tentação."

As crianças correm pela casa, coletando dever de casa e revistinhas, enfiando-os em suas mochilas. Karen cuida das tranças emaranhadas de Daisy e depois sai para levá-los à escola. Quando eles se vão, posso desmoronar. Outra vez.

Como sei que alguma coisa está errada? Não é só porque ele não me ligou de volta. Será intuição de pai? Haveria sinais de advertência infiltrando-se lentamente na minha consciência? Haveria indícios no que ele me disse e que detectei no nível subliminar? Ou seriam as pausas lacônicas entre suas palavras?

Onde ele está? Não aceito a resposta mais provável: que ele recaiu.

Ele está indo bem. Não é perfeito, mas tem um círculo de amigos que o apoiam e um emprego. Está andando de bicicleta e escrevendo. Comparece a reuniões do AA, incluindo algumas na Herbert House, na qual ele vê Jace e seus amigos. Com Randy, possivelmente o amigo mais íntimo que já teve, dedica-se a trabalhar os doze passos de autoavaliação, reparação e o que ele descreveu como "a formação de um novo caráter". No todo, ele parece entusiasmado com sua vida. Sei que às vezes sente-se solitário, mas quem não se sente? Em algumas ocasiões, sente-se para baixo, mas quem não se sente? Outras vezes, sente-se subjugado, mas quem não se sente?

E, ainda assim, deve ter tido uma recaída. O que mais poderia explicar seu desaparecimento? Será que estou ficando paranoico? Tenho motivos para ser hipervigilante e ficar alerta para qualquer sinal de que alguma coisa possa estar errada, mas tenho de permitir que ele se movimente e tenha uma vida. Talvez tenha uma nova namorada. Talvez simplesmente esteja se sentindo pra baixo e precise de algum tempo sozinho. Também houve épocas em que precisei me afastar dos meus pais.

Ligo para Vicki, que me tranquiliza dizendo que o viu um ou dois dias atrás e ele estava bem.

Mesmo assim, peço a ela que vá ao apartamento de Nic, para verificar.

Quando liga de volta, uma hora mais tarde, ela diz que o companheiro de quarto dele não o viu, que sua cama não foi usada. Ligamos para a Promises, e um colega de trabalho diz que ele não aparece há dois dias. Ligamos para os amigos dele, e eles não têm notícias. Ontem, um deles tinha combinado de encontrar com Nic, para almoçar e dar uma volta de bicicleta, mas ele nunca apareceu. Ligo para a polícia para saber se houve algum acidente. Mais uma vez. Ligo para a emergência dos hospitais. A mãe dele vai até a delegacia de Santa Mônica e dá entrada num registro de pessoa desaparecida.

Ele é:

Homem.

Branco.

21 anos.

O cabelo louro de quando era bebê fixou-se num castanho-acobreado. Tem olhos castanho-esverdeados em formato de lágrimas e pele morena bronzeada. Tem um sorriso fácil. Um pouco mais de um metro e oitenta de altura, é magro e tem braços e peito musculosos de nadador, coxas fortes e pernas de ciclista. Quando não está vestido com short de ciclismo, em geral traja camiseta, jeans e tênis. Tem uma marca de nascença em formato de morango no ombro direito.

Tento me segurar para parecer bem na frente de Jasper e Daisy.

Karen e eu não queremos contar a eles a respeito de Nic até que tenhamos mais informações. Não queremos preocupá-los. Eles só têm sete e nove anos. O que vamos dizer? "Seu irmão desapareceu. Outra vez. Ele pode ter tido uma recaída. Outra vez. Não sabemos."

Mas teremos de dizer alguma coisa logo. Não podemos esconder durante muito tempo a angústia e a histeria que estão, novamente, tomando conta da nossa casa. É preciso um esforço imenso para fingir que está tudo normal, apesar do estômago apertado, o coração disparado e os videoclipes em alta definição das investigações criminais que rodam dentro da minha cabeça: as mais horríveis e sórdidas cenas das piores coisas que podem acontecer às crianças na rua à noite.

Tento continuamente ligar para o celular de Nic, mas em todas as vezes escuto sua impassível mensagem de voz: "Oi, aqui é Nic. Deixe uma mensagem". Verifico repetidamente com a mãe dele se ela tem notícias, mas é em vão. Num rompante, ligo para o número de assistência ao consumidor da nossa companhia de telefone celular, a fim de perguntar se houve qualquer chamada recente para ou do telefone de Nic, mas uma atendente diz que não tem acesso a esse tipo de informação. Entretanto, ela explica que pode me dizer se o telefone dele está ligado à rede no momento. "É contra o regulamento", ela explica. "Mas sou mãe de um adolescente." Depois de algum tempo teclando, ela relata: "Sim, o telefone está ligado. Está tendo acesso a uma torre em Sacramento".

Sacramento?

Ligo para a mãe e para os amigos de Nic. Ninguém sabe por que ele estaria em Sacramento. Ninguém conhece amigo algum lá.

Duas horas mais tarde, a atendente liga de volta. "Verifiquei outra vez", diz ela. "O telefone ainda está ligado. Agora está em Reno."

Reno?

Um detetive da polícia me diz que Reno é a capital da metanfetamina, o que pode explicar o enigma, embora pareça inverossímil, porque ele não teria de ir a Reno para conseguir a droga.

Não, ele não pode ter tido uma recaída. Nic acaba de comemorar seu 17º mês sem metanfetamina. E não é apenas isso. Ele trabalha em um centro de reabilitação, ajudando dependentes químicos.

Tento trabalhar, mas não consigo. Não há notícias durante o dia inteiro. Depois da escola, Karen e eu levamos Jasper e Daisy para a aula de natação, cada um em uma piscina. Depois do treino, de um jantar improvisado, dever de casa, banho e histórias antes de dormir, as crianças apagam.

Ligo para a atendente da companhia de celular outra vez — ela me dera seu número particular. Ela diz que me ligará do trabalho pela manhã, de modo que aguardo durante as intermináveis horas de mais uma noite. A atendente então liga e me diz que o telefone de Nic ainda está ligado, mas que agora ele está em Billings, Montana.

Quebro a cabeça à procura de uma explicação plausível. Será que ele foi sequestrado? Estará morto no porta-malas de um carro de algum psicótico que está fugindo para o Leste? Ligo para a polícia de Billings e para o FBI.

19

CHOVE LÁ FORA. As crianças ainda estão na escola. Karen e eu estamos sentados no chão de concreto da cozinha com Moondog. A veterinária também está aqui, sentada no chão conosco. A cabeça do cachorro repousa no colo de Karen. Ela acaricia suas orelhas aveludadas.

O câncer de Moondog apoderou-se dele, que mal consegue levantar-se. Ele treme e chora de dor. É chegada a hora de acabar com seu sofrimento, mas estamos arrasados. Karen soluça. A veterinária veio cuidar disso em nossa casa. Enquanto ela injeta em Moondog alguma coisa que o põe para dormir, lágrimas também brotam nos meus olhos. A respiração dele está difícil. Uma segunda injeção, e não há mais respiração. A veterinária fica sentada conosco durante algum tempo e depois vai embora. Karen e eu damos duro para carregar, num cobertor, o corpo pesado de Moondog até uma cova que cavamos sob uma sequoia no jardim, onde o enterramos.

Quando Daisy e Jasper voltam para casa, vindos da escola, eles ajudam Karen a construir, na chuva, um túmulo para Moondog. Choramos por Moondog e por toda a tristeza na nossa casa. Na hora de dormir, lemos para eles um livro ilustrado chamado *O céu dos cachorros*: "Então, às vezes, um anjo leva um cachorro de volta à Terra para uma pequena visita, e silenciosamente, invisível, o cachorro fareja seu velho quintal, investiga o gato do vizinho, segue as crianças até a escola...".

Onde está Nic? Estamos no final da manhã do quarto dia desde que ele desapareceu. Continuo tentando ligar para seu telefone celular. Finalmente alguém atende. Uma voz de homem. Não é o meu filho.

"Alô?"

"Nic? Nic, é você?"

"Nic não está aqui."

"Quem está falando?"

"*Quem* está falando?"

"O pai de Nic. Onde ele está?"

"Ele me deu o celular dele."

"Ele deu para você? Onde está Nic?"

"Como diabos vou saber?"

"Onde ele estava quando lhe deu o celular?"

"Eu sequer o conheço. Ele estava na rodoviária de L. A. No centro da cidade. Ele me deu o celular, e desde então não o vi mais."

"Ele lhe deu o celular dele? Por que ele lhe daria o celular?"

Silêncio. Ele desliga.

Ligo para a atendente da companhia telefônica e peço-lhe que desative a linha, dizendo-lhe que o aparelho foi roubado, então agradeço sua ajuda e compaixão.

Vicki e eu estamos frenéticos. Mais uma vez. Ligamos para Deus e o mundo, esperando conseguir alguma — qualquer — notícia. Finalmente Vicki tenta Z., e, sim, ela acabou de saber dele. Nic ligou para ela — de São Francisco. Lá vamos nós outra vez. Ela conta que, quando ele ligou, estava chapado. É claro.

Quero que isso pare. Não aguento mais. Gostaria de remover Nic do meu cérebro. Anseio por um procedimento como o inventado por Charlie Kaufman em seu filme *Brilho eterno de uma mente sem lembranças*, no qual um médico oferece um serviço para as pessoas que sofrem da dor causada por um relacionamento traumático. Ele literalmente apaga qualquer traço da pessoa. Fantasio que eu poderia passar por esse procedimento e apagar Nic do meu cérebro. Às vezes sinto como se nada menos que uma lobotomia pudesse me ajudar. Onde está Nic? Não aguento mais isso. Mesmo assim, cada vez que acho que não aguento mais, eu suporto a barra.

O desânimo absoluto é seguido por um impulso frenético de fazer alguma coisa, qualquer coisa. Mesmo sabendo que é um esforço inútil, estou desesperado para encontrá-lo. Quando fica sabendo do meu plano, Karen sacode a cabeça. "Não vai adiantar encontrá-lo se ele não quiser ser encontrado". Ela me olha com preocupação — e o que mais? Exasperação. Pesar. "Você só vai se decepcionar."

"Eu sei", digo, sem falar mais nada, mesmo enquanto meu cérebro calcula: não adianta encontrá-lo se ele não quiser ser encontrado, mas ele pode morrer, e então será tarde demais. Esperar é um horror. Karen, sentindo minha angústia, finalmente sucumbe. "Vá em frente", diz ela. "Procure-o. Mal, não vai fazer." Dá para ver que ela está tentando com muita dificuldade não me julgar ou julgar Nic, mas fica cada vez mais zangada e frustrada pela insistência, e fica ressentida com os impactos disso sobre Jasper e Daisy. Sobre nós. Sobre mim. Ela fica ressentida com o fato de ter me perdido para a preocupação. "Vá em frente", diz ela. "Talvez você se sinta melhor ao tentar."

Assim, cá estou eu outra vez na cidade, dirigindo ao longo da Mission Street, espiando por portas abertas de lojas, lanchonetes e bares. Examino cada rosto, vendo Nic continuamente. Quase todo mundo parece com ele. Em seguida, estaciono em Ashbury e lentamente caminho ao longo da Haight Street, ziguezagueando de um lado para o outro da rua, averiguando lojas que vendem itens para usuários de maconha, livrarias, uma pizzaria, um café.

Volto para o Golden Gate Park, dirigindo-me à clareira em que encontrei a menina de Ohio dependente de metanfetamina. A não ser por duas mulheres, cujos filhos bem pequenos brincam em cima de um cobertor, está deserta.

De volta a casa, ligo para Randy. Ele escuta pacientemente a angústia na minha voz e depois me tranquiliza: "Nic não vai ficar fora durante muito tempo. Ele não está se divertindo nem um pouco". Espero que ele tenha razão, mas isso não me deixa menos preocupado com a possibilidade de outra overdose, ou de que ele possa provocar algum outro dano irreparável.

Nic está sumido há uma semana. Depois, outra. Dias e noites intermináveis. Tento me manter ocupado. Tento trabalhar. Fazemos planos com amigos — os mesmos que estavam indo à praia com Karen e as crianças quando Nic foi preso. Equipados com bicicletas amarradas em racks pendurados na traseira de nossos carros, em uma imaculada manhã de sábado, nos encontramos com eles num estacionamento no Bear Valley. Contando as nossas duas famílias, temos oito bicicletas, desde as sofisticadas, com catorze marchas, à minúscula Schwinn chacoalhante da menina mais nova.

O Bear Valley está dourado e verde, e o céu, visto através das árvores, é um dossel azul. Pedalamos por uma trilha de terra até um prado, e dali descemos uma trilha pedregosa na direção de Arch Rock. Para chegar até lá, temos de largar as bicicletas e caminhar o último quilômetro e meio.

A trilha na floresta segue um riacho e é cercada de abetos, pinheiros, castanheiros-anões e carvalhos nodosos e retorcidos. No final, subimos até um penhasco escarpado com uma vista deslumbrante do oceano, onde as focas levantam a cabeça próximas a uma rocha irregular que emerge de dentro de uma geleira.

Seguimos então outro caminho, forrado de mímulos pegajosos, murtas e íris. Musgo cor de ferrugem cresce sobre grandes pedras redondas de granito. Jasper diz que é como estar dentro de O senhor dos anéis à procura de Frodo. Ao final da trilha, embaixo da Arch Rock, temos que calcular, depois de uma onda quebrar e ser arrastada de volta para o mar, deixando o caminho livre para nós, o tempo exato de que precisamos para correr e conseguir atravessar um ponto rochoso, para então descermos até uma nesga de praia. O chão é de quartzo polido, coberto por algas esponjosas.

O caminho leva de volta ao início da trilha. Jasper e eu somos os primeiros a chegar. Montamos nas nossas bicicletas e continuamos em frente. O plano é nos encontrarmos outra vez no prado.

Ao chegarmos lá, encostamos as bicicletas numa árvore e descansamos sob um carvalho, em um tronco caído. Jasper aponta para o prado — "Olhe!" Há uma fantástica faixa de flores cor-de-rosa, sobras exóticas deixadas por um jardim abandonado: flores de macieiras, mais cor-de-rosa do que algodão-doce.

Ficamos lá sentados, em silêncio, escutando o canto dos passarinhos e o vento nas folhas. De repente, tenho um *déjà-vu*. Já estive aqui antes. Sentado neste mesmo galho. Mas com Nic. Isso faz mais de uma década. Meu coração lateja, e meus olhos se enchem de lágrimas. Nic subiu nesta árvore e me chamou: "Pai, olhe, estou aqui em cima!".

Distraidamente, Nic cantou a canção do gato da Alice: "Estavam mimsicais as pintalouvas, e os momirratos davam grilvos"*.

Ele subiu ainda mais alto e depois começou a dançar em um galho grosso que se estendia por cima do prado. "Olhe aqui, papai! Olhe para mim!"

"Estou vendo."

"Estou no céu."

---

* Trecho do poema nonsense "Jabberwocky", de Lewis Carroll, musicado na animação da Disney. No original, "All mimsy were the borogoves, And the mome raths outgrabe". (N. E.)

"Fantástico."

"Estou mais alto que as nuvens."

Ele escorregou ainda mais para a ponta do galho nodoso. "Tirando ervas"*, cantou ele. "Pegando pedras. Somos feitos de sonhos e ossos." Uma lufada de vento balançou a árvore; as folhas tremeram, e os galhos balançaram. "Quero descer", disse Nic de repente.

"Tudo bem, Nic. Você está indo bem. Venha devagar."

"Não consigo!", gritou ele. "Estou empacado."

"Você consegue", falei. "Você pode descer."

"Não consigo descer." Ele começou a chorar.

"Não tenha pressa", eu respondi. "Procure um apoio de cada vez. Venha devagar."

"Não consigo."

"Consegue."

Ele envolveu suas longas pernas e braços com mais força ainda em torno do galho. "Vou cair."

"Não vai."

"Vou."

Fiquei de pé exatamente embaixo dele e gritei: "Você está bem. Não tenha pressa!". Eu disse isso, mas estava pensando: se você cair, eu lhe pego.

Sentado aqui com Jasper, lembrando, algumas lágrimas deslizam dos meus olhos. Jasper nota imediatamente. "Você está pensando em Nic", ele comenta.

Balanço a cabeça. "Desculpe", respondo. "Acabo de me lembrar do seu irmão. Lembro que quando ele tinha a sua idade nós viemos aqui."

Jasper balança a cabeça. "Eu também penso muito nele." Ficamos sentados juntos embaixo da antiga árvore sem dizer nada até Karen, Daisy e nossos amigos nos chamarem.

Numa manhã da semana seguinte, Karen percebe que alguma coisa está errada em nossa casa. Algumas coisas estão fora do lugar. Uma escova de cabelo no chão. Alguns livros e revistas espalhados no sofá. Um suéter faltando.

---

* *"Pulling weeds"*, trecho da canção *"Garden Song"*, de Peter, Paul and Mary. (N. T.)

Estou trabalhando no meu escritório, mas me junto a ela na sala. "O que você está insinuando?", pergunto. Imediatamente fico na defensiva. Minha reação reflexa é pensar que Karen está exagerando, ficando paranoica, sempre pronta para pôr a culpa de tudo em Nic.

"Não. Alguém..." Ela para. "Venha ver."

Sigo-a, e minha mente muda da defensiva para a aceitação. Nic esteve aqui. Ele arrombou a casa. Juntos verificamos todos os cômodos e encontramos, no nosso quarto, um ferrolho quebrado em uma porta envidraçada que dá para o lado de fora. A moldura de sequoia está irreparavelmente rachada. Só então eu noto que as gavetas da minha escrivaninha foram reviradas.

Cada vez que Karen ou eu descobrimos outra violação, somos novamente atingidos por um misto de tristeza e fúria. Como ele pôde ter feito isso? Karen e eu tivemos de encerrar nossas contas bancárias quando ele falsificou nossas assinaturas em cheques, tivemos de dar baixa nos nossos cartões de crédito quando ele os roubou. Vamos ter de fazer tudo isso de novo. No momento, ligo para um chaveiro e para uma empresa que instala alarmes antifurto.

Ligo também para a delegacia, registrando o arrombamento. Se alguém me dissesse que eu algum dia chamaria a polícia por causa do meu filho, antes de eu conhecer sua dependência química, eu teria achado que era essa pessoa quem estava usando drogas. Não quero que Nic seja preso. Fico doente ao imaginá-lo na cadeia. Alguma coisa boa poderia resultar disso? De repente me vejo compartilhando dos sentimentos dos pais que conheci em algumas das reuniões do Al-Anon, cujos filhos estavam na cadeia, e que disseram: "Pelo menos agora eu sei onde ele está". E: "É mais seguro". A triste ironia é que, por mais violenta que a cadeia possa ser, por mais sombria e desesperançada, é provavelmente mais segura para Nic do que as ruas.

O chaveiro que vem à nossa casa é um homem robusto, que usa calças jeans e camisa do uniforme. Mostro a ele as trancas das portas e janelas que queremos que ele troque. É uma experiência cara e humilhante, porque sou sincero quando ele pergunta: "É só uma precaução ou você já teve algum problema?".

Minha voz vacila quando respondo: "Meu filho".

No dia seguinte, recebemos notícias por amigos que moram na vizinhança perto do Manka, um pavilhão de caça antigo que hoje é um renomado restaurante. Um dos funcionários chegou pela manhã, para encontrar os outros, e viu dois garotos escapulindo pela janela de uma casa. Os garotos cortaram caminho pela lateral e fugiram em um velho Mazda vermelho desbotado pelo sol, caindo aos pedaços. Os garotos foram rápidos na fuga, mas o homem, que conhecemos, reconheceu Nic. Vou até à casa. O que sobrou daquela noite permanece intocado: Nic e o amigo dormiram no chão da sala. Não há muita coisa mexida, mas há bolas de algodão, pacotes de papel-alumínio e outros itens usados para fumar e injetar metanfetamina.

O que mais Nic irá arrombar? Nunca é fácil entender exatamente o que motiva um dependente químico, mas me espanto que Nic seja atraído por lugares em que é amado — nossa casa, a dos nossos amigos, a de seus avós. É provável que seja apenas pela conveniência, quando ele não tem mais para onde ir, ou seria um desejo inconsciente de voltar para a segurança de casa? Seja lá qual for o motivo, quando ele impõe sua maluquice sobre nós, fica ainda mais difícil sentir compaixão. Ficamos com medo dele.

Na manhã seguinte, Karen está do lado de fora, quando, de forma surreal, vê Nic passar dirigindo seu velho Mazda, com fumaça saindo do cano de descarga. Seus olhos se encontram. Ele acelera o carro, que sobe a colina depois da casa.

Karen, intrigada, fica estupefata. Sim, é Nic. Ela me chama.

Eu pulo no carro e vou atrás dele. O que vou fazer? Suponho que simplesmente lhe dizer como estamos todos com o coração partido. E adverti-lo de que a polícia foi chamada. É melhor ele parar, procurar ajuda, ligar para Randy.

Ando pelas ruas sinuosas da colina acima de nossa casa. Houve um incêndio repentino aqui dez anos atrás. Quarenta e cinco casas e mais de cinco mil hectares foram queimados. Os carvalhos, pinheiros e abetos que rebrotaram depois disso estão agora do tamanho de pequenas árvores de Natal. Dirijo por ruas que serpenteiam por cânions e do lado do penhasco, mas não consigo encontrá-lo.

Desço a colina de volta para a nossa casa e, quando entro na garagem, noto que nosso outro carro não está ali. Corro para dentro. Jasper e Daisy me contam que Karen viu Nic descendo a colina — de algum modo, não nos cruzamos — e pulou para dentro de nosso outro carro. Ela está seguindo o velho Mazda em nosso próprio carro antiquado, uma caminhonete Volvo, velha e batida, que dificilmente consegue chegar a 65 quilômetros por hora.

Tento ligar para o celular de Karen, mas ele vibra e toca no nosso quarto, a poucos metros de distância. As crianças parecem preocupadas, então as tranquilizo. Eles sabem que Nic teve uma recaída, mas como podem entender o que significa a mãe deles ter pulado para dentro do carro e os deixado sozinhos em casa para correr atrás do irmão deles?

Ela demora quase uma hora para voltar, sendo que a esta altura eu já estou maluco de preocupação, embora, para o bem das crianças, finja que está tudo normal, mais uma vez tranquilizando-os. Esperamos na sala. Quando Karen entra na garagem, corremos para fora. Ela diz que seguiu Nic pela Autoestrada 1 e pela montanhosa Stinson Beach Road. Até que finalmente se deu conta de que isso era um absurdo — o que teria feito se o tivesse alcançado? — e então parou.

"O que você *teria* feito se o tivesse alcançado?", pergunta Jasper.

"Não sei bem." Ela parece chateada. Andou chorando.

Mais tarde, quando estamos sozinhos, Karen me confidencia: "Eu queria dizer a ele para buscar ajuda, mas principalmente que eu o estava expulsando — expulsando da nossa casa — da casa de Jasper e Daisy".

Não é que precisemos de um lembrete, mas esta manhã absurda nos mostra como nossa vida está fora de controle. Era besteira tentar correr atrás de Nic, mas sucumbimos à irracionalidade que a dependência química traz e que nos envenena.

Três dias mais tarde, um domingo de manhã, o telefone toca, mas ninguém fala do outro lado da linha. Então, acontece outra vez. No identificador de chamadas há um número que não reconheço.

Faço uma busca na internet e descubro que o telefone pertence a um nome que me soa familiar. Demora um pouco até eu conseguir ligar o nome às pessoas. São os pais de uma menina que Nic conheceu no ensino médio. Ligo, mas a ligação cai na secretária eletrônica. Deixo uma mensagem: "Estou tentando achar meu filho. O nome dele é Nic Sheff. Ele me ligou deste número".

A madrasta da menina me liga de volta. Fico pasmo com o que ouço. "Você é o pai de Nic? É tão bom falar com você", diz ela. "Que filho ótimo você tem. É um prazer tê-lo aqui. Estávamos tão preocupados com April, e ele é uma influência tão boa para ela."

"Uma boa influência para ela?"

Suspiro e conto-lhe a respeito da recaída de Nic e de seu desaparecimento. Ela está estupefata. Explica que sua enteada tem entrado e saído da reabilitação por dependência de drogas e que Nic parece dar muito apoio a ela.

À tarde, Nic liga. Ele me conta tudo — teve uma recaída, está usando metanfetamina e heroína. Já ensaiei minha resposta. Trêmulo, digo-lhe que não há nada que eu possa fazer. A escolha é dele. Informo que a polícia está à sua procura, que a mãe dele o registrou como desaparecido na polícia de Santa Mônica e que os delegados de Marin estão patrulhando nossa casa e a casa dos nossos amigos que ele invadiu. Pergunto: "Você quer acabar na cadeia? É para lá que você está indo".

"Meu Deus", diz Nic. "Por favor, ajude-me. O que eu posso fazer?"

"Tudo o que tenho a dizer, você já sabe. O que eles lhe dizem no programa? Ligue para seu padrinho. Converse com Randy. Não sei mais o que falar."

Nic está chorando. Eu não digo nada. Não é assim que eu quero reagir. Quero dirigir até a cidade e buscá-lo, mas repito: "Ligue para Randy". Eu lhe digo que o amo e que espero que ele consiga consertar sua vida. Posso parecer decidido ou resignado, mas não é assim que me sinto.

Desligo. Minhas têmporas latejam. Quero ligar para ele novamente. Quero dizer-lhe que estou indo buscá-lo. Mas não faço isso.

Randy telefona depois de mais ou menos meia hora. Conta que teve notícias de Nic e o encorajou a voltar para L. A. "Eu lhe disse que sinto falta dele", fala Randy. "E isso é verdade. Mandei Nic voltar para cá — estou esperando por ele. Ele pareceu pronto para voltar."

Respiro. Quando agradeço a Randy, ele fala: "Não precisa agradecer. É assim que permaneço vivo. E realmente sinto falta daquele babaca".

Vicki e eu conversamos. Estamos os dois aliviados por saber que Nic concordou em voltar para L. A, para Randy — para o programa. Entretanto, estamos em choque, incapazes ou pouco dispostos a aceitar que tudo possa ficar bem outra vez. Tudo é muito instável.

À tarde, Vicki me liga. Nic, que tinha dinheiro suficiente para o táxi até o aeroporto e para a passagem de avião, chegou a L. A. Ela o buscou no aeroporto e o deixou no apartamento dele, onde seu companheiro de quarto recebeu-o com um tapinha nas costas.

Nic imediatamente retirou-se para seu quarto, onde adormeceu. Quando ligo para ele, Ted me diz que Nic está se livrando da droga por meio do sono. "A desintoxicação não é nada divertida, mas ele tem de passar por isso. Não há nada que você possa fazer além de rezar."

Nic liga de manhã. A voz dele está rouca. Quando pergunto como se sente, responde, mal-humorado: "O que você acha?". Ele relata sua partida de São Francisco: "Fiz o que Randy mandou. Rezei. Ficava repetindo: 'Por favor, me ajude'. Fiquei falando isso sem parar. Quando estava pronto para partir, April me viu e pirou. Agarrou-se à minha perna, chorando e gritando que eu não podia ir embora. Mas, se eu ficasse, nós dois iríamos morrer. Eu lhe disse isso, mas não adiantou". Ele chora. "Fiz uma merda das grandes."

Durante os dias que se seguem, tento ser otimista, mas estou num frenesi confuso. Ainda ajo como se tudo estivesse bem quando estou perto de Daisy e Jasper, mas desmorono quando estou com Karen.

Vou a uma reunião do Al-Anon no salão paroquial de uma igreja em Corte Madera. Estou tremendo, incapaz de me conter, e, quando chega a minha vez, despejo abruptamente um resumo das últimas duas semanas. Enquanto estou contando, numa torrente de lágrimas e pânico, eu penso: "É outra pessoa que está falando. Essa não é a minha vida". Finalmente, exausto, eu digo: "Não sei como todos vocês nesta sala sobrevivem a isso". E choro. Assim como muitos dos outros presentes.

Depois da reunião, enquanto ajudo a dobrar e guardar as cadeiras de metal, uma mulher à qual nunca fui apresentado se aproxima e me abraça, e eu fico horrorizado por chorar em seus braços. "Volte sempre", diz ela.

Às vezes me surpreende que a vida continue, mas ela continua, inexorável. Jasper entra no meu escritório. Está usando um pijama curto de flanela e chinelos felpudos. Daisy, com o cabelo amassado pelo travesseiro, está de camiseta e calça listrada com as cores do arco-íris, carregando Uni, seu unicórnio de pelúcia. Então Karen, as crianças e eu fazemos *waffles*. Depois de comer, Jasper e Daisy começam a brincar de esconde-esconde. Jasper é quem vai procurar, e Daisy corre pelo corredor. Ele grita: "Pronta ou não...", e vai atrás dela. Ele a encontra, encolhida como um gato dentro da mesma cesta em que ela sempre se esconde. Jasper vira a cesta e despeja Daisy no chão de concreto, depois tropeça sobre seu corpo esparramado e cai em cima dela. Eles riem como hienas. Daisy se desvencilha, pula e sai correndo, com Jasper atrás. Eles passam do nosso lado e mergulham no quarto vago de Nic, definido como o pique, apesar das lembranças ruins que parecem estar permanentemente impregnadas nas paredes.

Em seguida, os dois trocam de roupa e vão lá para fora para brincar de jogar uma bola de lacrosse de um para o outro. Dentro de minutos, no entanto, eles perdem a bola, como sempre. O jardim tem um poder mágico de atração. Nele se perdem bolas de lacrosse, de tênis, futebol, futebol americano e beisebol, além de petecas, pipas, modelos de foguetes, *frisbees*. Eles procuram embaixo das moitas e cercas durante algum tempo, mas a bola desapareceu dentro do buraco negro que parece haver no jardim. As crianças desistem e sentam-se no cascalho, de onde escutamos a brincadeira de palmas deles: "*A-do-le-tá, Le petit, petit, polá, le cafè con chocolat, a-do-le-tá*". Em seguida, ouvimos Jasper perguntar: "Você acha que Nic parece o Bob Dylan?". Na noite passada, assistimos a um vídeo de uma apresentação de Bob Dylan no Greenwich Village, quando ele tinha vinte e poucos anos.

Daisy não responde diretamente, mas pergunta: "Você sabe por que aquele cara usa drogas?".

Jasper fala: "Ele acha que a droga faz ele se sentir melhor".

"Não faz. Faz ele se sentir triste e mal."

"Não acho que ele queira usá-las, mas ele não consegue parar. É como nos desenhos animados, quando algum personagem tem um demônio sobre um ombro e um anjo sobre o outro. O demônio cochicha no ouvido de Nic, e algumas vezes tão alto que ele tem de escutá-lo. O anjo também está lá, mas ele fala mais baixo, e Nic não consegue ouvi-lo."

À noite, Nic relata que Randy quase literalmente o arrastou para fora da cama e o colocou em cima de uma bicicleta. "Senti vontade de morrer", ele conta, "mas Randy não aceitou o meu *não*. Ele disse que viria me buscar, então me aprontei. Randy apareceu, e eu montei na minha bicicleta e me senti péssimo, achava que não conseguiria pedalar nem até o final do quarteirão, quanto mais litoral acima, mas aí senti o vento, a memória do meu corpo me dominou, e pedalamos durante algum tempo". Há alguma vida na voz de Nic, e eu fico com uma imagem esperançosa: Nic em sua bicicleta sob o sol do sul da Califórnia, pedalando ao longo da praia.

No fim de semana, quando Nic liga outra vez, ele está ansioso por conversar. Expressa espanto por ter tido uma recaída. "Fiquei sóbrio durante dezoito meses. Fiquei metido. É esse o engodo da dependência química. Você pensa: minha vida não é ingovernável. Estou bem. Você perde a humildade, acha que é esperto o suficiente para dar conta de tudo." Ele admite que está envergonhado — mortificado — com relação à recaída e afirma que está redobrando seus esforços: "Tenho ido a duas reuniões por dia. Tenho de recomeçar os passos, tudo de novo".

É claro que estou aliviado (mais uma vez) e esperançoso (de novo). E estou sempre avaliando: o que está diferente desta vez? Será que há algo de diferente? De fato, ele está fazendo progressos, do tipo que você aprende a medir dia a dia. Randy o ajuda a conseguir outro emprego. Juntos, eles começam a trabalhar os doze passos outra vez. Todos os dias, antes ou depois do trabalho, os dois saem em longos passeios de bicicleta.

Em casa, em Inverness, Karen e eu trabalhamos numa recuperação análoga. Por meio do Al-Anon e do terapeuta que Karen e eu continuamos a ver de vez em quando, compreendemos de que modo nossas vidas também se tornaram ingovernáveis. A minha se tornou. Meu bem-estar passou a depender de Nic. Quando ele está usando drogas, minha vida vira uma confusão; quando não está, fico bem, mas o alívio é tênue. O terapeuta diz que pais de filhos dependentes químicos muitas vezes adquirem um tipo de síndrome de estresse pós-traumático, agravado pela natureza recorrente da dependência. Quando soldados voltam para casa depois da guerra, os atiradores e as bombas passam a estar na cabeça deles. Para os pais de um dependente químico, uma nova explosão pode acontecer a qualquer momento. Tentamos nos proteger dela. Fingimos que está tudo bem. Mas vivemos com uma bomba-relógio. É debilitante ser dependente dos humores, das decisões e das ações de outra pessoa. Arrepio-me quando ouço a palavra *codependente,* porque ela representa um clichê de livros de autoajuda, mas o fato é que passei a ser codependente de Nic — codependente de seu bem-estar para o meu próprio bem-estar. Como pode um pai não ser codependente da saúde de um filho, ou da falta dela? Mas tem de haver uma alternativa, porque isso não é vida. Aprendi que minha preocupação com Nic não só não o ajuda como também prejudica Jasper, Daisy, Karen — e a mim.

Passa um mês. Dois. Em junho, vou a L. A. fazer uma entrevista. Pergunto a Nic se ele quer se encontrar comigo para jantar.

Busco-o em frente ao seu apartamento. Nós nos abraçamos quando nos encontramos. Dando um passo para atrás, olho para ele e tento assimilar o que está diante de mim. A esta altura, já aprendi o suficiente para saber que, em algum ponto, os dependentes químicos, especialmente os dependentes de metanfetamina, não se recuperam — pelo menos não durante um tempo muito, muito longo. Alguns jamais se recuperam. A debilidade física, sem falar da mental, pode ser permanente. Mas os olhos de Nic estão castanhos, cheios de luz, e seu corpo parece forte outra vez. Ele é jovem o suficiente para se reerguer, ou pelo menos parece que foi isso o que aconteceu. Seu riso surge fácil e sincero. Mas eu já presenciei essa transformação antes.

Damos uma volta a pé e ficamos de conversa fiada — batemos papo sobre próxima eleição e coisas do tipo. Filmes são sempre um assunto seguro. "Quero pedir desculpas", diz ele, mas sua voz falha, e ele fica em silêncio. No momento, falar sobre isso parece impossível para ele. Talvez haja motivos demais para ele pedir desculpas.

Nós nos encontramos outra vez na noite seguinte, e eu o acompanho a uma reunião do AA. Enquanto tomamos café morno em copos de papel, nos apresentamos. "Sou Nic, dependente de drogas e de álcool", diz ele. Ao chegar a minha vez, eu digo: "Sou David, pai de um dependente de drogas e de álcool, e estou aqui para dar apoio ao meu filho".

O orador da reunião diz que está em recuperação há um ano. Aplausos. Ele conta histórias a respeito do impacto da recuperação em sua vida. Na semana passada, ele se viu sozinho com a namorada de um amigo, uma mulher por quem se sentia atraído havia anos. Ela começou a dar em cima dele. Em qualquer outra época de sua vida, ele teria ficado exultante e não teria pensado duas vezes antes de dormir com ela, mas começou a beijá-la, e então parou. Falou: "Não posso fazer isso", e foi embora. Longe do prédio dela, caminhando para casa, ele começou a chorar incontrolavelmente. Explica: "Ficou claro para mim. Recuperei o meu senso moral". Nic e eu nos olhamos com... o quê? Hesitação. E, pela primeira vez em muito tempo, ternura.

Sou continuamente lembrado de que nada é fácil para Nic. Tenho pena dele. Quero fazer alguma coisa para ajudá-lo, mas não há nada que possa ser feito. Quero que ele reconheça seu passado traumático e prometa que isso jamais vai acontecer de novo. Ele não é capaz. Quando conversamos, na verdade me dou conta de que Nic descobriu a ironia mais amarga da sobriedade inicial. O prêmio pelo difícil trabalho na recuperação é que você bate de frente com a dor da qual estava tentando fugir ao usar drogas. Ele diz que, às vezes, se sente otimista e bem, mas outras vezes se sente deprimido e desamparado. "Há momentos em que acho que não vou conseguir", diz ele. Sente-se subjugado pela recaída. "Como pude foder com tudo desse jeito? Não posso acreditar no que fiz. Quase perdi tudo. Acho que não consigo começar tudo de novo."

Nic admite que às vezes ele fantasia a respeito de ter uma recaída. Sonha com isso. Mais uma vez. Sempre. Seus sonhos são vívidos e sombrios. Ele sente ao mesmo tempo repulsa e sedução pelas drogas. Consegue sentir o gosto delas. Sente o gosto do cristal, sente o cheiro, sente a agulha atravessar a pele, a droga fazendo efeito, então o sonho se transforma num pesadelo, porque ele não consegue parar.

Acorda ofegante, suado.

Sei que permanecer sóbrio é muito mais difícil para Nic do que eu sou capaz de imaginar. Sinto compaixão e orgulho pela sua luta. Quando fico zangado por causa do passado — as mentiras, os arrombamentos, as traições —, refreio minha vontade de dizer qualquer coisa ou até mesmo de reagir. Não adianta. Acho que foi em Nova York que Nic e eu assistimos a *Os excêntricos Tenenbaums*. A trilha sonora do filme traz "These Days", de Jackson Browne, em uma versão interpretada pela voz angustiada da cantora Nico. Ouço-a recitar a letra sombria: "Não me confronte com os meus fracassos. Eu não os esqueci"*. Tenho de me lembrar que, se as recaídas de Nic me horrorizam, para ele é ainda pior. Sofro, Vicki sofre, Karen sofre, Jasper e Daisy sofrem, meus pais e os de Karen sofrem, outras pessoas que amam Nic sofrem, mas ele sofre mais que todos nós. "Não me confronte com os meus fracassos. Eu não os esqueci."

Hoje foi especialmente difícil, diz Nic ao ligar. De fato, ele parece exausto. O carro dele quebrou a caminho de uma entrevista para um emprego com o qual estava animado, e por isso faltou à entrevista. Eu sempre me preocupo que essas frustrações normais do dia a dia sejam demais para Nic, mas ele e Randy saíram de bicicleta. Pedalaram por horas e conversaram a respeito do programa, do AA, dos doze passos e de como é difícil se abrir para o mundo, mas como há muito mais a ganhar quando você se abre. A sobriedade é apenas o começo, e é o único começo possível.

Embora Nic tenha conversado com eles pelo telefone, Karen, Jasper e Daisy não o viam desde a recaída. Continuamos tentando explicar a situação para os pequenos. "Seu irmão tem uma doença" não é suficiente para confortá--los. É uma explicação inteiramente enganosa, pouco satisfatória. Do ponto de

---

* "Please don't confront me with my failure. I'm aware of it". Canção lançada no álbum *For Everyman*, de 1973. (N. E.)

vista dos dois, os sintomas de uma doença são coisas como tosse, febre ou dor de garganta. O mais próximo da compreensão da doença a que eles conseguem chegar é a imagem que Jasper faz do demônio e do anjo competindo pela alma de Nic. Apesar disso, as crianças sentem falta dele. Karen e eu estamos relutantes em deixar Nic vir nos visitar em Inverness. Precisamos de mais tempo. Nic parece compreender. Não estamos prontos para tê-lo de volta em casa — não depois da última vez que ele esteve aqui. Não depois de ele ter roubado cheques, de nossa perseguição de carro, do arrombamento traumático da nossa casa e das casas dos nossos amigos, os roubos, o trauma de não saber onde ele está, de imaginá-lo no porta-malas de um carro seguindo país afora rumo ao leste, passando por Sacramento, Reno, Billings e Montana. No final do verão, porém, decidimos tirar férias em Molikai, no Havaí, hospedando-nos em cabanas num acampamento na beira de uma praia, e Karen sugere que usemos nossas milhas para convidar Nic para vir junto. Finalmente ela está pronta para vê-lo. Para nós dois, parece mais seguro encontrá-lo em território neutro, e férias são uma época menos complicada para tentarmos começar a nos reaproximar.

No dia da chegada de Nic, nós quatro vamos até a única pista de pouso do aeroporto de Molikai para encontrá-lo. Como sempre, a reunião é uma mistura de excitação com um intenso nervosismo.

"Daisy, você tem um narizinho entupido, dondoquinha", diz Nic efusivamente quando vê a irmã, levantando-a num enorme abraço e rodando-a no ar. "É tão bom ver você, sua bobinha!"

"E você também, meu senhor", diz ele, abaixando-se para ficar na altura dos olhos de Jasper. "Senti mais falta de você do que o Sol sente falta da Lua à noite." Nic o aperta também.

Durante o longo trajeto até o acampamento, há algum retraimento e embaraço, mas então Jasper pede para Nic contar uma história de PJ, de modo que voltamos a pisar em território seguro.

Nic começa: "PJ Fumblebumble, o maior detetive de Londres, acordou". Ele usa um sotaque britânico que imita o tom e a altura da voz de um narrador do desenho animado *Alceu e Dentinho*. "Como todo mundo sabe, PJ Fumblebumble é o melhor detetive de toda a Londres. Entretanto, para aqueles de vocês que passaram a vida morando numa gruta ou numa cabana enterrada na neve, devo dizer que, se você tiver algum problema — um papagaio sumido, um ladrão no quarto, falta de mel para suas panquecas —, só existe um homem para quem você precisa ligar. Esse homem, como você provavelmente já adivinhou, é ele, o único, inspetor PJ Fumblebumble. As crianças querem ser como ele, os homens morrem de inveja, e as mulheres desmaiam à simples menção do seu nome."

Nic vem contando capítulos dessas histórias sobre PJ e lady Penélope há anos. As crianças adoram. "O homem é alto e magro", continua Nic, "comprido e delgado como um palito de pirulito com pernas, e tem um bigode no formato de guidão de bicicleta, cuidadosamente tratado. Seu nariz é enorme e curvado. Ele consegue farejar uma pista tão bem quanto um cão de caça. Suas orelhas são igualmente aguçadas e enormes. Seu cabelo está começando a ficar grisalho e está caindo, e seus olhos exigem o auxílio de óculos redondos, com aros de arame. Enérgico e ousado, ele está envelhecendo com distinção. As mãos do homem são grandes, com dedos feito cordas cheias de nós. Seu pomo de adão é redondo e maravilhosamente protuberante".

PJ ocupa a maior parte do trajeto até o acampamento à beira-mar. Depois da conclusão da história, — PJ prende o vil professor Julian "Sapato Cagado" Pipsqueak —, as crianças atualizam Nic a respeito da escola e dos amigos.

"Tasha está cada vez mais má, e ela me imita", diz Daisy. "Ela não dá bola para Richard, que está sempre atrás dela. Isso o faz chorar."

"A pedantezinha esnobe", responde Nic, ainda com o sotaque britânico de PJ.

Admiramos a vista da terra vermelha. Em um certo momento, Jasper pergunta em voz baixa: "Nic, você ainda vai usar drogas?".

"Nem pensar", diz Nic. "Eu sei que você se preocupa, mas eu vou ficar bem."

Eles ficam quietos. Olhamos para a argila vermelha e espiamos o primeiro relance de ondas quebrando.

No acampamento à beira-mar, nós cinco pedalamos bicicletas alugadas, brincamos na areia e nadamos juntos. Karen lê *A ilha do tesouro* em voz alta, sob a sombra das palmeiras.

Uma tarde, vamos até a cidade para tomar sorvete num lugar com cadeiras de encosto e pés de arame retorcido. A variedade de sabores é exclusivamente havaiana: batata-doce, chá-verde e noz-macadâmia.

Para mim, é impressionante como as nossas duplas realidades mais uma vez se confundem. Provavelmente faz parte do vestígio de algum mecanismo de sobrevivência. Agora, em vez de me lembrar da avassaladora calamidade e do mal, sou varrido para o encanto dos meus filhos aqui, juntos, e da beleza natural deste lugar. Sinto como se estivéssemos todos limpos, lavados pelo oceano e pela quente brisa tropical. Esperançoso com o futuro de Nic, consigo esconder o negrume de sua dependência química — não chego a esquecê-la, mas a coloco de lado — e, enquanto isso, apreciar o sublime. Um pôr do sol, a água verde-clara, a poesia da música que toca nos CDs do carro — Lennon cantando "Julia", depois "Astral Weeks", de Van Morrison. No momento, o mal está afastado.

A noite é cheia de sons de grilos e camundongos que escorregam no chão de madeira. Na tenda das crianças, com três camas de solteiro, podemos também escutar Nic lendo para Jasper e Daisy. Ele dá seguimento ao livro *As bruxas*, no ponto em que o largara mais de dois anos atrás.

Depois das despedidas no aeroporto, embarcamos em jatos separados, Nic para L. A., e nós para São Francisco.

Uma semana mais tarde, estou com Jasper em Point Reyes Station, onde pegamos a correspondência. Há uma pilha de contas, cartas da escola deles com os horários do novo ano e uma carta para Jasper — de Nic. Jasper abre o envelope cuidadosamente, desdobra a carta e a segura nas mãos, lendo em voz alta. Em sua letra clara, numa folha de papel tirada de um caderno, Nic escreve: "Estou procurando um jeito de dizer que sinto muito, por mais que essas duas palavras possam soar vazias de significado. Sei também que este dinheiro jamais poderá substituir o que roubei de você em termos de medo, de preocupação e da maluquice que eu trouxe à sua jovem vida. A verdade é que não sei como dizer que sinto muito. Eu o amo, mas isso nunca mudou. Preocupo-me com você, mas sempre me preocupei. Estou orgulhoso de você, mas nada disso melhora coisa alguma. Acho que o que posso lhe oferecer é: enquanto você está crescendo, sempre que precisar de mim — para conversar ou para seja lá o que for —, agora eu poderei lhe ajudar. Isso é uma coisa que nunca pude prometer antes. Estarei presente para você. Vou viver, construir uma vida e ser uma pessoa com quem você vai poder contar. Espero que isso signifique mais do que esta carta idiota e estas oito notas de um dólar".

Parte v
Nunca sabendo

Joel

Como, exatamente, isso vai funcionar esta noite?
(Enquanto Mierzwiak fala, as cores do quarto começam a sumir. O tom de voz de
Mierzwiak também é afetado; torna-se seco e monótono.)

Mierzwiak

Vamos começar com as nossas lembranças mais recentes e retroceder — Há um
núcleo emocional em cada uma de nossas lembranças — À medida que erradi-
camos esse núcleo, ele começa seu processo de degradação — Ao acordarmos de
manhã, todas as lembranças escolhidas terão murchado e desaparecido.
Como um sonho, quando acordamos.

Joel

Há algum tipo de risco de dano cerebral?

Mierzwiak

Bem, tecnicamente, o próprio procedimento é um dano cerebral, mas comparável
a uma pesada bebedeira noturna. Nada de que você vá sentir falta.

Charles Kaufman, *Brilho eterno de uma mente sem lembranças*

20

MEU ARTIGO "MEU FILHO DEPENDENTE QUÍMICO" é publicado na *New York Times Magazine* em fevereiro. Tanto Nic como eu recebemos mensagens de amigos e desconhecidos. Nós dois somos encorajados, porque parece que a história da nossa família tocou muita gente — e, de acordo com algumas pessoas, nossa história as ajudou, especialmente aquelas que passaram por algo parecido, ou estão passando agora.

Quando pedem a Nic que escreva suas memórias, ele entusiasmadamente vai em frente. E a reação dele me inspira a querer escrever mais sobre esse assunto — a ir mais fundo. Logo tenho um prazo final para entregar um livro, embora eu continue escrevendo como se não tivesse. Escrever é muito doloroso, e escrever esta história algumas vezes é torturante. Ao escrever todos os dias, revivo as emoções que senti na época do que estou lembrando. Eu vivo outra vez o inferno. Entretanto, também revivo os momentos de esperança, milagre e amor.

Mais para o final de fevereiro, planejamos passar uma semana esquiando em Lake Tahoe. Nic consegue alguns dias de folga no trabalho para que possa se juntar a nós. As crianças esquiam juntas. À noite, ao lado do fogo, Nic conta a elas histórias de PJ.

Quando conversamos, Nic parece enfaticamente empenhado em se manter sóbrio. Já aprendi a refrear meu otimismo, mas mesmo assim é bom ouvir Nic falar sobre a vida que está construindo em L. A. Além de seu livro, ele está escrevendo contos e resenhas de filmes para uma revista on-line. Parece muito adequado que ele esteja resenhando filmes, já que eles ocupam uma parte tão significativa da sua vida. Todos os dias em L. A., Nic pedala, nada ou corre. Às vezes, faz as três coisas. Nic e Randy pedalam para cima e para baixo pela costa, partindo de Santa Mônica. Eles pedalam pelos cânions, sobem colinas, atravessam a cidade e passeiam ao longo das praias.

Quando eu o levo ao aeroporto, depois de nossa visita às montanhas, ele me conta que adora sua vida. Ele usa exatamente estas palavras: "Adoro a minha vida".

Nic conta que seus passeios com Randy o estimulam e o mantêm sóbrio. "Esse barato é tão, tão, tão melhor do que as drogas jamais foram", ele diz. "É o barato de uma vida plena. Enquanto pedalo, sinto isso tudo."

Sim, estou otimista. Paro de me preocupar? Não.

É 2 de junho. Poucos dias antes da cerimônia de final de ano escolar de Daisy e Jasper — ela vai para o quarto ano, Jasper, para o sexto. Karen e eu estamos em casa, em Inverness. De repente, sinto que minha cabeça está explodindo.

As pessoas usam essa expressão como modo de dizer. Desta vez, porém, não é o caso. Eu realmente sinto que a minha cabeça está explodindo.

"Karen, ligue para a emergência."

Ela fica olhando para mim por um minuto, sem entender o que estou dizendo. "Você está..."

Ela então faz a ligação.

Demora uns dez ou quinze minutos para três homens, que carregam caixas, máquinas e uma maca, chegarem. Eles se instalam perto de mim na sala. Fazem perguntas e um exame preliminar, enquanto colocam em mim um aparelho de pressão e um monitor cardíaco. Perguntam que hospital eu prefiro.

Estou deitado na traseira de uma ambulância.

Estou deitado na traseira de uma ambulância com dois homens pairando por cima de mim. Eles falam comigo. Não consigo entender. Estou enjoado, vomito repetidamente dentro de um reservatório, pedindo desculpas.

Quando a ambulância chega ao hospital, Karen está esperando na sala de emergência com o pai dela. Na admissão, uma médica ou enfermeira discute possibilidades de diagnóstico quando ouço Don sussurrar alguma coisa.

"Vocês já pensaram em hemorragia subaracnoidea? Talvez vocês devam fazer uma tomografia computadorizada."

A médica ou enfermeira olha para ele um tanto incerta, mas diz: "Sim. Vamos fazer uma tomografia imediatamente".

Sou empurrado por um corredor e depois para dentro de um elevador. Não estou em pânico nem com medo de morrer, porque estou confuso demais para conseguir ter um pensamento tão direto. Sinto uma paz estranha.

Sou tirado da maca e posto em uma longa placa de plástico, e de lá sou colocado em outra maca, que se move como uma esteira rolante, até que minha cabeça fica dentro de um pequeno túnel. Dizem para eu não me mexer. Luz branca, um barulho, uma luz azul.

Sou levado de volta à emergência. A esta altura, não sei. Não sei.

Meu estado piora. Escuto a expressão *hemorragia cerebral*. Só sei que já ouvi falar disso e consigo decifrar em linhas gerais as palavras *cerebral*, o cérebro, e *hemorragia*, sangramento.

De madrugada, Karen vai para a casa dos pais dela, onde Jasper e Daisy estão dormindo. De manhã cedo, o telefone toca. Karen, que quase não dormiu, atende. É uma enfermeira — a minha enfermeira. "Eu devo avisá-la. Ele não consegue falar."

No hospital, um neurocirurgião leva Karen para um canto e lhe diz que quer perfurar o meu crânio e inserir um dreno. "Vai aliviar a pressão." Ela dá permissão.

A irmã de Karen é enfermeira no Centro Médico da Universidade da Califórnia, onde uma de suas amigas mais íntimas é neurocirurgiã. A médica me visita no hospital e, depois de consultar meu cirurgião, cuida dos trâmites necessários para que eu seja transferido para o CTI de neurologia na UC em São Francisco. É preciso outra viagem de ambulância, desta vez atravessando a Golden Gate Bridge, para chegar à cidade.

O CTI neurológico.

Estou fervilhando por baixo da pele, quente demais, incapaz de ficar imóvel, com drogas para combater outras drogas — antináusea, antiedema, anticoagulante, antidor —, a pressão arterial mais alta por causa da ansiedade, o que exige mais remédios e provoca ainda mais ansiedade. Estou preso, amarrado e espetado com agulhas e tubos saindo do meu corpo — dos meus braços, do meu pênis e do topo da cabeça — como Neo em *Matrix*. Em algum momento, meus pelos pubianos foram raspados para a realização de angiogramas. Sinto coceira por causa da morfina. Estou detonado pelas luzes fortes e ouço/sinto marteladas vindas de monitores estridentes.

Nic.

Onde está Nic? Onde está Nic? Onde está Nic? Onde está Nic? Preciso ligar para Nic.

Não consigo me lembrar do número do telefone dele.

Três um zero.

E depois?

Em um relógio digital na mesa de cabeceira, números tremeluzindo, azul--verde radioativo, se reformulam, de modo que o dois se transforma num três e o cinco e o nove se dissolvem em um par de zeros retangulares. Três da manhã.

Três, um, zero. É o código de área dele.

Se pelo menos eu pudesse parar o incessante silvo que parece um sonar em meus ouvidos. Se eu conseguisse extinguir as zumbidoras lâmpadas branco-gelo. Se eu conseguisse me lembrar do número do telefone de Nic.

A enfermeira me repreende por mexer no tubo cravado no topo da minha cabeça.

Esqueci. Desculpe.

Depois que ela sai, levo a mão livre até ali novamente e acompanho o trajeto do tubo de plástico: ele sai como um talo de pera de uma porção raspada no topo do meu crânio.

A mangueira fina arqueia-se para cima, como um rio sinuoso até um gancho em S pendurado num suporte de metal. De lá, faz uma curva, mergulhando em um saco de plástico lacrado.

Mexo a cabeça para a direita. Só um pouco. Ao fazê-lo, vejo o tubo, que parece uma artéria errante, carregando uma trilha de fluido transparente tingido de vermelho. O líquido, lentamente pingando no saco, trata-se do fluido da medula e do cérebro. O vermelho é o sangue da hemorragia. Uma enfermeira explica outra vez: estou sangrando no interior do cérebro, no espaço subaracnóideo. Quando isso acontece, a causa é quase sempre um aneurisma, um ponto enfraquecido em uma artéria por onde vaza sangue. Suponho que muitas vezes o sangramento seja letal. Além disso, pode provocar danos cerebrais temporários ou permanentes.

Outra enfermeira. Ela aperta botões nos monitores. "Por favor, você me ajuda a ligar para o meu filho? Não consigo lembrar o número do telefone dele. Tenho de ligar para ele."

"Sua esposa vai vir aqui pela manhã", diz ela. "Ela deve ter o número."

Preciso do número agora.

"Durma um pouco. De qualquer modo, está tarde demais para ligar para ele."

Ouço o zumbido de vozes vindas da estação de enfermagem.

Três um zero.

O número do telefone começa com três, um, zero — o código de área mais próximo à praia em Los Angeles.

A praia.

Areia branca.

Nic está correndo. Ele entra numa trilha que passa por um matagal acima do cânion, perto de uma gruta deserta com vista para Malibu. Seu corpo magricelo e longo, suas pernas fortes correndo.

Ele tem uma faixa na cabeça.

Tênis grandes, short de corrida e uma camiseta apertada em torno de seu peito musculoso.

Seus olhos cor de chá, claros.

Conto com a voz dele no telefone para acalmar minha preocupação agonizante, mesmo sabendo que sua voz é chegada a um fingimento. Não sei mais a verdade, no entanto vou ficar mais tranquilo se puder escutá-la.

"Oi, pai, sou eu. O que está acontecendo? Você está bem?"

Tenho certeza de que ele está bem. Nunca consigo ter certeza de que ele esteja bem.

Três um zero e...

Algumas das vezes em que Nic não estava bem, a coisa ficou tão ruim que eu quis apagar, eliminar e excluir todo e qualquer traço dele do meu cérebro, para que não tivesse mais de me preocupar com ele, ficar decepcionado e magoado, não tivesse mais de me culpar e culpá-lo e não tivesse mais de ver, incessante e pungentemente, imagens do meu adorável filho drogado nas cenas mais sórdidas e horríveis que se possa imaginar. Mais uma vez: eu desejava secretamente um tipo de lobotomia.

Eu estava numa angústia miserável e ansiava por alívio.

Ansiava por alguém que pudesse extrair todas as lembranças de Nic do meu cérebro, extrair o conhecimento do que fora apagado, extrair toda a preocupação e não apenas minha angústia, mas também a dele, bem como a queimadura que eu sentia arder lá dentro. Alguém que pudesse fazer isso da mesma forma que eu podia raspar as sementes e a polpa suculenta de um melão que amadureceu demais, sem deixar nenhum traço da carne apodrecida.

Pensava que nada menos que uma lobotomia poderia me aliviar da dor incessante.

Começo a entender: estou no CTI neurológico depois de uma hemorragia cerebral. Não passei por uma lobotomia, mas foi algo bastante próximo disso.

Estou em um quarto branco no Centro Médico da Universidade da Califórnia, em São Francisco, cercado por monitores que vibram e enfermeiras gentis perguntando se consigo lembrar do meu nome (não consigo) e o ano (2015?).

Sofri um tipo de raspagem cerebral, um procedimento de risco, e não consigo lembrar o meu nome nem o ano em que estamos. No entanto, não sou poupado da preocupação que só um pai de um filho dependente químico — suponho que qualquer pai de um filho em perigo mortal — pode compreender.

Estará ele correndo risco de vida? Seu cérebro maravilhoso, envenenado, possuído pela metanfetamina. Quis retirá-lo, apagá-lo, suprimi-lo do meu cérebro, mas ele ainda está aqui, mesmo depois dessa hemorragia. Estamos ligados aos nossos filhos, não importa o que aconteça. Eles estão entrelaçados em cada célula nossa, inseparáveis de cada neurônio. Eles suplantam nossa consciência, residem em cada oco, cavidade e reentrância nossa, junto aos nossos instintos mais primitivos, mais profundos até que nossas identidades, mais profundos até que nós mesmos.

Meu filho. Somente a minha morte o pode apagar. Talvez nem a minha morte.

Qual é o telefone dele?

Nic.

Um monitor que parece um martelo bate no meu crânio.

"Veja se consegue."

"O quê?"

"Dormir um pouco."

Uma enfermeira. Desperta-me.

"Nic?"

"Acalme-se, querido. Está tudo bem. Sua pressão arterial subiu."

Mais pílulas e um copo de papel com água para tomá-las.

"Nic..."

"Durma um pouco. Vai ajudar mais que qualquer outra coisa."

"Meu filho?"

"Durma um pouco."

"Por favor, me ajude a ligar..."

"Durma um pouco."

Estou agitado e — aparentemente — arrancando o tubo. A enfermeira, parecendo fatigada e desanimada, está aqui, ela veio correndo. Diz que vai me dar outra injeção de medicação para dor.

Os remédios não atenuam o meu terror. Quero ligar para ele a fim de ter certeza de que está bem. Preciso ligar para ele. Não consigo me lembrar. Qual é o número dele? Começa com três, um, zero.

"Por favor, querido, durma."

De manhã, Karen está aqui. Entra um médico. "Pode me dizer seu nome?"

Mais uma vez, sacudo a cabeça tristemente.

"Você sabe onde você está?"

Penso sobre isso durante um longo tempo e depois pergunto: "É uma pergunta metafísica?".

O médico não reage imediatamente. Quando enfim ele responde, decidiu que não, que uma resposta direta é suficiente.

Karen está em lágrimas.

"Quem é o presidente dos Estados Unidos?"

Olho sem compreender.

Digo: "Você conta ao meu editor a respeito de minha mala? Está quebrada. Diga-lhe que as fechaduras não funcionam."

"A mala?"

"É, as fechaduras não funcionam. A mala está quebrada."

"Está bem. Vou dizer a ele."

A mala quebrada, meu cérebro. Cheio de tudo o que sou. Não consigo me lembrar do meu nome, não sei onde estou e não consigo me lembrar do número do telefone dele. Os algarismos caíram de dentro da mala fazendo o barulho e a bagunça de um balde de Lego virado, ou da coleção de conchas minúsculas de Nic, coletadas em China Beach, quando ele tinha... ele tinha quatro anos? Os algarismos caíram porque a fechadura está quebrada.

Meu filho está em perigo. Não consigo parar de pensar nisso nem agora que meu cérebro está mergulhado em sangue tóxico.

Nic.

"Qual é o seu nome?"

A enfermeira outra vez.

"Você pode ligar para o meu filho?"

"Qual é o número dele?"

"Três, um."

"Sim?"

"Não consigo."

A enfermeira me dá uma injeção de sedativo e medicação para dor, e uma onda espessa de calor enche meus dedos dos pés e pernas e se derrama pelos meus membros e borbulha como um vazamento de piche. O calor então enche minha barriga e meu peito, sobe pelos ombros, desce pelos braços e pela base do pescoço, depois sobe pela nuca e vai para minha cabeça danificada. É reconfortante. Um sono parecido com a morte me chama. É como a descida de um homem morto que foi jogado num lago sem fundo com um bloco de concreto preso aos pés, de modo que eu vou cada vez mais para baixo, para baixo, para baixo, e mesmo agora eu quebro minha cabeça já danificada tentando lembrar: o que vem depois de três, um e zero?

Tenho meu próprio quarto, mas não há privacidade. A porta fica aberta. Tem sempre luz. Uma ou duas vezes peço a Karen ou a uma enfermeira para que abram uma janela para entrar ar, mas então morro de frio. A irmã de Karen me visita sempre que tem alguns minutos entre suas rondas em outras enfermarias. Sinto-me melhor quando ela está aqui.

E, principalmente, sinto-me melhor quando Karen está comigo. Ela repousa na minha cama sob lâmpadas fluorescentes tubulares envolvidas em plástico, embaixo dos painéis brancos e quadrados do teto, com uma constelação de orifícios do tamanho de uma cabeça de alfinete.

Ela descansa comigo, lê para mim, e eu adormeço. Ela está fazendo malabarismos com as crianças e com todo mundo, com tudo, com nossa vida, mas eu a quero comigo, preciso que esteja comigo. Quando ela está aqui, tudo o mais desaparece — preocupação, medo. Deitada comigo, Karen segura minha mão e assistimos ao único canal de televisão que consigo tolerar — o único enredo que consigo acompanhar: a transmissão da imutável imagem de uma montanha.

Perco o dia da festa de final de ano das crianças. Perco o aniversário de Daisy.

Uma sucessão de médicos pergunta: qual é o seu nome? Que dia é hoje? Onde você está? Quem é o presidente? Mandam eu estender os braços, com as palmas das mãos voltadas para cima. Quantos dedos você está vendo? Mexa com os dedos dos pés. Pressione o meu braço. Agora com seus pés.

Exame após exame, eles revelam que não há aneurisma. Apenas dez por cento das pessoas que chegam ao hospital com hemorragia subaracnóidea não têm aneurisma.

Mais testes.

Hoje consigo responder às perguntas dos médicos.

David Sheff.

11 de junho de 2005.

São Francisco, Centro Médico.

Dou uma guinada completa. Eu estava me sentindo extremamente sem sorte — como é que vim parar aqui? —, mas passei a me sentir a pessoa mais sortuda do mundo. Se eu precisava de alguma confirmação, ela chega quando me contam que já estou preparado para me mexer um pouco. Tento caminhar. Estou trêmulo. Com a ajuda de uma enfermeira, arrasto-me para fora do quarto e caminho pelo monótono corredor iluminado com luz fluorescente, passando por uma tabuleta que diz: "SUA SEGURANÇA É O NOSSO OBJETIVO". Olho para o interior dos quartos de outros pacientes, através das portas abertas. Um homem está inconsciente na cama. No crânio raspado, ele tem cicatrizes iguais às costuras de uma bola de futebol americano. Outro homem está sentado, divagante. Uma mulher está apagada, e então outro homem e mais outro têm as órbitas oculares enegrecidas, quase como se seus olhos tivessem sido arrancados.

Em minhas perambulações, vejo os doentes e os desfigurados, os assustados e os frágeis, lutando para permanecer vivos. Há uma janela perto do CTI que tem vista para São Francisco — dá para ver o novo, retorcido e acobreado de Young Museum, no Golden Gate Park, bem como fileiras de casas vitorianas e blocos de apartamentos. Olho para eles e depois para os rostos que passam por mim no corredor — um fantasma trêmulo, encolhido, de cabelo amarelo, com paralisia, agarrado às alças brancas de um andador de metal, e uma mulher encarquilhada de olhos petrificados em uma maca empurrada por uma ajudante.

Jasper e Daisy vêm me visitar. A luz deles enche o quarto. Eu os tranquilizo. Vou ficar bem. Eles sobem na minha cama. Não posso me mexer muito e fico com medo de assustá-los, mas não posso fazer nada além de dizer-lhes que os amo. Achei que seria bom para eles virem me ver, certificarem-se de que estou bem, mas talvez minha percepção das coisas não seja a melhor neste momento.

Nic liga.

Nic liga.

Nic.

Está bem.

Nic tem falado com Karen todos os dias desde que vim para o hospital. Ele brinca a respeito do meu buraco na cabeça. Diz que vem me visitar.

Nic está bem.

Depois de duas semanas, Karen me leva para casa. Da cama, vejo o jardim através das portas envidraçadas do quarto. Fico pasmo com a cor, os tons de verde de cada folha, os talos de plantas e as agulhas de ciprestes. Um branco suave. Hortênsias. Amarelo-sol. Rosas. Lavandas. Violetas crescendo por entre as rachaduras das pedras dos degraus do terraço. Observo um pássaro de plumagem púrpura que alisa as penas com o bico e tremula as asas em seu banho de passarinho.

Eu como pêssegos maduros. São tudo o que sinto vontade de comer.

Durmo a maior parte do tempo, mas jogo alguns jogos de tabuleiro com Jasper, e Daisy lê para mim. Todos os dias. Nic e eu conversamos pelo telefone. Karen e eu nos deitamos juntos na cama, lado a lado, ela lendo a *Times* e eu tentando ler uma frase em alguma revista. Finalmente consigo ler uma resenha curta na *The New Yorker*. Quando consigo ler um artigo inteiro da *Talk of the Town*, me sinto como se houvesse passado no doutorado.

Karen e eu ficamos de mãos dadas. Sou arrebatado pelo sentimento fugaz, puro e precioso que se instala conosco aqui na cama.

Karen e eu caminhamos juntos pelo jardim.

"Nic ligou. Ele estará aqui em poucas horas. Como você se sente em relação a vê-lo?"

"Mal posso esperar."

Nic aparece na porta da frente e é recebido pelos latidos de Brutus, seguidos por Daisy e Jasper, que correm. Consigo ouvi-los do meu quarto.

"Oi, Nicky."

"Nic."

"Bop!"

"Nickypoop!"

"Daisy!"

"Oi."

"Ai."

"Nicky."

Latidos.

"Boinkers"

"Poopyboy."

Depois Karen.

"Oi, mamacita!"

"Sputnik."

"KB."

"Tão bom."

"E você."

"Vê-lo."

"Como foi?"

"Rápido. Bem."

"Bom."

"A viagem."

"Você também."

"Ganhei uma bola de futebol."

"Pebolim?"

"Você quer desenhar?"

"Mas."

"Futebol."

"Jogar?"

"Sim, mas."

"Eu tenho um giz."

"Giz? Em um."

"Você nos conta um PJ?"

"Sim, sim, sim. Mas."

"Você..."

"Onde está o velho?"

Seguido das crianças e de Karen, Nic entra no meu quarto. Quero recebê-lo adequadamente. Levanto trêmulo e nos abraçamos.

"Então."

"Então."

"Oi, papai."

"Oi, Nic."

"Tão bom ver você."

"Você também."

Durmo durante longos períodos todos os dias, mas Nic senta-se comigo e segura a minha mão. Quando durmo, ele sai para pedalar. Ele trouxe a bicicleta dele: jogou-a na traseira do carro que comprou recentemente de um amigo do AA. Ele veste um short de ciclismo com os fundilhos acolchoados, uma camisa com o logotipo da Motorola, meias até o meio da canela e sapatos de ciclismo que prendem nos pedais. Ele sai de casa para dar uma volta descendo nossa rua e depois seguindo para oeste, ao longo de Tomales Bay. Eu o imagino pedalando ao longo da baía onde brincou, cresceu, andou de caiaque, nadou, usou drogas com os amigos; pedalando pela península, ao longo da longa baía, passando pelos ranchos e os picos onde costumávamos a surfar.

De volta do passeio, ele vem me ver, espia dentro do quarto e senta-se comigo. "Achei que perderíamos você", ele diz.

Olho bem para ele. "Isso, sim, é uma inversão dos papéis."

Estou pronto para dormir, então Nic vai ao quarto das crianças para brincar com Jasper e Daisy. No dia seguinte, rápido demais para todos nós, ele tem de voltar para o trabalho. Vai embora à noite, viajando outra vez para o sul, para L. A.

A cada dia eu me sinto um pouco melhor durante um pouco mais de tempo. "Muitos pacientes com hemorragia subaracnóidea não sobrevivem tempo suficiente para chegar ao hospital", informa um portal médico que encontrei on-line. "Dos que chegam, cerca de 50% morrem no primeiro mês de tratamento."

De manhã, e depois outra vez, antes de escurecer, Karen me encoraja a caminhar com ela pelo jardim. Eu me queixo, mas consigo ir até seu estúdio antes de voltar para a cama, exausto.

Estou tentando entender o que aconteceu e o que vai acontecer. Sequer sei o que quero que aconteça. De algum modo, quero voltar ao normal, mas ao mesmo tempo não quero. Não quero que as coisas voltem exatamente ao normal. Quero dizer, não quero voltar ao normal da minha preocupação com Nic.

Em alguns momentos, entro em pânico em relação ao futuro. Em outros, me sinto fraco e atormentado pelo passado. Mas, por enquanto, Jasper e Daisy estão bem. Ele está num acampamento durante toda esta semana. E ela nada de manhã, depois vem para casa e lê um livro para mim: *Love, Ruby Lavender*. Nic se mudou de novo, desta vez para um apartamento em Hollywood, e está animado em morar com amigos. Ligou esta manhã, enquanto ia encontrar Randy para dar uma volta de bicicleta pelo litoral.

Passo e repasso minha estadia no hospital em minha mente em recuperação. Não consigo esquecer quando não conseguia me lembrar do número do telefone de Nic, e fico outra vez pasmo com o fato de que nem mesmo uma hemorragia cerebral — nem isso — tenha conseguido apagar minha preocupação com meu filho. Lembro das muitas ocasiões em que ele sumiu nas ruas — sabe-se lá onde Nic estava —, quando eu fantasiava que podia arrancá-lo do meu cérebro, imaginando se eu não poderia simplesmente fazer uma lobotomia, alcançando o brilho eterno de uma mente sem lembranças, de modo que eu então não agonizaria mais com ele, nem agonizaria *por* ele. Agora sou grato por sentir tudo — até a preocupação e a dor. Já não quero uma lobotomia, já não quero que Nic seja apagado. Aceitarei a preocupação em troca daquilo que se mostrou a emoção mais importante para mim depois da minha hemorragia.

Alguns pais podem considerar impossível lidar com a religião que seus filhos decidiram seguir ou com suas orientações sexuais; esse também é o caso com a dependência química. Eles batem a porta. *Blam*! Como nos filmes de máfia: "Não tenho mais filho. Ele está morto para mim". Eu tenho um filho, e ele jamais estará morto para mim.

Eu não gosto, mas me acostumei à perpétua angústia e ao zumbido da ansiedade, bem como à depressão intermitente que vêm com a dependência química de Nic. Não tenho lembranças anteriores a isso. Estou acostumado ao jeito como a alegria pode ser fugidia e como eu algumas vezes posso cair no fundo do poço. Entretanto, ao viver com isso ao longo do tempo, agora me é permitido — estou me permitindo? — me arrastar para fora do poço, erguer o véu que o cobre e testemunhar, com acuidade visual, auditiva e tátil, um mundo ligeiramente diferente, um pouco mais brilhante, mais rico e vívido. Esses pensamentos fazem com que meus olhos se encham de lágrimas. Por tudo isso. De um lado: o futuro incerto. A possibilidade de outra hemorragia. A possibilidade de que meus filhos morram num acidente de carro. A possibilidade de que Nic tenha uma recaída. Um milhão de outras catástrofes. Do outro: compaixão e amor. Por meus pais e minha família. Por meus amigos. Por Karen. Por meus filhos. Eu posso me sentir mais frágil e vulnerável, mas experimento uma consciência maior.

Pessoas que passam por experiências que ameaçam a vida, como a minha, falam sobre como depois tudo se torna mais claro para elas. Elas descrevem uma nova compreensão do que é de fato importante. Em geral, dizem que valorizam mais do que nunca seus entes queridos e amigos. Esses sobreviventes contam que aprenderam a excluir o irrelevante de suas vidas e agora vivem o momento. Não sinto como se tudo estivesse claro para mim. De algum modo, tudo está menos claro. Em vez de ter menos sobre o que pensar, tenho mais — por causa de uma sensação amplificada de mortalidade. Sim, continuo tendo certeza de que meus entes queridos e meus amigos são mais importantes para mim do que qualquer outra coisa. Isso nunca foi um problema para mim; eu sempre os valorizei. Continuo tendo certeza de que deveria curtir o momento — valorizar o que tenho. Continuo estando certo de que tenho sorte por tantas coisas e, principalmente, sorte por estar vivo. Tenho um relance do esplendor e do milagre, mesmo sentindo o deslizar inexorável do tempo. As crianças crescendo, com a tristeza e a excitação decorrentes desse processo. Principalmente a inevitabilidade disso. Sinto isso tudo.

Agora estou saindo mais. Faço longas caminhadas no solitário e misterioso bosque, cinzento e silencioso, e vejo mais intensamente as cores — brotos e botões, ainda mais verdes e em número infinito, nos galhos lenhosos antes de abrirem. Vejo um coelho correndo e, acima, gaviões de cauda vermelha, grandes garças-azuis e uma águia-pescadora. Acreditando ou não em Deus, esse imponderável e incompreensível sistema de complexidade e beleza é profundo o suficiente para ser sentido como um milagre. A consciência parece um milagre. A constelação desses impulsos a que chamamos amor parece um milagre. Os milagres não extinguem o mal, mas eu aceito o mal para sentir o milagroso. Nic, você sente o seu poder mais alto agora?

Ele está sóbrio há mais de um ano. Outra vez. Um ano e meio.

Ele ligou esta manhã a caminho de seu encontro com Randy para uma pedalada pelo litoral. Jasper, Daisy e os primos estão lá fora, brincando em um escorregador feito em casa. O riso deles é filtrado pelas folhas cheias de luz. Ainda tenho um buraco na cabeça, embora o médico tenha me dito que ele vai se fechar. O que não sai da minha cabeça é um pensamento a respeito da mente de Nic, uma ideia esperançosa. Lembro da dra. London e suas varreduras no computador. Agora que Nic está chegando ao aniversário de um ano e meio desde sua última experiência com metanfetamina ou qualquer outra droga, penso na tomografia por emissão de pósitrons que a dra. London me mostrou na tela do seu computador — o cérebro do grupo de controle com uma química equilibrada e com uma flutuação normal de neurotransmissores, proporcional às experiências de vida das pessoas. Imagino se essa voltou a ser a imagem do cérebro do meu filho.

21

Daisy senta-se perto de mim, em cima de uma grande pedra redonda às margens do rio Big Sur. Estamos no final do verão, numa tarde fresca, dentro de uma catedral de sequoias imponentes. Elas têm uma casca felpuda que parece um mapa topográfico e também dosséis espessos, de aroma doce, que se projetam para o céu como espirais de igrejas medievais. O dia está cinzento de tanta neblina. Estamos sentados do lado de fora da nossa barraca, que Jasper e eu conseguimos montar. Para nós, essa é uma verdadeira façanha.

Depois do período que passei no hospital e do tempo de convalescença em casa, que me fez perder grande parte de junho e julho, tento aproveitar cada gota que ainda resta do verão, agarrando-me à estação que se acaba, desesperado para retardar sua partida. Estou pronto como nunca para voltar à vida. Já passou da hora. As crianças voltarão para a escola dentro de uma semana. Minha cabeça está, dizem eles, consertada. A fechadura da mala foi reparada. Então eu decido dar um passo para além do jardim, para além de Inverness. Karen, Jasper, Daisy e eu encaixamos em nossa programação alguns dias de caminhadas e brincadeiras nas praias do litoral de Big Sur. Sentada em nosso acampamento ao lado do rio, sob essas árvores gloriosas, Daisy declara que este é "um dia lindo".

Planejamos uma caminhada, parando antes em uma loja para comprar sanduíches.

"É uma loja de conveniência, mas não é muito conveniente", observa Jasper. "Está fechada."

Seguimos adiante e jogamos uma versão modificada de "vinte perguntas". No jogo das crianças, são permitidas setenta ou mais questões.

No momento, Jasper é uma "coisa" que começa com B. Está demorando um tempão para adivinharmos o que ele é.

Tentamos outra loja. Está aberta.

De volta ao carro, Jasper nos lembra: "Eu começo com B".

"Você é comestível?"

"Você é maior que o Brutus?"

"Você é artificial?"

"Você é um buraco?", pergunta Daisy.

"O quê?"

"Um buraco."

"Como é que você adivinhou?"

"Eu olhei."

"Você espiou dentro do meu cérebro?"

Carregando uma sacola com nosso lanche para o piquenique, pegamos a trilha, caminhando por uma floresta de ciprestes-da-califórnia. Fazemos uma curva e avistamos, em cima de uma pedra próxima à trilha, um condor-da-califórnia. Em 1982, havia menos de 25 dessas magníficas criaturas na natureza, mas, agora, por causa dos esforços de grupos ambientalistas dedicados à preservação dessas aves, pode haver mais de duzentos. E aqui está um deles: um sobrevivente, uma esperança para a sua espécie, virando a cabeça, olhando para nós, e depois dramaticamente abrindo suas vastas asas e planando numa corrente de ar sobre o Pacífico.

Exatamente quando chegamos de volta ao carro, meu celular toca.

"Ei, tudo bem?" É Nic.

Conversamos durante algum tempo, e ele me pede para mandar um oi para os outros. Passo o telefone pela roda. Nic conta histórias a respeito das pessoas com quem trabalha. As crianças e Karen contam a Nic sobre nossas aventuras no Big Sur. Ele deseja aos irmãos um feliz novo ano escolar.

Está tarde, o sol se põe. Hora de voltar para casa. Nossas férias terminaram. Vamos embora de carro.

"Pausa", diz Daisy. Apesar de nossas advertências, ela fica soltando e sugando o aparelho móvel de volta ao céu da boca. "Andei pensando", comenta ela, sem motivo aparente. "No último dia da minha vida, eu vou comer toneladas de doces, porque aí não vai ter importância se o que como engorda ou provoca cáries, não é? Na verdade, seria triste ficar velho, porque vocês vão estar mortos." Ela aponta para Karen e eu. "Até Jasper, porque eu sou a mais nova. Mas, sabem, não acho que vou ter tanto medo de morrer. Acho que será como hoje: o final das férias, quando você está pronto para ir para casa."

Na terça-feira de manhã, Jasper e Daisy estão nervosos com o primeiro dia de aula. Na terça-feira de tarde, porém, estão entusiasmados, nos contando a respeito dos professores e amigos. Jasper agora está no sexto ano. É o primeiro ano em que ele tem turmas diferentes para matemática, inglês, história, ciências e outras matérias. Daisy adora sua nova professora, que pediu aos alunos que escrevessem uma carta para ela sobre suas vidas, para que ela os pudesse conhecer melhor.

"Querida Laura", escreve Daisy. "Estou realmente ansiosa pelo quarto ano. Quero melhorar em matemática. Espanhol não é a minha praia, mas o *señor* Leon é engraçado. Gosto de ciências. Gosto muito de ler... Acabei de colocar o aparelho, e é difícil pronunciar o G. Mas estou melhorando nisso. Ainda é difícil não ficar revirando ele na boca."

Há muito mais — Daisy escreve sobre suas comidas preferidas e nossos cachorros. "Jasper costumava chamar Moondog de Moongoggy. O Moondog morreu de câncer." A carta termina da seguinte forma: "Meu irmão era um cara fumarento, mas ele parou. Não se preocupe, não é o Jasper. É o Nic. Ele mora em L. A. Meu pai, David, teve uma hemorragia cerebral, mas está melhor. Jasper caiu da bicicleta. Não quero contar muitas notícias ruins, mas eu enfiei o olho no zíper da minha jaqueta. Agora estou bem. Tudo está muito bem agora. Beijo, Daisy".

Depois das férias de verão, as manhãs têm sido um desafio. Hoje, entretanto, conseguimos fazer com que as crianças chegassem à escola na hora.

Estou escrevendo outra vez. Estou escrevendo outra vez depois de um tempo sem conseguir escrever uma palavra sequer.

Esta tarde, Jasper tem treino de futebol (ele está fazendo futebol, natação e participando da banda da escola), e Daisy e eu saímos para uma caminhada. Depois de buscarmos Jas no treino, vamos para a casa de Nancy e Don para o jantar semanal.

As crianças estão brincando no balanço dentro de casa. "Calce os sapatos", ralha Nancy. "Uma farpa vai acabar entrando no seu pé."

Depois de jantar uma carne assada com Yorkshire pudding*, ervilhas e batatas gratinadas, resolvemos passar a noite lá, para que não tenhamos de dirigir de volta a Inverness. As crianças fazem o dever de casa — Daisy está praticando a tabuada e aprendendo a escrever palavras com mais de duas sílabas. Jasper está escrevendo uma resenha sobre o livro *O mensageiro*. Mais tarde, nós quatro nos reunimos no quarto do andar de baixo, onde Karen lê em voz alta para eles. Estamos no novo Harry Potter.

Dumbledore diz para Harry: "Adormecer a dor durante algum tempo vai fazê-la piorar quando você finalmente a sentir".

E então chegamos a este trecho:

> No geral, a tentação de tomar mais um gole de Felix Felicis, a poção da sorte, estava se tornando mais forte a cada dia. Afinal, certamente esse era um caso em que seria necessário, como Hermione havia dito, "dar uma ajustada nas circunstâncias", certo?
> "Por fim, Harry toma a droga."
> "Qual é a sensação?", pergunta-lhe Hermione.
> Harry não respondeu durante um momento. Então, lenta, mas firmemente, uma arrebatadora sensação de oportunidade infinita insinuou-se dentro dele. Harry se sentiu como se pudesse fazer qualquer coisa, qualquer coisa mesmo...
> Ele se levantou, sorrindo, transbordando confiança.
> "Excelente", disse. "Realmente excelente. Bem..."

As crianças adormecem.

Karen e eu então subimos a escada estreita que leva ao arejado quarto de canto no terceiro andar, com vista para árvores que estalam como cadeiras de balanço. Verifico minha secretária eletrônica de Inverness. Ouço a voz de Nic. Está frágil, entrecortada.

Ele está chorando.

Não. Por quê?

"Por favor, ligue-me", ele pede.

Olho o relógio. Ele ligou três horas atrás.

Nic atende no segundo toque.

A voz dele está arrastada, grudenta, com a língua enrolada.

"Quero contar o que está acontecendo", diz ele. "Quero dizer a verdade. Três dias atrás estávamos numa festa. Z. cheirou uma carreira. Ela me convidou para cheirar com ela. E eu cheirei. Se ela ia apagar, eu não ia deixá-la apagar sozinha."

---

* Típico da Grã-Bretanha, o *Yorkshire pudding* é uma espécie de bolinho, feito com massa de ovos. Geralmente é servido com carnes assadas. (N. E.)

Z. é a garota que quebrou o coração dele pouco tempo depois de eles começarem a sair. Antes de ele ter tido sua última recaída. Ele está com ela de novo, mudou-se de seu apartamento novo para o dela.

"Nic. Não."

"Estamos usando desde então. Bolinhas e cristal." Bolinhas são uma combinação de heroína e cocaína.

"Agora eu tomei um comprimido para dormir e apagar. Sei que fodi tudo. Vou parar."

Digo a Nic a única coisa que tenho a dizer e que sei que ele não está pronto para ouvir.

"Você sabe para quem deve ligar. Obtenha ajuda. Antes que seja tarde demais. Você e Z., os dois precisam de ajuda. Vocês não podem ficar juntos até estarem bem e sóbrios."

Ele desliga.

Não. Não. Não. Não. Não. Não. Não. Não. Não. Não. Não.

O que foi desta vez? Quase dois anos. Os pesquisadores disseram que pode levar dois anos até o cérebro de um usuário conseguir se recuperar. Nic nunca chegara a dois anos desde que tudo começou.

Sinto uma erupção da mesma velha preocupação — tudo o que pode acontecer a ele —, mas então, subjugado pela fadiga, adormeço, minha preocupação se instalando num refúgio recém-construído em meu cérebro remodelado. Talvez isso seja reflexo de alguma outra coisa que mudou no hospital — se não o volume da preocupação, a natureza dela. Deitado no CTI neurológico, cheguei a uma outra conclusão surpreendente ao me dar conta de que Nic — e não apenas ele, mas Jasper e Daisy também — sobreviveria à minha morte. Não que eles não seriam afetados, mas sobreviveriam a ela. Há um período na vida das crianças em que elas são dependentes dos pais, e, provavelmente por causa disso, tendemos a esquecer que elas podem e vão sobreviver sem nós. Eu esqueci. A esta altura, no entanto, com a dependência química de Nic, aprendi que sou praticamente irrelevante para a sobrevivência dele. Foi preciso minha quase morte, no entanto, para compreender que seu destino — e também o de Jasper e o de Daisy — é alheio ao meu. Posso tentar proteger meus filhos, ajudá-los e orientá-los, e também posso amá-los, mas não posso salvá-los. Nic, Jasper e Daisy viverão, e algum dia morrerão, com ou sem mim.

Na manhã seguinte, reflito se conto ou não às crianças a respeito de Nic. Na carta de Daisy para a professora, ela escreveu: "Meu irmão era um cara fumarento". Suponho que essa seja a maneira que ela encontrou para resumir a questão das drogas. E ela ainda disse: "Tudo está muito bem agora". Quero que tudo permaneça muito bem para ela, pelo menos durante um pouco mais de tempo.

Eu queria tanto terminar meu livro com a carta de Nic para Jasper. Ela serviria bem demais, como um belo laço num pacote de presente, um final feliz. Eu queria que ela fosse o final feliz da história da nossa família com a metanfetamina. Eu queria deixar esse pesadelo para trás. Eu queria que esta fosse a fase pós-dependência química de Nic em nossa vida. Mas não. Ainda é tão fácil esquecer que a dependência química não tem cura. É uma doença para a vida toda, que pode entrar em remissão, que é gerenciável se o dependente químico fizer um trabalho dificílimo — mas, ainda assim, é incurável.

A última recaída de Nic é um indicativo inegável da implacabilidade da doença. Não é nenhuma revelação nova, mas uma repetição diferente. Tudo estava indo bem na vida dele. Ele tinha uma namorada, de modo que não podemos colocar a culpa na solidão. Também não podemos pôr a culpa no trabalho, por ser chato, porque ele parece gostar do emprego e adorar seus colegas, que considera bons amigos. Ele assinou um contrato para escrever um livro e se candidatou a uma vaga de editor assistente numa revista. Suas resenhas de filmes levaram-no a entrevistar alguns nomes ligados à indústria do cinema, e uma delas foi publicada na revista *Wired*. Talvez o mais significativo de tudo isso seja o fato de ele ter um grupo próximo de amigos que parecem gostar muito uns dos outros.

Tudo isso agora é irrelevante.

Apesar de saber que a dependência química não segue uma lógica, mantive-me preso ao vestígio de uma ideia de que os componentes de uma vida normal — namorada, emprego, dinheiro, amizades sólidas, desejo de fazer o que é certo para aqueles a quem se ama — poderiam fazer com que tudo ficasse bem, mas isso não é verdade.

Por favor, Deus, cure Nic.

Quando eu estava no hospital, muitas pessoas me disseram que rezaram por mim, e sou enormemente grato a elas. Eu nunca rezei. Talvez eu não saiba rezar porque nunca rezei. Não sei como rezar, e não tenho um deus a quem rezar. Mas, como John Lennon disse: "Deus é um conceito pelo qual medimos a nossa dor". Cá está Nic, usando drogas outra vez, e sei que não há nada que eu possa fazer. Mas não consigo acreditar que estamos aqui novamente e que o próximo telefonema possa ser aquele que eu tenho temido durante a última meia dúzia de anos. E estou rezando.

Por favor, Deus, cure Nic. Por favor, Deus, cure Nic. Por favor, Deus, cure Nic.

Este é o apelo que faço a seja lá qual poder mais alto exista, ao único que eles — eles, nos inúmeros centros de reabilitação, nas intermináveis reuniões — prometem que está nos escutando. Eu repito isso dentro da minha cabeça, às vezes até sem me dar conta: "Por favor, Deus, cure Nic".

Rezo, mesmo enquanto as notícias nos jornais fazem com que minhas preces pareçam insignificantes e inteiramente egoístas. Há um furacão devastador, inundações, homens-bomba, desastres, tsunamis, terrorismo, câncer, guerra — guerras brutais e sem fim —, doenças, fome, terremotos e por toda parte há vícios. Os céus devem estar sobrecarregados com o barulho de todas as preces.

Mas aqui vai mais uma.

Por favor, Deus, cure Nic. Por favor, Deus, cure Nic.

A queda é rápida. Nic aparece chapado no trabalho e perde o emprego. Seu telefone é desligado por falta de pagamento. Ele abandona todos os amigos verdadeiros. O mais triste: ele abandona seu melhor amigo e padrinho, Randy.

Em uma mensagem, diz que ele e a namorada venderam as próprias roupas para comprar comida. Não sei como pagaram o aluguel. Não sei como vão pagar o aluguel do mês que vem, mas logo, a não ser que tenham algum benfeitor ou estejam traficando drogas, ficarão sem teto.

Hoje Vicki não consegue se segurar, e vai da parte oeste da cidade até o apartamento dele, em Hollywood. Ela quer ver com os próprios olhos. Quer ver se ele está vivo.

Permaneço ao lado do telefone, fingindo que não estou esperando ela me ligar.

Ela estaciona o carro e caminha apreensiva até o prédio do apartamento dele. Puxa a porta de tela e bate na porta. Não há resposta. As cortinas estão fechadas. Ela bate outra vez. Nenhuma resposta. Bate novamente. Uma fresta é aberta. Depois um pouco mais. O lugar está imundo — uma nojeira. Há uma poça de água marrom no chão. Lixo por toda parte. Nic, bloqueando o feixe de luz do dia com as mãos, aparece, trêmulo. Atrás dele, surge a namorada. É uma cena que já conheço, mas que é nova para a mãe dele. Vicki nunca vira Nic daquele jeito: pálido, branco, quase amarelo, membros trêmulos, círculos negros e fundos em torno de olhos vazios.

As pernas de Z. estão sangrando. Quando ela nota que suas pernas não estão cobertas e que Vicki está olhando fixo para elas, gagueja: "Quebrou uma lâmpada no chão. Estávamos limpando os cacos".

Nic conta mentiras conhecidas: "Tínhamos de passar por isso. Acabamos agora. Estamos ficando sóbrios".

Ele pede à mãe que saia e não volte mais.

Vicki me liga e me conta. Ela parece estar sentindo o que senti em muitas ocasiões anteriores. Parece furiosa, miserável e horrorizada — emoções tão avassaladoras que ainda nem consegue chorar.

Passa uma semana.

É domingo, e estou levando Daisy à cidade para se encontrar com uma amiga e a mãe dela em Washington Square. Nós nos encontramos com elas e caminhamos pelo parque, de onde vemos o desfile do Dia de Colombo. Um carro alegórico está cheio de meninas vestidas como a rainha Isabel. Nic está aqui. Ele tem seis anos. As rainhas Isabel passam flutuando. Este é o nosso bairro. Nic é uma das crianças que correm na direção do trepa-trepa, subindo até o alto, assistindo ao desfile lá de cima, acenando para as rainhas.

Levamos Daisy e sua amiga risonha até o outro lado da cidade, para uma festa de aniversário que está sendo realizada em um estúdio de cerâmica. As meninas, presas pelo cinto no assento de trás, jogam um jogo inspirado no livro ilustrado *Fortunately* [Por sorte], de Remy Charlip.

No livro está escrito:

> Por sorte Ned foi convidado para uma festa surpresa.
> Infelizmente era a 1.600 quilômetros de distância.
> Por sorte um amigo emprestou um avião a Ned.
> Infelizmente o motor explodiu.
> Por sorte havia um paraquedas no avião.
> Infelizmente havia um buraco no paraquedas.

"Por sorte ela tinha um sanduíche muito delicioso", diz a amiga de Daisy no jogo das meninas. E na vez de Daisy:

"Infelizmente ela o deixou cair na rua suja, então veio um cachorro babão e o comeu."

"Por sorte ele vomitou o sanduíche, que ficou novo em folha."

Mais risadas.

"Infelizmente um pequeno hamster peludo correu, agarrou-o e levou-o com ele, depois desapareceu numa rachadura na parede e nunca foi encontrado outra vez."

Minha própria versão se forma na minha cabeça.

Por sorte tenho um filho, meu querido menino.

Infelizmente ele é dependente químico.

Por sorte ele está em reabilitação.

Infelizmente ele tem uma recaída.

Por sorte ele está em reabilitação outra vez.

Infelizmente ele tem uma recaída.

Por sorte ele está em reabilitação outra vez.

Infelizmente ele tem uma recaída.

Por sorte ele não está morto.

22

Outra semana.

Vicki, com quem falo todos os dias, diz que está entorpecida. Eu também. Não é que eu não me preocupe com Nic — penso nele o tempo todo —, mas no momento não estou incapacitado.

É desse jeito que os pais acabam ficando?

Passo por pessoas em situação de rua, desta vez em São Rafael. Passo por elas e desvio delas, pessoas sozinhas e abandonadas, e, ao fazer isso, eu me pergunto, como sempre: "Onde estão os pais delas?". Mas agora eu fico pensando: é esta a resposta? Estou me tornando um deles — um pai que aceitou a derrota?". Minha agonia em nada ajudou Nic.

Não estou fingindo que nada está acontecendo. Estou fazendo tudo o que posso.

Eu estou esperando.

Uma espiral descendente.

É uma doença degenerativa. Imagino a espiral descendente.

Não, eu não estou entorpecido. Eu até queria estar. Às vezes, eu me sinto sobrecarregado.

Preparo-me.

Randy continua a ligar para Nic e a deixar mensagens em seu celular morto. Randy era a tábua de salvação do meu filho.

Usando o telefone de Z., que ainda está funcionando, Nic liga e deixa mais mensagens. "Só quero que você saiba que estamos em segurança. Estamos indo a reuniões. Estou ficando sóbrio."

Ele alega que a recaída foi só uma dose, um erro de três dias, e que está bem. Porém, quanto mais ele fala, mais fica evidente que sua voz é a voz do Nic que tomou alguma coisa.

Continuo a esperar.

É como observar de longe, talvez através de binóculos com lentes distorcidas, os segundos antes de uma batida de trens. Todos nós que amamos Nic sentimos compaixão. Karen e eu. Vicki e eu. Randy. Todos nós sabemos como é. E, no entanto, não há nada que possamos fazer. Ligo de volta para Nic. "Nic, não esqueça como é perigoso quando você não comparece às reuniões", digo eu. "Não se esqueça disso quando der ouvidos à lógica do seu cérebro e ele estiver sob a influência das drogas."

Durante a reabilitação, trabalhando com Randy, Nic foi quem me explicou como o processo é insidioso: "Um dependente químico que está usando drogas não pode confiar em seu próprio cérebro. O cérebro mente, dizendo: 'Você pode tomar um drinque, fumar um baseado, cheirar uma única carreirinha, só uma'. Ele diz: 'Não preciso mais do meu padrinho'. Ele diz: 'Eu não preciso mais do mesmo programa obsessivo e vigilante do qual necessitava quando estava saindo de uma recaída'. Ele diz: 'Estou mais feliz e mais completo do que nunca'. Ele diz: 'Sou independente, me sinto vivo'." Desse modo, Nic disse que não podia confiar no próprio cérebro e que precisava apoiar-se em Randy, nas reuniões, no programa e nas preces — sim, preces — para seguir em frente.

Nic, você chegou tão longe.

Deixe-me citar *você*: "Vou perder tudo que tenho se eu não continuar no programa".

Dois dias mais tarde, na quarta-feira, Nic liga com voz pastosa e pede dinheiro para pagar seu aluguel. Não. Ele diz que sabia que eu diria não ao seu pedido. Guardou-o para o fim da conversa, depois disse: "Amo tanto você. Estou em segurança. Realmente fodemos com tudo, mas agora vamos ficar bem. Só tomei um pouquinho de alguma coisa para conseguir sair da metanfetamina, da cocaína e da heroína e...".

Vicki também diz não.

Agora é sexta-feira. Nada no sábado. Nada no domingo. Nada até segunda-feira, quando chega um e-mail.

"Oi, pai, estamos no deserto. Z. está participando da gravação de um comercial, perto de Joshua Tree... meu celular não tem sinal aqui e acabo de pegar este computador emprestado durante um segundo de um cara da equipe... desculpe... isso apareceu de repente... de qualquer modo, ligo para você quando encontrar um telefone que funcione... está quente, quente e chato aqui... Z. está cuidando do figurino e eu estou aqui na sombra, escrevendo... não se preocupe... talvez em breve eu também possa dar algumas notícias animadoras... te amo... Nic."

Joshua Tree.

Uma trégua. Um oásis. Talvez Nic pare sozinho. Talvez ele fique bem.

Nada mais durante dois dias, mas Nic está no deserto, escrevendo na sombra. Não deixo de pensar que há drogas no deserto também.

À noite, Karen e eu nos distraímos lendo para as crianças. Estamos chegando ao final de Harry Potter. O professor Dumbledore morreu. Ele está morto. Mais de uma criança que conhecemos choraram durante horas quando leram isso — Alvo Dumbledore, o protetor de Harry, com o qual essas crianças cresceram, está morto. O mal está vencendo, e eu me sinto enfraquecido pela batalha incessante.

Na quinta-feira, Jasper tem um jogo de futebol depois da escola. Daisy tem natação. Karen e eu dividimos a tarefa de levá-los.

Encontro um lugar tranquilo em um canto de uma sala do clube, perto da piscina, para escrever. Olhando para cima, para fora da janela, através das palhetas da veneziana, vejo um vulto se curvar para cima e depois entrar na água, seguido por um par de pés batendo: Daisy fazendo seu percurso. O treinador, equilibrado, bronzeado e ágil, ex-campeão nacional de natação que ensinou os nossos três filhos a nadar, agacha-se no final da raia, encorajando Daisy e as outras nadadoras. Eu a perco de vista entre as linhas de corpos em maiôs azuis, até que ela volta pela raia na direção oposta, os braços poderosos arqueando-se em braçadas livres. Lembro quando era seu irmão mais velho, Nic, na água, o corpo esbelto de golfinho atravessando a piscina.

"Ei, você, senhor, vamos dar no pé."

É Daisy, pingando depois de uma chuveirada, enrolada numa toalha de praia.

Ainda não há notícias.

Parte do pânico no qual vivi durante as outras crises parece ter desaparecido. Eu me preocupo, mas não fico mais doente de preocupação. Estou aguentando melhor. Estou me soltando. Estou em uma negação desprezível.

Deve ser assim que um soldado se sente numa trincheira durante um ataque aéreo. Desliguei todas as emoções não essenciais — preocupação, medo —, concentrando cada neurônio do meu cérebro no momento presente, para continuar vivo.

Estou em uma guerra silenciosa contra um inimigo tão pernicioso e onipresente quanto o mal. Mal? Não acredito no mal assim como não acredito em Deus. Mas, ao mesmo tempo, sei de uma coisa: só Satã em pessoa poderia ter projetado uma doença que tem como sintoma o autoengano, de modo que a vítima negue ter a doença, não procure por tratamento e difame aqueles de fora que tentam alertá-la sobre o que está acontecendo.

Após o jantar, Jasper me pede para tomar a lição de matemática e as palavras que estudou na aula de ortografia desta semana. Depois, ele e eu lemos a revista *Mad* juntos.

Na cama, pego um dos romances da pilha que está sobre a mesa de cabeceira. Nunca termino os livros que começo a ler. Estou tão cansado quando me deito que leio uma página, talvez duas, e adormeço. Karen se junta a mim.

Uma página. Duas páginas. Durmo.

O telefone toca. Não dou bola. No meu subconsciente, já decidi que é um técnico que chamamos para dar o orçamento de algum conserto. Penso que pode esperar até o dia seguinte.

O telefone toca outra vez. Ouvirei as mensagens da caixa postal amanhã.

Não, Karen diz, é melhor você verificar.

A primeira ligação é do padrinho de Nic. Meu filho acaba de ligar para ele. "Nic está em Oakland." A voz do meu amigo está alarmada. "Ele diz que está numa encrenca e precisa de ajuda. Não sei o que fazer."

Meu coração bate com força.

O recado seguinte é de Vicki. Nic ligou para ela também, deixando uma mensagem parecida. "Menti a respeito de Joshua Tree porque eu não queria que você se preocupasse por eu estar em Oakland. Estou sóbrio. Por favor, estamos em apuros. Precisamos de passagens de avião para voltar para L. A." Ele conta uma história complicada a respeito de como chegaram lá, mas o resumo é que estão na casa de um dependente de crack, em Oakland, o cara enlouqueceu e eles têm de ir embora.

Nic está em Oakland.

Brutus me segue, rígido, escada acima, arrastando suas patas cansadas pelo concreto. Encho a chaleira e a ponho sobre a chama do fogão.

Ligo de volta para Vicki. Ela não sabe bem o que fazer — se paga ou não a passagem de avião. Eu compreendo, mas, não, digo eu. Se fosse eu, não ajudaria, a não ser que ele quisesse voltar para a reabilitação. Nesse caso, talvez.

Desligo.

Telefono para meu amigo. Ele está mais calmo do que quando deixou a mensagem. Ele diz: "Ouça", e transmite a mensagem de sua secretária eletrônica pelo telefone. Ouvimos a fala confusa de Nic. "Preciso de ajuda. Não posso ligar para o meu pai. Não sei o que fazer, por favor, me ligue." Ele deixa o número do celular de Z.

"É tão triste", diz o meu amigo. "Uma parte de mim quer ir até Oakland e buscá-lo, mas outra parte quer torcer o pescoço dele."

Mais uma vez, Nic está aqui e está chapado. Por algum motivo, me sinto anormalmente calmo enquanto penso: se ele está aqui, o que será que ele vai fazer? Vir à nossa casa? O que faço se ele vier? Será que ele vai voltar à casa dos pais de Karen, como daquela vez que Nancy o encontrou no quarto de baixo? Será que ele vai arrombar a porta de novo?

Karen emerge do nosso quarto. Ela pergunta: "Você acha que ele pode voltar à casa dos meus pais?".

Ela compartilha as minhas preocupações. Nic provavelmente não iria para lá. Ou será que iria? Debatemos se devemos ou não ligar para eles. Ficariam preocupados. Mas seria pior não avisá-los e depois Nic aparecer. Então ligamos para eles.

Para onde mais ele poderia ir?

No dia seguinte, Nic deixa outra mensagem para seu padrinho, e uma para sua mãe, desta vez dizendo que a namorada do dependente de crack, da casa onde estavam, apareceu e deu dinheiro a Nic e Z. para voltarem de avião para casa.

Estou trabalhando na biblioteca de Corte Madera, com uma pilha de livros ao meu lado.

Trouxe meu laptop e estou escrevendo sem parar — uma tentativa de conter alguma coisa que está rapidamente (mais uma vez) espiralando para fora do meu controle.

Meu telefone está no modo de vibração para não atrapalhar o silêncio da biblioteca, então começa a tremer, aquele típico chacoalhar maluco, como se estivesse possuído. Eu o ergo da mesa para que o barulho não atrapalhe ninguém. Na tela, em doentias letras verdes, vejo o número da namorada de Nic.

Não tenho nenhuma vontade de escutar mais mentiras. Desligo.

Mais tarde, quando estou no carro indo buscar as crianças no colégio, escuto a mensagem. Nic diz que ele e Z. estão voltando de Joshua Tree e acabam de chegar a uma área em que conseguem usar novamente o celular. Ele fala, palavra por palavra: "Oi, papai, estamos voltando de Joshua Tree e finalmente chegamos a uma área onde há sinal de celular...".

Fico pasmo, não apenas pela mentira, mas pela complexidade do que ele inventou. Ele podia ter dito apenas: "Estou de volta a L. A". Poderia ter dado sinal de vida sem dizer mais nada além de alô. Mas ele elaborou a mentira original e construiu uma cosmologia ao redor dela, enfeitando-a com detalhes para que eu não a questione. E eu não a teria questionado se já não soubesse que era mentira. A esta altura, já ouvi falar da teia de mentiras que os dependentes de drogas criam. "Usuários de entorpecentes mentem a respeito de qualquer coisa, e em geral fazem um trabalho impressionante", escreveu uma vez Stephen King. "É a Doença do Mentiroso." Nic uma vez me disse, citando um chavão do AA: "Um dependente de álcool rouba a sua carteira e mente a respeito disso. Um dependente de drogas rouba a sua carteira e o ajuda a procurá-la". Parte de mim está convencida de que Nic realmente acredita que vai encontrá-la para você.

Escuto a mensagem algumas vezes. Quero me lembrar dela.

Será que ele esqueceu que ligou para a mãe e para o padrinho e contou a eles que estava em perigo em Oakland? Depois de tudo, será que ele supõe que meu querido amigo não me ligaria se estivesse preocupado com Nic, se Nic estivesse desesperadamente em perigo em uma boca de fumo em Oakland? A essa altura, será que Nic não sabe que a mãe dele, ao lado de quem tenho passado por essa montanha-russa do inferno, obviamente me ligaria para verificar as informações, para falar sobre o que deveríamos fazer, se é que deveríamos fazer alguma coisa? E não apenas para falar sobre o que fazer, mas também para conversar com a outra pessoa que o ama do mesmo jeito que ela.

A mensagem continua. Ele não está com a voz pastosa. Parece bem. Diz que sente saudades de mim e que me ama.

23

"OI, PAI, SOU EU, NIC. Acabo de saber que você sabe a verdade sobre o que aconteceu."

Verifico minhas mensagens. Nic ligou. Outra vez. Há uma indistinção em sua fala. Ele falou com Vicki, e sabe que eu sei que ele estava em Oakland, não em Joshua Tree, então tenta encobrir suas pegadas. "Eu simplesmente não queria lhe preocupar", diz ele. "E também não queria me sentir pressionado a ir ver você enquanto estava na Bay Area, e não tinha ideia de que esse cara ia acabar sendo um psicótico. Nem a Z. Saímos de lá da melhor maneira que pudemos... Agora estou em segurança... De qualquer forma, sinto muito ter mentido para você."

Estou na sala, sentado no sofá. Alguma coisa atrai minha atenção: uma pilha de jornais no chão. Em cima da pilha, um SF *Weekly*. Olho mais de perto. Um *Bay Guardian* e um catálogo da Amoeba Records, a loja de discos preferida de Nic. Olho para eles e começo a perceber. Não.

Pergunto à Karen se são dela. Não, eles não são seus?

Nic arrombou nossa casa outra vez. Tenho certeza.

Karen tem certeza.

Temos certeza.

Não.

Nossos corações batem forte. Começamos a procurar pela casa.

Karen para e pergunta se eles poderiam ter sido deixados por um amigo nosso de Nova York que estava de visita e que ficara conosco durante o último fim de semana. Poderia ter sido isso? Ligo para ele. Os jornais são dele.

Estamos paranoicos e malucos. Não é só o dependente químico que fica paranoico e maluco.

Não liguei de volta para Nic porque eu simplesmente não consigo falar com ele agora, não até ele ficar sóbrio. Sem droga alguma. Não "só usando Klonopin para sair da metanfetamina" ou "só um Valium para ajudar a me acalmar".

Eu o amo e sempre amarei. Mas não consigo lidar com uma pessoa que mente para mim. Sei que sóbrio, com a mente clara, em seu juízo perfeito e em recuperação, Nic não mentiria para mim. De um certo modo, fico grato pelas suas atitudes tão óbvias. Isso tirou uma camada fina da minha incerteza. Normalmente, me sinto em algum tipo de purgatório infernal, sem saber o que é verdade e o que não é, se ele está se drogando ou não, mas agora eu sei.

Tenho, acima da minha escrivaninha, fotografias apoiadas contra os livros em uma prateleira. Há uma foto recente de Karen e outra dela quando era criança, uma menina pensativa, morena, de cabelo curto e uma camisa de marinheiro listrada, em uma praia qualquer. Ela parece Daisy, ou melhor, Daisy, com seu olhar radiante, os olhos e os cabelos escuros, parece com ela. Há também fotos de Daisy. Em uma delas, ela usa mocassim e calcinha azul e inspeciona minuciosamente a cara tolerante de Moondog. Há uma fotografia de Jasper quando era bebê, nos braços de Karen, e outra de Jasper vestido num casaco de inverno de flanela vermelha, calças de seda roxa de rajá, um chapéu tricotado verde com borlas douradas e pompons fofos, e, nos pés, sapatos de gênio da lâmpada bordados com fio dourado e com as pontas viradas para cima. Há fotos das equipes de Daisy e de Jasper posando com óculos de natação. Há fotos de Nic. Em uma delas, ele tem cerca de dez anos, usa jeans, um blusão azul com zíper e tênis da mesma cor. Está com as mãos no bolso e olha para a câmera com um sorriso gentil. Há uma foto mais recente de Nic também. Um sorriso aberto, vestido num calção largo e de peito nu, na época em que ele nos encontrou no Havaí. É o meu filho e meu amigo Nic em recuperação, e ele está bem.

Agora, no entanto, não posso suportar ele olhando para mim. Guardo a foto em uma gaveta da escrivaninha.

Jasper se tornou perito em Garage Band, um programa de computador de gravação e mixagem. Ele criou uma canção linda e melancólica.

"É uma canção triste", digo ao entrar no quarto em que a música está tocando.

"É", ele responde em voz baixa.

"Você está triste?"

"Estou."

"Por quê?"

"Corremos 1.600 metros hoje na escola. Eu só conseguia pensar em Nic."

Digo a Jasper que há lugares a que podemos ir e nos quais outras crianças com irmãos, irmãs ou pais com problemas de álcool ou drogas também vão.

"O que vocês fazem lá?"

"Você não tem de fazer nada. Você pode só escutar o que as outras crianças dizem. Pode ajudar. E aí, se quiser, pode dizer alguma coisa."

"Ah."

"Quer experimentar?"

"Acho que sim."

Ele me abraça mais forte e mais demoradamente do que nunca.

Na manhã seguinte, o sol brilha através de um buraco no céu cinza-preto. É como uma luz forte brilhando no jardim. Há um círculo amarelo em toda parte, circundado por uma colcha de retalhos difusa de ouro, ferrugem e hortênsias brancas morrendo — as cores secas do outono. Os choupos estão quase despidos; quase todas as folhas já caíram, e os galhos nus das árvores lançam-se para o céu em uma tremulante luz cinzenta. Só a magnólia tem flores — três chamas brancas.

Recebemos uma carga de lenha para usar no inverno. Esta manhã meu objetivo é empilhá-la com as crianças. Enquanto trabalhamos, estou pensando em... em que mais? Em Nic. Não estou nem otimista nem pessimista. Não sei o que vai acontecer. Acredito profundamente na sua boa alma e no seu cérebro, mas ao mesmo tempo não tenho ilusões quanto à gravidade da doença. Não, para ser honesto, neste instante não me sinto nem um pouco otimista.

Tudo se resume a onde Nic está. Fico otimista — não excessivamente otimista, mas ainda assim otimista — quando ele está em recuperação, porém desconsolado e pessimista quando não está.

Estranhamente, a ideia de estar isolado de Nic costumava me levar ao pânico, mas agora — hoje, pelo menos hoje, neste momento, pelo menos — me sinto bem com essa ideia. Mas então eu penso: "Nic pode morrer". Empilhando lenha, eu penso: "Nic pode morrer". Paro por um segundo.

Eu sentiria falta de ter Nic na minha vida. Sentiria falta de suas mensagens telefônicas engraçadas, de seu humor, suas histórias, nossas conversas, nossas caminhadas, de ver filmes com ele, de nossos jantares juntos e do sentimento transcendental que há entre nós, que é amor.

Sentiria falta de tudo isso.

Sinto falta disso agora.

E então eu compreendo: não tenho nada disso agora. Nunca mais tive nada disso desde que Nic começou a usar drogas.

Nic está ausente, só sua concha permanece. Tenho sentido medo — terror — de perder Nic, mas já o perdi.

No passado, tentei imaginar o inimaginável e tentei me imaginar suportando o insuportável. Imaginei perder Nic por overdose ou acidente, mas agora compreendo que já o perdi. Hoje, pelo menos, ele está perdido.

Estive aterrorizado pelo medo de que ele morresse. Se morresse, deixaria uma rachadura permanente na minha alma. Eu jamais me recuperaria inteiramente. Mas, além disso, sei que, se ele morresse, ou, por outro lado, se ele permanecer drogado, apesar disso eu viveria — mesmo com aquela rachadura. Eu me enlutaria. Eu ficaria de luto para sempre. Mas já venho sofrendo por ele desde que as drogas o dominaram — sofrendo pela parte dele que está faltando. Deve ser o luto. Sinto-me exatamente como Joan Didion descreve em *O ano do pensamento mágico*: "A dor vem em ondas, paroxismos, apreensões súbitas que enfraquecem os joelhos, cegam os olhos e obliteram o dia a dia da vida". (Ah, então é isso. É um alívio saber.)

Eu sofro, mas também continuo a celebrar a parte dele que está intocada pela metanfetamina ou qualquer outra droga. Eu jamais deixarei droga alguma tirar isso de mim.

"Insanidade é a insistência sobre o sentido", escreveu Frank Bidart em um poema. É, mas esse meu cérebro humano exige sentido — pelo menos uma aproximação de sentido. A conclusão a que cheguei é que o Nic nas drogas não é Nic, e sim uma aparição. Nic chapado é um fantasma, um espectro, e, quando está drogado, meu filho adorável fica em estado latente, posto de lado, escondido e enterrado em algum canto inacessível de sua consciência. Minha fé, tal como ela é, vem de uma crença de que Nic está lá dentro desse canto inacessível, e ele — Nic, sua essência, seu eu — está inteiro, seguro e protegido. O Nic forte, com a mente clara e cheio de amor — pode ser que esse Nic jamais venha à tona outra vez. A droga pode vencer a batalha por seu corpo.

Mas eu posso sobreviver sabendo que Nic ainda está lá em algum lugar e que a droga não pode tocá-lo onde ele está, lá nesse algum lugar.

Aconteça o que acontecer, eu vou continuar amando Nic. Em algum lugar, naquele lugar, ele sabe disso. E eu também.

Olho para a pilha de lenha ainda não arrumada. Não progredimos muito nela. As crianças estão choramingando e não querem trabalhar. Parecem desanimadas e chateadas. A cabeça de Jasper cai para trás, os olhos fechados, e ele respira ruidosamente. Amuado, joga uma acha sobre nossa pilha desconjuntada. Minha cabeça zumbe. Ouço um caminhão subindo o morro.

Não há, no momento, nenhum grupo em andamento do Al-Anon para crianças da idade de Jasper e Daisy. (O Alateen é para crianças mais velhas.) Então peço recomendações de outros locais para onde posso me dirigir em busca de ajuda. Quero que meus filhos saibam que não estão sozinhos, que não é culpa deles e que, embora as drogas tenham roubado Nic de nossa família, eles ainda podem amar o irmão adorado, que também os adora. Quero que Jasper tente compreender que Nic estava sendo sincero ao escrever cada palavra da carta que enviou para ele. Mas que a doença de Nic é maior do que as suas melhores intenções, até mesmo que seu desejo de fazer o certo consigo e com os outros. O Nic que escreveu a carta foi embora, pelo menos por enquanto. Então precisamos descobrir um jeito de ajudar os pequenos a ficar de luto pelo irmão deles.

Os dedicados bibliotecários da escola de Jasper e Daisy enviam uma solicitação para uma rede de colegas em escolas do país inteiro. As respostas são extraordinárias. Enviam-me uma lista de livros a respeito de crianças que lidam com uma situação parecida com a nossa — a respeito da culpa e da responsabilidade que sentem e sobre questões que até os adultos mal conseguem compreender, quanto mais as crianças. O orientador da escola descobre um terapeuta que trabalha com famílias e é especializado em dependência química. Karen e eu marcamos de nos encontrar com ele e depois, se acharmos que ele pode ajudar, levaremos Jasper e Daisy conosco para conhecê-lo.

Certo dia, estou levando Daisy e Jasper da escola de volta para casa. Quando chegamos no topo do morro acima de Olema, dourado e seco no outono, na entrada para West Marin, Daisy levanta os olhos do cachecol que ela está fazendo e diz: "É como se o Nic fosse o meu irmão que eu conheço e um outro cara que eu não conheço".

Ela põe as agulhas de tricô de lado. Conta que ontem discutiram drogas no Meninas em Retirada, um grupo de garotas do quarto, quinto e sexto anos que correm e conversam a respeito de questões pessoais e sociais — de imagem corporal a nutrição. As meninas se dividiram em grupos para discutir por que crianças começam a beber, fumar ou usar drogas.

"Quais são os motivos?", pergunto.

"Eles estão com raiva deles mesmos", diz ela. "Monica diz que é a pressão social. Janet disse que é porque as pessoas se sentem estressadas, e eu pensei: 'É porque eles querem sair deles mesmos'. Discutimos maneiras de lidar com o estresse, a tristeza ou coisas desse tipo e concluímos que seria mais inteligente pensar em formas de se sentir bem consigo mesmo e fazer coisas que façam você se sentir mais feliz, como correr, em vez de usar drogas."

Jasper está calado, pensativo. Então fala: "Eu conversei sobre drogas na minha excursão também". A turma dele acabou de voltar de uma noite na gélida e enevoada Angel Island.

Jasper conta que ele e um amigo, tremendo pela noite escura, conversaram a respeito disso. "Ele me perguntou como o Nic está", diz. "Eu disse que ele está usando drogas outra vez."

O amigo, que lera o artigo na *Times,* falou: "Mas seu irmão parece ser um garoto tão inteligente e tão legal".

"Eu disse a ele: 'Sabe, ele é'." Jasper então repetiu ao amigo a história do anjo e do demônio de desenho animado sobre o ombro de Nic e também que vai conversar com alguém a esse respeito — alguém que ajuda pessoas que têm dependentes químicos na família a aprender como lidar com isso.

No passado, Jasper e Nic trocaram mensagens do meu telefone celular para o de Nic — saudações de uma linha. Agora Jasper, pensando no irmão, pergunta se pode enviar uma mensagem a ele.

Ele escreve: "Nic, seja esperto. Beijo, Jasper".

Ele a envia, mesmo sabendo que o telefone celular de Nic foi desligado. "Talvez ele ligue o telefone outra vez", diz Jasper.

Muita coisa a respeito dessa doença é dolorosa. A dor é interrompida pela esperança, e a esperança, pela dor. Então a dor é interrompida por uma nova crise. De Shakespeare, ao lado da minha cama, eu leio:

A dor enche o quarto com meu filho ausente,
Deita-se na cama dele, anda comigo de um lado para outro,
Veste sua aparência bonita, repete suas palavras,
Lembra-me de todas as suas graciosas qualidades,
Enche as roupas vazias com sua forma;
Então eu tenho motivos para gostar da dor.*

Enfureço-me contra a luta de Nic, a dor, e contra como sua dependência química causou tanto sofrimento em nossa vida — na nossa, na dele —, mas, ao mesmo tempo, estou também repleto de um amor ilimitado por meu filho, pelo milagre de Nic e por tudo o que ele é e trouxe para nossa vida. Fico furioso com esse Deus em quem não creio, e, mesmo assim, para o qual rezo e agradeço por Nic e pela esperança que tenho — sim, mesmo agora. Talvez agora meu cérebro esteja maior: ele consegue absorver mais do que antes. Ele consegue tolerar mais facilmente contradições, tais como a ideia de que a recaída pode fazer parte da reabilitação. Como disse o dr. Rawson, às vezes é preciso muitas delas antes de um dependente químico permanecer sóbrio. Se eles não morrerem ou provocarem danos demais a si mesmos, há uma chance, sempre uma chance.

Revejo as estatísticas pífias que me foram dadas anos atrás por uma enfermeira a respeito das taxas de sucesso da reabilitação de dependentes de metanfetamina — sucessos limitados a um dígito. Compreendo que não é realista pensar que muitos dependentes químicos permanecerão sóbrios para sempre depois de uma, duas, três ou seja lá quantas tentativas de sobriedade, mas talvez a estatística mais significativa seja esta, relatada por um dos palestrantes em um dos centros de reabilitação: "Mais da metade das pessoas que entram na reabilitação estão sóbrias dez anos depois, o que não significa que não tenham entrado e saído da sobriedade nesse período".

É uma época triste, triste, mas sou grato pelo milagre de que Nic esteja vivo e tenha uma chance. Talvez seja necessário um milagre maior para salvá-lo. Quando demos esse nome a ele, consultamos o meu pai. O nome completo de Nic é Nicolas Eliot Sheff. Suas iniciais formam uma palavra em hebraico que significa "milagre". Rezo por um milagre maior, mas, nesse meio-tempo, me sinto grato pelo que temos. Nic está vivo. Ao escrever sobre seu filho, Thomas

---

* "Grief fills the room up of my absent child,/ Lies in his bed, walks up and down with me,/ Puts on his pretty looks, repeats his words,/ Remembers me of all his gracious parts,/ Stuffs out his vacant garments with his form;/ Then have I reason to be fond of grief." Trecho da peça *Vida e morte do rei João*. (N. E.)

Lynch contou a inesperada conclusão a que os pais chegam quando se confrontam com alguma coisa tão avassaladora como a dependência química de um filho: "Eu poderia ser grato até por essa horrível doença — astuciosa, desconcertante e poderosa — que me ensinou a chorar e a rir mais alto e melhor e de verdade. E grato por, de todas as doenças fatais que meu filho poderia ter tido, ele ter uma para a qual há uma lasquinha de esperança; se ele renunciar, vai sobreviver".

Na manhã seguinte, Jasper, usando um suéter de cor cereja, senta-se à minha escrivaninha, onde brinca com um novo jogo no computador. Ouvindo o som da música gerada pela máquina, batidas de pratos, uma trompa e um baixo sonoro, Jasper fala com a tela. "O quê? He he he. Peguei."

Daisy fecha seu livro e se muda para a mesa redonda em que Karen está trabalhando numa colagem. Logo ela também está cortando, pintando e colando papéis.

Nic ligou e deixou outra mensagem ontem à noite. Disse que ele e a namorada "levaram as coisas longe demais" e agora planejam ficar sóbrios. Explicou que conversou com um médico sobre isso e recebeu uma medicação para ajudar.

É claro que não acredito. Suas palavras sem significado atualmente são outro fato triste decorrente de sua dependência química, contradizendo a sinceridade delas quando está sóbrio.

Espero que Nic chegue a algum tipo de fundo do poço. Depois de tudo o que passamos e tudo o que li e ouvi, finalmente entendo. Os dependentes químicos acabam se recuperando depois de chegarem ao fundo do poço. Eles ficam desesperados, desamparados e aterrorizados; eles precisam estar tão desesperados, tão desamparados e tão aterrorizados que estarão dispostos a fazer qualquer coisa para salvar sua vida. Mas como pôde Nic, ao ter aquela overdose em Nova York, quando foi levado às pressas para a sala de emergência — inconsciente, quase morto —, não ter chegado ao fundo do poço? Como pôde sua recaída subsequente, um pesadelo, não ter sido o fundo do poço? Não sei. Tudo que sei é que Nic está de volta a um estado fantasioso despertado pela droga, agarrando-se a ilusões que lhe permitem negar a seriedade de sua situação. É o que os dependentes químicos fazem. Fico temeroso, sabendo que Nic vai permanecer nesse estado de ilusão até o próximo evento dramático. E que evento será esse? Temos de esperar por ele, mesmo sabendo que talvez ele nunca chegue. Antes de muitos viciados chegarem ao fundo do poço, eles morrem. Ou acabam semimortos, paralíticos ou com danos cerebrais irreparáveis, depois de sofrer um derrame ou coisa parecida. Isso serve para a maior parte das drogas, e certamente para a metanfetamina, que pode transformar o cérebro em um mingau que desandou.

Os pais só desejam coisas boas para os filhos. No entanto, nesta situação, num combate mortal contra a dependência química, um pai espera que uma catástrofe desabe sobre o filho. Desejo uma catástrofe, mas uma catástrofe contida. Dura o suficiente para fazê-lo render-se, humilhá-lo, porém suave o suficiente para que ele possa recuperar-se, com um esforço heroico e com o que há de bom dentro dele, que eu sei que há. Porque qualquer coisa mais branda que isso não será o bastante para que ele salve a si mesmo.

Um amigo cuja mãe era alcoólatra me contou que passou uma década esperando o "por um triz" — alguma coisa dramática o suficiente para levar a mãe a tratar sua doença, porém nada que fosse assim tão dramático, para que ela não ficasse debilitada de forma permanente. O triz nunca veio. Sua mãe morreu há dois meses. Quando meu amigo e as irmãs dele foram limpar a casa dos pais, descobriram garrafas vazias de vodca escondidas atrás de pilhas de louça no fundo dos armários da cozinha, e garrafas vazias enterradas em suéteres cuidadosamente dobrados dentro dos guarda-roupas. Ao morrer, a mãe tinha trinta vezes o limite de álcool permitido no sangue para dirigir um automóvel.

Desejo um triz para Nic.

Rezo por um triz.

24

NÃO HÁ NADA QUE POSSA SER FEITO, temos de fazer tudo o que podemos. Fizemos tudo o que podíamos, temos mais a fazer. Vicki e eu nos angustiamos com isso.

Depois que Nic liga outra vez, drogado, pedindo dinheiro, Vicki diz: "Temos de tentar".

Penso em fazermos uma intervenção, mas acho que, depois de tudo o que fizemos, isso seria ridículo e frustrante.

"É impossível controlar."

Mas não posso desistir de Nic. Não ainda. Em breve? Não ainda.

Não posso desistir de Nic.

Não desistirei de Nic, a não ser que seja obrigado a isso. Talvez seja.

Você não causou, você não controla e você não pode curar.

Eu sei.

Há um monte de coisas que não sei, mas aprendi algumas lições a respeito da dependência química. Embora algumas decisões que você possa tomar sejam erradas, não existe um único caminho certo, predeterminado. Ninguém sabe. Como a recaída muitas vezes faz parte da reabilitação, Nic ainda pode conseguir. Nic ainda pode ficar bem.

Repasso as infindáveis histórias de gente que conheci nos grupos de reabilitação ou nas reuniões do AA e do Al-Anon. Repasso também as histórias de amigos de amigos para os quais foram necessárias várias tentativas. Alguns deles chegaram ao fundo do poço — poços horríveis, inimagináveis — e literalmente arrastaram-se para fora, saindo de antros de crack, de sarjetas, de esconderijos de traficantes, de poças de seu próprio sangue e indo para centros de reabilitação ou desintoxicação, para uma reunião do AA, para os degraus da casa de seus pais. Outros vão para a reabilitação porque suas esposas lhes deram um ultimato, ou o tribunal sentenciou, os pais os obrigaram, ou os amigos e a família orquestraram intervenções. Uma mulher que ouviu falar do nosso apuro nos liga e diz: "Só quero dizer para não desistirem. Meu filho estaria morto se eu tivesse desistido. Resolvi que seria a última vez que eu o ajudaria. Isso foi depois de sete centros de reabilitação, hospitais, prisões e duas tentativas de suicídio. Agora meu filho, que tem 25 anos, está sóbrio há três anos e está melhor do que jamais esteve em toda sua vida. As pessoas me disseram para desistir dele, mas não desisti. Como uma mãe pode desistir do filho? Se eu tivesse feito isso, ele agora não estaria aqui. Garanto. Ele teria morrido. Liguei apenas para lhes contar essa história. Não abandonem a esperança e não o abandonem".

Se não fosse ilegal, eu contrataria alguém para raptar Nic e levá-lo a força a um hospital para se desintoxicar, com a esperança de que, sóbrio outra vez — ou pelo menos fora de seu estado mental de loucura, ilusão e drogas por um instante —, ele fosse tentar. Já escutei histórias de pais que contrataram gente para raptar seus filhos adultos. Eu cogitaria desobedecer a lei e sofrer as consequências se achasse que funcionaria, mas não acredito nesse tipo de atitude. Nic fugiria. Se não estivesse pronto para ser tratado, ele fugiria. Mesmo assim, parece arriscado demais esperar que ele chegue ao fundo do poço.

Karen e eu resolvemos que vamos ajudar a pagar o custo do centro de reabilitação se conseguirmos que ele vá para um. Outra vez. A mãe dele diz que também ajudará. Resolvemos pagar novamente. Sim, sabemos que poderá ser um dinheiro desperdiçado.

Concordamos que esta é a última vez, porque a reabilitação pode passar a ser um estilo de vida para alguns dependentes químicos. Depois dessa, se Nic tiver uma recaída e quiser ajuda, terá de consegui-la sozinho, fiando-se nos dolorosamente escassos recursos públicos disponíveis para dependentes químicos. Talvez seja mais útil se ele se arrastar de joelhos até um programa com financiamento público, implorando por ajuda. Será que faria isso? Há programas desse tipo em diversas cidades, mas eles estão superlotados. Há filas de espera. É possível que demore quatro meses até Nic conseguir entrar em um.

Pode ser que não tenhamos tanto tempo.

* * *

Em alguns momentos, estou bem. Será que é isso que eles chamam de libertar-se? Já me libertei, se libertar significa às vezes estar bem. Deixo a crise para trás durante alguns períodos todos os dias. Curto o tempo que passo com Karen, Daisy, Jasper e nossos amigos. Ontem Daisy e eu fomos ao nosso clube de leitura. Na tarde passada, Jasper e eu saímos em um emocionante passeio de bicicleta pelas trilhas que atravessam o Pântano Corte Madera, passando por garças e maçaricos. Às vezes estou bem, às vezes não estou.

Consulto outros especialistas. Depois da nossa experiência, não sou ingênuo o suficiente para acreditar que algum especialista tenha a solução para o problema da nossa família. Tampouco sou arrogante o suficiente para achar que eu sei a solução. Não vou seguir cegamente o conselho de ninguém, mas reúno informações, para poder analisá-las e resolver o que fazer, se é que há alguma coisa a ser feita. Sei mais do que sabia no início disso tudo. Sei que ninguém tem resposta do que é certo para Nic ou para qualquer outro dependente químico. Ninguém sabe o que pode funcionar, nem quantas vezes. Isso não obriga quem amamos a agir nem o impele a não agir.

Ao longo dos últimos anos, passei a conhecer, respeitar e confiar mais em alguns especialistas que em outros. O dr. Rawson, da UCLA, é a pessoa que mais sabe sobre metanfetamina. Como pesquisador, detém-se apenas aos fatos, sem achismos. Ele se dedica a esse trabalho por um único motivo: ajudar os dependentes químicos.

Envio um e-mail para ele e pergunto se ele acha que, depois de tudo por que passamos, tentar uma intervenção é maluquice, um desperdício de energia. Espero ouvir como resposta a sabedoria convencional — Nic tem de chegar ao fundo do poço. Espero que ele me diga que devo fazer o melhor que posso para me libertar.

Em vez disso, ele me adverte que a intervenção não é uma panaceia. Ele me adverte que é uma decisão arriscada. Além disso, diz que não tem dados que apoiem (ou afastem) a intervenção. "Mas", escreve ele, "a minha impressão é de que alguns [intervencionistas] são bastante bons em organizar uma reação da família e criar um processo e um evento de intervenção que acabam fazendo um dependente químico relutante entrar em tratamento mais rapidamente do que se esperassem que ele 'chegasse ao fundo do poço'. Não se trata de uma contribuição insignificante, já que 'chegar ao fundo do poço' é uma tautologia.

Quando uma pessoa finalmente fica sóbria e permanece assim por um período extenso, o que quer que tenha acontecido de ruim imediatamente antes disso é chamada de 'chegar ao fundo do poço'. Períodos semelhantes de horror que são igualmente terríveis, mas não levam à sobriedade, por definição, não são 'chegar ao fundo do poço'. Algumas pessoas morrem antes de 'chegar ao fundo do poço'. Não acho que esse seja um conceito muito útil. Desse modo, creio que as intervenções podem ser importantes para se conseguir que pessoas relutantes entrem em tratamento. Entretanto, elas não dão garantias de resultados em um ano e meio ou mesmo em dez anos depois da intervenção. E podem ser caras".

Então ele diz o que me faz tomar uma decisão: esqueça a teoria, esqueça as estatísticas, esqueça os estudos sobre eficácia. O que ele faria se Nic fosse seu filho?

"Se eu tivesse um filho dependente de metanfetamina e eu já tivesse feito todo o imaginável para tentar ajudá-lo, mas ele ainda assim continuasse incorrendo no uso perigoso e potencialmente fatal de metanfetamina (ou heroína, cocaína, álcool), eu consideraria seriamente pedir ajuda a um intervencionista. Penso a esse respeito o mesmo que pensaria se tivesse um filho com uma recaída de uma doença crônica de algum outro tipo: continuaria insistindo com os tratamentos enquanto tivesse recursos para fazê-lo. Todo o meu apoio estaria ligado à entrada dele num tratamento."

Parece doideira tentar outra vez — como você pode ajudar alguém que não quer ser ajudado? Mas não importa. Vamos tentar outra vez. A mãe dele, o padrasto, Karen e eu vamos tentar outra vez.

Há um ditado do AA que diz que tentar a mesma coisa e esperar resultados diferentes é o auge da insanidade. Mas na reabilitação é repetido que podem ser necessárias muitas tentativas para que alguém fique e permaneça sóbrio. Penso nos filhos das pessoas que me escreveram — "minha linda e adorável filha de vinte anos, a alma mais gentil na Terra, teve uma overdose no ano passado e morreu", escreveu um pai — e fico imaginando como e quando devemos tentar novamente fazer com que Nic entre em tratamento. "Se eu tivesse um filho dependente de metanfetamina...", escreveu o dr. Rawson. Eu tenho.

Uma manhã, Nic liga e nos informa que tem um novo plano. Os dependentes químicos sempre têm. Outra e mais outra vez, eles adaptam o mundo para fazê-lo caber em sua ilusão de que ainda estão no controle. Nic me diz que ele e a namorada terminaram seu estoque de metanfetamina e que agora pronto, acabou. Ele não vai sucumbir à minha manipulação para que ele volte para a reabilitação. Promete que desta vez vai ser diferente — "Ela não vai me deixar usar, eu não vou deixá-la usar, fizemos um juramento, vamos chamar a polícia se falharmos, e ela vai me largar, se eu falhar" — a mesma história que ele já contou nas muitas outras vezes que prometeu que desta vez seria diferente.

Nic desliga.

Ligo para alguns intervencionistas recomendados pelo dr. Rawson e para um orientador do Hazelden, pelo número de telefone gratuito da instituição. Então recebo outro telefonema, desta vez de um amigo que oferece contra-argumentos. Ele esteve em reabilitação para drogas e álcool durante quase 25 anos. Diz que é um erro interferir e um erro tentar a reabilitação. "A indústria da reabilitação é como a indústria de conserto de carros", diz ele. "Eles querem que você volte. E as pessoas sempre voltam. Eles lhe dizem 'continue voltando'." Ele dá uma risada amarga. "É isso que eles querem. Eu tive de chegar ao fundo do poço quando não havia nada nem ninguém, quando eu tinha perdido tudo e todos. É preciso chegar a esse ponto. Você tem de estar sozinho, quebrado, desolado e desesperado."

É, pode ser que isso seja necessário. É, as chances são de que nem a intervenção nem outra tentativa de reabilitação funcionem. Mas pode ser que funcionem, sim.

Não vamos ficar insistindo. Não temos recursos financeiros nem emocionais para ficar insistindo. Meu cérebro já explodiu, e de vez em quando parece que pode vir a explodir de novo.

Mas cá estou eu, ligando para intervencionistas, enquanto Nic deixa mensagens praticamente incoerentes nas nossas secretárias eletrônicas. E, mesmo depois de tudo pelo que passamos, eu ainda estou confuso, em um já conhecido conflito com as mensagens contraditórias vindas de fora de mim e de dentro de mim — deixe-o em paz, deixe-o sofrer as consequências de seus atos, tente qualquer coisa para salvar-lhe a vida.

O primeiro intervencionista com quem falo alega que tem uma taxa de sucesso de 90%, e eu educadamente agradeço-lhe pelo seu tempo. Talvez ele esteja dizendo a verdade, mas duvido. Um outro é mais modesto. "Não há garantia, mas vale a pena tentar", diz ele. Ele propõe um cenário no qual a mãe de Nic e eu, junto com Karen, amigos dele e sua namorada, se ela estiver disposta, confrontemos Nic e lhe ofereçamos uma chance de ir para a reabilitação. Um leito estaria à espera. Nic seria encorajado a entrar num carro e ir imediatamente.

"Não consigo imaginar que ele vá", digo eu.

"Muitas vezes funciona", explica. "O raciocínio da intervenção é que um dependente químico se sente subjugado e vulnerável na presença da família e dos amigos. Ele pode concordar por causa da culpa ou da vergonha, ou porque seus entes queridos conseguem quebrar suas barreiras o suficiente para que ele possa ter um vislumbre de qual é seu estado real — as pessoas que o amam não mentiriam. Eles estão motivados por um objetivo: salvá-lo."

Depois de uma pausa, ele faz a pergunta de costume:

"Qual é a droga preferida dele?"

"Ele usa praticamente qualquer droga que encontra nas ruas, mas sempre gravita em torno da metanfetamina."

A voz no telefone solta um profundo suspiro.

"Trabalho com todas as drogas, mas detesto ouvir falar em metanfetamina. É muito destrutiva e imprevisível."

Digo-lhe que tenho de consultar a mãe de Nic e que ligarei de volta.

Um trecho do livro *Addict in the Family* diz que: "Nada disso é fácil. As famílias dos dependentes químicos trilham um caminho infeliz, coalhado de muitas arapucas e falsos começos. Os erros são inevitáveis. A dor é inevitável. Mas também são inevitáveis o crescimento, a sabedoria e a serenidade nas famílias que abordam a dependência química com mentalidade aberta, disposição para aprender e que aceitam que a recuperação, assim como a própria dependência, é um processo longo e complexo. As famílias jamais devem abandonar a esperança de uma recuperação — porque a recuperação pode e acontece todos os dias. Nem devem parar de viver suas próprias vidas enquanto esperam que esse milagre ocorra."

Quando irá ocorrer? Irá ocorrer?

Enquanto isso, quase como um milagre, o sol nasce todos os dias e se põe todas as tardes. O mundo não para de girar, e há avaliações escolares para as quais precisamos preparar as crianças, as caronas para a natação, o dever de casa de matemática, há jantares a serem feitos e, depois, pratos a serem lavados. Há trabalho — artigos a serem escritos em prazos inflexíveis.

Em uma semana, Nic deixa outra mensagem:

"Agora já são onze dias. Estou sóbrio. Onze dias."

Será que isso é verdade? Será que vai durar doze dias?

Quantas vezes já me prometi nunca mais fazer isso, nunca mais viver em estado de pânico, esperando que Nic apareça ou não apareça para se internar ou não se internar. Fazer as coisas repetidamente de forma igual e esperar resultados diferentes é a definição da insanidade. Não vou fazer isso de novo.

Estou fazendo isso de novo.

Fico bem e fico mal. Louco e deprimido. Atormentado e depois bem.

Mantenho à mão o número do intervencionista.

Um sábado, depois da natação, Jasper vai à festa de aniversário de um menino e irá dormir na casa do coleguinha. Karen está na cidade montando a abertura da sua exposição que acontecerá no dia seguinte, então só estamos nós dois, Daisy e eu, em casa, em Inverness. Brutus está respirando com dificuldade no sofá perto da lareira, depois de seu jogo diário de perseguição a um bando de codornas que estabeleceram residência permanente no jardim. Ele pode estar decrépito, mas suas pernas trêmulas não o impedem de praticar esse esporte exaustivo. Agora ele está cansado demais para fugir de Daisy, de modo que está à mercê dela. Usando um esmalte de unha Klutz Press — roxo e cor-de-rosa não tóxicos —, ela pinta as unhas dele. Daisy andou fazendo um jogo de adivinhação em formato de dobradura. Agora faz um para o Brutus. Normalmente nesses jogos, os seres humanos podem escolher entre cores, números e tirar a sorte, mas Brutus faz suas escolhas com um "bocejo", um "tremelique" ou um "arquejo". "Venha cá, seu bolão de pelo marrom", diz ela. A sorte dele: "Você vai ter um belo dia dormindo e comendo". "Você vai esbarrar em um dogue alemão e ficar amigo dele." "Você vai roubar um bife e arranjar encrenca." Um nevoeiro que mais parece algodão bloqueia o sol, mas os raios ainda queimam, mesmo que pálidos.

À noite, Daisy e eu lemos juntos — o livro é de uma de nossas autoras infantis favoritas, Eva Ibbotson. Daisy encosta-se no meu ombro. Ela empurra o aparelho móvel entre os lábios, chupando-o de volta e colocando-o no lugar com um clique. Desloca-o outra vez, empurra para fora, clica de volta.

"Pare de brincar com seu aparelho."

"É divertido." Ela clica outra vez.

"O ortodontista disse que é uma má ideia. Pare."

"Está bem." Ela clica outra vez.

Fechamos *A estrela de Kazan*, e eu beijo Daisy na testa. Ela vai para a cama.

Estou na minha cama, lendo, quando toca o telefone.

Nic.

Ele diz que está bem e que as coisas estão dando certo, mas dá para perceber que ele está drogado.

Digo isso.

Ele insiste que é a medicação para mantê-lo afastado da metanfetamina, da cocaína e da heroína.

"Só estou tomando Klonopin, Seboxin, Strattera, Xanax."

"Só?"

Ele insiste em dizer que foi um médico que receitou. Se isso for verdade, não posso compreender a diferença entre ele e os demais traficantes de drogas de Nic.

Nic diz: "Eu sei que com essas drogas eu não estou 'sóbrio AA', mas isso é babaquice, de qualquer modo. Estou sóbrio".

"Ligue quando você estiver sóbrio AA", digo eu. "Então, conversamos."

Na manhã seguinte, verifico meu e-mail antes de sair para buscar Jasper na casa do amigo.

A namorada de Nic enviou uma mensagem urgente.

"Ele me deixou no mercado hoje de manhã para ir à casa da mãe e disse que estaria de volta em quinze minutos. Levou meu carro, e minha bolsa está lá dentro com meu inalador. Ele não voltou mais, esperei quatro horas, até que meu amigo mandou um táxi me buscar.

"Por favor, me ligue no [número do telefone dela]. Emergência."

25

ESTAMOS EM NOVEMBRO, MAS a manhã está quente. Uma lua fina ainda pode ser vista à luz do dia. Olhando para ela mais cedo, Daisy a chamou de sorriso de canto de boca. Karen levou Daisy com ela para a cidade, e estou no carro para buscar Jasper, pois combinei de buscá-lo no campo de futebol perto do moinho no Golden Gate Park.

Enquanto meu carro sobe Olema Hill, ligo para o número de Z. Ela está sem fôlego, frenética — zangada e preocupada. Nesse estado, revela mais do que no e-mail, explicando que Nic a deixou no mercado em Palisades às 5h45. Levou o carro dela para a casa da mãe dele. Estava planejando arrombar a casa e roubar o computador de Vicki. Ela diz isso como se ele estivesse indo lá pegar uma xícara de açúcar emprestada. Nic tinha prometido estar de volta em quinze minutos, mas não voltara depois de quatro horas. Supondo que ele tivesse sido preso, ela ligou para a polícia, mas eles não tinham nenhum registro.

Ela está soluçando.

"O que poderia ter acontecido com Nic em cinco quarteirões, do mercado até a casa da mãe dele?"

Eu lhe conto o que sei da minha experiência com Nic. Cada vez que ele desaparecia, eu imaginava todas as situações possíveis — que tinha tido um acidente fatal, ou, absurdamente, que ele tinha sido raptado —, mas na verdade ele tinha tido uma recaída.

Pergunto: "Será que ele está vindo para São Francisco?".

"Ele não tem dinheiro."

"Então provavelmente foi a um traficante em L. A."

"E simplesmente me deixou na rua?"

"Pelas drogas. Que mais poderia ser?"

Digo-lhe que vou verificar com a mãe de Nic e depois ligo de novo.

O telefone acorda Vicki. Quando explico a situação, ela diz que Nic não apareceu lá. "Não há nenhum sinal dele", diz ela.

Em meia hora, Vicki liga de volta.

"Ele está aqui. Na garagem. Arrombou a casa e estava nos roubando, empilhando coisas em sacolas de compras. Então ficou confuso e de algum modo se trancou lá dentro. Está em pânico e enlouquecido. E violento."

"É o *tweaking*", esclareço.

Quando ligo para Z., ela já teve notícias de Nic, que ligou para ela de um telefone na garagem. Enraivecida, ela está empacotando as roupas dele. "Chega", diz ela. "Se você falar com ele, diga-lhe que as roupas estarão do lado de fora, na porta da frente."

Vicki, depois de discutir com o marido, diz a Nic que ele tem uma escolha a fazer. A polícia será chamada e ele será preso, ou ele pode voltar para a reabilitação.

Dirigindo para ir buscar Jasper na cidade, na manhã ensolarada, eu me sinto inseguro.

Ele arrombou a casa da mãe. Está fora de seu juízo. Metanfetamina outra vez. *Tweaking*. Desde que recaiu, eu sabia que alguma coisa desse tipo iria acontecer, mas agora a represa estoura e eu sou inundado de emoções.

Por favor, Deus, cure Nic.

Será tarde demais?

A recaída faz parte da recuperação.

Por favor, cure Nic.

Lá estão Jasper e o amigo no campo de futebol. Quando me vê, ele acena e corre para o carro. Joga sua mochila de roupas e material esportivo no banco traseiro e entra.

"Ficamos acordados até meia-noite fazendo guerra de travesseiros."

"Você não está exausto?"

"Não estou sequer cansado."

Em minutos, ele está dormindo.

Com Jasper adormecido ao meu lado, faço outros telefonemas — telefonemas para resolver para onde mandar Nic. Se ele concordar em ir. Ligo para Jace, o diretor da Herbert House, que conhece Nic e gosta dele. Jace já ajudou muitos dependentes químicos. Ele conhece os centros de reabilitação. Diz que, seja lá o que fizermos, deveríamos tirar Nic de L. A. e interná-lo num programa que dure pelo menos três ou quatro meses, de preferência mais. Ele diz: "O Hazelden é caro, mas é um dos melhores". Hazelden tem um programa de quatro meses, então ligo para o número 0800 da organização. Um orientador do internato me diz que não há leitos disponíveis na unidade de Minnesota, mas há um em Oregon, de modo que minha ligação é transferida para lá.

O orientador de Oregon me diz que tem de conversar com Nic, mas parece possível que meu filho, se estiver disposto, possa ir para lá.

O vernissage de Karen é na cidade. A Jack Hanley, a galeria na Mission Street, está cheia. Daisy, usando um gorro de tricô, e Jasper, de short, apesar do vento frio, brincam do lado de fora com outras crianças e vão embora cedo com meu irmão e a família dele.

Faço uma pausa para tomar um ar. Caminho em volta do quarteirão. Quando Karen veio morar conosco, anos atrás, Nic e eu morávamos a poucas quadras de distância daqui. Caminhávamos nesta e nas ruas vizinhas para comprar tortilhas e mangas nos mercados mexicanos. Nos fins de semana, íamos para Inverness.

Lembro-me de um feriado escolar em outubro daquele ano — 1989 —, quando paramos no mercado da esquina para fazer um estoque de comida e fomos de carro passar uma noite no campo. À tarde, encontramos com um amigo para uma caminhada na Limantour Beach, cuja a orla se estende por quilômetros. Estávamos caminhando sob um céu cor de safira. De repente, Nic apontou para uma foca que tinha aparecido na arrebentação agitada. Depois apareceu mais uma, depois outra. Logo, dez ou doze focas nos espiavam com seus olhos negros, os longos pescoços projetando-se para fora da água. Então foi como se alguém tivesse agarrado a praia e a sacudido como um tapete velho. A areia rolou, tão ondulante como o oceano, para cima, para baixo e para cima outra vez, antes de desabar.

Nós nos estabilizamos e tentamos entender o que acontecera. Um terremoto.

Voltamos para a cabana, onde usamos um telefone celular (as linhas fixas tinham caído) para ligar para os amigos e a família, certificando-nos de que todos estavam bem e garantindo-lhes que nós estávamos também em segurança. A cabana tinha um gerador que fornecia energia para acender algumas lâmpadas e uma velha televisão em preto e branco, na qual assistimos às imagens da devastação em São Francisco, incluindo prédios residenciais arrasados no Marina District e carros esmagados por uma rampa que desabou na subida para a Bay Bridge.

As aulas foram suspensas, então que ficamos em Inverness durante alguns dias. Finalmente, quando elas recomeçaram, voltamos para casa. As professoras conversaram com as crianças sobre o terremoto e sobre outras coisas que amedrontam as pessoas. As crianças escreveram a respeito de suas experiências. "Eu estava na praia", escreveu Nic. "Eu estava olhando para um buraco na areia. Ouvi dizer que uma pessoa foi jogada para fora de uma piscina. O terremoto me deixou tonto." No recreio, um menino ficou de pé no playground, sacudindo-se e oscilando. Quando o diretor perguntou se ele estava bem, o garoto balançou a cabeça e disse: "Estou me movendo como a terra, pra eu não sentir o terremoto se acontecer de novo."

Ao dar a volta no quarteirão cheio de gente, numa noite de sábado, lembro-me desse menininho e sinto-me como ele se sentiu. Navego a cada dia como ele, em guarda, desconfiado do próximo cataclismo. Protejo-me da melhor maneira que posso. Movimento-me como a terra, caso haja outro terremoto. Como agora, me preparando enquanto pego o celular e ligo para Z., pronto para qualquer coisa que aconteça.

Ela entrega o telefone a Nic.

"Então, parece que há uma vaga em Hazelden, em Oregon. Você vai ter de ligar e falar com um orientador amanhã de manhã."

"Andei pensando a esse respeito. Eu não tenho de ir. Posso me recuperar sozinho."

"Você já tentou e não funcionou."

"Mas agora eu sei."

Suspiro. "Nic..."

Dá para ouvir Z. ao fundo. "Nic, você tem de ir."

"Eu sei, eu sei. Está bem. É, eu tenho de ir. Eu sei."

Depois da bravata inicial, Nic parece resignado. Além disso, parece perplexo. "Achei que poderia ficar sóbrio porque queria", diz ele. "Achei que estar apaixonado assim poderia me manter sóbrio, mas não pôde. Isso me assusta." Depois de uma pausa, ele diz: "Acho que é isso que significa ser dependente químico".

Movimento-me como a terra para não sentir esse novo terremoto — essa última recaída. Caminho sob as lâmpadas da rua e o céu austero. Carros passam, deixando rastros de luz. Caminho de volta para a galeria.

Na segunda-feira, Nic fala com um orientador em Hazelden e depois me diz que está indo para Oregon.

Reservo um voo, mesmo sabendo que ele pode não aparecer.

A notícia que tenho em seguida é de que ele já fez as malas e está pronto para ir.

A namorada vai levá-lo ao aeroporto. Ligo para Hazelden a fim de ter certeza de que alguém vai buscá-lo quando ele chegar, mas o homem que atende o telefone diz que não há registro para a chegada de Nic. Quando protesto, sou transferido para uma supervisora, que explica que Nic não foi aprovado na admissão.

"Como assim não foi aprovado na admissão? Ele está a caminho."

"Por que ele está a caminho? Ele não foi aprovado."

"Ninguém nos disse."

"Não sei bem por quê, mas essa foi a decisão."

"Mas você não pode... Ele está a caminho do aeroporto. Temos de fazê-lo entrar no programa enquanto ele está disposto."

"Sinto muito, mas..."

"Ele não pode chegar hoje e começar a desintoxicação enquanto vemos o que fazer?"

"Sinto muito."

"E eu deveria fazer o quê?"

"Se ele chegar aqui, ninguém irá recebê-lo."

"O que devo fazer?"

"Temos algumas recomendações de outros programas." Ela me passa os nomes.

Desligo e ligo para Jace. Ele diz que vai dar uns telefonemas. Jace liga de volta com o nome de um hospital em San Fernando Valley, onde Nic poderá se desintoxicar.

Ligo para o médico que dirige o lugar e combino com ele a admissão de Nic. Depois ligo para o celular de Z. outra vez e explico o que aconteceu. Em vez de ir para o aeroporto, digo que Nic deverá ir para o hospital. Dou o endereço. Pelo menos ele estará a salvo num hospital. Se aparecer.

John Lennon cantou: "Ninguém me disse que haveria dias como estes". Ninguém me disse que haveria dias como estes. Como é que as pessoas sobrevivem a eles?

Depois da meia-noite, Z. deixa Nic no hospital. Ele recebe remédios para começar a desintoxicação. Como a enfermeira explica, passará a maior parte dos dias iniciais dormindo. A alternativa para a medicação é o bem documentado inferno da privação súbita, que muitos dependentes químicos não conseguem suportar. Na mais extrema ansiedade, além de deprimidos e atormentados, sentindo-se desamparados e com dores agudas, eles farão qualquer coisa para se sentir melhor — eles vão procurar drogas.

Ligo com regularidade para falar com o pessoal da enfermaria, que me garante que ele está indo bem. Uma enfermeira diz: "Dada a quantidade e a variedade de drogas no corpo de Nic, é um milagre que ele tenha chegado até aqui. Não acho que seu corpo teria sobrevivido mais um mês".

A mãe dele e eu exploramos as opções de lugar para onde ele pode ir depois da desintoxicação. Mais uma vez, peço conselhos ao dr. Rawson, e ele recorre a amigos e colegas. Verifico os programas recomendados pela supervisora de Hazelden. Pedimos sugestões ao médico que está desintoxicando Nic. Ao longo desses dias, Vicki e eu damos dezenas de telefonemas. Falamos com representantes de locais de acolhimento e pesquisamos na internet. Continuamos a receber conselhos contraditórios. Alguns programas cobram 40 mil dólares por mês, mas os especialistas concordam que Nic vai precisar de muitos meses de tratamento desta vez. Não temos como pagar essa quantia durante tanto tempo. Algumas pessoas com quem falamos são tão insistentes quanto vendedores de carros usados. Um lugar recomendado pela Hazelden parece apropriado e tem um preço mais acessível do que muitos outros. Então alguém me diz que se trata de um programa linha-dura, no qual punições por quebrar regras incluem cortar a grama com tesouras. Isso pode ser uma terapia útil para algumas pessoas, mas Nic enlouqueceria. Talvez eu esteja errado. Já estive errado tantas vezes a respeito de tantas coisas.

Pelo menos ele está a salvo durante o fim de semana.

Falo com outra enfermeira que está cuidando de Nic. A pressão arterial dele está extremamente baixa, embora hoje esteja melhor. Ele não comeu muito desde que chegou.

Ela pergunta a Nic se ele está a fim de falar ao telefone. Ele caminha até o posto de enfermagem e então pega o fone.

"Oi, pai."

Mal se consegue escutar sua voz. Parece extremamente, extremamente deprimido.

"Como está indo?"

"É um inferno."

"Eu sei."

"Mas estou contente por estar aqui. Obrigado. Acho que isso é o que significa amor incondicional."

"Simplesmente vá até o fim. Essa é a pior parte, mas vai melhorar."

"O que devo fazer em seguida?"

"Vamos conversar sobre isso quando você estiver um pouco melhor. Sua mãe e eu estamos resolvendo tudo."

De fato, Vicki e eu estamos assoberbados na tentativa de encontrar um lugar que ofereça a Nic a melhor oportunidade possível. O dr. Rawson continua dando telefonemas e mandando e-mails em nosso nome para seus colegas no país inteiro. Ele me diz: "Essa experiência em aconselhá-lo me deixou ainda mais certo de que escolher entre os programas do sistema de serviço de saúde mental/abuso de entorpecentes é igual a ler o futuro nas folhas de chá".

Nic liga na terceira manhã de sua desintoxicação e me pede para ligar de volta para o telefone pago que fica no corredor.

"Está pior", diz ele, parecendo fraco e miserável. Imagino-o de pé num corredor de hospital — bem iluminado, branco —, ligado ao telefone pelo fio de metal. Encurvado. Apoiado na parede.

"Estou cansado. Todos os piores temores aparecem. Confuso. O que está acontecendo? Por quê? Por que isso fica acontecendo comigo?"

Ele chora.

"O que há de errado comigo? Sinto como se minha vida me tivesse sido roubada."

Ele chora.

"Não consigo fazer isso."

"Você consegue", digo eu. "Você consegue."

Mais telefonemas hoje. Vicki e eu fazemos conferências pelo telefone com pessoas da admissão de centros de reabilitação do país inteiro — Flórida, Mississippi, Arizona, Novo México, Oregon e Massachusetts.

Finalmente escolhemos um em Santa Fé. Não estou muito certo. Depois de examinar as opções que, segundo o dr. Rawson, são livres de polêmicas, babaquice de marketing, palpites e oportunismo fiscal", fizemos a melhor escolha que podíamos, mas não estou seguro. Será a escolha certa? Como alguém pode saber?

Nic liga outra vez. Ele diz que deveria ficar em L. A. e, no máximo, tratar-se em algum programa ambulatorial.

Eu rebato: "Eu sei, e acho que uma parte de você também sabe, que você precisa ir para algum lugar e ficar lá até conseguir fazer o trabalho árduo de entender o que está errado e o que você pode fazer a respeito".

"Por que você ainda se importa?"

"Eu ainda me importo."

"Por que não posso fazer isso sozinho? Por que preciso entrar para outro programa?"

"Para que você possa ter um futuro. Na semana passada, quando eu soube que você poderia morrer a qualquer momento, não pude suportar. Eu tenho que viver sabendo que você pode apagar, ter uma overdose, ficar psicótico, causar algum dano irreparável ou morrer — e de que isso pode acontecer a qualquer momento."

Ele responde: "Eu também vivo com isso".

Juntos, choramos. É um momento espantoso para mim. Nas trincheiras destes últimos meses, eu segurei as lágrimas, mas agora elas fluem. Nic está no corredor de um hospital em algum lugar, encostado na parede, e eu estou no chão da cozinha, chorando.

Antes de desligar, ele diz: "Não consigo acreditar que isto seja a minha vida". Depois, respira fundo e fala: "Farei o que for necessário".

De manhã cedo, na terça-feira, a mãe dele o busca no hospital e o leva diretamente para o aeroporto, onde convence um segurança a permitir que ela atravesse o controle para levar Nic ao portão de embarque e até dentro do avião com destino ao Novo México.

Ela me liga do saguão. Nic embarcou, e o avião está recuando na ponte de embarque. É como se eu conseguisse vê-la ali, com o celular no ouvido, olhando pela janela. Vejo Nic no avião. Vejo como ele está — frágil, opaco, doente —, meu amado filho, meu querido menino.

"Tudo", digo a ele.

"Tudo."

Por sorte, existe um querido menino.

Infelizmente, ele tem uma doença terrível.

Por sorte, há amor e alegria.

Infelizmente, há dor e sofrimento.

Por sorte, a história não acabou.

O avião se afasta do portão.

Desligo o telefone.

* * *

Encontro uma pequena caixa lilás com tulipas pintadas no topo e nos lados. Uma caixa de música. De Daisy. Abro-a, e lá de dentro salta uma bailarina, já de pé. Ela dança. Examino o interior da caixa. Há pequenos compartimentos, todos vazios.

A caixa tem camadas escondidas. Retiro cuidadosamente a bandeja de cima. Sob ela, disposta sobre um pedaço de feltro preto, como um artefato num museu, está uma seringa plástica. Seguro a seringa e viro-a na mão, examinando-a, e depois a ponho de lado. Puxo a camada de feltro e encontro, em um dos pequenos compartimentos, minúsculos pacotes do tamanho de pedrinhas, cada um deles embrulhado em papel. Pego um, examino-o e desembrulho-o lentamente. É um dente de Nic. Há sangue na raiz. Pego o pacotinho seguinte e o desembrulho. Outro dente.

Acordo.

Vou à cozinha, onde Brutus está esparramado no chão, com as pernas traseiras abertas. Ele não consegue se mexer. Karen põe uma toalha embaixo da barriga dele e, usando-a como uma tipoia, ergue-o lentamente, ajudando Brutus a ficar de pé. Suas frágeis pernas traseiras tremem, mas ele consegue se movimentar para a frente.

O veterinário receita um remédio novo. Não conseguimos pensar em sacrificá-lo. Brutus, não. Não acho que Daisy, que todas as noites antes de dormir se enrosca nele, poderia suportar. Não acho que Karen suportaria. Ou Jasper, que durante horas do dia se sentava em uma cadeira no jardim e jogava uma bola de tênis para Brutus, que a pegava, voltava para Jas e a cuspia no colo dele. Nenhum de nós suportaria. Mas, se tivermos de fazê-lo, vamos suportar. Isso também.

Depois da escola, Karen, Jasper, Daisy e eu entramos no consultório do terapeuta de família. Sentimos uma agitação enorme. As crianças sentam-se encurvadas num sofá de couro. Elas se remexem em seus assentos, quase literalmente se arrastando para dentro de seus agasalhos, como tartarugas recuando para dentro da casca.

O médico é um jovem de barba aparada e olhos escuros. Ele fala numa voz mansa e tranquilizadora. "Sua mãe, seu pai e eu já nos conhecemos", diz ele às crianças. "Eles me contaram um pouco a respeito do que está acontecendo na família. Eles me contaram sobre seu irmão, Nic, e a respeito da dependência química dele. Parece que vocês tiveram um período difícil."

Jasper e Daisy olham fixo para ele, escutando atentamente.

"É muito assustador ter um irmão que usa drogas", continua o terapeuta. "Por um monte de razões. Uma delas é que você não sabe o que vai acontecer. Eu sei que vocês estão muito preocupados com ele. Vocês entendem onde ele está agora?"

"Ele está na reabilitação", diz Jasper.

"Vocês sabem o que isso significa?"

O terapeuta explica e depois conta aos dois sobre outras crianças que estão na mesma situação que eles — e como é difícil. "É normal ficar confuso se você tem um irmão de quem gosta, mas do qual você pode também ter medo."

As crianças olham intensamente para ele.

O médico se inclina para a frente e apoia os cotovelos nos joelhos. Ele olha de perto para Jasper e Daisy. "Vou dizer a vocês uma palavra que talvez vocês nunca tenham ouvido antes", diz ele. "A palavra é *ambivalência*. Significa que é possível sentir duas coisas ao mesmo tempo. Significa... significa que você pode amar alguém e detestá-lo ao mesmo tempo — ou talvez detestar o que essa pessoa está fazendo com sua família e com ela própria. Isso significa que você pode querer muito vê-la e ao mesmo tempo estar com muito medo dela."

Os dois ainda parecem desconfortáveis, embora um pouco menos do que quando chegaram ao consultório. Então, Jasper fala: "Todo mundo está preocupado com o Nic". Ele olha para mim.

"Você está olhando para o seu pai", comenta o terapeuta. "Ele se preocupa com Nic?"

Jasper assente com a cabeça.

"Você se preocupa com o seu pai? Especialmente depois do tempo que ele passou no hospital? Eles me contaram a respeito disso também."

Jasper olha para baixo e faz um sinal de assentimento quase imperceptível.

No consultório, nesta tarde de inverno, a hesitação inicial das crianças parece ter sido substituída pelo que Karen e eu sentimos ser uma cautelosa sensação de alívio. Quanto mais conversamos, mais confortáveis eles ficam no sofá. Conversamos a respeito de coisas que são inegáveis e, mesmo assim, nunca tinham sido adequadamente reconhecidas.

O terapeuta diz que, embora neste momento Nic esteja em segurança na reabilitação, provavelmente é assustador pensar no futuro. E mais: só porque ele está em segurança, não significa que tudo esteja bem.

"Depois dos furtos de Nic, sempre que alguma coisa some, entro em estado de pânico, achando que ele esteve dentro de casa outra vez", diz Karen.

"*Pânico* é a palavra exata", responde o terapeuta. "Você volta ao estado em que se sente sob ataque."

Contamos sobre o caso da pilha dos jornais do nosso amigo ao lado da lareira. Karen e eu achamos, os dois, que eram jornais que Nic teria deixado depois de invadir nossa casa. Antes de discutirmos isso, ficamos num estado de extremo alerta. Eu não queria preocupá-la. Ela não queria me perturbar. Mas nós dois pensamos: "Nic esteve aqui". Será que ele vai arrombar a casa outra vez? Acabou dando tudo certo, mas houve um preço a pagar.

O médico explica como gatilhos podem nos fazer voltar a um estado de pânico. Depois ele pergunta a respeito de outros gatilhos, então eu percebo. É claro.

"Acho que acontece quando o telefone toca", eu digo.

"O telefone?"

As crianças estão olhando pra mim.

"O telefone, quando toca, me deixa no mesmo estado de pânico. Estou sempre preocupado que haja notícias de uma outra crise. Ou que seja Nic, e eu nunca sei se ele vai estar são ou chapado. Ou, se não for ele, vou ficar decepcionado. Meu corpo fica tenso. Muitas vezes, durante as refeições, ou quando estamos juntos à noite, deixo o telefone tocar até a secretária eletrônica atender, porque não quero lidar com o que possa vir a ser. Acho que todo mundo sente a tensão. Jasper sempre pergunta por que eu não atendo o telefone. Acho que isso o deixa nervoso."

Jasper está balançando a cabeça.

O médico fala: "Então não é apenas alguma coisa rara e aleatória que vocês notam de diferente na casa, como a pilha de jornais. O telefone deve tocar o tempo inteiro. Vocês devem todos se sentir em um estado bem constante de preocupação e tensão. Isso não deve ser muito agradável". Ele se volta para as crianças. "Vocês concordam?"

Os dois balançam vigorosamente a cabeça, fazendo que sim.

Parece ser um profundo reconhecimento. Para mim, o médico sugere: "Talvez você possa desligar a campainha do telefone durante algum tempo. Sempre se pode ligar de volta para as pessoas. E, agora que Nic está na reabilitação, talvez possa ser útil para você e para Nic estabelecerem um horário — seja ele qual for, uma vez por semana ou mais —, para que vocês conversem pelo telefone. Então você ficará sabendo quando a ligação é dele. Estabelecer limites como esses pode ajudar vocês dois. Ambos vão se sentir liberados de um estado contínuo de ansiedade ao pensar quando ele vai ligar, se ligou ou não ligou. Pode ajudar vocês todos. Sua família saberá quando é a hora de você e Nic se falarem, e então podem ter certeza de que está tudo bem, sem o telefone parecer uma ameaça constante".

"É uma boa ideia", confirmo, mas logo em seguida admito: "Meu coração está batendo forte. A ideia de desligar a comunicação é aterrorizante".

"Você não está desligando, você a está tornando mais segura para todo mundo."

Saímos da sessão, descemos o lance de escada de concreto do prédio, e as crianças parecem ter sido libertadas. Suas faces estão rosadas e seus olhos brilham.

"O que vocês acharam?", Karen pergunta a eles.

"Foi...", Daisy começa.

"Fantástico", conclui Jasper pela irmã.

"Foi mesmo", concorda Daisy.

Começo a monitorar o uso do meu telefone, desligando a campainha à noite e nos fins de semana. Planejo falar com Nic uma vez a cada sete dias. Pequenas coisas. Elas parecem enormes.

Passaram três semanas desde que Nic voltou para a reabilitação. Ele não parece bem. Como explica, as semanas iniciais de tratamento foram dedicadas a estabilizá-lo. A desintoxicação anterior, que durou uma semana, não foi suficiente para livrar seu corpo de todas as drogas. Mesmo agora, depois de três semanas, ele ainda sente fortes dores físicas e mentais. Tem convulsões intermitentes. Uma vez, foi levado às pressas ao hospital local. Seu corpo dói, ele se sente desolado, não consegue dormir. A dor continua incessante, uma prova, como se eu precisasse de mais alguma, da garra mortal das drogas em seu corpo.

Nic liga no domingo. Ele parece frio e zangado, põe a culpa em mim por estar ali. Pede uma passagem de avião para voltar. "Isso é um erro", diz ele. "É um desastre. Um desperdício."

"Você tem de dar tempo ao tempo."

"Você vai ou não vai mandar uma passagem de avião?"

"Não vou."

Ele bate o telefone na minha cara.

Liga de volta no dia seguinte, para dizer que está se sentindo um pouco melhor. Dormiu profundamente na noite anterior, pela primeira vez desde que chegou de L.A. Diz que sente muito por ontem. "Ainda não consigo acreditar que tive uma recaída. Não consigo acreditar que fiz o que fiz." Ele me conta que se sente mais culpado a respeito disso do que consegue expressar em palavras.

"Tenho medo de dizer qualquer coisa porque eu não sei o que vai acontecer. Não quero fazer você, Karen e as crianças ficarem animados e depois decepcioná-los outra vez."

Ele me conta algumas coisas sobre a abordagem um pouco diferente deste programa de tratamento em relação aos outros centros de reabilitação. "Na minha primeira reunião em grupo um orientador me perguntou por que estou aqui. Ele quis saber: 'Qual é o seu problema?'."

"Eu disse: 'Sou dependente de drogas e de álcool'. Ele sacudiu a cabeça. 'Não', retrucou ele, 'isso é como você vem tratando o seu problema. Qual é o seu *problema*? Por que você está aqui?'."

Ótimo, penso, mas já passei do ponto de ter esperanças. Não sei se ele já foi longe demais, se os danos causados pelas drogas foram excessivos. Mesmo que não tenham sido assim tão extremos, não consigo me permitir ter esperança.

Outra semana. E mais outra. Natal. Ano-Novo.

Outra semana. Um mês. Nic está em segurança na reabilitação, mas eu continuo cético.

É quinta-feira. Vou buscar Jasper no ensaio da World Beat Band depois da escola, onde me sento e escuto, do canto superior do teatro, eles tocarem. Jasper toca salsas como "Oye Como Va". Um garoto do oitavo ano geme na guitarra igual a Carlos Santana.

Levo Jasper para casa e me despeço dele, de Daisy e Karen. Os três estão indo para a festa de onze anos de um primo. Jogo minha mala no carro e dirijo, no trânsito pesado da hora do rush, para o aeroporto de Oakland, onde faço o check-in e engulo apressadamente um jantar.

Embarco num voo lotado da Southwest Airlines. Quando chego ao meu destino, atravesso os portões do aeroporto. Tenho uma imagem vívida da chegada de Nic aqui uns oito meses antes, depois de sua mãe observar o avião decolar em L. A. Vejo o terminal com os olhos dele: a arte típica do sudoeste dos Estados Unidos, os tapetes indígenas, a placa que diz "VOCÊ ESTÁ ENTRANDO NA TERRA DE O'KEEFFE. Na minha mente, ele dá uma olhada nos letreiros do Thunderbird Curio e do Hacienda New Mexican Cuisine. Penso: "Nic teria sentido desdém por estar aqui neste terminal temático se estivesse em condições de sentir desdém por qualquer coisa".

Do lado de fora, imagino o motorista do Life Healing Center esperando por ele com uma placa dizendo "NIC SHEFF", mas seriam poucas as dúvidas acerca de quem era Nic, o rapaz vindo no voo de L.A., com o rosto sem cor, os olhos vazios e o corpo apático denunciando os excessos de longos meses e a torturante semana de desintoxicação de uma dúzia de drogas.

Alugo um carro. Supostamente deveria ser um carro para não fumantes, mas seu interior tem cheiro de cigarro. Dirigindo em uma autoestrada larga, ligo o rádio, e a primeira coisa que escuto é o refrão de abertura de "Gimme Shelter".

Dirijo durante uma hora até encontrar meu hotel, então faço o registro de entrada. Tento dormir. Eu me sentiria mais à vontade se estivesse aqui para um congresso de estudantes de Odontologia que fossem me usar de cobaia para seu primeiro tratamento de canal.

Nadar poderá me acalmar. Saio do quarto e dirijo pelas redondezas até encontrar um pequeno centro comercial, onde compro um calção. Depois volto para o hotel e vejo que a piscina está fechada, com uma fita amarela ao redor, como se fosse uma cena de crime.

No meu quarto, pego a *New Yorker* e leio a seção de ficção, Hertzberg e Anthony Lane. Imagino se haverá exemplares da *New Yorker* no centro de reabilitação de Nic. Finalmente adormeço durante um tempo, acordo às oito e me apronto.

Não vejo Nic desde junho, logo depois que saí do CTI. Mal lembro da visita dele, apenas do que aconteceu depois. A voz pastosa, as ligações telefônicas, as mentiras, o terror, a visita da mãe dele ao apartamento, o e-mail enviado de... supostamente enviado de Joshua Tree, mas, como descobri depois, na verdade enviado de Oakland.

Por que estou aqui? Um fim de semana não pode desfazer todos esses anos de inferno, e um fim de semana não vai mudar a vida de Nic. Nada do que fiz até agora fez qualquer diferença. Por que estou aqui?

O terapeuta do programa dele o aconselhou a pedir à mãe e a mim para que viéssemos. Já que estamos tentando esta última vez, tentando uma última vez dar a ele mais uma chance, farei tudo o que me disserem. Sei que nada vai ajudar, provavelmente nada irá ajudar, mas vou fazer minha a parte. Sendo muito sincero — não conte para ninguém, não conte para ele —, estou aqui também para vê-lo. Tenho sentido medo, mas um lugar cauteloso e bem lá no fundo de mim sente uma saudade louca de Nic. Sinto falta do meu filho.

318 *David Sheff*

O céu azul da manhã é marcado apenas pela linha da fumaça de um jato.

Atravesso a cidade, seguindo as orientações que o centro de tratamento enviou pelo correio. Viro numa estrada de terra margeada por artemísias e pinheiros esqueléticos. Lembra o cenário de um velho filme de faroeste. O lugar parece ter sido um rancho. Há barracões, um refeitório, uma casa principal desmazelada e construções externas ladeadas por cepos cortados. Há também uma fileira de cabanas feitas de troncos, com vista para o deserto. O lugar é rústico e modesto, ao contrário da velha mansão vitoriana do Conde Ohlhoff, o austero hospital moderno na região vinícola, da majestosa casa de arenito no Stuyvesant Park, em Manhattan, e do Melrose Place de Jace, em L. A.

Preencho formulários em um pequeno escritório e depois espero Nic do lado de fora. Está frio, mas trouxe um casaco grosso.

Lá está ele. Nic.

Respiro fundo.

De pé, sob um toldo arqueado em um pórtico baixo de uma cabana precária, está Nic.

Nic vestindo uma jaqueta militar e um cachecol púrpura estampado.

Nic usando uma camiseta desbotada, calça de veludo cotelê com minúsculos remendos de couro e tênis de couro preto.

Seu cabelo dourado e castanho está encaracolado e longo. Ele o tira de cima dos olhos.

Nic desce os degraus bambos e vem na minha direção. Seu rosto: magro e anguloso. Seus olhos brilham de...?

"Oi, papai."

Se eu admitir como é bom vê-lo, posso ser acusado de esquecer a fúria e o terror, mas *é* bom vê-lo. Estou morrendo de medo.

Ele chega até mim. Estende os braços. Sinto seu cheiro enfumaçado e o abraço.

Enquanto esperamos Vicki, conversamos banalidades. Então Nic me olha timidamente e diz: "Obrigado por ter vindo. Eu não sabia se você viria".

Caminho com ele até uma área de fumantes do lado de fora, embaixo de um teto de madeira com algumas cadeiras gastas e uma espécie de fogueira.

Tenho medo, não quero ter vontade de vê-lo e não quero ficar feliz por vê-lo.

Encontramos alguns de seus amigos. Há uma garota com orelhas furadas e cabelo oxigenado com três centímetros de comprimento, um garoto sem cabelo e um garoto com cabelo preto encaracolado. Um homem que parece ter passado a vida no sol chega e aperta minha mão. Sua pele é grossa, um couro castanho enrugado. Ele aperta minha mão e me elogia pelo grande filho que eu tenho.

Nic fuma. Nós nos sentamos perto da fogueira, e ele diz que as coisas estão mudando.

"Eu sei que você já ouviu isso antes, mas desta vez é diferente."

"O problema é que eu já ouvi *isso* antes também."

"Eu sei."

Entramos para nos encontrarmos com seu terapeuta-chefe e esperar pela mãe dele, que também entra. Vicki está usando uma jaqueta bege, seu cabelo está comprido e liso. Eu a observo rapidamente. É difícil olhá-la nos olhos, mesmo depois de todos esses anos. Sinto-me culpado. Eu era uma criança — exatamente 22 anos, um ano mais novo do que Nic agora — quando nos conhecemos. Posso tentar me perdoar, independentemente de ela fazer ou não o mesmo, porque eu era apenas uma criança, mas há algumas coisas com as quais você tem de aprender a viver porque não pode voltar atrás. Eu estava nervoso por ver Nic, mas também estava nervoso por ver Vicki. Podemos ter nos tornado próximos ao longo desses últimos anos, de fato nos tornamos, mas, apesar de nos falarmos pelo telefone, consolarmos um ao outro, nos apoiarmos, debatermos intervenções e nos preocuparmos com a falta de um bom plano de saúde (ela está lutando para conseguir incluí-lo outra vez no dela), não estivemos no mesmo aposento por mais de poucos minutos desde o nosso divórcio, vinte anos atrás. Aliás, na semana passada foi nosso aniversário de casamento, ou teria sido. A última vez em que estivemos juntos por mais de cinco minutos foi na formatura do ensino médio de Nic, quando Vicki e eu nos sentamos um ao lado do outro e Jasper sentou-se do meu outro lado. Depois, Jas cochichou: "Vicki parece legal".

A terapeuta diz que, do ponto de vista dela, Nic está indo bem, está onde deveria estar, considerando-se tudo pelo que passou. Pede-nos para observar como as coisas se comparam e se contrastam com relação aos processos anteriores de reabilitação. Ela nos pede para pensar a respeito do que gostaríamos de tirar deste fim de semana. Ela nos deseja sorte.

Nic, Vicki e eu almoçamos. Há algumas opções de alimentos. Tamales, salada, frutas. Nic come uma tigela de cereais.

Depois do almoço, ele nos leva a outro prédio e nos dirige a uma sala com duas paredes com lambris de madeira e duas paredes brancas cobertas com o-bras de arte feitas por pacientes. O piso é branco-sujo, alguns dos ladrilhos estão lascados. Tem o cheiro do café que ficou a manhã inteira sobre a cafeteira ligada.

Um círculo de cadeiras nos espera.

Olho para Vicki. Ela é jornalista há mais de vinte anos, mas, quando nos conhecemos, trabalhava num consultório dentário em São Francisco. O consultório ficava embaixo da sede do recém-fundado *New West*, no norte da Califórnia, no qual eu era assistente editorial, meu primeiro emprego depois da faculdade. Era um consultório voltado para a odontologia da Nova Era, projetado para o prazer, não para a dor, arejado, com um teto abobadado, sustentado por vigas de madeira com acabamento rústico. Lâmpadas italianas penduradas em fios entrelaçados; uma floresta de samambaias em vasos que pendiam do teto. Música — Vivaldi, Windham Hill — era transmitida através de fones de ouvido para os pacientes, e eles recebiam óxido nitroso por meio de máscaras. Vicki usava um jaleco branco em cima de um vestido estampado Laura Ashley. Tinha olhos azul-alvorecer e usava o cabelo liso com as pontas viradas para fora, parecia ter saído de um anúncio de xampu. Era recém-chegada de Memphis, onde tinha um tio que era dentista, o que de algum modo a qualificara para o emprego como assistente no consultório. Foram necessárias quatro tentativas até ela conseguir tirar um raio x direito, mas eu pensei: "Dane-se", porque, sob o efeito do óxido nitroso, com ela levitando diante dos meus olhos, eu estava mais do que satisfeito. Nós nos casamos no ano seguinte. Eu tinha 23 anos. O cheque dado ao pastor da bonita igrejinha branca voltou. Não havia mais ninguém na cerimônia em Half Moon Bay além de dois amigos nossos. Nunca mais, desde então, vimos aqueles dois amigos. Eu tinha 23 anos, e há três semanas completei cinquenta anos. Meu cabelo já não é mais grisalho, mas branco. Está ficando igual ao tom de algodão do cabelo do meu pai.

As cadeiras estão ocupadas. Olho ao redor do círculo. Vejo os pacientes, seus pais e irmãos. Lá vamos nós outra vez.

Duas terapeutas nos orientam. Uma tem cabelo preto, a outra, louro-claro. As duas usam cachecol e ambas têm olhos gentis e intensos. Falam em turnos. Estabelecem regras explicam expectativas básicas.

Eu penso: "Isso é babaquice". Já estive nessa situação antes, já passei por tudo isso e não adiantou coisa alguma.

Primeiro há um questionário a ser preenchido por cada um de nós. Começo a trabalhar nele. Depois de meia hora, nos revezamos na leitura das respostas. Uma mãe, respondendo à questão "Quais são os problemas da sua família?", lê:

"Eu não achava que havia problema algum, mas creio que, se não tivéssemos, não estaríamos aqui. Achei que éramos uma boa família". Ela começa a chorar. A filha põe a mão no joelho da mãe. "Temos uma boa família." Mais uma vez, estou num aposento com pessoas como eu, pessoas feridas pela dependência química e que não compreendem a situação. Pessoas desnorteadas, culpadas, zangadas, subjugadas e aterrorizadas.

Em seguida, vem a arteterapia.

Arteterapia!

Já passei por muita coisa para aceitar ficar sentado no chão fazendo pintura de dedo com Nic e minha ex-mulher. Estou espumando por dentro. Por que eu vim? Por que estou aqui?

Entregam a nós um pedaço de papel dividido em três fatias. Nic, Vicki e eu nos sentamos no chão em torno do papel, formando um triângulo. Um triângulo.

Como mandaram, começo a desenhar. Escolho giz de cera. Eu simplesmente empurro o giz pelo papel.

A calefação está muito forte. Falta ar.

Vicki, usando aquarela, pinta uma bela cena, uma praia ou algo parecido. Ainda estou espumando. Ela está desenhando um pôr do sol. Em tons de azul-escuro e azul-claro, com remoinhos. Está desenhando um quadro bonito, com um céu azul e um campo de grama verde, como se estivéssemos juntos no dia da aula de arte em família na pré-escola de Nic. Mas então olho para o terço de papel de Nic. Usando tinta, ele desenha um coração. Não um coração de amor, ou um coração de cupido, mas um coração com músculos, tecidos e ventrículos conectados a uma aorta, um coração pulsando dentro de um corpo. Seu corpo. Ligado à aorta, um rosto, depois mais outros, todos em ângulos diferentes, com expressões de fúria, desolação e horror, expressões de dor. Desenho com meu giz. Fiz uma espécie de linha espessa vinda de baixo do papel, como um rio subindo, mas depois ele se abre e flui para os dois cantos de cima da página. Empurro o giz com tanta força que ele se desintegra em pó.

Para quê? É uma perda de tempo. Agora Vicki — lá vem, a tinta preta, escura, ainda que aquosa, essa tinta está agora no pincel dela, e o belo céu azul-claro desapareceu, coberto por borrifos aguados de preto e pinceladas impetuosas. Nic começa a escrever com força uma palavra, *Eu*, duas palavras, *sinto*, três palavras, *muito*, escreve-as outra vez, escreve-as outra vez, escreve-as outra vez, escreve-as outra vez. Ele parece não conseguir parar de escrevê-las. Isso é babaquice, uma tentativa barata de... não é babaquice, ele está tentando com um desespero torturante, que eu consigo sentir vindo dele, dizer alguma coisa, botar alguma coisa para fora, algo que não consegue soltar.

É fácil esquecer que, não importa quão complexo seja para nós, para ele é ainda mais difícil.

Meu desenho — agora há gotas, lágrimas, nos dois ramos do afluente e seis círculos acima deles. Então eu sei: desenhei a abertura do meu cérebro e tudo o que está lá dentro — lágrimas, dor, sangue, raiva, terror. A mala quebrada com os círculos que ela contém — eu, meu eu anterior — se derramando para fora.

A mãe de Nic desenhou uma pequena mancha vermelha no centro do desenho dela, e há uma gota caindo — sangue ali também.

Nic ainda está escrevendo *sinto muito*, e eu quero chorar. Não, penso, não deixe ele entrar de novo. Não o deixe entrar de novo. Não o deixe entrar de novo.

Uma família de cada vez, descrevemos o que desenhamos e que sensação tivemos ao trabalhar um ao lado do outro. O vermelho de Vicki não é sangue, é um balão encarnado no qual ela gostaria de poder se segurar para que a levasse para longe da tempestade negra. Nic olha para a mãe e diz como é extraordinário que ela esteja aqui. Olho para Vicki, e aqui está ela. Olho para Nic. Aqui está Nic, com os pais. Sinto tristeza, uma tristeza imensa, por ela ter passado por tanta coisa, e principalmente tristeza por Nic ter passado por tanta coisa, e então eu, nós, e fico mortificado por sentir tanta tristeza, mortificado por sentir... Ah, Nic, sinto muito também, sinto tanto, tanto.

Nic diz que o trabalho que ele está fazendo aqui não trata de encontrar desculpas para sua devassidão ou loucura, nem trata de pôr a culpa em ninguém. Trata de curar. Seus terapeutas disseram-lhe que ele tem de trabalhar seja lá o que for que o faça fazer mal a si mesmo, pôr-se em perigo, afastar-se dos amigos que o amam, atacar os pais e os outros que o amam, atacar a si próprio — principalmente a si próprio —, tentar destruir-se. Ele é um dependente químico, mas por quê? Além da casualidade genética, por quê? Eles querem que Nic encare isso tudo para que possa se curar e seguir adiante.

As pessoas nos outros grupos familiares falam a respeito de suas pinturas, o que elas evocam, como foi trabalhar nelas. Depois fazemos comentários a respeito uns dos outros. Uma menina, amiga de Nic, diz como são diferentes as imagens nos desenhos da nossa família e como cada uma é intensa, mas diz que o coração de Nic tem ventrículos e que meu rio de giz parece uma artéria rompida.

De algum modo, estou chorando. A mão de Nic está em meu ombro.

Quando saímos, antes de o sol se pôr, uma lua imperiosa paira sobre a montanha. Olho para ela e compreendo que não tive esperanças neste novo programa, não porque não espero que ele funcione, não porque ele não possa funcionar, mas porque estou com um medo terrível de ter esperança outra vez.

Vou a uma livraria e compro *Dentes brancos*, de Zadie Smith. Hoje eu quero fugir e me esconder na história de outra pessoa. A primeira coisa que leio, de volta ao meu quarto no hotel, é a epígrafe de abertura, de *Where Angels Fear to Tread*, de E. M. Foster. Leio-a e releio-a. "Qualquer coisinha, por algum motivo, parece imensuravelmente importante, e quando você diz que uma coisa 'não influencia nada', isso soa como uma blasfêmia. Nunca se pode saber — como vou explicar isso? — quais das nossas ações, quais das nossas indolências não vão influenciar para sempre alguma outra coisa." Estou quase tremendo. Penso: "Como somos inocentes com relação a nossos erros e como somos responsáveis por eles".

Trata-se de cura, não de pôr a culpa em alguém. É possível superar a culpa? Num determinado momento, Vicki diz que ela costumava sentir tanta raiva de mim que era como se carregasse uma mochila cheia de tijolos. "Que alívio não ter mais de carregá-la por aí", ela confessa. Depois de alguns dos comentários de Vicki na nossa sessão de grupo seguinte, eu lhe digo: "Talvez ainda haja alguns tijolos aí". Ela reconhece: "É, talvez". Mas nós agora estamos unidos em um dos mais primevos comportamentos humanos, tentando salvar nosso filho. O terapeuta diz que este fim de semana não tem nada a ver com acusações, mas, sim, com nos movermos para além de ressentimentos remanescentes. Um pai fala: "Ressentimento é como tomar veneno e esperar que a outra pessoa morra".

Na manhã seguinte, vou de novo ao centro de tratamento. Lá está Nic, em uma camiseta da New York Art Academy, jeans boca de sino com beiradas esfarrapadas e um casaco multicolorido. Ele usa uma boina de tricô enterrada até os olhos. Tomamos café.

As famílias têm uma sessão de terapia de grupo. Sinto-me espantosamente vulnerável — é basicamente uma terapia de grupo com plateia. Mas admito que é um alívio dizer o que tenho na cabeça. Quando Nic fala, sinto uma gama de emoções — ansiedade, medo, exasperação, raiva, mágoa, remorso —, e há explosões de orgulho e perigosos lampejos de memória, de tudo pelo que temos passado e de amor. Quero me abrir, escutar Nic e acreditar nele, mas não estou disposto a demolir a frágil barreira que construí para me defender. Tenho medo de me afogar.

Os pais são babacas. Sou um babaca por cogitar me abrir para a ideia da cura. E, no entanto... De repente, me lembro de quando rezei por Nic. Nunca esteve em meus planos rezar. Apenas olhei em retrospecto e me dei conta de que estava rezando. Rezei para quê? Nunca disse: "Pare de usar drogas". Nunca disse: "Fique longe da metanfetamina". Eu disse: "Por favor, Deus, cure Nic". Eu rezei: "Por favor, Deus, cure Nic". Por favor, Deus, cure todas as pessoas destroçadas nesta sala, as pessoas destroçadas neste planeta, estas pessoas queridas e feridas. Olho ao redor, para elas. Elas são corajosas. Elas estão aqui. Não importa como chegaram, elas estão aqui. Portanto, existe uma chance.

Na sessão final do último dia, somos instruídos a pensar no futuro. O futuro. O futuro está repleto de perigos. Fazemos o mapeamento. Literalmente. Nossos líderes dão a cada família grandes folhas de papel, com um desenho no canto inferior esquerdo representando uma porção de terra — na qual estamos agora — e um desenho no canto superior direito representando o nosso destino. Entre eles estão pequenos círculos, pedras de apoio.

As instruções. Indique onde você está hoje. E aonde você gostaria de chegar. Indique os passos — passos concretos — que você pode dar para conseguir isso. Pense a respeito dos próximos meses, não do restante de sua vida. Aonde você quer ir e que passos dará para chegar lá. "E, ah", diz a instrutora, "o restante da área do papel é brejo. Para atravessá-lo, partindo de onde você está agora e rumando para onde você quer chegar, você deve usar as pedras de apoio, evitando os perigos do pântano. Indique as armadilhas que estão à espreita, esperando por você".

Nic, com um grosso marcador vermelho, não tem dificuldade em identificar os perigos que o ameaçam. Há tantos — todos os velhos erros e hábitos, a tentação das drogas. Ele desenha uma seringa hipodérmica. Há tanto vermelho na folha de papel que é quase impossível encontrar lugar para escrever nos pequenos círculos, as pedras de apoio. As pedras parecem tão pequenas, tão instáveis, em comparação ao vermelho. Mas nelas Nic escreve nosso planejamento familiar e seus planos. Como ele pretende ir devagar, dando pequenos passos à frente. Como nós iremos apoiar, mas não inibir um ao outro. As pedras de apoio de Nic incluem o AA e outros trabalhos de consciência que irão, ele espera, ajudá-lo a consertar seus relacionamentos. Ele menciona Karen e olha para mim. "Eu realmente amo Karen", diz ele. "Somos amigos... tenho saudades dela. Com Jasper e Daisy, sei que vai levar muito tempo". Há muito o que escrever. Quando o mapa está completo, fica claro que as tarefas da mãe dele e as minhas são consideráveis — retroceder, apoiar, mas deixar a recuperação de Nic ser a recuperação dele, enquanto trabalhamos em criar relacionamentos saudáveis. Como Nic os descreve: amorosos e apoiadores, mas independentes. Entretanto, a maior parte do trabalho difícil recai sobre os ombros de Nic, porque os perigos esperam por ele, atraindo-o para o fracasso. Os perigos nas cortantes marcas vermelhas são perniciosos, onipresentes e sinistros. É um pântano, e será preciso um milagre para Nic navegar através dele. Ao pensar nisso, olho para a mãe dele e olho para Nic. Estamos os três aqui, juntos, e eu penso: "Isso é um milagre". Será demais ter esperança de que outros aconteçam?

Voo para casa. Sinto-me como se alguém tivesse serrado o meu peito e feito uma série de cortes da clavícula até cada escápula, depois, de volta até o centro, cortado para baixo a partir do meu peito, rasgando meu estômago e indo até bem acima da virilha, posteriormente fazendo outros cortes horizontais da ponta de um osso pélvico até o outro. Em seguida, ainda com as mãos encobertas por luvas de látex, sinto como se tivessem pegado as abas de carne e puxado-as para trás de um lado e depois do outro, rasgando ligamentos, músculo e pele, de modo que agora estou aqui, com as entranhas expostas.

O sentimento não desaparece. Estou em casa outra vez, e Karen saiu com Daisy para o ortodontista, o que me deixa sozinho com Jasper, que está tocando guitarra — o que ele chama de "dedilhagem" de uma canção que está gravando no Garage Band. Ele acrescenta bateria, outras percussões, um sintetizador. Em seguida, grava sua voz, improvisando letras engraçadas. Para o coro, ele repete a palavra *doughnuts* (rosquinhas) como se fosse o desfecho de um libreto de ópera. Quando a ruidosa composição está completa, ele a grava num CD.

É hora de levá-lo para o lacrosse. No trajeto, ouvimos a música dele e depois White Stripes. Ao chegarmos ao campo, ele pula do carro, põe o uniforme e corre para seus amigos.

Eu fico de pé nas laterais. Os meninos, em seus trajes de gladiadores, exalam vapor como dragões por causa do frio. Eles correm atrás da pequena bola branca, pegando-a com a rede na extremidade de seus bastões, passando-a de um para o outro pelo campo.

Meu celular está no meu bolso, mas está desligado, algo anteriormente impensável. Como o terapeuta notou, o telefone me conectava a Nic, e cada toque era igual a um desfibrilador que causava um solavanco no meu coração. Aparentemente ele dava solavancos no coração de todos nós. Cada ligação alimentava minha crescente obsessão com a esperança de que Nic estava bem ou com a confirmação de que não estava. Minha dependência na dependência química dele não trouxe nada de bom para Nic ou para qualquer outra pessoa ao meu redor. A dependência química de Nic se tornou muito mais atraente que o restante da minha vida. Como poderia ser diferente quando se trata da luta de vida ou morte de um filho? Agora estou no meu próprio programa de recuperação da dependência da dependência dele. O trabalho mais profundo ocorre na terapia, mas eu adoto passos práticos também. Como desligar o celular.

Depois do treino, Jasper e eu vamos a uma loja de artigos esportivos. Os sapatos de lacrosse já não cabem nele, de modo que precisa de um novo par. Para ajudar a pagá-los, ele usa um vale-presente que sobrou do Natal. De pé, ao lado do caixa, quando ele pega o cartão dentro da carteira, um pedaço de papel cai no chão.

"O que é isso?", pergunto a Jasper, quando ele se curva para apanhá-lo.

"A carta que Nic me escreveu."

Ele a dobra rapidamente e a põe de volta na carteira.

Agora as crianças estão dormindo. Karen e eu estamos na cama lendo. Brutus está correndo em seus sonhos. Largo meu livro e deito, tentando compreender exatamente o que estou sentindo. Pais de dependentes químicos aprendem a moderar a esperança, embora nunca a percamos completamente. Entretanto, ficamos aterrorizados com o otimismo, com medo de que sejamos punidos por senti-lo. É mais seguro se desligar. Mas estou outra vez aberto e, como consequência, sinto a dor e a alegria do passado. Eu me preocupo com o futuro e tenho esperanças em relação a ele. Sei o que estou sentindo. Tudo.

Epílogo

Oh, o que vai fazer agora, meu filho de olhos azuis?
Oh, o que vai fazer agora, meu menininho querido?*

Bob Dylan, "A Hard Rain's A-Gonna Fall"

Ha Jin escreveu: "Alguns grandes homens e mulheres ficam fortalecidos e redimidos pelo sofrimento, e eles até buscam a tristeza, em vez da felicidade, exatamente como van Gogh afirmou: 'O pesar é melhor que a alegria'; e Balzac declarou: 'O sofrimento é o professor da pessoa'. Entretanto, esses ditados são adequados apenas para as almas extraordinárias, para os poucos escolhidos. Para gente comum como nós, sofrimento demais só acaba nos tornando seres humanos piores, mais malucos, mesquinhos e mais desgraçados".

Não sou um grande homem, mas não me sinto um ser humano pior, mais maluco, mesquinho ou mais desgraçado. Houve períodos em que me senti assim, mas agora me sinto bem, pelo menos na maior parte do tempo.

Nic ficou três meses em Santa Fé, e seus orientadores recomendaram que ele em seguida fosse para um programa no norte do Arizona, onde poderia continuar seu trabalho de recuperação, conseguir um emprego e também trabalhar como voluntário. Ele declinou a proposta. Ele me disse: "Sei como isso vai te

---

* "Oh, what'll you do now, my blue-eyed son?/ Oh, what'll you do now, my darling little one?" (N. T.)

preocupar, mas tenho de seguir com a minha vida". Ele tentou me tranquilizar. "Vou ficar bem."

De início, fui contra: "Você não pode fazer isso", mas depois me lembrei: é a vida dele.

Nic pegou um ônibus para o leste. Ele foi ver um amigo que conheceu no programa. Não nos falamos durante algum tempo, mas depois recomeçamos a conversar. Agora nos falamos com razoável regularidade. Ele conheceu uma pessoa nova. Ela é estudante de arte. Estão morando juntos. Nic está trabalhando num café, fazendo descafeinados (diz ele) quando um freguês pede. E está escrevendo outra vez. Voltou a escrever seu livro. Agora tem mais a dizer sobre como é difícil permanecer sóbrio.

Conversamos a respeito dos nossos escritos. Conversamos a respeito das nossas vidas, das notícias e dos livros que lemos, além de músicas e filmes (*Pequena Miss Sunshine!*).

Calculo que tenha se passado cerca de um ano desde que ele saiu de L. A. Até onde sei, faz um ano que está sóbrio outra vez. Depois de tudo, será que eu realmente consigo confiar que ele permaneceu limpo? Será que esqueço tudo por que passamos? Será que ignoro como foi difícil e como vai continuar sendo? Nunca. Mas tenho esperança. Continuo a acreditar nele.

Durante o período imediatamente seguinte à minha hemorragia cerebral, eu me queixei de ter perdido o que imaginava ser um benefício de sobreviver a uma experiência de quase morte — quer dizer, além do privilégio supremo: ainda estar vivo. Como eu disse, muitas vezes ouvi sobreviventes falarem e escreverem sobre as revelações que surgiram pós-tragédia. Suas vidas transformadas, tornadas mais simples, com prioridades mais claras. Eles tinham um novo apreço pela vida. Mas, como eu também disse, sempre gostei de estar vivo. Para mim, a hemorragia cerebral tornou a vida mais assustadora. Aprendi que a tragédia pode atingir qualquer um de nós — e também nossos filhos —, a qualquer momento e sem aviso.

Meu julgamento foi muito prematuro. As coisas mudaram desde então. Assim como há fases de luto ou morte, também deve haver estágios depois de um trauma, porque as lições do CTI neurológico amadureceram ao longo do tempo.

Em dezembro fiz cinquenta anos. Na época, eu estava conversando com um terapeuta a respeito dos últimos anos. Quando lhe contei que todos os neurologistas haviam afastado a ideia de que a hemorragia no meu cérebro estivesse relacionada ao estresse na minha vida, ele me olhou com indulgência e disse: "Bem, certamente também não ajudou". O terapeuta chamou atenção para o fato de que, antes de minha cabeça literalmente explodir, ela muitas vezes parecia prestes a estourar. Durante anos, vivi com uma preocupação intensa e incessante a respeito de Nic. Eu tinha racionalizado: nenhum pai consciente de um filho dependente químico pode esperar ser feliz por muito tempo. Eu me sentia grato pelos momentos de alívio — quando Nic parecia melhor, quando ele estava bem. Enquanto isso, eu fiz o melhor que pude para curtir a vida — Karen, Daisy, Jasper, o restante da minha família e meus amigos. Tentei aproveitar as tréguas, por mais exíguas e curtas que fossem.

O terapeuta chamou atenção também para o fato de que eu poderia fazer uma escolha diferente. Sem mencionar o AA ou o Al-Anon, ele basicamente me relembrou a prece da serenidade. Eu poderia resolver de uma vez por todas aceitar as coisas que não posso modificar, ter coragem para modificar aquelas que posso e sabedoria para perceber a diferença. A chave estava na segunda opção. Será que eu fui corajoso o suficiente para mudar as coisas que eu podia?

"Eu tentei", afirmei. "Tentei durante anos."

"Aparentemente você não tentou o suficiente."

O terapeuta me perguntou por que eu estava fazendo terapia apenas uma vez por semana. Eu disse que não tinha tempo nem dinheiro para mais.

Quanto à desculpa financeira, ele respondeu: "Se durante esses últimos anos alguém lhe tivesse dito que Nic precisaria de mais terapia para ficar bem, você teria encontrado um jeito de pagá-la?".

Respondi sinceramente: "Sim".

"A saúde mental dele é mais importante que a sua?"

Entendi.

Quanto à questão do tempo para a terapia, ele perguntou: "Acabar com o sofrimento de uma pessoa merece quanto tempo? Quanto tempo você desperdiça sofrendo agora?". Depois resumiu: "Você quase morreu. Você tem cinquenta anos. Como você quer passar o restante da sua vida? A escolha é sua".

A minha hemorragia cerebral, no fim das contas, me fez dar valor, mais que temer, à profunda verdade deste clichê: nosso tempo aqui é finito. Essa compreensão incitou-me a escutar o terapeuta e fazer tudo o que pudesse para deixar para trás minha preocupação obsessiva com Nic. Eu não podia mudar meu filho, só a mim mesmo. Desse modo, em vez de me centrar na recuperação de Nic, desde então tenho me focado na minha recuperação.

Continuei comparecendo a reuniões do Al-Anon. Além disso, comecei a fazer terapia duas vezes por semana e pela primeira vez na vida me deitei em um divã. A diferença foi profunda — como desmontar um prédio de Lego de vários andares, com quartos e sótãos escondidos, desmantelando-o tijolo por tijolo, examinando cada um —, um processo meticuloso, muitas vezes assustador. Aprendi que me concentrar nas perpétuas crises de Nic tinha passado, em algum momento, a ser um território mais seguro do que focar em mim. Era até mais seguro ter uma hemorragia cerebral quase fatal.

Como qualquer pessoa em terapia intensiva sabe, embora não seja fácil, esse processo pode resultar em benefícios profundos. Andei descobrindo camadas de culpa e vergonha que me ajudam a explicar por que eu estava tão disposto a tomar para mim a responsabilidade pela dependência química de Nic — pela vida dele, na verdade. Como resultado, aqueles outros clichês do Al-Anon e dos tratamentos de reabilitação já não parecem mais tão clichês assim. Eu ainda não aceito inteiramente o C inicial. Em vez disso, reconheço que jamais vou saber o quanto eu causei ou contribuí para isso. Recentemente, na *New York Times Magazine*, William C. Moyers, filho do jornalista Bill Moyers e também dependente químico em recuperação, escreveu: "A reabilitação trata (...) de lidar com aquele buraco na alma". O que causou esse buraco? Ninguém sabe. Quão inocentes somos dos nossos erros, mas como somos responsáveis somos por eles. Aceito que cometi erros terríveis na criação de Nic. Não me absolvo — mesmo agora. Como você sabe, Nic, sinto muito.

Aceitei os outros Cs. Não posso controlar e não posso curar. "Apesar de todas as lágrimas e das boas intenções desesperadas, a maior parte das famílias de dependentes químicos é derrotada no fim", escreve Beverly Conyers. "Os dependentes químicos persistem em seu comportamento autodestrutivo, de dependência, até que alguma coisa *dentro deles* — alguma coisa que nada tem a ver com os esforços de qualquer outra pessoa — muda tão radicalmente que a vontade de se drogar fica embotada e finalmente é derrotada pelo desejo de uma vida melhor." Uma coisa é ler isso. Evoluir para uma aceitação verdadeira dessa afirmação é outra história. Tenho confiança de que fiz tudo o que podia para ajudar Nic. Agora depende dele. Aceito que tenho de deixá-lo livre, e ele por si só vai ou não resolver as coisas. Imagino que Nic também possa estar aliviado por eu ter parado de fazê-lo retomar a reabilitação. Isso permite que tentemos construir um tipo de relacionamento diferente entre nós — como aquele que Nic imaginou em Santa Fé. Em vez de codependente e capacitador, comigo tentando controlar meu filho — mesmo que para salvá-lo —, nosso relacionamento pode evoluir para a independência, aceitação e compaixão, tudo com limites saudáveis. O amor é uma dádiva.

A hemorragia cerebral me ajudou a entender a diferença. Era uma coisa que eu sabia intelectualmente, mas que amadureceu e agora conheço emocionalmente. Meus filhos vão viver com ou sem mim. É uma compreensão atordoante para um pai, mas acaba nos libertando para deixarmos nossos filhos crescerem.

Eu gostaria de ter chegado até aqui mais rapidamente, porém não consegui. Se ao menos a paternidade fosse mais fácil. Jamais será. Se ao menos a vida fosse mais fácil. Só que não é — nem é mais meu objetivo simplificá-la. Houve um tempo em que eu quis desesperadamente que as coisas fossem mais simples, mas minha visão do mundo foi transformada durante a dependência química de Nic e minha estada no CTI. Com tudo isso, aprendi outra lição: que posso aceitar — na verdade, estou aliviado em aceitar — um mundo de contradições, no qual tudo é cinzento e quase nada é preto ou branco. Há muita coisa boa, mas, para curtir a beleza e o amor, deve-se suportar a dor.

Houve lições práticas também. Desde que circulou a notícia de que nossa família tinha passado por isso, amigos, amigos de amigos, amigos de amigos de amigos, além de estranhos, vieram a nós. Aparentemente as pessoas ainda leem meu artigo, porque continuo a receber mensagens. Uma pessoa sim, outra não, parece estar envolvida em alguma versão do inferno da dependência química, seja a sua própria ou a de um filho, cônjuge, irmão, irmã, pais ou amigos. Muitas vezes pedem conselhos. Mesmo agora, faço isso de forma hesitante.

Concordo inteiramente com a principal recomendação de todas as campanhas antidrogas que são sensatas: converse com seus filhos desde cedo e com frequência sobre drogas. De outro modo, você estará deixando a cargo de outra pessoa a instrução deles sobre o assunto. Você deve ser aberto e sincero sobre suas experiências com drogas? É uma decisão individual, porque cada pai e filho são únicos. Eu seria cuidadoso em nunca glorificar o uso de drogas ou de álcool e levaria em consideração a idade das crianças, nunca dando mais informação do que elas possam compreender na ocasião. No fim, não sei se tem tanta importância se ou quanto você conta a elas sobre sua experiência. Outras coisas podem ser muito mais relevantes. Qual a minha posição quanto a isso na minha família? Acredito que os filhos não precisam (nem devem) saber de todos os detalhes pessoais das nossas vidas, mas eu nunca mentirei para eles, e responderei às suas perguntas com sinceridade. Mais cedo ou mais tarde, Jasper e Daisy vão ler este relato. Não vai surpreendê-los — eles vivenciaram isso. Temos conversas constantes, não apenas a respeito de Nic, mas também sobre drogas, a pressão dos amigos e outras questões da vida deles. Eles ficarão sabendo da história de seu pai com as drogas e do preço que foi pago por isso. Da história do irmão, eles já sabem.

Mais que qualquer outra coisa, os pais querem saber como identificar quando um filho já não está mais apenas experimentando, já não é mais um adolescente típico, já não está mais atravessando somente uma fase ou um rito de passagem. Como isso é irrespondível, concluí que eu preferiria ser cauteloso e intervir mais cedo, não mais tarde — não esperaria até que um filho temerariamente ponha em perigo a si próprio e aos outros. Em retrospectiva, eu gostaria de ter obrigado Nic — enquanto ele era jovem o suficiente para poder obrigá-lo legalmente — a entrar num programa de reabilitação de longo prazo. Enviar uma criança — ou mesmo um adulto — para a reabilitação antes de eles estarem prontos e serem capazes de compreender os princípios da recuperação pode não evitar uma recaída, mas, pelo que pude ver, não faz mal e talvez ajude. Além disso, um período de abstinência forçada durante os anos formativos da adolescência é melhor que esse mesmo período gasto nas drogas. Tratamento forçado em um bom programa realiza pelo menos um objetivo imediato: mantém o jovem longe das drogas durante o tempo em que está em tratamento. Como quanto menos usarem, mais fácil fica parar, quanto mais tempo ficarem em tratamento, melhor.

Para onde devemos mandar um adolescente? Para que tipo de programa? Embora possam ajudar em alguns casos, eu seria cuidadoso com programas que empregam disciplina muito severa. Não é que eu não entenda o impulso de mandar um jovem para uma colônia correcional. Os pais desistem e imploram: "Consertem o meu filho". Entretanto, não há comprovação convincente de que colônias correcionais ou programas semelhantes ajudem os adolescentes, e, além disso, podem prejudicá-los. O National Institute of Justice* uma vez financiou uma avaliação de colônias correcionais de oito estados e concluiu: "Componentes comuns de colônias correcionais, como disciplina do tipo militar, treinamento

---

* Instituto Nacional de Pesquisa dos Estados Unidos (N.E.)

físico e trabalho extenuante não reduzem a reincidência". Um relatório do Koch Crime Institute*, do Kansas, descobriu que "o medo de ser encarcerado em colônias correcionais não diminuiu o índice de crimes" e que três entre quatro crianças voltam a algum tipo de detenção dentro de um ano depois de saírem do campo. Em seu site, a National Mental Health Association** relata que "o emprego de táticas de intimidação e humilhação é contraproducente para a maior parte dos jovens". "Aqueles que cumpriram penas em colônias correcionais têm maior probabilidade de serem presos outra vez ou então são encarcerados mais rapidamente que outros infratores"; e, detalhando problemas mais sérios com as colônias correcionais, há muitos "incidentes perturbadores" de abuso. Em 1998, na Geórgia, uma investigação do Departamento de Justiça dos Estados Unidos concluiu: "O modelo de colônias correcionais paramilitares não é apenas ineficaz, mas prejudicial". Além de alguns casos de morte e abuso, "cria-se uma situação perigosa, muitas vezes psicologicamente prejudicial", diz Mike Riera, escritor e psicólogo renomado por seu trabalho com adolescentes, com quem Karen e eu nos encontramos para falar a respeito de Nic. "Se a raiva e a confusão subjacentes aos problemas do jovem são obrigadas a submergir, há uma forte chance de que se tornem patológicos, manifestando-se como incapacidade de manter relacionamentos, violência, depressão ou suicídio. Além disso, o abuso leva a mais abuso."

Então, o que fazer? Já ouvi histórias bem-sucedidas de pessoas que mandaram seus filhos a vários tipos de programas — internatos, ambulatórios, programas de um mês como a Casa de Recuperação Ohlhoff, Santa Helena, Sierra Tucson, Hazelden e centenas de outros; programas de três meses na natureza selvagem; programas de um semestre como os oferecidos pelo Ohlhoff, Hazelden e outros centros de tratamento por todo o país; programas de um ano com aulas regulares de ensino médio ou de preparação técnica. Para muitos dependentes químicos, estadas de longo prazo em comunidades sóbrias, como a Herbert House, mudaram — quer dizer, salvaram — a vida deles. Não há uma resposta única ou fácil, porque ninguém sabe o que pode ajudar um determinado indivíduo. É difícil conseguir aconselhamento profissional confiável, mas eu insistiria nessa opção mesmo assim. Eu insistiria em buscar segundas e terceiras opiniões. Eu consultaria médicos, terapeutas, orientadores nas escolas e fora delas — assegurando-me de que tenham expe-

---

* Instituto Criminal Koch (N.E.)

** Associação Norte-Americana de Saúde Mental (N. E.)

riência com dependência química. Eu pesaria os conselhos deles, ao mesmo tempo em que me lembraria de que não estamos lidando com uma ciência exata e que cada jovem e cada família são únicos.

Em quase todos os casos, enviar um adolescente para a reabilitação contra sua vontade é a decisão mais difícil que os pais podem tomar. A mãe de um dos amigos do primário de Nic me contou que contratou um homem para sequestrar seu filho de dezessete anos que estava usando e traficando metanfetamina. Especialistas treinados o agarraram e o levaram, algemado, a um programa de três meses em meio à natureza selvagem. Ela chorou por três dias. Depois que completou o programa, ele teve uma recaída, mas agora diz que a intervenção da mãe lhe salvou a vida.

Escutei histórias semelhantes nas reuniões do AA que fui com Nic. Dependentes químicos em recuperação lembraram a época em que seus pais orquestraram intervenções ou os obrigaram a entrar em tratamento. "Eu os odiei na época. Eles salvaram minha vida." Ouvi falar dos fracassos também. "Tentei, mas meu filho morreu." Com a dependência química, não há resultado garantido. As estatísticas são quase sem sentido. Você nunca vai saber se seu filho vai ser um daqueles que estarão nos 9%, 17%, 40%, 50% ou seja lá que porcentagem for o número verdadeiro de pessoas que têm sucesso. Ao mesmo tempo, as estatísticas são úteis porque nos ajudam a manter os pés no chão. Elas nos informam que nosso adversário é assombroso e nos defendem contra o otimismo irracional.

Algumas vezes, quando Nic teve uma recaída, pus a culpa nos orientadores, nos terapeutas, nos centros de reabilitação e, claro, em mim mesmo. Em retrospectiva, passei a entender que a recuperação é um processo contínuo. Ele pode ter tido recaídas, mas os períodos na reabilitação interromperam o ciclo de uso. Sem eles, Nic poderia facilmente ter morrido. Agora ele tem uma chance.

Isso responde a outra questão. Sim, eu ajudaria um filho meu a voltar para a reabilitação depois de uma recaída. Não tenho certeza de quantas vezes. Uma? Duas? Dez? Não sei. Alguns especialistas vão discordar de mim. Eles aconselharão a não o ajudar de maneira nenhuma. Acham que um dependente químico tem de vir a se recuperar por si mesmo. Eles podem ter razão quando se trata de alguns adolescentes. Infelizmente, ninguém sabe ao certo.

Aprendi algumas outras coisas. A reabilitação não é perfeita, mas é o melhor que temos. A medicação pode auxiliar alguns dependentes químicos, mas não se pode esperar que substitua a reabilitação e o trabalho contínuo de recuperação. Eu jamais ajudaria alguém que estivesse usando drogas a fazer qualquer outra coisa que não fosse voltar para a reabilitação. Não pagaria aluguel nem fiança para tirá-los da cadeia, a não ser que fossem diretamente para um centro de reabilitação. Também não pagaria dívidas deles e jamais lhes daria dinheiro.

Em 1986, Nancy Reagan, que iniciara a campanha antidrogas "Simplesmente diga não" proferiu uma frase memorável: "Não há um meio-termo moral. A indiferença não é uma opção (...). Pelo bem das nossas crianças, imploro a cada um de vocês que sejam obstinados e inflexíveis em sua oposição às drogas".

Não conheço nenhuma pessoa madura que seja a favor de drogas como a metanfetamina. Pelo contrário, devemos compreender o mundo complexo em que nossos filhos estão crescendo e ajudá-los da melhor maneira que pudermos.

Houve gente que disse para Nic: "Ora, simplesmente pare".

Aprendi que isso não é tão fácil.

Houve gente que me disse para deixar minha preocupação para lá, porque não havia nada a fazer. "Tire isso da cabeça." Nunca consegui. Agora, finalmente aprendi o difícil e necessário trabalho de pôr a situação em perspectiva, porque não ajuda ninguém — o dependente, o restante da família, você — quando isso passa a ser a única coisa na sua vida. Então, meu conselho é: faça o que for necessário — terapia, Al-Anon, muito Al-Anon — para conter essa preocupação. E seja paciente consigo mesmo. Permita-se cometer erros. Vá com calma e seja extra-amoroso com seu cônjuge ou parceiro. Não guarde segredos. Como repetem muitas vezes no AA, você é tão doente quanto seus segredos. Embora não seja uma solução, a abertura é um alívio. As histórias que contamos nos ajudam a lembrar com o que estamos lidando. Os dependentes químicos precisam de lembretes e apoio contínuos, assim como suas famílias. Ler as histórias dos outros ajuda. E ajuda escrever — pelo menos a mim ajudou. Como eu disse, escrevi freneticamente. Acordava de madrugada para escrever e só parava de manhã. Se eu fosse pintor, como Karen, teria pintado aquilo pelo que eu estava passando. Ela, muitas vezes, pintou. Eu escrevi.

Não estou mais preocupado com Nic. Isso poderá mudar, mas no momento eu aceito e até acho bom que ele esteja vivendo sua vida desse jeito. É claro que vou sempre esperar que ele permaneça sóbrio. Espero que nosso relacionamento continue a cicatrizar, e sei que isso só pode acontecer se e enquanto ele estiver limpo.

Onde foi parar minha preocupação? Tenho uma imagem mental a esse respeito. O artista Chuck Close disse: "Eu me sinto subjugado pelo todo".

Ele aprendeu a decompor as imagens em uma grade de quadrados pequenos, manejáveis. Ao pintar um quadrado de cada vez, ele cria retratos hipnotizadores, do tamanho de uma parede. Eu também ficava muitas vezes subjugado pelo todo, mas aprendi a conter minha preocupação com Nic em um ou dois quadrados da grade de Close, se ele tivesse de pintar a minha vida. Olho para eles de vez em quando. Quando olho, sinto uma gama inteira de emoções, mas elas não me subjugam mais.

Algumas vezes ainda me assusto com o futuro, mas muito menos do que antes. Melhorei em aceitar um dia de cada vez. Pode parecer simplista, mas é tão profundo quanto qualquer outro conceito que eu conheça. Posso ainda me preocupar com o que acontecerá com Nic dentro de cinco, dez anos — com Jasper e Daisy também —, mas depois volto ao hoje.

Hoje.

Estamos em junho. É aniversário de Daisy. Ela hoje faz dez anos. Dez! Além disso, é o dia da festa de final de ano da escola — Daisy passou para o quinto ano, e Jasper, para o sétimo.

A música-tema da festa deste ano se chama "Acredito no amor", com versos escritos pelas crianças com a ajuda das professoras. A World Beat Band toca. "O quarto ano foi a porta", cantam Daisy e seus amigos, "e o conhecimento, a chave. A comemoração foi fantástica. Cantamos em harmonia. Nossa região e nossos costumes nos mantiveram no ritmo. A era do quarto ano acabou; somos quintanistas em marcha. Acredito na música. Acredito no amor..."

A turma de Jasper se levanta, e as crianças cantam seus versos: "O sexto grau foi infernal, a excursão a Angel Island meio que me marcou. Egito antigo, China e filosofia grega. E nada rima com Mesopotâmia. Acredito na música. Acredito no amor...".

À noite, nosso jantar semanal com Nancy e Don é dedicado a comemorar o final das aulas das crianças, os aniversários de Nancy e Daisy e o meu aniversário de recuperação. Faz exatamente um ano que tive a minha hemorragia cerebral.

As crianças estão à mesa da cozinha jogando xadrez chinês com Nancy, que está perdendo e não tem muito espírito esportivo. "Não é justo", bufa ela quando Jasper vence.

Jasper, Daisy e o primo deles arrastam para fora um velho suporte de piano com rodas, amarrado a uma longa corda. Eles se revezam para puxar uns aos outros em cima daquilo, quase como se estivessem fazendo esqui aquático. O passageiro vai derrapando de lado pela sala. Na cozinha, Nancy joga um punhado de cebolinha-branca picada dentro de uma frigideira com manteiga derretida. Quando está crocante e dourada, acrescenta vinagre de vinho tinto. Depois de mexer, deixa o molho cozinhando em fogo baixo no fogão e vai para o deque. Olhando para as árvores, no alto, ela emite curiosos cantos de pássaros. Corvos e gaios descem para bicar os biscoitos.

Don sobe pela trilha do jardim, que ele esteve regando. Usa um rádio de bolso com fones de ouvido. As crianças atacam a cozinha, seguidas pela matilha de cachorros, que latem, incluindo Brutus, que faz seu trajeto lentamente atrás dos outros. Nancy cozinhou um pernil de cordeiro com o molho de cebolinha-branca, vinagre, feijão branco com couve, tomilho fresco e alho. O irmão de Karen destrincha o pernil. Para a sobremesa, a irmã dela fez uma torta de limão com uma cobertura cor-de-rosa e azul-clara. Sobre o doce, há minúsculos macacos, elefantes e ursos segurando velas. Cantamos parabéns para Daisy e Nancy, que sopram as velas. Mais tarde, Jasper, sentado ao meu lado na mesa, diz: "Não posso acreditar que já estamos no verão".

Verão. Surfe em Santa Cruz. Estamos aqui com nossos queridos amigos, em um dia calmo no pontal de Pleasure Point. As ondas são pequenas, de modo que a maior parte dos surfistas experientes do lugar ficou em casa. Mas as ondas sedosas, quebrando delicadamente, estão perfeitas para as crianças. A água está clara e quente. Sentado na minha prancha, esperando as próximas ondas, reservo um momento para inspecionar a grade dentro da minha cabeça, chegando até os quadrados em que Nic reside. Ele e eu passamos muito tempo juntos aqui.

Na volta para casa pelo litoral, Jasper escolhe um CD. Igual a Nic quando era mais jovem, o músico preferido de Jasper é Beck, e ele me entrega *Midnite Vultures* para pôr no CD *player*. O carro está cheio de areia, e nós todos também estamos cobertos de areia e sal. A maresia entra pelas janelas abertas, e Beck está cantando — Jasper e eu o acompanhamos. Daisy se queixa, mandando abaixar o volume. Olho para o oceano azul e sinto a presença de Nic como se ele estivesse conosco dentro do carro.

Em casa, Jasper senta ao lado de Daisy e a consola. "Eu me sinto como se estivesse contra a parede e um monstro gigante viesse bem devagar na minha direção e eu não conseguisse fazer ele parar", diz ela. Daisy está com os olhos cheios de lágrimas. "Eu quero voar até o espaço e costurar um remendo na camada de ozônio." Como se isso não fosse suficiente, ela também está desolada porque ficou sabendo que Plutão não é mais considerado um planeta. "Pobre pedrinha", diz ela, enxugando uma lágrima. Mas logo deixa de lado a tristeza a respeito da Terra e de Plutão. Jasper então começa a dirigir a si mesmo e a irmã numa peça que eles escreveram chamada *Rainha má*.

Estou no meu escritório escrevendo quando chega um e-mail da namorada de Nic. Ela enviou algumas fotos da mais recente viagem dos dois. Nic, com o cabelo mais comprido, usa grandes óculos escuros, boné, camiseta preta e calça boca de sino. Está de pé ao lado de um rio e diante de um gêiser no Parque Nacional de Yellowstone. Ele está sorrindo — seu sorriso é alegre.

Na manhã seguinte, o jardim está envolto numa neblina que mais parece uma camada de renda. Karen levantou cedo para levar Daisy ao treino da equipe de natação. Jasper está no andar de cima, dedilhando a guitarra. Ligo para Nic para dar um oi. Conversamos durante algum tempo. Ele parece... parece com Nic, meu filho, novamente. E depois? Vamos ver. Antes de desligar, ele diz: "Mande um beijo e todo o meu amor a Karen, Jas e Daisy". Então diz que tem de ir.

Pós-escrito

Nesta década, desde que *Querido menino* foi publicado, milhares de pessoas me procuraram para conversar. Muitas eram dependentes químicas ou amavam alguém que era. Assim como eu, quando tudo isso começou, elas se sentiam isoladas e com medo. Muitas disseram que ler meu relato as confortou e as encorajou a compartilhar suas próprias histórias.

Querido menino nasceu de um artigo que eu escrevi para a *New York Times Magazine*. Antes que ele saísse na revista, uma amiga o leu e me aconselhou que não o publicasse. Ela disse que as pessoas da escola de Jasper e Daisy olhariam torto para a nossa família e até tratariam nossos filhos de forma diferente. Eles nos julgariam. Então eu me preparei para o pior. O artigo foi publicado e adivinhe?

As crianças não sofreram julgamentos na escola e em nenhum outro lugar, pelo menos eu nunca vi, nem senti. O que vi foi uma imensa onda de preocupação, ajuda, condolência e gentileza. Eu me conectei profundamente com pessoas que nunca teria conhecido se não fosse por isso. Enquanto andava pelos arredores da escola de Jasper e Daisy, logo depois do artigo ter sido publicado, uma mãe que eu não conhecia me puxou pelo braço. Antes que ela dissesse qualquer coisa, começou a chorar. Ela havia crescido com um pai alcoólatra. Estava preocupada com o filho, aluno do oitavo ano, porque ela o tinha flagrado fumando. Até então, ela não havia contado isso para ninguém.

Um pai me disse que sua filha estava em tratamento por dependência química e distúrbio alimentar. Sua voz falhou e suas mãos tremiam quando ele me contou. Ele sussurrou como se tivesse vergonha de ter uma filha com uma doença grave. Desde que este livro foi publicado, eu escutei milhares de histórias como essas. Os detalhes desses relatos acabam comigo, mas me sinto honrado de ter escutado cada um deles.

Anne Lamott aconselha: "Tente não o seu interior com o interior de outra pessoa". Isto é, talvez pareça que todos ao redor estejam indo muito bem, que os filhos de todos estejam bem. Só que a verdade é que ninguém está cem por cento bem.

Quando contamos aos outros sobre nossas batalhas, sentimos um grande alívio. Encontramos conforto. Conseguimos ajuda. Somos lembrados de que a vida é difícil para todos. Nós somos unidos pelo sofrimento e pelo apoio que oferecemos uns aos outros.

Muita gente também me escreveu porque se sentiu da mesma forma que eu durante os anos em que Nic usou drogas: desesperado por ajuda. Alguns se sentiam sobrecarregados pela perspectiva de criar seus filhos em uma cultura na qual as drogas são onipresentes. As pessoas me perguntavam como prevenir que os filhos sequer começassem a usar drogas, como interromper o uso caso já houvesse começado e como prevenir os estágios iniciais do consumo de drogas antes que os filhos se tornassem dependentes. Assim como eu, elas não tinham ideia de quem poderia ajudá-las, e a maioria estava sujeita ao desastroso tratamento para dependência química fornecido pelo sistema de saúde norte-americano.

Para o livro que escrevi depois de *Querido menino*, *Clean: Overcoming Addiction and Ending America's Greatest Tragedy*, continuei a pesquisar sobre dependência química e descobri que 90% das pessoas que precisavam de ajuda nunca a receberam. De fato, dependentes químicos têm mais chance de acabar em uma prisão do que em uma clínica de reabilitação. Aqueles que conseguem tratamento entram em um sistema problemático no qual é quase impossível entender como as coisas funcionam. Seja tentando ajudar um ente querido ou buscando ajuda para si mesmo, a maioria das pessoas está em crise quando tem contato pela primeira vez esse sistema. A maioria está imobilizada pelo medo e pela ansiedade e, nesse estado comprometido, precisa tomar uma das mais complexas e importantes decisões de sua vida.

Por não saberem a quem recorrer, as pessoas que precisam de ajuda a buscam na internet. Se pesquisar "tratamento de dependência de drogas" no Google, encontrará quase 150 milhões de resultados. Programas prometem curas milagrosas e inflam suas taxas de sucesso. Muitos dos sites que se propõem a fornecer informações objetivas na verdade são propagandas disfarçadas de programas de tratamento, e alguns desses programas custam mais de 50 mil dólares por mês.

As pessoas talvez busquem por conselhos de profissionais, mas muito poucos sabem o que recomendar. Então elas geralmente fazem o mesmo que num no primeiro momento: confiam no relato de um amigo de um amigo — dificilmente o caminho certo para encontrar o tratamento adequado para uma doença séria e fatal.

Como eu escrevi em *Clean*: "Claro, muitas pessoas recomendam clínicas de reabilitação, mas o que é reabilitação exatamente? Não há uma definição clara. Reabilitação é uma expressão genérica usada para denominar uma variedade enorme de tratamentos, muitos deles nocivos, inclusive. Algumas clínicas usam ameaças e punições severas e humilhantes. Muitas são dirigidas por autoproclamados "experts", que não possuem nenhum tipo de treinamento ou credencial, a não ser que você leve em conta o fato de que são ex-dependentes químicos que se recuperaram. Em muitos estados norte-americanos, qualquer um pode abrir uma clínica de reabilitação. Há guias on-line sobre '*Como abrir a sua própria clínica de reabilitação de dependência química*'. Alguns programas são operados por cultos e muitos rejeitam veementemente tratamentos cientificamente comprovados, incluindo medicamentos como Suboxone (buprenorfina) e Metadona, ainda que eles sejam de longe os que mais obtêm sucesso no tratamento da dependência de opioides."

"Em geral, quanto mais informação as pessoas têm, mais desorientadas elas ficam (...), e elas têm se tornado cada vez mais desiludidas, céticas e descrentes, pois a maior parte dos tratamentos é uma combinação aleatória e sem nenhum critério de vários programas de recuperação, geralmente inúteis e muitas vezes nocivos. Muitos deles não são baseados em ciência médica, mas em tradições, achismos sem base nenhuma, pensamento positivo e pseudociência, que, às vezes, chega a esbarrar até mesmo no vodu. (Ouvi falar de um programa que diz tratar a dependência química por meio de exorcismos e regressão a vidas passadas.)"

Por fim, fui procurado por pessoas que chegaram até a última página de *Querido menino* e ficaram preocupadas com Nic, uma vez que o livro termina sem uma conclusão clara.

Tanto ao vivo quanto por cartas ou mensagens via Facebook e Twitter, elas vinham me fazer perguntas da forma mais gentil e diplomática que conseguiam. Algumas pediam desculpas antes, com medo de abrir alguma ferida antiga em mim. Elas perguntavam se Nic sobreviveu.

Eu agradecia a elas por escreverem e as assegurava que sim.

A jornada continuou um desafio. Nic teve uma recaída em 2010, depois de dois anos sóbrio. Claro, como em todas as outras recaídas, eu fiquei devastado e com medo. Mas algo importante havia mudado. Outras recaídas o haviam levado rapidamente à catástrofe, e eu tivera que intervir, mas Nic conseguiu interromper essa por conta própria. Ele reconheceu sua própria recidiva, admitiu que precisava de ajuda e entrou sozinho em um programa de reabilitação. Em seguida, ele se inscreveu em um tratamento ambulatorial.

Após essa recaída, Karen e eu fomos com Nic ver um novo psiquiatra. O médico passou uma hora sozinho com Nic e depois nos chamou. Ele disse com todas as letras o que tanto temíamos: a última recaída era a prova de que a dependência química de Nic ainda se tratava de uma ameaça grave.

Ao contrário do senso comum que diz que as recaídas fazem parte da recuperação, esse médico insistiu que nós não deveríamos aceitá-las como inevitáveis. Em vez disso, deveríamos presumir que as recaídas de Nic aconteciam por razões que iam além da dependência propriamente dita. O médico então pediu para ver os resultados das avaliações psicológicas do meu filho.

"Que avaliações psicológicas?", perguntei.

O médico pareceu espantado.

"Você está me dizendo que Nic passou por uma dúzia de programas de recuperação, que foi a todos esses terapeutas" — cerca de uma dúzia também — "e que ninguém nunca pediu que ele fizesse uma avaliação com um psicólogo?"

Ninguém havia pedido nada do tipo.

O médico identificou um grande problema dos tratamentos de dependência química: a maioria dos que se tornam dependentes químicos têm também transtornos psicológicos e passaram por algum tipo de trauma. Se tais questões não são tratadas, é provável que haja recaídas frequentes.

O médico pediu alguns exames e um parecer psicológico, e o resultado foi unânime: Nic tem transtorno bipolar severo e depressão. Nos anos em que sua mãe e eu nos separamos, eu o levei para ver terapeutas, e alguns diagnosticaram depressão e ansiedade, mas nenhum apontou a intensidade desse sofrimento, solicitou nenhum tipo de exame ou ofereceu tratamentos eficazes.

Depois de diagnosticado, Nic se mudou de volta para Los Angeles, onde começou a frequentar uma médica para tratar tanto de seus transtornos psiquiátricos quanto da dependência química. Ele ainda frequenta o consultório dela, onde faz terapia e recebe os medicamentos que ela prescreve e monitora. Ele toma religiosamente antidepressivos e remédios para bipolaridade, além de Suboxone, o mesmo remédio que eu mencionei anteriormente, que bloqueia o desejo pela droga e previne a overdose de opioides.

Ele não teve recaídas desde então.

Nic e eu já especulamos sobre como a vida dele poderia ter sido diferente se ele tivesse tido acompanhamento psicológico quando era mais novo. E se ele tivesse sido diagnosticado e tratado lá atrás? Ele teria se tornado um dependente químico? Mesmo que tivesse, sua dependência seria assim tão extrema? Ele teria resistido tanto ao tratamento? Ele continuaria a ter recaídas?

Não há como saber, mas nós dois acreditamos que se o diagnóstico tivesse sido feito quando ele ainda era criança ou pré-adolescente, Nic teria sido poupado de muitos ou da maior parte dos tormentos que ele enfrentou desde então.

Quando comecei a pesquisar sobre dependência química, encontrei evidências de que muitas pessoas usam drogas para se automedicar devido a transtornos psicológicos. Faz sentido que alguém com depressão e transtorno bipolar sem tratamento adequado use drogas. Quando Nic se sentia deprimido, ficar chapado não era apenas a opção mais fácil: era a única. Quando sua ansiedade se tornava insuportável, ele usava drogas para aliviar a angústia e a dor. Quando sofria com os altos e baixos do transtorno bipolar, ele se drogava para se sentir são. Desde que começou um tratamento consistente para seus transtornos psicológicos, ele se manteve limpo.

Enquanto escrevo, vai fazer oito anos que Nic está sóbrio.

Seis anos atrás, Nic se casou. Sua esposa, Jette, era sua melhor amiga quando eles estavam no sexto e no sétimo ano. Ela é a menina mencionada neste livro, quando escrevi que Nic e alguns amigos iam à praia e depois para a nossa casa tirar um cochilo. Eu a chamei de "Skye": "A falta de jeito pré-adolescente se dissolve quando eles brincam como crianças mais novas, rindo sem constrangimento, tropeçando e lutando na areia. Antes de ficar escuro, voltamos para casa, onde eles jogam Twister e Verdade ou Consequência, com perguntas maliciosas como: 'Você acha a Skye bonitinha?' (Nic acha: ela é a menina de olhos grandes

QUERIDO MENINO 345

e cabelos castanhos cujo nome, quando mencionado, o faz corar. Ele fala com Skye pelo telefone à noite, algumas vezes durante uma hora ou mais.)".

Skye — *Jette* — é minha nora.

Nic não via Jette havia uma década, desde que começara a usar drogas. Como muitas pessoas fazem quando se tornam dependentes químicas, Nic deixou seus antigos amigos para trás, incluindo Jette, substituindo-os por novos, que também se drogavam.

Por acaso, Nic e Jette estavam visitando seus respectivos pais na Bay Area e se esbarraram no vernissage de Karen em uma galeria de arte. Um amigo que testemunhou o encontro se aproximou de mim e sussurrou em meu ouvido: "Eles vão acabar se casando".

Um ano depois, eles se casaram.

Jasper foi padrinho de Nic. Daisy fez algo que não faria por mais ninguém além de seu irmão mais velho: usou um vestido florido cor-de-rosa.

Nic e Jette vivem em Los Angeles. Nic é escritor. Além de dois livros de memórias, *Tweak* e *We All Fall Down*, ele escreveu um romance e trabalhou como roteirista em vários programas de tv. Ele às vezes dá palestras sobre dependência química e reabilitação para estudantes e outros grupos. (Muitas vezes nós palestramos juntos.)

E, é claro, Nic não foi o único que cresceu. Jasper hoje tem 24 anos, e Daisy, 22. Os três não vivem a mais de vinte ou trinta quilômetros de distância um do outro. Eles costumam jantar na casa uns dos outros, ou ir ao cinema ou à praia juntos.

Este parece um final feliz para uma história de pesadelo sobre dependência química, e é. O que quero dizer é que, por pior que a situação pareça, geralmente há esperança. As pessoas costumam se recuperar. Para aqueles que estão na batalha, eu digo: a dependência química é uma doença complicada que em geral se torna mais complexa devido a distúrbios psicológicos. Viver com isso é sempre um desafio, e muitas vezes um tormento. Porém tais doenças são tratáveis. Repito: nunca deixe de ter esperança.

Comecei a tremer enquanto digitava as palavras "nunca deixe de ter esperança". Enquanto as escrevia, minha mente se encheu com uma cacofonia de vozes e um mar de lágrimas. Eram vozes e lágrimas de pessoas que conheci e com quem me correspondi que não têm mais esperança.

Tenho notícias desses pais e outros entes queridos todos os dias. E eu os encontro — pessoas arrasadas. Posso ver isso em seus olhos antes que digam qualquer coisa. Essas pessoas me mostram fotografias e dizem: "Ele era a luz da minha vida", "Ela era um anjo". Filhos e filhos mortos por essa doença porque nunca tiveram acesso ao tratamento de que precisavam.

Não há mais esperança para eles.

Ao mesmo tempo que sou grato por meu filho estar vivo, meu coração se parte por esses outros pais, filhos, irmãos, parceiros, esposas, maridos e outros que perderam alguém que amavam.

Depois de terminar *Querido menino*, planejei voltar a escrever um livro de negócios no qual eu estava trabalhando. Mas, por conta de todas essas pessoas que perderam quem amavam, eu não consegui. Havia sofrimento demais. Aqui estava um problema devastando famílias e quase ninguém queria falar sobre isso. E, quando a dependência química ataca, ninguém sabe o que fazer. Por isso, me dispus a aprender tudo o que poderia sobre essa doença e o uso de drogas, e entender por que nós falhamos tão miseravelmente nos esforços para evitar esse problema.

Minha pesquisa resultou em *Clean*, livro em que reportei não só a degradação causada pelas drogas mas também o progresso que estava sendo feito com relação a isso e que me deu esperanças para o futuro. Descrevi a mudança de paradigma no tratamento e na prevenção da dependência química, baseada no entendimento de que ela é uma doença, não uma falha de caráter. Ainda que as mudanças sejam lentas, eu vi o movimento começar a acontecer: a evolução de tentativas arcaicas de prevenção e de tratamento da dependência química para métodos modernos embasados na ciência.

Eu acreditava que as coisas estivessem melhorando, e elas de fato estavam. Entretanto, desde então as coisas começaram a piorar novamente.

No ano em que *Querido menino* foi publicado, 36 mil pessoas nos Estados Unidos morreram de overdose. Em 2013, quando escrevi *Clean*, a taxa estava por volta dos 40 mil óbitos. Em 2017, foram 64 mil: 175 pessoas morreram por dia — ou seja, oito por hora. E a previsão é que este número aumente ainda mais em 2018. Os principais culpados são os opioides, incluindo medicamentos para dor, como Oxicodona e Vicodin, e drogas vendidas nas ruas, como heroína e fentanil. Eles são os principais assassinos de pessoas de até cinquenta anos de idade. Mais gente morre por overdose de opioides do que em acidentes de carro, por suicídio, ou por qualquer outra causa não natural. E, para piorar, enquanto os Estados Unidos focam na crise dos opidoides, o uso de metanfetamina e cocaína está crescendo.

A epidemia de overdose por opioides tem muitas causas. Indústrias farmacêuticas reivindicam que seus medicamentos opioides não causam dependência, e, em parte como resultado disso, os médicos os prescrevem de forma exacerbada. Mesmo quando prescritos de forma apropriada, eles acabam, muitas vezes, ficando acessíveis para os adolescentes. O lugar mais comum em que eles encontram essas drogas é no armário de remédios dos pais. (Jogue fora os seus remédios ou tranque-os!) Em muitos casos, as pessoas que utilizam esses medicamentos para dor deixam de conseguir comprá-los, ou porque não estão disponíveis ou porque estão muito caros, então acabam descobrindo a heroína e o fentanil, parentes mais baratos, o que explica o pico do uso — e da overdose — dessas drogas. O fentanil é cinquenta vezes mais forte que a heroína. Outro opioide preocupante é o carfentanil, que é cem vezes mais potente do que o fentanil. Segundo o *New York Times*, uma porção menor do que um floco de neve poderia matar uma pessoa.

A guerra dos Estados Unidos contra as drogas já dura meio século, e a crise atual tem raízes nela.

Muita gente sabe que o presidente Nixon herdou a Guerra do Vietnã, mas poucos lembram que em 1971 ele começou a guerra às drogas. Sem dúvida nenhuma, essa guerra foi um desastre, custando mais de um trilhão de dólares, enquanto o uso de drogas e sua taxa de morbidade e morte têm crescido progressivamente.

A forma como o governo lida com o problema seria risível se as implicações não fossem tão terríveis. Além do número de mortes, se considerarmos as tragédias relacionadas ao uso de drogas — criminalidade, acidentes, suicídio, estupro, abuso, doenças causadas pelo alcoolismo ou pelas drogas, bem como perda de produtividade —, começaremos a entender a grandiosidade do problema, cuja maior parte permanece oculta.

Esses fatos permanecem velados porque muitas mortes relacionadas à dependência química são oficialmente registradas com outras causas: suicídio;

homicídio; acidentes; ataques cardíacos; hipertensão; distúrbios pulmonares; derrames e outros tipos de hemorragias; hepatite e outras contaminações; Aids; doenças hepáticas, respiratórias e doenças renais; septicemia e por aí vai. Como o pagamento dos seguros de vida pode ser negado se a morte tiver sido provocada por consumo excessivo de drogas ou álcool, médicos e legistas fazem um "favor" às famílias enlutadas, declarando a causa da morte como algo imediato — um acidente ou uma enfermidade —, encobertando sua causa primária. Além dessas razões práticas, a dependência química continua sendo um segredo também por causa da vergonha envolvida nesse tipo de situação. Quando um herdeiro de uma família abastada do Centro-Oeste faleceu de repente, os jornais declararam que a causa da morte que constava no laudo do legista era *lesões por acidente de moto*. A dose letal de heroína na corrente sanguínea do jovem sequer foi mencionada.

Enquanto seguimos tentando negar a ubiquidade da dependência química, marginalizamos e estigmatizamos suas vítimas. De acordo com uma pesquisa chamada "The Face of Recovery", um quarto dos dependentes químicos em recuperação nos Estados Unidos já tiveram uma oportunidade de trabalho ou uma promoção negada, ou tiveram problemas ao tentar contratar algum tipo de seguro. A cada dez dependentes químicos, sete reportaram que já passaram por algum tipo de constrangimento em público. Em nossa sociedade, os dependentes químicos são vistos como portadores de uma falha de caráter, em vez de pessoas que sofrem de uma doença séria. Nós geralmente ignoramos a condição dessas pessoas, exceto para criminalizá-las e condená-las pelo mau comportamento que podem manifestar. Além disso, a ameaça de sofrer um processo e de ir para a prisão faz com que haja menos chances de um dependente químico admitir seu problema e buscar tratamento desde o início. E assim a doença progride, tornando mais provável que esses dependentes químicos se tornem criminosos.

A epidemia de opioides fez com que os políticos norte-americanos finalmente discutissem o problema nacional dos entorpecentes, e alguns reconheceram que a guerra às drogas estava sendo contraproducente. O presidente Obama a chamou de "completo fracasso". Como eu escrevi na coluna de opinião do USA *Today*, "o governo Obama enfatizou os programas de prevenção e tratamento baseados em avanços científicos, que mostraram que a dependência química é uma doença que atinge o cérebro e que tem determinantes biológicos, psicológicos e ambientais. O presidente defendeu o marco na legislação que fundou programas de pesquisa sobre a saúde mental e a dependência química (...). Uma benção para os que sofrem de transtornos devido ao uso de determinadas substâncias, o Affordable Care Act (ACA)* obrigou os planos de saúde a cobrir problemas de saúde mental, incluindo o tratamento de dependência química, assim como o fazem com outras doenças".

Eu escrevi que o procurador-geral de Obama, Eric Holder, acabou com a rígida sentença mínima obrigatória que lotava as prisões com pessoas acusadas de crimes não violentos relacionados a drogas. Além disso, seu czar para assuntos relacionados a entorpecentes, Michael Botticelli**, exigiu a substituição das "práticas e políticas falidas" por prevenção e tratamentos baseados em evidências e redução de danos. O secretário do Departamento de Saúde Pública de Obama, Vivek Murthy, divulgou um relatório inovador sobre o uso de álcool e outras drogas e seus efeitos na saúde que fez com que a prevenção e o tratamento comprovados cientificamente se tornassem uma prioridade nacional.

Quando era candidato, Donald Trump chamou a crise das drogas nos Estados Unidos de "problema devastador". Ele disse: "Essa é uma epidemia que desconhece fronteiras e não tem piedade, e nós vamos demonstrar grande compaixão para resolvê-la enquanto trabalhamos juntos nessa questão tão importante".

Algum tempo depois, escrevi na coluna de opinião do USA Today: "No entanto, depois de eleito, Trump está praticamente abandonando os dependentes químicos e suas famílias".

Depois de eleito, Trump assinou um decreto presidencial fundando a Comissão de Combate à Dependência Química e à Crise de Opioides. Essa comissão publicou uma lista de 56 recomendações, incluindo a expansão do acesso ao tratamento, porém, até a publicação desta nova edição de *Querido menino*, o governo não disponibilizou quase nenhuma verba para isso. Inclusive, Trump propôs um corte de 6 bilhões de dólares no orçamento destinado às agências federais responsáveis pelos assuntos relacionados ao uso de drogas e à dependência química.

"O desmonte do ACA que o presidente está determinado a fazer deveria ser causa de preocupação imediata para qualquer norte-americano diagnosticado com a doença da dependência química", escrevi, "e para os 40 milhões que se colocam em risco ao fazer regularmente uso indevido de álcool e outras drogas que podem levar à necessidade de algum tratamento no futuro (...). Além disso,

---

* Lei de Tratamento Acessível (N.E.)

** Diretor do Gabinete Nacional de Política de Controle das Drogas da Casa Branca (ONDCP, de acordo com a sigla em inglês) de 2014 até o final do governo Obama, em 2017. (N.E.)

37 estados estão tentando acabar com os mandados que obrigam os planos de saúde a cobrir o tratamento de doenças mentais, incluindo a dependência química".

Nesse meio-tempo, Trump retornou para as velhas políticas falidas de guerra às drogas. O procurador-geral Jeff Sessions restituiu a pena mínima obrigatória. Ele declarou: "É preciso poder prender os dependentes químicos para em seguida intervir em seu hábito destrutivo. Para muita gente, a única solução eficaz para a dependência química é o túmulo".

Na verdade, a maior parte desses dependentes químicos ficaria bem se recebesse tratamento apropriado. Eu escrevi: "Qualquer política que joga pessoas doentes em prisões é desumana e prejudicial".

A dependência química continua a devastar famílias e comunidades. Ainda assim, quando a doença ataca, todos são pegos de surpresa. Dado o tamanho do sofrimento, é surpreendente que nós estejamos fazendo tantas coisas erradas em nossa luta contra essa doença. Nós falhamos consideravelmente quando se trata de educação sobre o abuso de drogas e a dependência química. Os dias ou as semanas dedicadas a sessões educativas contra o uso de drogas nas escolas são mínimos — em quantidade e qualidade — em comparação às mensagens que promovem o consumo e o excesso. Nós falhamos também na prevenção, pois somos ineptos a diagnosticar e tratar os problemas psicológicos e sociais que geram solo fértil para a dependência química.

Estigma e preconceito também limitam a ajuda financeira para pesquisas sobre dependência química e limitam o acesso a tratamentos com base em evidências científicas. Além disso, essa doença carrega um prognóstico relativamente pobre, o que reforça o estigma. (Muitas pessoas acham que aqueles que sofrem com a dependência química jamais irão se curar, mas, repito, com o tratamento adequado, a maioria deles conseguiria.)

Dependentes químicos que conseguem achar bons de reabilitação talvez não tenham condições de pagar por eles. Apesar das medidas impostas pelo ACA que requerem que os planos de saúde cubram transtornos mentais e dependência química em pé de igualdade com as outras doenças, é raro que essas empresas paguem pelos tratamentos necessários. Bons programas financiados pelo governo são escassos.

Como resultado, poucos dependentes químicos conseguem o tratamento abrangente e de longo prazo de que precisam. E, quando buscam por algum tipo de acompanhamento, se é que chegam a buscar por algo do tipo, estão geralmente em crise, o que torna mais difícil e caro tratá-los. Nesse estágio, muitos estão beligerantes, com raiva, depressivos, e até mesmo violentos, então médicos, enfermeiras, conselheiros e assistentes sociais nem sempre estão dispostos a tratar essas pessoas. Muitos cuidadores admitem que preferem gastar a sua energia, como apontado por uma enfermeira, "com pacientes gratos, em vez de pacientes hostis, que provavelmente vão voltar para a emergência em uma semana ou em um mês".

A guerra contra as drogas não foi a única que Nixon declarou em 1971. Em seu discurso sobre o Estado da União daquele ano, ele também declarou guerra ao câncer. "Peço permissão (...) para lançar uma campanha intensiva para encontrar a cura do câncer", ele anunciou. "Chegou a hora de os Estados Unidos fazerem com que o mesmo esforço concentrado que permitiu a divisão do átomo e levou o homem à Lua seja voltado para vencer essa doença tão temida. Vamos nos comprometer a fazer um esforço nacional para atingir esse objetivo." No fim daquele ano, ele assinou uma lei chamada National Cancer Act[*], declarando: "Espero que nos próximos anos nós olhemos para essa lei como a mais significativa criada durante o meu mandato".

O câncer não foi erradicado, claro, mas a doença, antes uma sentença de morte, hoje é tratável na maioria dos casos. A incidência do câncer começou a cair nos anos 1990, e os números têm declinado desde então. De 2004 até hoje, a taxa de morte por câncer é duas vezes menor do que há vinte anos.

Eu acredito que precisamos travar uma guerra generalizada contra a dependência química, inspirada na batalha contra o câncer. Poderíamos salvar milhões de vidas e economizar milhões de dólares desperdiçados hoje com a dependência química e por ela. Mas nós não vamos dar um jeito nesse problema se não decidirmos lutar a guerra certa.

Como poderia ser uma campanha dedicada a isso? Assim como na guerra contra o câncer, teria que ser bem coordenada e generosamente financiada, abrangente, multifacetada e de longo prazo. "A guerra contra o câncer apoiou a pesquisa básica de forma excelente", apontou o dr. Vincent DeVita, professor de medicina no Centro do Câncer de Yale. "Ela permitiu a criação de programas de aplicação e programas-teste em clínicas por todo o país. Essa medida

---

[*] Lei Nacional do Câncer (N. E.)

deu ao National Cancer Institute* uma autonomia dentro do National Institutes of Health** para financiar e coordenar pesquisas."

A guerra à dependência química deveria incluir uma significativa quantia de dinheiro para pesquisa, bem como para programas de aplicação e programas-teste em clínicas. Pesquisadores têm centenas de ideias promissoras para medicamentos, terapias cognitivas e comportamentais, além de combinações de tratamentos, e um investimento vultuoso nessa área propiciaria um leque bem maior de estudos e atrairia novos pesquisadores, que poderiam aprender mais sobre o mecanismo da dependência química, desenvolver e testar tratamentos promissores.

Além disso, o sistema de tratamento precisa ser reformulado. Assim como já acontece com médicos e com hospitais, os programas de tratamento de dependência e os profissionais que trabalham com o tratamento da dependência química precisam ser obrigados a obter uma licença específica e deveriam ser monitorados. Programas que oferecem tratamento abaixo do padrão deveriam ser fechados. E cuidados baseados em evidências científicas — tanto nos consultórios médicos quanto nos tratamentos ambulatoriais e residenciais — precisam ser disponibilizados para todos que necessitam deles. Os planos de saúde e a rede pública devem oferecer tratamentos de longa duração de qualidade.

Há ainda certa resistência aos tratamentos mais efetivos que existem hoje. Por exemplo, eu mencionei que Nic toma Suboxone, medicação que diminui a ânsia por outras drogas, bloqueia o efeito dos opioides e previne overdoses. Esse e outros medicamentos são de longe os que obtêm maior sucesso no tratamento da dependência de opioides, mas muitos programas ignoram esse fato e se recusam a utilizá-los.

O último componente dessa guerra contra a dependência química deveria ser a prevenção, a palavra da moda atualmente quando se fala de obesidade, infarto e tantas outras doenças. Poderíamos poupar bilhões de dólares e inúmeras vidas se interviéssemos antes e preveníssemos o progresso da dependência química e seus efeitos. A prevenção dessa doença identificaria e enfrentaria diretamente os fatores de risco que geralmente levam à dependência, incluindo determinadas condições sociais e psicológicas, bem como transtornos mentais.

---

* Instituto Nacional do Câncer (N. E.)

** Institutos Nacionais de Saúde, conjunto de diversos institutos (N. E.)

Além de diminuir as taxas de morbidade e de mortalidade, a guerra contra o câncer mudou a nossa forma de olhar para a doença e tratar seus pacientes. O câncer não é mais aquele "Grande C", um segredo vergonhoso. Se tirássemos o estigma da dependência química, passaríamos a encará-la como uma doença séria, que seria diagnosticada com mais facilidade e de forma mais precoce. Esse talvez fosse o maior avanço de todos.

Podemos curar a dependência química? Novamente, após 45 anos de profunda pesquisa, muitos casos de câncer ainda resistem aos tratamentos. Mesmo assim, fizemos um progresso absurdo. E nesse processo foram aliviados incalculáveis sofrimentos, economizados centenas de milhões de dólares e salvas milhões de vidas. Uma guerra contra a dependência química teria o mesmo impacto, ou até mais. Ao diminuir drasticamente o número de pacientes na emergência dos hospitais e a população carcerária, nós finalmente conseguiríamos liberar fundos para tratar outras doenças, melhorando o sistema de saúde como um todo. Nós reduziríamos o número de pessoas em situação de rua e diminuiríamos consideravelmente a violência, incluindo casos de abuso contra menores, violência doméstica, estupro e crimes violentos. Nós ajudaríamos famílias a permanecerem unidas e repararíamos bairros que foram destruídos. Nós aliviaríamos uma imensurável quantidade de sofrimento.

Mesmo durante a crise atual, eu me mantenho esperançoso, em parte porque a ciência continua a progredir e tratamentos baseados em evidências científicas estão lentamente sendo adotados pelos profissionais que trabalham com reabilitação. Estou esperançoso porque mais gente está aprendendo que a dependência química é uma doença, não uma escolha. Eu também tenho esperança na inauguração de organizações nacionais fundadas para tratar a dependência química e nos movimentos que têm se disseminado, iniciados por pais que perderam seus filhos. Em cidades por todos os Estados Unidos, esses pais têm se reunido e organizado programas para educar o público sobre as drogas e a dependência química e conseguiram influenciar legisladores a financiar campanhas de prevenção, programas de tratamento e a implantar a lei "911 Good Samaritan" em muitos estados. No passado, as pessoas morriam de overdose na companhia de amigos, que não ligavam para o 911, o número norte-americano para emergências, por medo de serem presos, e de fato podiam ser. Essa nova lei protege as pessoas que ligam para as autoridades para pedir socorro, salvando vidas. Esses pais também conseguiram fazer pressão suficiente para que uma droga chamada Naloxona, ou Narcan, fosse amplamente disponibilizada. Essa droga pode temporariamente ressuscitar uma pessoa que sofreu uma overdose de opioides, garantindo que os paramédicos cheguem a tempo.

Eu viajei o país inteiro e conheci muitos desses pais que dedicaram suas vidas a acabar com a dependência química. Eles usam sua dor para que outros pais não tenham que sofrer o mesmo que eles. Esses pais estão dizendo: "Basta!". Não vão mais tolerar que essa doença seja ignorada. Eles estão lutando contra o estigma e se recusando a ficar nas sombras. Eles estão apoiando uns aos outros e trabalhando incansavelmente para acabar com essa crise.

E eu? Não passo um dia sequer sem lembrar o quanto somos sortudos — Nic, eu e nossa família. Sei que sorte é a única razão pela qual o meu filho está vivo, enquanto outros pais tiveram que enterrar os seus. Mesmo seguindo em frente, penso nessas pessoas todos os dias.

Estou muito orgulhoso do trabalho que Nic tem feito e continua a fazer por si mesmo, mas é claro que não há garantias. Estou otimista porque as pesquisas mostram que, quanto mais tempo longe das drogas, menor é a chance de retornar a elas. Mas sempre há um risco: eu escutei falar de pessoas que tiveram recaídas depois de vinte anos ou mais de sobriedade.

Enquanto eu escrevo, Nic tem 36 anos.

Depois de tudo o que passamos, 36 parece um milagre.

Agradecimentos

Com grande respeito, gostaria de agradecer a Steve Shoptaw, Edythe London, Walter Ling e especialmente a Richard Rawson, todos dos Programas Integrados de Abuso de Entorpecentes na Universidade da Califórnia, em Los Angeles, por me ajudarem a compreender a dependência química. Gostaria também de agradecer às pessoas que verificaram partes do livro e ofereceram suas correções e sugestões. Além dos drs. Rawson, Shoptaw e London, essas pessoas incluem as dras. Judith Wallerstein e Gayathri J. Dowling (Ph.D.), subchefe da Divisão de Políticas para a Ciência da Secretaria de Políticas para Ciência e Comunicação do National Institute on Drug Abuse.

Este livro nasceu de um artigo que foi publicado na *New York Times Magazine*. Não tenho como expressar adequadamente meus agradecimentos e profundo respeito pelos meus editores nessa revista. Eles me orientaram com capacidade impecável e consciência perfeita. São eles Katherine Bouton, Geny Marzorati e, em particular, Vera Titunik.

É ainda mais difícil expressar inteiramente minha gratidão a Eamon Dolan, o editor deste livro. É impossível exagerar em sua contribuição. Em todos os estágios, fui inspirado por, e aprendi com, sua sabedoria, inteligência e edição elegante. Sou também grato a Janet Silver por sua sensibilidade, bondade e devoção a *Querido menino*. Reem Abu-Libdeh e Larry Cooper contribuíram com sua preparação habilidosa e engenhosa do original. Michaela Sullivan e Melissa Lotfy criaram, respectivamente, a capa e o projeto gráfico da edição norte-americana. Eu também gostaria de agradecer a Bridget Marmion, Lori Glazer, Megan Wilson, Carla Gray, Lois Wasoff, David Falk, Sasheem Silkiss-Hero, Chester Chomka, Sanj Kharbanda, Elizabeth Lee e Debbie Engel, nos Estados Unidos; e Suzanne Baboneau, Ian Chapman, Rory Scarfe, Emma Harrow e Jeremy Butcher, no Reino Unido. Binky Urban, minha agente, viveu grande parte desta história, oferecendo-me um apoio inabalável, e me ajudou a caminhar por campos minados. Também na ICM, obrigado a Ron Bernstein, Jacqueline Shock, Liz Farrell, Karolina Sutton, Molly Atlas e Alison Schwartz. Um obrigado especial para Jasper Sheff, por suas sugestões e correções, e para Daisy por sua sugestão a respeito da foto na capa do livro.

Ao longo dos últimos anos, fiquei maravilhado com o pessoal corajoso e dedicado que trabalha para ajudar os dependentes químicos e suas famílias. Fomos aconselhados, orientados e apoiados por David Frankel; Paul Ehrlich; Rick Rawson; Jace Horwitz, da Herbert House Sober Living Environment, e outros santos humildes que preferem ser mencionados apenas por seus primeiros nomes, Randy e Ted. Reservo uma gratidão especial e sem limites a Mary Margaret McClure, Don Alexander e aos professores extraordinários de nossos filhos.

Finalmente, gostaria de agradecer às pessoas das fantásticas comunidades das cidades de Point Reyes Station e Inverness e, claro, à minha querida família e meus amigos. Se eles ficaram cansados das nossas crises intermináveis — e como poderiam não ficar, se eu mesmo me sentia assim? —, jamais o demonstraram, nem uma única vez. Obrigado, Sarah, Mike, Ginny, Annie, Peggy, as *cowgirls* Sue e Nan, Armistead, Christopher, Lee, Steve R., Heidi, Bo, Jenny, Jim, Mike M., Marshall, Jennifer, Suning, Ginee, Fred, Jessica, Peter, Ilie, Jeremiah, Taylor, Vicki, Susan, Buddy, Debra, Mark, Jenny, Becca, Bear, Susan, Lucy, Steve, Mark, Nancy, Don, Sumner, Joan — e Jamie, Kyle, Dylan e Lena. Num dos meus piores dias, verifiquei minha caixa postal e vi que Jamie tinha ligado de Nova York. "Queria voar para casa e construir um muro de contenção ao seu redor", disse ele. Você e Kyle construíram (e constroem). E, com meu infinito amor, obrigado (novamente), Daisy, Jasper, Nic e Karen.

Bibliografia

Para aprofundar a leitura e buscar ajuda. Essa não é de maneira nenhuma uma lista com tudo que existe a esse respeito, mas os livros, artigos e sites a seguir podem ser úteis.

Addiction. HBO Series. Produção: John Hoffman e Susan Froemke. Disponível em DVD. www.hbo.com. Home Box Office, 2007.

Al-Anon e Al-Anon Family Group Headquarters. *The Al-Anon Family Groups — Classic Edition*. Virginia Beach, VA: Al-Anon Family Group Headquarters, Inc., 2000.

_____. *Alateen — Hope for Children of Alcoholics*. Virginia Beach, VA: Al-Anon e Al-Anon Family Group Headquarters, Inc., 1973.

_____. *Courage to Change: One Day at a Time in Al-Anon II*. Virginia Beach, VA: Al-Anon e Al-Anon Family Group Headquarters, Inc., 1968, 1972, 1973.

_____. *One Day at a Time in Al-Anon*. Virginia Beach, VA: Al-Anon e Al-Anon Family Group Headquarters, Inc., 1968, 1972, 1973.

_____. *Paths to Recovery — Al-Anon's Steps, Traditions, and Concepts*. Virginia Beach, VA: Al-Anon e Al-Anon Family Group Headquarters, Inc., 1997.

Black, Claudia, Ph.D. *Straight Talk from Claudia Black: What Recovering Parents Should Tell Their Kids About Drugs and Alcohol*. City Center, MN: Hazelden Publishing, 2003.

Brown, Stephanie, Ph.D.; Lewis, Virginia M., Ph.D.; Liotta, Andrew. *The Family Recovery Guide: A Map for Healthy Growth*. Oakland, CA: New Harbinger Publications, 2000.

Cheever, Susan. *My Name Is Bill: Bill Wilson — His Life and the Creation of Alcoholics Anonymous*. Nova York: Washington Square Press, 2005.

_____. *Note Found in a Bottle*. Nova York: Washington Square Press, 2006.

Conyers, Beverly. *Addict in the Family: Stories of Loss, Hope, and Recovery*. Center City, MN: Hazelden Publishing and Educational Services, 2003.

Didion, Joan. *O ano do pensamento mágico*. Rio de Janeiro: Nova Fronteira, 2006.

Hoffman, John; Susan, Froemke. *Addiction: Why Can't They Just Stop?* Nova York: Rodale Press, 2007.

Johnson, Vernon. *Intervention: How to Help Someone Who Doesn't Want To Be Helped*. Center City, MN: Hazelden Publishing, 1986.

Kellermann, Joseph L. *A Guide for the Family of the Alcoholic*. Center City, MN: Hazelden Publishing Educational Services, 1996.

Ketcham, Katherine; Asbury, William F.; com Mel Schulstad e Arthur P. Ciaramicoli. *Beyond the Influence: Understanding and Defeating Alcoholism*. Nova York: Bantam Books, 2000.

Lamott, Anne. *Palavra por palavra: Instruções sobre escrever e viver*. Rio de Janeiro: Sextante, 1996.

_____. *Plan B: Further Thoughts on Faith*. Nova York: Riverhead Trade, 2006.

_____. *Traveling Mercies: Some Thoughts on Faith*. Nova York: Anchor, 2000.

Lynch, Thomas. "The Way We Are" In *Bodies in Motion and at Rest: On Metaphor and Mortality*. Nova York: ww. Norton and Co., 2001. "The Meth Epidemic." *Frontline*. DVD. PBS, 2005.

Milan, James Robert; e Ketcham, Katherine. *Under the Influence: A Guide to the Myths and Realities of Alcoholism*. Nova York: Bantam Books, 1983.

Mnookin, Seth. "Harvard and Heroin". Salon.com, 27 ago. 1999.

_____. "The End of My World As I Knew It". Slate.com, 31 dez. 2004.

Mnookin, Wendy. "My Son, the Heroin Addict". Salon.com, 27 ago. 1999.

Moyers on Addiction: Close to Home. Direção: Bill Mayers. VHS. Curriculum Media Group, 1998.

Moyers, William C.; Ketcham, Katherine. *Broken: My Story of Addiction and Redemption*. Nova York: Viking, 1998.

Orenstein, Peggy. "Staying Clean". *New York Times Magazine,* 10 fev. 2002.

Recovery of Chemical Dependent Families (folheto). Center City, MN: Hazelden / Johnson Institute, 1987.

Schwebel, Robert. *Antes que aconteça*. São Paulo: Editora Claridade, 2002.

SHANNONHOUSE, Rebecca. *Under the Influence: The Literature of Addiction*. Nova York: Modern Library, 2003.

SHEFF, Nic. *Tweak: Growing Up on Methamphetamines*. Nova York: Ginee Seo Books / Simon & Schuster, 2007.

SINGER, Mark. "The Misfit: How David Milch got from NYPD Blue a Deadwood by Way of an Epistle of St. Paul". *The New Yorker* 14 e 25 fev. 2005.

WALLERSTEIN, Judith S.; BLAKESLEE, Sandra. *What About the Kids: Raising Your Children Before, During and After Divorce*. Nova York: Hyperion, 2003.

WALLERSTEIN, Judith S.; LEWIS, Julia M.; BLAKESLEE, Sandra. *The Unexpected Legacy of Divorce: The 25 Year Landmark Study*. Nova York: Hyperion, 2000.

Portais na internet

Al-Anon do Brasil
http://www.al-anon.org.br/

Nar-Anon do Brasil
http://www.naranon.org.br/

Alcoólicos Anônimos Brasil
http://www.alcoolicosanonimos.org.br/

Narcóticos Anônimos Brasil
http://www.na.org.br/

Partnership for a Drug-Free America
[Parceria para uma América Sem Drogas]
http://www.drugfree.org

Partnership for Drug-Free Kids
[Parceria para Crianças Livres de Drogas]
Centro de informações e fontes sobre a metanfetamina
http://www.drugfree.org/Portal/DrugIssue/MethResources/ default.html

THE ANTI-METH SITE
[O Site Antimetanfetamina]
http://www.kci.org/

Programas Integrados de Abuso de Substâncias da UCLA
http://www.uclaisap.org/

Hazelden
http://www.hazelden.org

National Association for Children of Alcoholics
[Associação Nacional de Filhos de Dependentes de Álcool]
http://www.nacoa.net/

American Society of Addiction Medicine
[Sociedade Norte-Americana de Medicina da Dependência Química]
http://www.asam.org/

National Institute on Drug Abuse
[Instituto Nacional sobre o Abuso de Drogas dos Estados Unidos]
http://www.nida.nih.gov/

National Institute on Drug Abuse
[Instituto Nacional sobre o Abuso de Drogas dos Estados Unidos]
Informações e material relacionados à metanfetamina
http://www.nida.nih.gov/DrugPages/Methamphetamine.html

National Institute on Drug Abuse for Teens
[Instituto Nacional sobre o Abuso de Drogas para Adolescentes
dos Estados Unidos]
https://teens.drugabuse.gov/

CRÉDITOS

O AUTOR DESEJA EXPRESSAR seus agradecimentos aos artistas e detentores de direitos autorais das seguintes letras de música, roteiros de filmes, livros e poemas, por sua permissão para o uso de seu trabalho sob copyright. Todos os direitos estão reservados pelos detentores dos direitos autorais de:

Trechos de "God", "Beautiful Boy (Darling Boy)" e "Nobody Told Me", John Lennon, copyright © 1970, 1980 e 1980 Lenono Music. Usado sob permissão. Todos os direitos reservados. Agradecimentos especiais a Yoko Ono.

Trechos de "It's All Right Ma (I'm Only Bleeding)", Bob Dylan, copyright © 1965 Warner Bros., Inc. Copyright renovado em 1993 por Special Rider Music. Todos os direitos reservados. Garantido o copyright internacional. Reimpresso com permissão.

Trechos de "A Hard Rain's A-Gonna Fall", Bob Dylan, copyright © 1963 Warner Bros., Inc. Copyright renovado em 1991 por Special Rider Music. Todos os direitos reservados. Garantido o copyright internacional. Reimpresso sob permissão.

Trechos de "Reason to Believe", Bruce Springsteen, copyright © 1982 Bruce Springsteen (Ascap). Reimpresso sob permissão. Garantido o copyright internacional. Todos os direitos reservados. Pela ajuda com esses direitos, agradeço a Marilyn Laverty, da Shoreline, e Glen Brunman, da Sony BGM.

Trechos de "Shine a Light", Mick Jagger & Keith Richards, publicado por ABKCO Music, Inc., © 1972 ABKCO Music, Inc., www.abkco.com.

Trechos de "Tears in Heaven", letra e música de Eric Clapton e Will Jennings. Copyright © 1992 E. C. Music Ltd. e Blue Sky Rider Songs. Todos os direitos da Blue Sky Rider Songs administrados por Irving Music, Inc. Garantido o copyright internacional. Todos os direitos reservados. Reimpresso sob permissão de Hal Leonard LLC.

Trechos de "These Days", Jackson Browne. Copyright © 1967 (renovado) Open Window Music. Todos os direitos administrados por Drive Music Publishing, Inc. Todos os direitos reservados. Usado sob permissão da editora.

Trechos de "In the Neighborhood", Tom Waits e Kathleen Brennan, copyright © 1983 Jalma Music (Ascap). Todos os direitos reservados. Usado com permissão.

Trechos de "Smells Like Teen Spirit", Kurt Cobain, Krist Novoselic e Dave Grohl. Copyright © 1991 The End of Music, Primary Wave Tunes, MJ Twelve Music e Murky Slough Music. Todos os direitos de The End of Music, Primary Wave Tunes e Murky Slough Music administrados por BMG Rights Management (US) LLC. Todos os direitos reservados. Usado sob permissão. Reimpresso sob permissão de Hal Leonard LLC.

Trechos de "Territorial Pissings", Kurt Cobain e Chet Powers. Copyright © 1991 The End of Music, Primary Wave Tunes and Irving Music, Inc. Todos os direitos controlados por The End of Music e Primary Wave Tunes administrados por BMG Rights Management (US) LLC. Todos os direitos reservados. Usado sob permissão. Reimpresso sob permissão de Hal Leonard LLC.

Trechos de "Dumb", Kurt Cobain. Copyright © 1993 The End of Music, Primary Wave Tunes e BGM Platinum Songs. Todos os direitos administrados por BGM Rights Management (US) LLC. Todos os direitos reservados. Usado sob permissão. Reimpresso sob permissão de Hal Leonard LLC.

Trechos de "Summertime in England", Van Morrison. Copyright © 1980 Essential Music. Todos os direitos administrados por BMG Rights Management (US) Ltd. Todos os direitos reservados. Usado sob permissão. Reimpresso sob permissão de Hal Leonard LLC.

Trechos do livro *Addict in the Family,* de Beverly Conyers, copyright © 2003 Hazelden Publishing. Reimpresso com permissão da Hazelden Foundation, Center City, MN.

Trechos do roteiro de *Brilho eterno de uma mente sem lembranças,* de Charlie Kaufman, são cortesia da Universal Studios Licensing LLC. Todos os direitos não especificamente concedidos pela Universal ficam aqui reservados.

Trechos do roteiro de *Um estranho no ninho,* © 1975 The Saul Zaentz Company. Todos os direitos reservados. Usado sob permissão.

Trechos do roteiro de *Bem-vindo à Casa de Bonecas,* copyright © 1996 Suburban Pictures, Inc.

Trechos do comercial da Fandango reimpressos com a permissão da Fandango Inc., © 2004. Todos os direitos reservados.

Trechos do roteiro de *Faça a coisa certa,* de Spike Lee, usado com a permissão de Spike Lee, Seven Acres e Mule Production. Todos os direitos reservados.

Trechos de "Thoughts on Being 71", extraído de *Open All Nights: New Poems,* de Charles Bukowski, copyright © 2000 Linda Lee Bukowski, reimpresso com permissão da HarperCollins Publishers.

Trechos da canção "Bella Notte" de A *Dama e o Vagabundo,* Walt Disney. Letra e melodia de Peggy Lee e Sonny Burke, © 1952 Walt Disney Music Company. Copyright renovado. Todos os direitos reservados. Usado sob permissão. Reimpresso sob permissão de Hal Leonard LLC.

ESTE LIVRO, COMPOSTO NA FONTE FAIRFIELD,
FOI IMPRESSO EM PAPEL NATURAL 70G/M², NA GRÁFICA ELYON.
SÃO PAULO, MAIO DE 2023.